Strelitz, verheiratete Friederike von Preußen

Georg Wilhelm von Hessen-Darmstadt
(1722–1782)
Luise von Leiningen, gen. »Prinzessin George«
(1729–1818)

Friederike
(1752–1782)
verh. mit Karl, Erbprinz
von Mecklenburg-Strelitz
(1741–1816)

Charlotte
(1755–1785)
zweite Frau
Karls von Mecklenburg

weitere Kinder:
Ludwig (1749–1823)
Georg (1754–1830)
Karl (1757–1795)
Friedrich (1759–1808)
Luise (1761–1829)
Auguste (1765–1796)

Luise
(1776–1810)
verh. mit
Friedrich Wilhelm III.
von Preußen
(1770–1840)

Friederike
(1778–1841)
verh. mit Louis,
Prinz von Preußen,
Friedrich, Prinz
von Solms-Braunfels
und Ernst August,
König von Hannover

Georg
(1779–1860)
ab 1816 Großherzog

Friedrich
(1781–1783)

Auguste
(1782)

Karl
(1785–1837)

Carolin Philipps
Friederike von Preußen

Carolin Philipps

Friederike von Preußen

Die leidenschaftliche Schwester der Königin Luise

Mit 20 Abbildungen
auf Tafeln

Piper
München Zürich

FSC

Mix

Produktgruppe aus vorbildlich
bewirtschafteten Wäldern und
anderen kontrollierten Herkünften

Zert.-Nr. SGS-COC-1940
www.fsc.org
© 1996 Forest Stewardship Council

ISBN 978-3-492-05126-2
2. Auflage 2008
© Piper Verlag GmbH, München 2007
Satz: Uwe Steffen, München
Druck und Bindung: GGP Media GmbH, Pößneck
Printed in Germany

www.piper.de

*Für meinen Vater,
der mich beim Entstehen dieses Buches mit seinem
großen Fachwissen und seinem unermüdlichen
Einsatz unterstützte.
Danke für das Geschenk von drei Jahren
wundervoller Teamarbeit.*

Am Ende muss man in sich selbst finden,
was man in tausend Begegnungen gesucht hat.
Ulrich Schaffer

Inhalt

Prolog 11

Teil I
1778–1805

Pattensen, 10. März 2004   17
Geburt und Kindheit in Hannover   21
Jugendjahre in Darmstadt   25
Prinz Ludwig von Preußen   33
Berlin, September 2004   39
Doppelhochzeit in Berlin   43
Leben am preußischen Hof   49
Eine unglückliche Ehe   56
Glückliche Momente   60
Hamburg, Oktober 2004   67
Leben als Witwe   72
Begegnungen und Flirts mit Folgen   81
Berlin-Pankow, November 2004   89
Friedrich von Solms-Braunfels   92
Heimliche Hochzeit   103
Königin Luise als hilfreiche Schwester   106

Verzeihung und Skandal   112

Schwerin, Dezember 2004   115

Ankunft in der Verbannung   118

Silkerode im Harz, Januar 2005   129

Caroline: Geburt und Tod   132

Triesdorf bei Ansbach, Mai 2005   139

Leben im Roten Schloss   144

Briefe und Familientreffen   154

Im Schatten der napoleonischen Kriege   166

Teil II

1806–1841

Hamburg, Juni 2005   173

Flucht nach Ostpreußen   175

Familienleben in Königsberg   182

Von der Luisenburg zum Friederikenfels,

Teplice, 16. Juli 2005   193

Kuren in Karlsbad und Teplitz   197

Neustrelitz, Januar 2006   207

Am Hofe des Vaters   211

Hamburg, Februar 2006   215

Tod der geliebten Schwester   216

Friederike und Napoleon   224

Befreiungsschlachten   231

Ein langsamer Abschied   238

Herzogin von Cumberland – Hochzeit 1815   247

Kew Gardens, März 2006   258

Inhalt

Königin Charlotte: Tante und Schwiegermutter   260

Leben im ungeliebten England   269

Hamburg, April 2006   279

Im Mittelpunkt der Gesellschaft   281

Melancholische Momente   290

Familienleben   295

Pflichterfüllung   304

Hamburg, 2. Mai 2006   311

Das Revolutionsjahr 1830   314

Ein Unfall und seine Folgen   320

Erinnerungen   324

Ein Herzog wird König von Hannover   331

Friederike als Königin   338

Karls Leichtsinn und andere Sorgen   345

Hannover-Herrenhausen:

Mausoleum, 17. Juni 2006   351

Krankheit und Tod   354

Quellen und Anmerkungen   361

Literaturverzeichnis   367

Zeittafel   371

Personenregister   373

Bildnachweis   383

Prolog

> »Es gibt hier nur drei Personen, die informiert
> sind, und niemand muß jemals die Wahrheit
> herausfinden.«[1]

Die Vorkehrungen, die die preußische Königin Luise 1799
traf, um ihre Schwester Friederike vor gesellschaftlicher
Ächtung zu bewahren, sollten das Geheimnis um die leidenschaftliche Beziehung zu einem nicht standesgemäßen
Prinzen, ihre Schwangerschaft und die heimliche Hochzeit
für immer bewahren.

Und so war mir ein wenig unwohl zumute, als ich die
geheimen Papiere des Herzogshauses Mecklenburg-Strelitz im Landeshauptarchiv Schwerin in der Hand hielt. Hätten die beiden Schwestern, vor allem Luise, gewollt, dass ich
dieses Buch schreibe, in dem zum ersten Mal ihre Briefe aus
den im Archiv zu Schwerin entdeckten Geheimpapieren veröffentlicht werden und so die Ereignisse jenes Jahres neu
beleuchten?

»Jeder will sie haben, wer sie sieht, ist in sie verliebt«, notierte die Oberhofmeisterin Gräfin Voss auf gewohnt bissige Weise in ihrem Tagebuch und brachte damit erneut ihr
Missfallen gegenüber Friederike, der jüngeren Schwester
Ihrer Majestät, der Königin Luise von Preußen, zum Ausdruck. Und genau so wurde Friederike 200 Jahre lang gesehen. »Galanteste Löwin des Jahrhunderts«, der die Männer scharenweise zu Füßen lagen, »Sünderin«, »unzüchtige
Friederike«, »tugendlos«: Das sind nur einige Attribute, die
das Bild dieser Frau bis in unsere Zeit hinein prägen.

Bei den Damen galt Friederike als kokett und jedem Flirt zugeneigt. Ihr Schwager, der preußische König Friedrich Wilhelm III., formulierte es so: »Sie hatte ... viel Grazie und, wie man sagt, séduisantes [Verführerisches].« Und der Dichter Jean Paul schrieb an einen Freund, dass er gerne mit ihr »in einem Kohlebergwerk hausen« möchte, »dürfte ich ihren Galan da vorstellen«.

Tatsächlich war sie dreimal verheiratet, einmal geschieden. Und die vielen Geliebten, die man ihr andichtete – vom österreichischen Staatskanzler Metternich bis hin zu Herzog Adolf von Cambridge –, zählten zu den prominentesten Persönlichkeiten des Zeitgeschehens.

Bis in unsere Tage hat sich das Bild einer Frau erhalten, die – von ihren Leidenschaften getrieben – in ihrer Jugend viele Tabus verletzt haben soll, schließlich sogar auf Veranlassung des preußischen Königs wegen eines vor der Hochzeit gezeugten Kindes mit einem nicht standesgemäßen Prinzen vom Hof in die Provinz verbannt wurde.

Friederike war sich bewusst, dass »diese einzige Handlung vielleicht ein Glas der Vergessenheit auf meine sonst vorher so untadelige Aufführung werfen wird; indessen muß ich hoffen, daß nach Jahren, und nach einer weit längeren Reihe von Jahren, als ich sie schon durchlebt habe, ein untadeliger Wandel auch hierüber die Schale der Vergessenheit ausleeren wird«.

Diese Hoffnung war vergebens. Vergebens, weil sich niemand wirklich auf die Suche gemacht hat, um die wahre Persönlichkeit dieser Frau zu entdecken, die sich hinter all den tradierten Klischees versteckt.

»Ich habe immer das Glück gesucht und ersehnt zu lieben und geliebt zu werden«, schrieb sie 1799 mit 21 Jahren, wohl wissend, dass das Streben nach dem persönlichen Glück nicht als Hauptaufgabe einer Frau um 1800 betrachtet wurde. Von einer Frau wurden Pflichterfüllung und das Zurückstecken der eigenen Ansprüche erwartet – und unter diesen Geboten, die Friederike gewissenhaft befolgte, stand sicher ein wichtiger Teil ihres Lebens.

Doch ihr Anspruch an das Leben ging darüber hinaus, denn sie hat gegen alle Konventionen auch ihre Sehnsucht nach Glück, Liebe und Leidenschaft gelebt: »Wie stark die Gewalt der Liebe ... und wie haltbar die Fesseln ... wenn es wahre Leidenschaft ist«, schrieb sie im Januar 1799 an ihren Vater.

Und vielleicht spricht aus ihren Kritikern, die sich zu ihrer Zeit mehr aus Frauen, heute pikanterweise mehr aus männlichen Autoren zusammensetzen, auch ein wenig Neid auf die konsequente Art, in der Friederike ohne Rücksicht auf die Meinung anderer ihre Suche nach Glück und Liebe verfolgte.

War ihre Suche erfolgreich? Hat sie Liebe und Glück am Ende gefunden, oder hat sie ihre Sehnsucht mit ins Grab genommen? Das waren die Fragen, die mich drei Jahre lang durch die Archive führten und in Schlössern und Museen zwischen Berlin und Karlsbad begleiteten.

Die Wahrheit ist auf diese Weise ans Licht gekommen – gegen den Plan von Königin Luise. Aber vielleicht geht gerade dadurch ihr größter Wunsch in Erfüllung, dass die Schatten auf der Ehre ihrer Schwester nun endgültig verschwinden werden.

Teil I
1778–1805

»Wir sind auf Erden, um das Glück zu suchen,
nicht um es zu finden.«

Sidonie-Gabrielle Colette (1873–1954)

Pattensen, 10. März 2004

Aktenberge türmen sich vor mir auf. Stapelweise eng beschriebene Seiten, einige gut lesbar, die meisten Zeilen je nach Stimmung des Schreibers einfach nur aufs Blatt geworfen. Altdeutsche Buchstaben, die das Entziffern mühsam machen.

Wieder einmal sitze ich im Leseraum des Archivs in Pattensen, einer Außenstelle des Hannoverschen Hauptstaatsarchivs. Hier lagern Dokumente aus den letzten Jahrhunderten über die königliche Familie von Hannover – offizielle und ganz private, die nur mit einer Sondergenehmigung des jeweiligen Oberhaupts der Familie eingesehen werden dürfen: Heiratsurkunden, Predigten zu Konfirmationen und Beerdigungen, Haushaltsbücher, Rechnungen und Briefe, Briefe und nochmals Briefe.

Liebe, Hass, Trauer, Angst, Freude und Leid – die ganze Palette menschlichen Lebens, reduziert auf einige Regalmeter beschriebenes Papier, zum Teil Jahrhunderte alt: der trockene Extrakt aus Schicksalen und Lebenswegen, nach Signaturen sortiert und jederzeit abrufbar für jeden.

Und nun sitze ich hier – um mich herum Personen, meist ältere, die sich ebenfalls durch Aktenberge wühlen, eine große Lupe in der Hand, den Laptop neben sich: moderne Technik in einem Ambiente, dessen Luft nach Staub und Moder schmeckt. Die meisten suchen nach Informationen über ihre Vorfahren, wollen Licht in dunkle Kapitel ihrer Familiengeschichte bringen.

Und was tue ich? Ich versuche einer Frau näher zu kommen, von deren Existenz ich bis vor einem halben Jahr noch nichts gewusst habe.

Ein Zeitungsartikel brachte mich auf ihre Spur: die Rezension eines Buches über die preußische Königin Luise. Luise, um deren Leben sich seit ihrem frühen Tod 1810 ein wahrer Kult gebildet hat. Luise, die tugendhafte, vorbildliche Mutter – nicht nur ihrer Kinder, nein, der ganzen preußischen Nation. Und ihrem Ehemann, Friedrich Wilhelm III., eine liebevolle, pflichtbewusste Frau.

Als ich dann in der Alten Nationalgalerie in Berlin vor der Doppelstatue der beiden Schwestern Luise und Friederike stand, zog mich nicht die berühmte preußische Königin, sondern die jüngere Friederike in ihren Bann. Warum hat das 19. Jahrhundert die eine zur tugendhaften, alles überstrahlenden Frau, zum Vorbild für Generationen gemacht – die andere dagegen zum negativen Gegenpol, ja, zur »Sünderin«?

Während die Literatur über Luise ganze Bücherregale füllt, ist ihre Schwester, da sie nicht als Vorbild geeignet schien, für die Historiker und Schriftsteller uninteressant geblieben.

Und genau da erwachte mein Interesse. Einige behaupten, ich würde mich per se mehr für Menschen mit dunklen Seiten erwärmen, für die, die auf Umwegen zum Ziel kommen, als für die, die den geraden, direkten Weg gehen. Mag sein. Das Gerade, allzu Tugendhafte ist selten von Reiz.

Seit Stunden blättere ich in den Papieren, löse die Bindfäden, die die Aktendeckel zusammenhalten, und wühle mich durch immer neue Stapel. Wenn ich nur wüsste, wo ich ansetzen kann, zumal hier in Pattensen vor allem Akten der späteren Lebensabschnitte von Friederike liegen.

Während ich zunehmend mutloser werde angesichts der staubigen, vergilbten Akten, bringt der Archivangestellte einen neuen Stapel herein. Ich sehe ihn etwas entsetzt an. Er zuckt mit den Schultern. »Das sind alles Ihre Bestellungen.«

Aktendeckel an Aktendeckel, Bindfaden an Bindfaden. Doch dann entdecke ich ganz unten auf dem Wagen eine Schachtel. Endlich keine Akte!

Vorsichtig öffne ich sie. Sie ist gefüllt mit kleinen, aus ver-

gilbtem Schreibpapier gefalteten Briefchen. Ich falte eins nach dem anderen auseinander.

Im ersten finde ich eine blonde Locke. Auf der Innenseite des Papiers steht in Friederikes Handschrift: »Locke von Georgs Vorderhaar, an seinem 10. Geburtstag.«

Ein leichtes Gruseln überfällt mich. Die Haare sehen so frisch aus, als hätte man sie gerade abgeschnitten. Es ist ein Unterschied, ob man einen Brief liest, der vor 150 Jahren geschrieben wurde, oder eine Locke in der Hand hält, die eine Mutter ihrem Sohn zur Erinnerung an seinen Geburtstag abgeschnitten hat.

Ich finde noch mehr Locken, außerdem Blüten, die sie gepflückt, getrocknet und sorgfältig etikettiert hat. Erinnerungen an ein intensives Familienleben.

»Ich liebe dich, Mama. Dein Sohn Georg.« Erste Schreibversuche ihres Sohnes in einer krakeligen Kinderhandschrift, liebevoll gefaltet und aufbewahrt.

Ich denke an das Holzkästchen im Regal meines Arbeitszimmers, in dem ich ebenfalls die ersten Schreibergüsse meiner Kinder gesammelt habe. Ein erster Funke springt über von Mutter zu Mutter.

Und dann eine weiße Locke. In einer anderen Handschrift, die ich als die ihres dritten Mannes Ernst August, des Königs von Hannover, identifiziere, steht auf dem Papier geschrieben: Haar Friederike, abgeschnitten am 29. 6. 1841. Ihr Todestag.

Immer mehr weiße Locken. Alle paar Stunden hat er ein Stück von ihrem Haar abgeschnitten. Wie verzweifelt muss er gewesen sein! Als Letztes ein grauweißer Haarzopf. 30. 6. 1841. Am Tag nach ihrem Tod.

Ernst August hat die Trauerkleidung nie wieder abgelegt. Alle Briefe, die er nach ihrem Tod schrieb, hatten einen schwarzen Trauerrand.

Friederike wollte lieben und geliebt werden. War ihr das nach zwei vergeblichen Anläufen in ihrer dritten Ehe gelungen? Hat sie das Glück am Ende gefunden?

*Ein weiterer gefalteter Brief. Diesmal keine Locken. Ringe!
Friederikes Ringe, die ihr auf dem Totenbett abgenommen
wurden.*

*Ich stecke sie an meine Finger. Nur einer passt. Sie hatte
kleinere Finger als ich. Ich will die Ringe an meiner Hand
spüren.*

*Ein magischer Moment, der abrupt unterbrochen wird. Ein
Archivmitarbeiter hat über die Videokamera beobachtet, was
ich mit den Ringen Ihrer Majestät mache. Fürchtet er, dass ich
sie entwenden könnte?*

*Er kommt zu mir, teilt mir mit, dass Ringe oder ähnliche
Andenken nicht im Findbuch des Archivs katalogisiert sind,
also gar nicht an mich hätten ausgegeben werden dürfen. Seit
100 Jahren habe wohl niemand mehr diese Ringe in der Hand
gehabt. Er müsse sie mir jetzt wieder wegnehmen.*

*Sorgfältig streife ich die Ringe von meinen Fingern, lege sie
behutsam zurück und überreiche ihm die Schachtel mit dem
vollständigen Inhalt.*

*Ich brauche sie nicht mehr. Ich habe gefunden, wonach ich
gesucht habe.*

Geburt und Kindheit in Hannover

Darmstadt, August 1786
»Mein lieber Georg,
Ich weine jetzt, wenn ich dir schreibe, ich hoffe,
das wir uns bald wieder sehen werden. Du weist,
wie ich Dich lieb habe; also kannst Du glauben,
welcher Schmerz mir das tut, um Dich und Papa
nich zu sehen ... Hier will ich dier was schicken –
ein Geldbeutel und eine ausgedruckte Briefpapier
George druf schtet ... Haben die reine de Clode
gut geschmeckt?«[2]

So beginnt der erste Brief, der uns von Friederike erhalten ist. Sie schreibt ihn mit acht Jahren an ihren siebenjährigen Bruder Georg. Während sie mit ihren beiden älteren
Schwestern Therese und Luise bei der Großmutter in Darmstadt lebte, waren die beiden Brüder in Hannover geblieben,
wo der Vater Karl von Mecklenburg-Strelitz im Dienste des
englischen Königs Gouverneur war. So blieb den Geschwistern nur der Austausch von Briefen, kleinen Geschenken
und von gemalten Silhouetten, damit sie einander nicht vergaßen.

Dabei hatte alles so vielversprechend angefangen, als 1768
Karl von Mecklenburg-Strelitz in Darmstadt Friederike, die
älteste Tochter des Prinzen Georg Wilhelm von Hessen-
Darmstadt, zum ersten Mal traf. Als Militärgouverneur von
Hannover und Schwager des englischen Königs war er ein
willkommener Bewerber.

Seine steile Karriere hatte er allerdings weniger seinem
Talent als vielmehr einem Gerücht zu verdanken. Denn um
die Mitte des 18. Jahrhunderts gab es in England Befürch-

tungen, die Preußen unter dem jungen König Friedrich, der gerade seine schlesischen Kriege gegen Maria Theresia von Österreich geführt hatte, wollten den Herzögen von Mecklenburg-Strelitz ihre rheinisch-westfälischen Besitzungen abtreten und dafür deren Gebiet eintauschen. Dies hätte eine zusätzliche preußische Machtkonzentration an der Ostsee und an der kurfürstlich-hannoverschen Grenze bedeutet – und damit eine direkte Bedrohung englischer Interessen dargestellt, da der englische König ja gleichzeitig Kurfürst von Hannover war.

Um die preußischen Pläne zu durchkreuzen, wollte der englische König Georg II. eine enge Verbindung mit Mecklenburg herstellen, indem einer der Prinzen von Mecklenburg in hannoversche Dienste treten sollte. Die Wahl fiel auf den Prinzen Karl, der sofort zum Hauptmann ernannt und mit 19 Jahren Oberstleutnant wurde. Um das Bündnis zusätzlich abzusichern, heiratete der spätere englische König Georg III. im Juni 1761 dessen Schwester Charlotte.

Friederike von Hessen-Darmstadt war bei ihrer Verlobung mit Karl noch nicht einmal 16 Jahre alt. Das Tagebuch und die Briefe an ihren Mann zeigen das Bild einer lebhaften jungen Frau, die sehr an ihrer Heimat Darmstadt hing. So reiste sie häufig zwischen Hannover und Darmstadt hin und her. Ob es um Familienfeste, Weihnachten, Sommeraufenthalte ging, immer wieder machte sich Friederike, manchmal auch ohne ihren Mann und die Kinder, auf den Weg in die alte Heimat.

Aus dieser Ehe gingen zahlreiche Kinder hervor, vier Töchter und ein Sohn überlebten die ersten Jahre: Charlotte (*1769), Therese (*1773), Luise (*1776), Friederike (*1778) und Georg (*1779). Die vier Schwestern galten zu ihrer Zeit als Schönheiten, denen der Dichter Jean Paul später in seinem »Titan« ein Denkmal gesetzt hat, indem er Luise als griechische Liebesgöttin Aphrodite und ihre Schwestern als die sie begleitenden drei Grazien beschreibt, die »müde des ewig heitern, aber kalten Olympos« sich nach der Erde sehnen, »wo die Seele mehr liebt, weil sie mehr leidet, und wo sie trüber, aber wärmer ist«. Und sie steigen auf die Erde hinab und verwandeln sich in die vier Schwestern, Friederike als Thalia, was so viel heißt wie »blühendes Glück«.

Geboren wurde Friederike am 2. März 1778 im Alten Palais in Hannover. Sie wird nach ihrer Mutter benannt. Aus den ersten Jahren ihrer Kindheit gibt es kaum persönliche Zeugnisse, was nicht ungewöhnlich ist, denn Prinzessinnen traten meist erst dann ins Licht der Öffentlichkeit, wenn sie ins heiratsfähige Alter kamen. Es ist ohnehin erstaunlich, wie viele Kinderbriefe von ihr und ihrer Schwester Luise erhalten geblieben sind.

Obwohl ihr Vater Generalleutnant der englischen Truppen in Hannover war, beschränkte sich seine Teilnahme an den Kriegen, in die England auf dem amerikanischen Kontinent verwickelt war, auf gelegentliche Besuche bei den Soldaten, die aus Deutschland nach Amerika geschickt wurden.

Umso mehr nahm die Familie am gesellschaftlichen Leben der Stadt Hannover teil. Im Winter gab es Bälle – auch Kinderbälle –, Schlittenfahrten, Ausflüge nach Herrenhausen, Theateraufführungen, bei denen die älteren Kinder bereits kleine Rollen übernahmen.

Ein Leben lang ist für Friederike die Familie der Dreh- und Angelpunkt geblieben. Selbst während der napoleonischen Kriege, als die Familie in alle Himmelsrichtungen verstreut war, wurden immer wieder Treffen arrangiert.

Abrupt endete dies sorglose Familienleben am 22. Mai 1782, als die Mutter bei der Geburt ihres elften Kindes, nicht einmal dreißigjährig, starb.

Bereits eineinhalb Jahre später heiratete Karl erneut, wohl auch um seinen Kindern eine neue Mutter zu geben, denn er wählte die Schwester seiner Frau, Charlotte, die den Kindern von Familienfeiern und Besuchen in Darmstadt vertraut war.

Herbst 1785. Wieder einmal hieß es für Friederike Abschied nehmen. Zuerst verließ die älteste Schwester Charlotte die Familie. Sie wurde mit 15 Jahren mit dem Herzog von Sachsen-Hildburghausen verheiratet.

Auch wenn das Familienleben ungewöhnlich intensiv war: Für Friederikes Vater galt es als selbstverständlich, dass seine Töchter, sobald sie ins heiratsfähige Alter kamen, ihm die Möglichkeit boten, durch geschickte Heiratspolitik politisch an Einfluss zu gewinnen.

Das war allen Beteiligten klar; und sosehr der Abschied schmerzte, die jüngeren Schwestern Therese, Luise und Friederike wussten, dass es ihnen in naher Zukunft ähnlich gehen würde.

Weitaus schlimmer war der Tod der zweiten Mutter, die kurz nach der Geburt ihres Sohnes Karl am 18. Dezember 1785 starb.

Drei Töchter und zwei Söhne galt es zu versorgen. Karl von Mecklenburg-Strelitz machte keinen neuen Versuch zu heiraten, sondern nahm dankbar das Angebot seiner Schwiegermutter Marie Luise von Hessen-Darmstadt an, die Enkelinnen aufzunehmen und zu erziehen.

»Junge Bruder, ich möchte dich uffressen, ich hoffe, das du immer an mich dencest und du musst mich gar nicht vergessen … Das ganze Haus ist so betrübt, das es geweint hat.

A dieu Frederique«

So endet dieser erste Brief aus Darmstadt. Er ist kennzeichnend für das enge Verhältnis der Geschwister, die nach dem Tod der Stiefmutter nie wieder ein gemeinsames Familienleben führen konnten.

Jugendjahre in Darmstadt

> Darmstadt 20.6.1791
>
> »Bonjour mon cher ami! Ich habe deinen Brief erhalten, der mir viel Freude gemacht hat, aber er ist sehr kurz. Deine Entschuldigung lautet, daß es keine Neuigkeiten gibt, die du mir mitteilen könntest, aber glaubst du, mich erfreuen nur Neuigkeiten? Ich möchte ganze Gespräche mit dir führen.«[3]

Ähnlich klingen viele Briefe, die Friederike in den Jahren 1786 bis 1792 an ihren Bruder Georg geschrieben hat. Zwischen ihr und ihrer Schwester Luise entbrannte sogar ein Wettstreit – halb ernst, halb spaßig –, wer mehr geschriebene Zeilen von Georg erhielt, und dem armen Bruder, der damals erst zwölf Jahre alt war, gelang es in dieser Zeit nur selten, seine beiden Schwestern zufriedenzustellen. Entweder waren seine Briefe zu kurz, oder sie kamen zu selten. Für Friederike dagegen war das Schreiben an ihren Bruder ein wesentlicher Bestandteil des Tages und das lang erwartete Eintreffen des Kuriers, der die Briefe brachte, ein Höhepunkt. Häufig saß sie schon frühmorgens um fünf Uhr am Schreibtisch, um ihm von ihren Erlebnissen zu erzählen. Die Briefe umfassen nicht selten acht bis neun Seiten, oft kaum lesbar, so schnell hingeworfen, was ihr selber durchaus bewusst war: »Kannst du lesen, was ich schreibe ... ich kann es selber kaum.«

Dabei ging es nicht nur um die täglichen Streitigkeiten mit Luise, unter deren übermütigem Verhalten sie wohl oft zu leiden hatte, sondern auch um das politische Tagesgeschehen. So berichtet sie davon, dass sie den schwedischen König getroffen habe, der auf dem Weg zum preußischen König nach Berlin sei, um für die von den französischen Revolutionären gefangen genommene französische Königsfamilie Hilfe zu erbitten. Friederike kommentiert die Festnahme mit den Worten, dass die Königin sich offensichtlich wesentlich tapferer benommen habe als der König.

Auch die Reisen nach Straßburg und Holland, die die Geschwister mit der Großmutter unternommen haben, werden genau beschrieben und mit kleinen Zeichnungen illustriert. Friederike berichtet von den schlechten Straßen und wie sie in etwas heruntergekommenen Gasthäusern, in denen es von Ungeziefer wimmelte, Quartier nehmen mussten, weil es zu dunkel zum Weiterfahren war.

Obwohl Karl von Mecklenburg-Strelitz bereits 1787 seinen Dienst in Hannover quittiert hatte und mit beiden Söhnen ebenfalls nach Darmstadt gezogen war, lebte die Familie getrennt, die Mädchen bei der Großmutter im Alten Palais am Marktplatz, die Jungen mit dem Vater in einem Haus in der Nähe.

Es war der Großmutter zu verdanken, dass die Verbindung unter den Geschwistern so intensiv blieb, denn der Vater ließ die Jungen immer häufiger mit ihrem Erzieher allein, war auf Reisen oder lebte bei seiner ältesten Tochter in Hildburghausen. Hier sollte er als Präsident der kaiserlichen Kreditkommission die zerrütteten Finanzen des kleinen Landes sanieren.

In späteren Briefen an ihre Großmutter, die bei den fast jährlich stattfindenden Familientreffen meist anwesend war, redet Friederike sie sogar oft als »Chère Maman!« an, ein Beweis, dass sie für die Geschwister ein wirklicher Ersatz für die verlorenen Mütter war. Der Darmstädter Hof war für seine Geselligkeit bekannt und wurde gerühmt für das familiäre Miteinander.

Die Jahre in Darmstadt waren, wenn man die Stimmung aus den Briefen erschließt, eine glückliche und unbeschwerte Zeit. Auch wenn manchmal die Erinnerung an Mutter und Stiefmutter und mit ihr die Sehnsucht hochkam. So freute sich Friederike für ihren Bruder, der mit dem Vater zum Kuraufenthalt nach Pyrmont fuhr und dabei auch in Hannover Station machen würde. Mit dieser Stadt, in der zwei Mütter begraben lägen, sei so viel Kummer verbunden, schreibt sie. Friederike hofft auf ein baldiges Wiedersehen mit den Toten.

Im Mittelpunkt des Unterrichts, den die Mädchen im Hause der Großmutter bekamen, stand die französische Sprache, die seit dem 18. Jahrhundert die Sprache der Fürsten, des Adels und der Diplomatie war und als wesentlicher Bestandteil der Erziehung galt. Neben den Elementarfächern Lesen, Schreiben und Religion sahen die Lerninhalte für den Unterricht von Prinzessinnen Musik, Kunst, Literatur und körperliches »Training« durch Tanzübungen vor. Beim Sprachunterricht wurde weniger auf die Vermittlung von fundierten Grammatikkenntnissen Wert gelegt, Ziel war es vielmehr, dass die Prinzessinnen Konversation führen konnten, denn sie würden bei entsprechender Heirat als künftige Fürstinnen Repräsentationsaufgaben wahrnehmen müssen.

Schon die Briefe der achtjährigen Friederike sind eine amüsante Mischung aus Französisch und Deutsch, wobei vor allem überschäumende Freude oder Ärger im deftigen Darmstädter Dialekt ausgedrückt werden. Zeit ihres Lebens wird sie Briefe gleichermaßen in Französisch und Deutsch schreiben.

Neben religiösen Erbauungsbüchern lasen die beiden Schwestern mit Vorliebe Abenteuer- und Ritterromane, die von vielen Eltern als sehr bedenkliche Lektüre eingestuft, von der lebenslustigen Großmutter aber offenbar geduldet wurden. Historische Stoffe waren in jenen Jahren allgemein beliebt. Auch ein Goethe mit seinem »Götz von Berlichingen« oder Schiller mit seinen »Räubern« trafen den Zeitgeschmack. Ritter, Knappen, Edelfrauen, Verrat, Ritterkämpfe und Femegerichte, Giftmorde und die Liebe, die am Ende siegt, das war der Stoff, aus dem auch Friederikes Träume gewoben wurden.

Ihr Lieblingsbuch, über das sie seitenweise ihrem Bruder vorschwärmt, war »Hermann von Unna«, ein zweibändiges Werk aus der Zeit der Femegerichte, das auf fast 700 Seiten die Geschichte eines Ritters erzählt, der nach langen Wirren und Kämpfen am Ende sein Glück in den Armen seiner angebeteten Ida findet.

In diesem Buch findet man auch Sätze, die Friederike offensichtlich in ihrer eigenen Einstellung zur Ehe geprägt haben. Als Sophie, die Tochter des bayrischen Herzogs, im 34. Kapitel des »Hermann von Unna« den wesentlich älteren Kaiser Wenzel heiraten soll, tröstet der Vater sie mit den Worten, es würde alles gut werden, denn »holdselige, unwiderstehliche Sanftmut« kann einen »verderbten Fürsten« bessern, was sich zumindest in Friederikes erster Ehe als Trugschluss herausstellen sollte.

Auch »Friedrich mit der zerbissenen Wange« gehörte zu den viel gelesenen, immer wieder neu aufgelegten Büchern jener Zeit und ebenfalls zur Freizeitlektüre der beiden Schwestern. Auf über 900 Seiten wird die unruhige Zeit des Interregnums (1256–1273) und Rudolfs von Habsburg lebendig, in der Friedrich, behindert durch Verrat, Intrigen und Kriege, seinen Weg zum Glück suchen muss. Seine Mutter wird von Kunigunde, der Geliebten des Vaters, vertrieben und beißt ihrem Sohn beim Abschied vor »Schmerz und Verzweiflung« in die Wange.

Diese Geschichten haben immer ein Happy End. Stets wird die Lehre verkündet, dass man manchmal ein Leben lang durch die Hölle gehen muss, bis man am Ende dann doch sein Glück findet.

Reisen bildet. Und auch in diesem Sinne waren die Jahre in Darmstadt sehr bildungsträchtig. Das Leben spielte sich zwischen den Häusern ab, die zum Erbe der Großmutter gehörten. Da war das Alte Palais in Darmstadt, wo man im

Winter wohnte und an Schlittenfahrten, Maskenfesten und Bällen teilnahm, in die Oper ging und Konzerte besuchte.

Im Sommer gab es den Schwanengarten und die »Braunshard«, ein Landhaus eine Stunde von Darmstadt entfernt. Am linken Ufer der Ruhr zwischen Mülheim und Duisburg lag das Schloss Broich, wo man oft die Sommermonate verbrachte. Mehrmonatige Reisen führten nach Straßburg, Xanten, Utrecht und Amsterdam.

Von der Reise nach Holland 1791 existieren lebhafte Schilderungen in den Tagebüchern Luises, während sich Friederike auf wenige Briefe an ihren Bruder und auf das Zeichnen der gesehenen Schlösser und Burgen beschränkte.

Mit Kutschen, Treidelschiffen und zu Fuß werden die holländischen Städte erkundet. Museen, Schlösser, Kirchen und Theaterbesuche, »Einkaufsbummel«, Stunden am Strand. Wegen der politischen Verhältnisse zwei Jahre nach der Französischen Revolution gab man sich nur selten als Adlige zu erkennen und reiste lieber inkognito, wobei die Übernachtungen in einfachen Gasthäusern die zehnköpfige Reisegruppe vor unbekannte Schwierigkeiten stellten. Luise schreibt immer wieder über die Flöhe, die alle plagten. Auch die Mietkutschen waren alles andere als angenehm.

Und dann Frankfurt am Main, wo Luise, Friederike und Georg im Oktober 1790 und zwei Jahre später im Juli 1792 an den Krönungen der deutschen Kaiser Leopold II. und Franz II. teilnehmen durften.

1790 waren sie zusammen mit ihrer Erzieherin Frau von Gélieu im großen Haus der Mutter Johann Wolfgang Goethes am Hirschgraben für die Zeit der Feierlichkeiten einquartiert. Diese verstand sich auf Anhieb gut mit den lebhaften Kindern. Als ihr Sohn 1806 Friederike in Karlsbad, wo beide zur Kur weilten, traf und seiner Mutter davon berichtete, schrieb sie umgehend zurück: Dein »Zusammentreffen mit der Prinzessin von Mecklenburg hat mich außerordentlich gefreut. Sie, die Königin von Preußen, der Erbprinz werden die jugendlichen Freuden in meinem

Haus genossen, nie vergessen. Von einer steifen Hofetikette waren sie da in voller Freiheit. Tanzend sangen und sprangen sie den ganzen Tag; alle Mittag kamen sie mit drei Gablen bewaffnet an meinen Tisch, gabelten alles was ihnen vorkam, es schmeckte herrlich; nach Tisch spielte die jetzige Königin auf dem piano forte und der Prinz und ich walzten. Hernach mußte ich ihnen von den vorigen Krönungen erzählen, auch Märchen.«

Und auch Georg hat Goethe nicht vergessen und ihn immer wieder getroffen. Zu dessen 70. Geburtstag 1819 hatte er eine besondere Überraschung parat. Er hatte eine »Uhr, welche in Goethes Kinderzeit im elterlichen Haus gestanden hatte, sich zu beschaffen gewußt und ließ sie heimlich im Haus des Dichters aufstellen. Als Goethe sie zum ersten Male morgens um 5 Uhr schlagen hörte, rief er seinem Bediensteten zu: ›Ich höre eine Uhr schlagen, die alle Erinnerungen meiner Kindheit weckt; ist es Traum oder Wirklichkeit?‹ Dann stand er auf und vergoß beim Anblick Tränen der Rührung.«

Friederike schrieb Jahre später, als ihr Bruder Georg wieder einmal zur Messezeit in Frankfurt war: »Recht lebhaft habe ich mir Frankfurt und den Römer während dem Messegewühl denken können; gewiß sind dir unsere des Kleeblatts Kinderjahre recht dabei eingefallen; ach, welche Berge und Schluchten zwischen dem ehedem und dem Jetzt liegen, die wir alle durchwandert haben.«

Frau von Vrintz, die Frau des Frankfurter Generalbeauftragten der Kaiserlichen Reichspost, schrieb an die Schwester der Mädchen, Therese, in Regensburg: »Es sind reizende Kinder, beide gleich hübsch, geistvoll, gut, aber ich weiß nicht, warum, mein Herz spricht mehr für Friederike.«

Diese fröhliche und ungezwungene Zeit endete abrupt, als die französische Nationalversammlung am 20. April 1792 Kaiser Franz II. den Krieg erklärte.

Noch versuchte die Großmutter das sorgenfreie Leben aufrechtzuerhalten. Am 15. Juni 1792 fand in der Stadtkirche zu Darmstadt die Konfirmation Friederikes und Luises statt, und einen Monat später fuhren sie erneut nach Frankfurt, diesmal zur Kaiserkrönung Franz' II.

Während der Vater ursprünglich nur für einen Tag bleiben wollte, setzten die Schwestern mit Hilfe ihrer Großmutter einen längeren Aufenthalt durch, von dem sie sich jede Menge Vergnügen auf den zahlreichen Bällen und Empfängen versprachen. Für den Hofball am Krönungstag besorgte die Großmutter Eintrittsbilletts über ihre Freundin, die Gräfin Metternich, deren Mann kurböhmischer Wahlgesandter war und die Krönungszeremonien zu leiten hatte. Dessen neunzehnjähriger Sohn Clemens, der spätere Staatskanzler Österreichs, war Zeremonienmeister, und Luise hatte die große Ehre, seine Partnerin für den Eröffnungsball zu werden.

Während sich Luise so von Anfang an im Zentrum des Geschehens befand, stand Friederike etwas abseits, ohne dass es ihr an Tanzpartnern gefehlt hätte. Mit hoher Wahrscheinlichkeit war unter ihnen auch Prinz Friedrich von Solms, Kornett am Hofe des Statthalters Wilhelms IV. in Den Haag. Seine Heimat lag nicht weit von Frankfurt und Darmstadt entfernt auf Schloss Braunfels, und er traf Friederike in diesen Tagen des Öfteren auf verschiedenen Bällen, wie sie ihrem Bruder Georg in einem Brief vom 20. November 1804 gesteht:

»… daß ich obgleich erst 14 Jahr diesen Mann schon liebte, ihn nur in den Gesellschaften auf den Bällen sah, natürlich nicht allein, daß wir aber über die Unmöglichkeit einer Verbindung wegen Vermögensumstände unglücklich waren. Daß ich zu der Zeit sagte, wenn es … von mir abhinge, so würde ich keinen anderen heiraten.«

Dass sie ihn Jahre später tatsächlich heiraten würde, war zu diesem Zeitpunkt nicht vorauszusehen, zumal zunächst die Kriegsereignisse, ausgelöst durch die Französische Revolution, die Familie überrollten. Schon im September war die Großmutter mit ihren Enkelinnen und Enkeln auf der

Flucht vor den französischen Revolutionstruppen, die Richtung Mainz vorrückten. Am 23. Oktober 1792 nahmen sie
Frankfurt ein und kurze Zeit später auch Darmstadt.

Die Familie fand zunächst noch gemeinsam in Hildburghausen in Thüringen bei der Schwester Charlotte Un-
terschlupf, aber die kriegerischen Auseinandersetzungen
mit den Franzosen beeinflussten ab jetzt und während der
nächsten 20 Jahre ganz entscheidend das Leben von Friederike und ihrer Familie.

Prinz Ludwig von Preußen

Frankfurt, 20.3.1793
»Der Prinz hat ein vortreffliches Herz, nach allem, was ich von ihm gehört habe, sehr viel Vernunft, und ist schön. Zweifeln Sie nun, bester Vater, daß ich glücklich werden kann?«[4]

Knapp 15 Jahre alt war Friederike, als sie ihren Vater in diesem Brief darum bat, der Werbung des preußischen Prinzen Ludwig um ihre Hand zuzustimmen. Dabei hatte sie ihn vor einigen Tagen zum ersten Mal gesehen. Sie war gerade erst mit ihrer Schwester Luise und der Großmutter aus Hildburghausen zurückgekehrt. Auf dem Weg nach Darmstadt hatten sie in Frankfurt Station gemacht, denn bis in die kleine thüringische Residenzstadt Hildburghausen war die Nachricht gedrungen, dass der preußische König, der mit seinem Heer in Frankfurt im Winterquartier lag, für seine beiden Söhne auf Brautschau war und dabei auch an die mecklenburgischen Prinzessinnen gedacht hatte.

Während Vater Karl von Mecklenburg-Strelitz zunächst nicht begeistert war und seine Töchter auch nicht nach Frankfurt begleitete, war es der Lieblingsonkel der Mädchen, Georg, Prinz von Hessen-Darmstadt, umso mehr. Er sorgte zusammen mit der Großmutter dafür, dass Friedrich Wilhelm II. seine Nichten gleich am Abend ihrer Ankunft im Theater kennen lernte, was ein voller Erfolg wurde.

»Wie ich die beiden Engel zum ersten Mal sah, so war ich frappiert von ihrer Schönheit, daß ich ganz außer mir war, als die Großmutter sie mir präsentierte«, schrieb der König nach Berlin.

Und mit den Worten »Frische Fische, gute Fische« versuchte er auch sogleich sie seinem Sohn, dem Kronprinzen Friedrich Wilhelm, schmackhaft zu machen.

Die Wahl der Ehepartner war in dynastischen Kreisen eine hochpolitische Angelegenheit und hatte nur selten etwas mit Neigungen und Vorlieben zu tun. Es ging darum, durch geschickte Heiratspolitik Macht zu erhalten und politischen Einfluss zu gewinnen. Und so war für den preußischen König die Schönheit der beiden Prinzessinnen sicher eine willkommene Beigabe, aber wichtiger war, dass das Herzogtum Mecklenburg-Strelitz mit seiner Verbindung zum englischen Königshaus ein wertvoller Verbündeter im internationalen politischen Spiel war.

Immerhin überließ der König seinem ältesten Sohn die Wahl zwischen beiden Prinzessinnen, was diesem einiges Kopfzerbrechen verursachte: »Daß mir die Wahl schwer wurde, ist ganz natürlich«, schrieb er später. »Beide Prinzessinnen gefielen mir sehr wohl. Beide waren recht hübsch, hatten einen angenehmen Ton und schienen dem Äußeren nach sich nichts nachzugeben. Hinzu kam noch, daß die jüngste Prinzessin in ihrem ganzen Wesen viel Grazie und, wie man sagt, séduisantes hatte, das der älteren damals nicht zu eigen war.«

Da er sich also nicht entscheiden konnte, beriet er sich mit seinem Bruder Ludwig (auch Louis genannt). Der aber zeigte überhaupt kein Interesse an einer der beiden. Er hatte bereits eine Geliebte in Berlin, die er auch nach einer etwaigen Hochzeit beibehalten wollte. Eine Heirat war für ihn von Anfang an nicht mehr als Pflichterfüllung, und so warb er um Friederike, nachdem der Kronprinz sich letztendlich für Luise entschieden hatte.

Während Friederike in ihrem Brief an den Vater noch von dem Glück schreibt, das sie sich von dieser Verbindung erhoffte – »wie sanft ist die Beschäftigung, auch einen Mann zu beglücken und ihm das Leben froh und angenehm zu machen« –, ahnte sie nicht, wie die Werbung des Prinzen

um sie zustande gekommen war und was sie in ihrer Ehe erwarten würde.

Der Kronprinz machte sich da von Anfang an mehr Gedanken und notierte: »Mein Bruder war und blieb sehr kalt
gegen seine Braut.« Vielleicht liegt hier auch die Ursache für
sein beschützendes Verhalten, das er Friederike gegenüber
Zeit ihres Lebens an den Tag legte.

Ein Hauptgrund für Friederikes Begeisterung für eine
Ehe mit dem Prinzen Ludwig war sicherlich die Tatsache,
dass sie auf diese Weise mit ihrer Schwester zusammenbleiben konnte: »... auch denken Sie, wie sehr wir uns freuen
über die Erfüllung unserer Wünsche, daß wir Schwestern,
beste Freundinnen, unser Leben uns täglich einander ver-
süßen können«, schrieb sie an ihren Vater.

Friederike hatte in ihrem Leben schon viele Trennungen
erlebt: den Tod der Mutter, der Stiefmutter, die Trennung
von den älteren Schwestern, die verheiratet wurden, vom
Vater und ihrem geliebten Bruder Georg, mit dem sie immer
nur kurze Zeit verbringen konnte.

Dass Luise die Nächste sein würde, die heiraten musste,
war für beide bedrohliche Realität. Und da kam der preußische König mit seiner Doppelwerbung gerade richtig.

Eine Trennung von Luise war für Friederike kaum vor-
stellbar, genauso wenig wie für Luise, die sechs Jahre später
ihrer Verzweiflung über die dann erfolgte Trennung mit folgenden Worten Ausdruck gab:

»Sie ist fort! Ja ist auf ewig von mir getrennt. Sie wird nun
nicht mehr die Gefährtin meines Lebens sein. Dieser Gedanke, diese Gewissheit umhüllen dermaßen meine Sinne,
daß ich auch gar nichts anderes denke und fühle. Ach Gott!
Helfe mir diese schwere Trennung tragen.«

Auch die beiden älteren Schwestern Charlotte und
Therese waren glücklich und voller Dankbarkeit der Vor-
sehung gegenüber, die den größten Wunsch von Luise und
Friederike in Erfüllung gehen ließ: »... daß sie ihr ganzes
Leben zusammenbleiben können ... das einzige Glück, um

das ich sie beneide«, schrieb Charlotte an Therese kurz vor der Verlobung.

Nach außen hin schien alles zu stimmen. Prinz Ludwig schrieb höfliche Briefe an seinen zukünftigen Schwiegervater, in denen er betonte, je besser er Friederike kennen lerne, »desto mehr schätze ich mich glücklich, eine solche Gemahlin zu erhalten, mit der ich, davon bin ich überzeugt, glücklich und zufrieden leben werde«.

Als Friederike ihren Vater um seinen Segen bat, fühlte sie sich als glückliche Braut – die Verlobung erfolgte am 24. April 1793 –, schwärmte ihrer Schwester vom Porträt des Prinzen Ludwig, das er ihr geschenkt hatte, und sprach von ihm als »mon partenaire pour la vie«. Später wird sie Bilanz ziehen und ihre erste Ehe als »glänzendes Elend« bezeichnen und sich selber als »vornehme glückliche Braut, als unglückliche, betrogene und doch liebende Gattin«. Zunächst aber begann alles mit sehr viel Glanz und Prunk.

So vermeldete die »Vossische Zeitung« am 25. April 1793 ihren Lesern in Berlin: »Gestern ist hier [Darmstadt] die Verlobung Ihrer KKHH [Königlichen Hoheiten] des Kronprinzen und des Prinzen Ludwig mit Ihren Durchlauchten, den Prinzessinnen Louise und Friederike Karoline von Mecklenburg-Strelitz feierlichst vollzogen worden ... Seine Majestät der König geruhten in Höchsteigener Person die Wechselung der Ringe dabei zu verrichten.«

Überall, wo die Schwestern von da an auftauchten, erregten sie Aufsehen. Der Marquis Lucchesini schrieb begeistert an seine Frau: »... mitten während der Kriegsvorbereitungen, erscheint die Liebe, die niemals müßig ist, auf der Bildfläche« in Gestalt von zwei Prinzessinnen, »schön wie zwei Engel«.

Als die Schwestern am 28. Mai ihre Verlobten im Winterquartier besuchten, sah Johann Wolfgang von Goethe sie und kommentierte, sie kämen ihm vor wie »himmlische Erscheinungen im Kriegsgetümmel«.

Den Besuch im Feldlager dann, bei dem nicht nur Goethe von ihnen vor Begeisterung schwärmte, beschrieb Friederike aus ihrer Sicht so: »Um ein Uhr ließ der König uns rufen, und wir erschienen auf Befehl des Herrn, zwar nicht ohne Aengstlichkeiten ... Der König empfing uns am Hofthore; der ganze Hof war voll von Offizieren. Dann wurde zu Mittag gespeist und sehr lange getafelt, und obgleich wir im unterthänigsten Respekt waren, so war die übrige Gesellschaft doch sehr lustig. Luise und ich waren es weniger, wohl wissend, daß wir auf dem Armesünderschemel saßen, denn aller Augen warteten auf uns.«

Im Zelt des Herzogs von Weimar, Goethes Dienstherrn, tranken sie Tee und Likör, und »zu noch mehr Annehmlichkeit wehte der Wind so impertinent, daß er unsere Röcke bis an die Knie anhob«.

Die beiden Prinzessinnen fühlten sich einerseits geschmeichelt über so viel Aufmerksamkeit. In Briefen an ihren Bruder beschreibt Friederike ausführlich die vielen Diners und Theaterbesuche, die Garderoben der Damen, die morgendlichen Empfänge.

Andererseits spürten beide auch Angst und Unbehagen, auf einmal so im Mittelpunkt zu stehen, überall vorgestellt und beobachtet zu werden, wobei alles genau nach der vorgeschriebenen Etikette ablief, was beiden schwergefallen sein dürfte, denn im Haus ihrer Großmutter ging es eher rheinisch-fröhlich und weniger steif-förmlich zu. »... und wir erschienen!«, beschrieb Friederike den Empfang bei einer Herzogin, »nach dreimaligem Rufen! Ich glaube, ich wäre lieber im Femegericht erschienen als vor ihr.«

Während viele Briefe existieren, die in dieser Zeit zwischen dem Kronprinzen und Luise ausgetauscht wurden, gibt es keine Korrespondenz zwischen Friederike und Ludwig. Er scheint zwar ab und zu mit seinem Bruder zu Besuch gekommen zu sein, aber während der Kronprinz jede Gelegenheit ergriff, seine Braut zu sehen, beklagte sich Friederike bei ihrem Bruder, dass sie allen Grund habe, auf Luise eifersüchtig zu sein, denn der Kronprinz sei schon wieder

da, ihr Prinz habe sich aber seit zwei Wochen nicht mehr blicken lassen, und ihr bliebe nichts, als sich alle Tage damit zu
trösten, dass die Hoffnung unbezahlbar sei.

Eine Hoffnung, die sich schon drei Jahre später ganz zer-
schlagen hat, denn da ist aus dem Desinteresse des Prinzen
Ludwig bereits ein Verhalten geworden, das Friederike als
»versteinert kalt gegen mich« bezeichnet.

Berlin, September 2004

»Das schaffen wir nie!? Doch, es geht! Wenn
durchschnittlich 200000 Bürger (von 80 Millionen Deutschen) Euro 400,– einmalig geben,
oder wenn es Ihnen zu viel ist, Euro 40,– jährlich zehn Jahre lang im Abbuchungsabonnement
(monatlich ist das der Gegenwert einer Zigaret-
tenschachtel!), sind das Euro 80 Millionen. Es
klappt mit Ihrer Hilfe!«

*Die riesigen Lettern auf dem Plakat des Fördervereins für
das Berliner Schloss springen mir förmlich ins Gesicht, als
ich Unter den Linden in Richtung Schloss schlendere, dem
früheren Sitz der preußischen Könige und damit auch von
Friederikes Schwiegervater Friedrich Wilhelm II.*

*Spurensuche in Berlin vor Ort. Abgestiegen bin ich pas-
send zum Zweck meiner Reise in einer Suite des Hotels
Louisa's Place am Ku'damm: Möbel im altpreußischen De-
sign, an den Wänden alte Drucke aus der Zeit und dann
das Wellnessbad, in dem der Schwimmer durch die Wand-
bemalung direkt in den Park von Schloss Sanssouci gebeamt
wird.*

*Während nun aber das Potsdamer Schloss noch steht, klafft
leider da, wo bis zur Sprengung am 7. September 1950 das
Berliner Stadtschloss stand, eine riesige Weite, an deren Ende
der Palast der Republik steht, der wegen der immensen Kosten (damals) immer noch nicht abgerissen wurde.*

*Und jetzt erschließt sich der Sinn des Plakats. Es geht um
den Wiederaufbau des Schlosses, den der Bundestag am 13. Januar 2003 beschlossen hat.*

80 Millionen soll er kosten, denn wenn auch gut zwei Drittel der Skulpturen von den Außenseiten noch vorhanden sind, so fehlt doch der Rest der Bausteine. Das eine oder andere Schlossfragment fand sich noch, zum Beispiel, als man 1992 die Fundamente einer großen Zementmischanlage verstärken wollte. Das meiste muss aber möglichst naturgetreu nachgebaut werden, und das kostet Geld.

Wem das Abbuchen einer Spende vom Konto zu unspektakulär ist, kann die Patenschaft über einen Schlossbaustein erwerben. 250 Euro kostet ein Stein.

Ich überschlage schon mal im Geiste die kommenden Geburtstage meiner Familie und komme zu dem Schluss, dass sich bedauerlicherweise außer meinem Vater keiner wirklich über so einen Stein freuen würde. Wenn wir alle zusammenlegen, könnten wir sogar zwei Bausteine für ihn erwerben. Man kann sie über das Internet genau auswählen: Fensterachse A, Ebene 1, Baustein 13 oder lieber 17?

Andere Bauwerke sind zum Glück noch erhalten. Vor dem Kronprinzenpalais, dem ehemaligen Wohnsitz Luises, bleibe ich stehen. Direkt daneben das Prinzessinnenpalais, in dem Friederike mit ihrem Mann von 1793 bis 1796 lebte. Hier begann also das neue, nach außen hin glanzvolle Leben der beiden Schwestern.

Heute verdeckt eine riesige Plane die Vorderfront des Kronprinzenpalais. Das Palais hat lange leer gestanden. Jetzt hat es eine große Schuhkette für eine Verkaufsausstellung gemietet. In der breiten Eingangshalle, in den Sälen, dort, wo vor 200 Jahren die Vornehmen des preußischen Königreichs ein und aus gingen, stehen heute Tische mit Schuhen. Ausverkauf.

Ich gehe durch die Räume, versuche mit Hilfe von Bildern aus meinen Büchern in die Zeit von damals zu flüchten.

War es hier, wo Kronprinzessin Luise mit ihrem Mann, ihrer Schwester Friederike und ihren anderen Geschwistern so häufig ganz familiär speiste? So wie die Oberhofmeisterin Voss das in ihren Erinnerungen beschreibt: »Zu Tisch zu

Hause mit Prinz Carl und Prinz Georg von Strelitz; man war guter Dinge.«

Vor lauter Anstrengung, die Tische mit den Schuhen auszublenden und stattdessen das Bild einer fröhlichen Runde beim Kartenspiel oder Tanz, begleitet vom Spiel des Klaviers, an die Stelle zu setzen, wird mir ganz schwindelig.

»Sieh mal, Mama, diese Schuhe, echt super!«

Die Stimme meines Sohnes, der mich tapfer auf meinem Rundgang begleitet, reißt mich aus dem 18. Jahrhundert zurück in die Gegenwart.

Der Durchgang zum Prinzessinnenpalais im ersten Stock, den Friedrich Wilhelm III. 1810/11 bauen ließ, um seinen Töchtern näher zu sein, ist verschlossen. Also gehe ich außen herum in das Gebäude, das heute Opernpalais heißt. Im Erdgeschoss ein Café mit dem größten Kuchenangebot Berlins. Ein Traum in Rosa. Rosa die Tapeten und rosa die Stühle. Man findet keinen freien Platz mehr. Um in Ruhe die Bilder zu betrachten, die Luise, Friedrich Wilhelm III. und Berliner Szenen der damaligen Zeit zeigen, melden wir uns zum Brunch am kommenden Sonntag an.

Während ich die Treppe zum ersten Stock hinaufgehe, fallen mir die traurigen Worte wieder ein, die Friederike im November 1796 an ihren Bruder schrieb. Wie sehr hat sie sich gewünscht, dass ihr Mann, in dessen Leben Friederike nach wie vor nur eine Nebenrolle spielte, die Treppe hinauf zu ihr und den Kindern gefunden hätte: »... wenn ich nur, Gott weiß durch was, erlangen könnte, daß er mehr oben wäre.«

Von der Decke hängt ein riesiger Kronleuchter, an den Wänden Bilder vom alten Berlin. Rechts geht es zum Luisensaal, den man für Veranstaltungen mieten kann. Übereinandergestapelte Stühle, eine Bühne, Mikrofone. An den Wänden Bilder von Luise.

Normalerweise ist der Saal abgeschlossen. Aber heute habe ich Glück. Ein Handwerker ist mir auf der Treppe entgegengekommen; wahrscheinlich macht er eine Kaffeepause. Jedenfalls hat er die Türen nicht abgesperrt.

Rechts eine Tür. Sie müsste zu dem Verbindungsgang zwischen den beiden Palais führen. Tut sie auch. Allerdings befinden sich in dem Gang heute die Toiletten, was mich für einen Moment doch ziemlich ernüchtert, denn ich hatte gehofft, auf diesem historischen Weg ins Kronprinzenpalais zu gelangen.

Auf der anderen Seite der Treppe der Prinzessinnensaal. Auch hier Stühle, Tische. Hier trifft sich die Gesellschaft »Historisches Berlin« zu ihren Sitzungen. Dahinter eine weitere Tür, die in den »Salon de Friederique« führt, wie die goldenen Lettern über der Tür verkünden. Rosa Wände, chinesische Figuren. Sieht aus wie Tapete, ist aber Holz.

Beim Blick aus dem Fenster sieht man gegenüber das ehemalige Zeughaus, heute Museum, links die Oper. Zumindest die Fassaden der Gebäude sind noch so wie damals, als Friederike hier ankam, wenn auch da, wo früher Kutschen entlangfuhren und die Leibgarde patrouillierte, heute fotografierende Touristen die mit Bussen und Autos belebte vielspurige Straße zu überqueren versuchen, um im Palais einen Caffè Latte zu trinken.

Ich setze mich auf einen der rosa Stühle, die an der Wand entlang aufgestellt sind.

Hat sie hier oben gesessen und auf ihren Mann gewartet, der sie immer häufiger mit den Kindern alleine ließ?

Hat sie hier in diesen einsamen Stunden die Worte niedergeschrieben, die so deutlich ihre unglückliche Ehe beleuchten: »Wenn er nur in diesem verteufelten Berlin nicht so mit schrecklicher Kälte mich behandelte.«

Und hier war es auch, wo ihre Ehe nach drei Jahren durch den Tod ihres Mannes ein unerwartetes plötzliches Ende nahm.

Glücklich ist sie in diesen Räumen jedenfalls nicht geworden. Und mit wie viel Hoffnung war sie hier eingezogen!

Doppelhochzeit in Berlin

> »Gott gebe dir das Glück, ja dich so ganz nach
> deines Herzens Gefühl zu verbinden, denn außer
> dem ist kein Glück auf Erden, ohne diesem ist
> alles nur glänzendes Elend.«[5]

Dies schrieb Friederike ihrem Bruder 1799, als er zum ersten Mal auf Brautschau ging, im Rückblick auf ihre eigene Ehe mit dem Prinzen Ludwig. Dabei hatte beim feierlichen Einzug in Berlin am 22. Dezember 1793 noch alles ganz anders ausgesehen.

»Die Liebe des Durchlauchtigsten Paares«, schrieb die »Vossische Zeitung« am 28. Dezember 1793 anlässlich der Hochzeit, »entstand bekanntlich während des Krieges gegen die Franzosen, und ist nun ... durch ein schönes, unauflösliches Band befestigt worden.«

Was Friederike in diesen Tagen gefühlt hat, ist leider nicht durch Briefe dokumentiert, denn ihre Geschwister, denen sie normalerweise alles berichtete, waren ja vor Ort.

Sie war 15, als sie die Stätte ihrer wohlbehüteten Kindheit verließ, und in ihrem letzten Brief aus Darmstadt schrieb sie traurig und verunsichert an ihre Schwester Therese: »... was leidet man, wenn man einen Ort verlassen muß, den man liebt und wo man wirkliche Freunde zurückläßt.«

Was sie in Berlin erwartete, wusste sie nicht, zu diesem Zeitpunkt kannte sie nicht einmal den Tag der Hochzeit. Auch die vielen Ratschläge von wohlmeinenden Menschen dürften ihre Aufregung und die ihrer Schwester wohl eher noch verstärkt haben. Da war von Pflichterfüllung die Rede und davon, was man aus dynastischen Gründen von ihnen erwartete. Etwas aus dem Rahmen fielen da die Ratschläge der Prinzessin Caroline von Schwarzburg-Rudolstadt, die bereits einige Eheerfahrungen erworben hatte und die vorsichtshalber empfahl, ihren Brief nach der Lektüre sofort zu vernichten: »Wenn Ihr glücklich werden wollt, seid immer gleichgültig gegen Euren Mann und wenn Ihr verliebt seid, zeigt es nicht zu sehr, damit er Euch nicht irgendwann vorwirft, Ihr seid kälter geworden, und es sich zunutze macht.« Auch sollte man eher die Freundschaft des Mannes gewinnen, denn Liebe gehe vorbei. Ganz wichtig sei es, sich nicht zu abhängig zu machen, damit sie nicht zur Sklavin gemacht würde, wie es den meisten Frauen passierte.

Ungetrübte Freude hatten beide Schwestern lediglich bei der Vorbereitung ihrer Reisekleidung. Begeistert schrieb Friederike ihrer Schwester Therese von dem nach der neuesten Mode geschneiderten Reitkleid aus türkisblauem Kaschmir mit der grün-weiß gestreiften Weste, von dem Hut aus schwarzem Biber mit goldenen Quasten und schwarzen Federn, der direkt aus London kam, und von dem weißen Pelzmantel und der flaschengrünen Pelzjacke. Standesgemäß musste auch die Kutsche sein, und so wurde eine der modernen englischen Reisekutschen mit hohen Rädern angeschafft, flaschengrün mit einem roten Untergestell. Auch die sieben begleitenden Kutschen waren neu.

Am 21. Dezember kamen Friederike und Luise mit ihrer Großmutter und Bruder Georg in Potsdam an, wo sie von Bürgergarden in den Farben Mecklenburgs, dem Magistrat und der Geistlichkeit begeistert empfangen wurden. »Ein Zulauf von Menschen, der ungeheuer war«, notierte Georg in seinem Tagebuch, »... alle Fenster beleuchtet, der Zug nahm kein Ende, und ein Werfen mit Sträußen, daß wir ordentlich in Blumen badeten.«

An der Rampe zum königlichen Schloss warteten die beiden Prinzen und führten Friederike und Luise in den Marmorsaal. Hier in Potsdam lernten sie auch ihren neuen Hofstaat kennen, unter anderem Luises Oberhofmeisterin Luise von Voss, die in ihrem Tagebuch erste Kommentare zu den Schwestern machte: »Sie scheinen Beide nicht bloß schön, sondern auch im Wesen reizend zu sein.«

Am nächsten Tag ging es weiter nach Berlin. Im goldenen Galawagen, mit acht Pferden bespannt, saßen Friederike und Luise. Die Sonne schien, und die Straßen waren gesäumt von jubelnden Menschen.

»Der Einzug war süperb«, urteilte die Oberhofmeisterin der Kronprinzessin in ihren Memoiren, »aber er dauerte sehr lang.« Und so war es wohl auch. Die Fahrt von Potsdam bis zum königlichen Schloss in Berlin zog sich über Stunden hin, denn die Kutschen kamen nur langsam vorwärts.

46 blasende Postillione führten den Zug an. In genau festgelegter Reihe folgten in ihren Wagen die Großmutter, der Vater, der Bruder und die jeweiligen Gefolge, die Kammerherren, Postsekretäre, Frachtleute, Brauerei- und Branntweinbrenner. Alle Gewerke und Gilden Berlins und auch die Zünfte der Kaufmannschaft waren in ihren bunten Gewändern angetreten, um den beiden Bräuten zu huldigen. Immer wieder mussten die Kutschen anhalten, weil den Prinzessinnen auf feinsten Atlas gedruckte Huldigungsgedichte überreicht wurden.

Und immer wieder Ehrenpforten und Fahnen schwingende, begeisterte Menschen. Weißgekleidete Kinder schwenkten Fähnchen und sagten Gedichte auf. »Beide Prinzessinnen dankten dem zahlreich versammelten und fröhlich lärmenden Volke mit wiederholten Verbeugungen, und auf eine so bezaubernd freundliche, herablassende Art, daß sie selbst von einem Volke, welches gewohnt ist, von seinen Fürsten und Fürstinnen nicht verachtet zu werden, wegen ihrer ausgezeichneten Huld allgemein bewundert wurden, und sich von jedermann die ehrfurchtsvollste Liebe erwarben«, so die »Vossische Zeitung«.

Vor dem Brandenburger Tor hatte die Schützengilde zwei Kanonen stationiert, auf dem Tor standen Trompeter und

Pauker. Das 60 Fuß hohe Ehrentor, durch das sie anschließend fuhren, zeigte den Gott der Ehe, der der Göttin der
Keuschheit zwei Myrtenkränze überreicht. Darunter in goldenen Lettern die Worte:

>>Unschuld, Schönheit, Anmuth, Jugend,
 Ziert der Schwestern hohes Paar;
 Ihnen reichet Göttin Tugend
 Die verdienten Kränze dar.<<

Am Straßenrand brannten Wachsfackeln, hinter den Fenstern leuchteten Tausende Lichter.

An der Treppe des Schlosses wurden sie von den Prinzen
empfangen, die ihnen vorausgeeilt waren. Der König stellte
sie dann der Königin und dem gesamten Hof vor. Während
die hohen Herrschaften soupierten, feierte das Volk an verschiedenen Stellen in Berlin. So gab es zum Beispiel Bälle
bei den Schützengilden und den Kaufleuten.

Die Beschreibung der beiden Hochzeiten einschließlich der sie begleitenden Feierlichkeiten am 24. beziehungsweise 26. Dezember 1793, die in der >>Vossischen Zeitung<<
viele Seiten füllt, fasst Oberhofmeisterin Voss, 64 Jahre alt,
in ihrem Tagebuch knapp zusammen: >>Vermählungtag der
Kronprinzessin. Sie dinierte mit ihrer Großmutter und uns
Damen; dann zog sie sich an, fuhr um 6 Uhr Abends zur Königin, um die Krone aufzusetzen; die Trauung war im weißen Saal und nachher die hergebrachten Feierlichkeiten, der
Fackeltanz usw. Ich stand 6 Stunden lang von 6 bis 12 Uhr
auf meinen Füßen, ohne mich zu setzen, und war todtmüde,
als ich endlich um 1 Uhr Nachts nach Hause kam.<<

Zwei Tage später, am 26. Dezember, mussten sich alle ein
weiteres Mal einem Marathonprogramm unterziehen: Auch
Friederike fand sich um sechs Uhr abends bei der Königin
ein. Von dort begann der Zug durch das Schloss zum Weißen Saal, so genannt wegen des weißen Stuckmarmors und
der versilberten Ornamente, die ihn schmückten.

Hier hatten sich die Mitglieder des Adels, Generäle und Botschafter versammelt. Die Trauung fand unter einem mit goldenen Kronen bestickten roten Samthimmel statt. Eine kritische Beobachterin war Luise von Radziwill, die in ihren Memoiren Friederike so beschrieb: Sie »war keine regelmäßige Schönheit wie ihre Schwester, besaß aber eine reizende Figur, große Anmut und den lebhaften Wunsch zu gefallen, weshalb manche ihr vor der edleren Schönheit ihrer Schwester den Vorrang gaben«.

Aber auch sie beobachtete, was den meisten am Hofe bekannt war, dass Prinz Ludwig »durch sein frostiges Wesen verriet, daß diese Ehe keiner Herzensangelegenheit entsprang«.

Gefeiert wurden beide Hochzeiten mit aufwendigen Soupers, Bällen und Opernvorstellungen. Auch das Volk feierte, im Armenhaus gab es Essen und Trinken umsonst.

Zu Ehren der Prinzessinnen wurde die Oper »Armide« von Christoph Willibald Gluck aufgeführt, die ganz dem Zeitgeschmack und insbesondere auch dem der beiden Bräute entsprach. Es ist die Geschichte von Armide und Renaud, die zur Zeit der Kreuzzüge spielt. Zwischen Liebe und Ruhm hin und her gerissen, entscheidet sich der Held am Ende für den Ruhm und kehrt aufs Schlachtfeld zurück mit den Worten:

> »Ha, welcher schimpflichen Verblendung
> Gab mich der Liebe täuschender Wahn!
> … Lasset voll Schaam mich wiederkehren,
> Wo Lorbeeren dem Haupte des Helden entblühn!«

Nun mag das sicher eine Anspielung auf die Situation der beiden Prinzen gewesen sein, die sich ja auch mit dem preußischen Heer mitten im Kampf gegen die Franzosen befanden und die nur für kurze Zeit, während die Truppen in den Winterquartieren lagen, in Berlin würden sein können.

Die Reaktion Armides stimmt allerdings nachdenklich.

Sie ist so zornig über den Weggang Renauds, dass sie ihn verflucht und am Ende verzweifelt:

>>Ach wohin führt dich dein blinder Wahn?
Der Rache Hoffnung ist's die allein mir noch bleibt. –
Hinweg der Glanz, die Pracht!
Euch verschlinge das Grab!
Herbei! – stürzt den Palast herab!
Hinab zur Unterwelt, dort berge sich die Schmach
Unsel'ger Liebesglut, in das Grab ew'ger Nacht!<<

Vielleicht war es ja als Ermahnung an die Prinzessinnen ge-dacht, ihre Männer zum Ruhme des Vaterlandes wieder in den Krieg ziehen zu lassen, ohne ihnen Vorwürfe zu machen. Denn beide Schwestern hatten zwar viele Ritterromane ge-lesen, wo die Helden auch von einem Kampf in den nächsten zogen, aber die endeten in der Regel am Hochzeitstag und bereiteten nicht auf das Leben als Soldatenbraut vor. Man kann nur hoffen, dass sie sich ihre ersten Tage als verhei-ratete Frauen nicht durch solch schwere Opernkost haben verderben lassen, zumal sich der Hof die Oper einige Tage später ein zweites Mal ansehen musste.

Leben am preußischen Hof

> »Herauf, herauf, du neugebornes Jahr!
> Bruder flieht, wir segnen noch sein Scheiden!
> Und seiner letzten Tage goldne Freuden
> O mache du, was er versprach, uns wahr!«[6]

So lautet die erste Strophe des Gedichtes, mit dem die »Königlich Berlinische Zeitung« in ihrer Neujahrsausgabe das Jahr 1794 begrüßte.

Und zunächst schien es auch so, als ob das Leben von Friederike und Luise ein einziges Fest wäre. Die Feierlichkeiten rund um die Doppelhochzeit gingen nahtlos in den Karneval über, der am 6. Januar begann und in den sich beide Schwestern begeistert stürzten.

Es gab natürlich Veranstaltungen, die streng nach der preußischen Hofetikette abliefen, wie sonntags und donnerstags die Courtage bei der wegen »ihrer Kälte und steifen Langweiligkeit gefürchtete[n]« Königin Friederike Luise, mittwochs der Empfang bei der Königinwitwe und montags und freitags die Opernaufführungen. Amüsanter waren da schon die Konzerte beim König, bei den anderen Prinzen oder Ministern, die Dejeuners, Soupers, Tees und natürlich jede Menge Bälle, bei denen vor allem Luise den von ihr am Berliner Hof eingeführten Walzer bis zum Umfallen tanzte.

Neben den Theateraufführungen gab es zur Unterhaltung von Volk und Hof auch zahlreiche andere Lustbarkeiten: Zaubervorführungen und chemische Kunststücke, bei denen zum Beispiel Spiritus aus einer Röhre gegossen wurde und nur in der Hand eines Verliebten aufbrauste, mechanische Automaten, die frühen Vorläufer der Roboter, und optische Vorstellungen mit schwebenden Geistergestalten.

Von Friederike liegt aus den ersten Wochen ihrer Ehe kein Brief vor, aber sie wird sicher den Worten Luises zugestimmt haben, die am 25. Februar an ihre Schwester Therese in Regensburg schreibt: »Mache dich darauf gefaßt, daß ich bald sterben werde, denn seitdem ich diesen Brief begonnen habe [sechs Tage früher], haben wir nichts getan als Tanzen und bis zu meinem Geburtstag gibt es noch sieben Bälle. Diese Lebensweise ist unglaublich anstrengend, und ich achte nicht auf meine Gesundheit. Was das Tanzen angeht, so weißt du, daß die Mecklenburger sich darauf verstehen, und daß es sehr schwierig ist, sie völlig fertig zu machen.«

Friederike und Luise waren der Mittelpunkt all dieser Festlichkeiten. Überall, wo sie erschienen, wurden ihre Schönheit und ihre Anmut gelobt. Dass Luise als künftige preußische Königin immer mehr im Rampenlicht stand, war selbstverständlich, dafür wurde sie aber auch kritischer betrachtet, vor allem, wenn sie ohne Rücksicht auf ihre Gesundheit und die Etikette Walzer tanzte, der damals keinesfalls der guten Sitte entsprach. Wenn beide Schwestern ursprünglich befürchtet hatten, dass das ungezwungene Darmstädter Leben durch die strenge Etikette am preußischen Hof abrupt ein Ende haben und der Langeweile Platz machen würde, so waren sie zumindest in diesen ersten Wochen angenehm überrascht.

Der Hof ihres Schwiegervaters Friedrich Wilhelms II. stand in dem Ruf, ein einziges großes Gelage zu sein. Es habe »die größte Liederlichkeit geherrscht«, »alles besoff sich an Champagner, fraß die größten Leckereien, frönte allen Lüsten«, schrieb ein Zeitgenosse.

Genau dies war einer der Gründe, die Karl von Mecklenburg hatten zögern lassen, seine Töchter an den preußischen Hof zu verheiraten, auch wenn er sich am Ende unendlich geschmeichelt fühlte.

Unter Friedrich dem Großen hatte das Leben am Hof in Berlin und Potsdam wirklich vor allem aus Langeweile und Pflichterfüllung bestanden. Unter seinem Nachfolger gab es das Kontrastprogramm: Maskenbälle, Feste jeder Art, Konzerte und Opernvorstellungen.

Friedrich der Große hatte das vorausgesehen: »Ich werde Ihnen sagen, wie es nach meinem Tode zugehen wird«, sagte er 1785 zu dem Grafen Hoym, seinem Minister für Schlesien. »Es wird ein lustiges Leben bei Hofe werden. Mein Neffe wird den Schatz verschwenden, die Armee ausarten lassen. Die Weiber werden regieren und der Staat wird zugrunde gehen.«

Auch das Liebesleben Friedrich Wilhelms II. sorgte immer wieder für Aufregung. Da waren seine zahllosen Mätressen und die beiden Hofdamen Julie von Voss und nach deren Tod Sophie von Dönhoff, die er »zur linken Hand« heiratete, wodurch er für viele Menschen zum Bigamisten wurde.

Wenn all das für einen Herrscher des 18. Jahrhunderts eigentlich nicht außergewöhnlich war, so war es doch für die Berliner Gesellschaft gewöhnungsbedürftig, vor allem nach dem in jeder Hinsicht spartanisch lebenden Friedrich dem Großen.

Feste, Tanzen, Maskenbälle, all das, was Friederike und Luise liebten, mochten der Kronprinz und offensichtlich auch sein Bruder Ludwig aber nicht besonders. Der Kronprinz hasste das Leben, das sein Vater mit wechselnden Geliebten führte, seine Verschwendungssucht und die aufwendige Hofhaltung.

Und so zogen sich beide Paare, sobald die Zeit des Karnevals vorbei war, ins »heitere, unschuldsvolle Familienleben« zurück.

Während Luise mit ihrem Mann das Kronprinzenpalais Unter den Linden bezog, wo traditionsgemäß alle preußischen Kronprinzen wohnten, zog Friederike mit ihrem Mann in das angrenzende Palais.

Und so war zumindest der eine Wunsch Friederikes aus dem Brief an ihren Vater ein Jahr zuvor in Erfüllung gegangen.

»Der Prinz Louis und seine Gemahlin wohnten in dem kleinen Palais, neben dem unsrigen«, schrieb Frau von Voss, »und lebten im zärtlichen Verein mit den älteren Geschwistern, bald waren wir drüben bei ihnen, oder sie waren bei uns, aber immer war man zusammen.«

»Gemüthlich«, »häuslich« und »glücklich« lauten die Attribute, mit denen die Oberhofmeisterin das Familienleben der beiden Schwestern in diesen ersten Wochen charakterisiert. Oft waren zu dieser Zeit auch weitere Familienangehörige wie die Großmutter und die Brüder Georg und Karl anwesend.

Erste Probleme gab es allerdings auch schon in diesen Wochen, weil die Schwestern in ihrer Begeisterung und wohl auch Naivität übersahen, dass es doch ein Unterschied war, ob man sich in den eher provinziellen Kreisen des Darmstädter Hofes bewegte oder ob man ein Teil der königlichen Familie am preußischen Hof zu Berlin war.

Auf Luises Wunsch war der Walzer bei Hofe eingeführt worden, der nicht nur in Berlin bei vielen als »unmoralisch« galt, weil er zu engen Körperkontakt zwischen den tanzenden Paaren zuließ.

So warnte das »Journal des Luxus und der Moden« noch 1798: »Man hopst und walzt, wie die Wilden; aber nicht, weil man Freude hat wie sie, sondern weil man Freude sucht: Was man dann findet, das mögen die Mädchen wohl wissen, die so gern hopsen und walzen!«

Beide Schwestern tanzten ihn leidenschaftlich gern mit wechselnden Partnern. Was zunächst noch als Jugendübermut toleriert und bei Friederike auch nicht ganz so kritisch gesehen wurde, führte bei Luise als Frau des Kronprinzen zu ersten Vorwürfen.

Auch die häufigen Ausritte und Kutschfahrten, die die Schwestern ohne Hofdame unternahmen, so wie sie das von

Darmstadt her gewohnt waren, gaben Anlass zu heftiger Kritik an ihrem ungezwungenen und zunehmend als unpassend empfundenen Benehmen.

Als sich die beiden dann auch noch mit dem Prinzen Louis Ferdinand anfreundeten, sich mit ihm verabredeten, Kutschfahrten unternahmen und offensichtlich für seinen bekannten Charme sehr empfänglich schienen, kam es zu einer ernsten Krise, in die sich sogar Friedrich Wilhelm II. einschaltete. Dabei spielte es keine Rolle, dass auch dieser nicht gerade ein Vorbild an Tugend war, denn in Preußen galt ebenfalls die Regel, dass das, was einem männlichen Mitglied der Familie an Freiheiten zugestanden wurde, noch lange nicht für die Frauen galt. Die hatten in erster Linie tugendhaft und zurückhaltend zu sein.

»… ich kann die Freundschaft mit ihm [Louis Ferdinand] nicht gutheißen«, befand Frau von Voss und riet dem Kronprinzen, ein Machtwort zu sprechen. Sein Vater drückte sich noch drastischer aus und befahl dem Sohn, bei seiner Frau »bisweilen die Sporen« zu gebrauchen, denn mit einer Frau sei es so wie mit einem edlen Dressurpferd. Beide bräuchten ab und an eine Korrektur.

Dabei war Louis Ferdinand nicht irgendein Prinz. Er war ein Neffe Friedrichs des Großen, galt allerdings schon früh als Frauenheld. Mit 16 Jahren soll er sich in eine neun Jahre ältere Hofdame seiner Mutter verliebt haben, die im Laufe dieser Beziehung schwanger wurde. Daraufhin schickten seine Eltern ihn zum Militär, wo er sich durch seine Tapferkeit auszeichnete und zum Idol der einfachen Soldaten wurde.

Louis Ferdinand kam im März 1794 nach Berlin zurück. Er war 22 Jahre alt und auch in den Augen seiner männlichen Zeitgenossen ein ausgesprochen schöner Mann. »Unter allen preußischen Prinzen tat die Natur am mehrsten für diesen«, schrieb Kriegsrat Georg Friedrich von Cölln. »Sie gab ihm einen gesunden, schönen, starken Körper, die heftigsten Leidenschaften, aber auch einen hellen Verstand.« General von der Marwitz geht sogar noch weiter und bezeichnet ihn als »Apoll«. Nicht nur, dass er traumhaft Klavier spielen konnte, er war auch »geschickt in allen Leibesübungen, ein gewandter Reiter ... Bei allen diesen Eigenschaften war es kein Wunder, daß er der Liebling aller Frauen war, was er gehörig zu benützen verstand.«

Kein Wunder also, dass Frau von Voss erbost und gleichzeitig besorgt von einem »fremde[n], unheilige[n] Einfluss« sprach, der in das »heitere, unschuldsvolle Familienleben einbrach«.

Beide Schwestern fanden sehr schnell einen freundschaftlichen Kontakt zu diesem Prinzen, mit dem es sich so gut über Fragen der Kostüme für den nächsten Maskenball plaudern ließ und der darüber hinaus noch ein begnadeter Tänzer war. Über die Tanzqualitäten des Prinzen Ludwig ist nichts bekannt, der Kronprinz dagegen hat selber zugegeben: »Kann nicht tanzen, kann nur Bocksprünge machen.«

So gerieten die beiden Schwestern, vor allem Luise, immer mehr in die Hofkritik, sodass der Kronprinz nur einen einzigen Ausweg aus der Krise sah und mit Luise nach Potsdam ging, wo er ein Regiment übernahm.

Friederike blieb in Berlin zurück. Sie war nach Meinung der Zeitgenossen noch bereitwilliger als Luise auf Louis Ferdinand zugegangen. Auch heute noch wird ihr eine »erotische Liaison« mit dem Prinzen nachgesagt, vielleicht weil es einige Jahre später, als sie Witwe war, zu einem neuerlichen Kontakt zwischen den beiden kam und es Vermutungen gab, Louis Ferdinand könne sogar der Vater ihrer Tochter Caroline gewesen sein.

»Erst 15 Jahre alt und in keiner Weise ihrer fürstlichen Schwester ähnlich, entbehrte ihr Wesen den Ernst, die Tiefe und das strenge Pflichtgefühl, das jene erfüllte, vor allem war sie der Schmeichelei sehr zugänglich«, notierte Frau von Voss in ihr Tagebuch.

Ob es zu diesem Zeitpunkt von Friederikes Seite aus

mehr als eine Schwärmerei gewesen ist, scheint aber sehr zweifelhaft, denn sie war im dritten Monat schwanger, als sie den Prinzen kennenlernte.

Dass Luise wieder auf den »rechten« Weg kam, hatte sie nach Meinung ihrer Oberhofmeisterin ihrem Mann zu verdanken, der sie mit liebevoller Strenge auf ihr unmögliches Verhalten hingewiesen hatte.

Prinz Ludwig dagegen war wohl selber noch zu jung, »um ein rechter Führer zu sein«, urteilte sie abschließend.

Wenn Friederike für die Aufmerksamkeiten des Prinzen Louis Ferdinand empfänglicher war, so lag dies aber wohl auch daran, dass sie in ihrer Ehe im Gegensatz zu Luise nicht das Glück gefunden hatte, das sie sich erhofft hatte.

Mit fünfzehneinhalb Jahren lebte sie in einer ihr fremden Umgebung, verheiratet mit einem Mann, den sie liebte, von dem sie schwanger war, von dem sie aber wusste, dass er eine andere Frau vorzog.

In einem Brief, den Luise am 16. Mai 1794 an ihren Mann schreibt, der zusammen mit seinem Bruder in den Polenfeldzug gezogen war, findet sich folgende Passage:

»Friederike läßt Dir viele zärtliche Empfehlungen sagen und bittet Dich dringend, mit Deinem Bruder öfters über sie zu sprechen, damit sich sein Geist immer öfter mit ihr beschäftigt, damit er sie mehr lieben möge. Ihre letzten Gespräche gefallen mir gar nicht. Er hat sie merken lassen, daß er eine gewisse Person noch immer liebt, worüber sie außer sich ist, denn sie betet Louis an.«

Eine unglückliche Ehe

»Ich war so glücklich in der Zeit, schon 14 Briefe
zu erhalten …«
»Ich bin öfters so unglücklich und innerlich
betrübt, so schwermütig …«[7]

Die Briefe ihres ersten Ehejahres bis zur Geburt ihres Kindes im Oktober und dem Beginn einer neuen Rolle als Mutter zeigen das Bild einer Frau, die von ihren Gefühlen und Stimmungen zwischen glücklichen und melancholischen Momenten hin und her getrieben wird.

Friederike litt sehr unter der Trennung von ihrem Mann, der zusammen mit dem Kronprinzen am 15. Mai in den Polenfeldzug gezogen war und den sie erst im September wiedersehen würde: »Ich bin leider immer noch von meinem besten Mann geschieden, und habe nicht so bald die herrliche Hoffnung, ihn wiederzusehen …« Ein anderes Mal schreibt sie von »der mehr als schrecklichen Trennung«.

Obwohl der Abschied wenig erfreulich gewesen sein muss – hatte Ludwig ihr doch eröffnet, dass er nicht daran dachte, seine Geliebte aufzugeben –, so hatten sicherlich die 14 Briefe, die innerhalb von fünf Wochen ankamen, neue Hoffnung geweckt.

Eine falsche Hoffnung, wie sich zeigen sollte. Denn Ludwig war schon in der Verlobungszeit – anders als sein Bruder, der Luise fast täglich zärtliche Briefe schrieb – kein großer Schreiber. Die Vermutung liegt daher nahe, dass der Kronprinz der Bitte seiner Frau nachgekommen ist und mit seinem Bruder ein ernstes Wort geredet hat.

Friedrich Wilhelm hasste das Liebesleben seines Vaters, der seine Mutter so oft durch zahlreiche Mätressen und seine beiden Heiraten verletzt hatte. So ließ er dann auch 1797, am Tag nach dem Tod seines Vaters, als eine seiner ersten Amtshandlungen als neuer König die Mätresse seines Vaters verhaften und ihr gesamtes Vermögen enteignen.

Dieser Friedrich Wilhelm wird wenig Verständnis für seinen Bruder aufgebracht haben, der seine 16 Jahre alte schwangere Frau betrog und ihr das auch noch unmittelbar vor seiner Abreise sagte.

So erlebte Friederike trügerische Momente des Glücks, als die zahlreichen Briefe ihres Mannes ankamen, Momente, in denen sie hoffen konnte, dass sich alles noch zum Guten wenden würde.

Mit Stolz berichtete Friederike ihrem Bruder Georg über die militärischen Erfolge ihres Mannes bei der Einnahme von Krakau. Er habe sich ausgezeichnet und »heldenhaft« verhalten. Im Juni wurde er sogar zum Generalmajor befördert. »Und das teure Pfand zu bewahren, welches er mir gelassen und dieses recht sorgfältig unter meinem Herzen zu tragen, ist mir ein Trost.«

Ein Grund für ihre schwankende Stimmung in diesen Monaten war natürlich auch ihre Schwangerschaft, über die sie ihrem Bruder berichtet: »Ich kann es jetzt mit Gewissheit sagen, in dem schon der 3te Monat angegangen ist. Gottlob, daß ich es Dir schreibe und nicht mündlich sagen muß, denn ich erröte, indem ich es Dir schreibe, ich schäme mich halb tod, denn verbergen kann ich es nicht mehr, denn Ikas Taille fängt sich an, grausam zu empfehlen; indessen mag ich tausendmal bedeuten, daß ich mich nicht zu schämen brauche und das mit ganz richtigen Dingen zugeht, so kann ich es doch nicht lassen …«

Die Lektüre dieses Briefes vom April 1794 lässt es noch unwahrscheinlicher erscheinen, dass sie gleichzeitig ein Verhältnis mit dem Prinzen Louis Ferdinand gehabt haben soll, denn die Vorgänge in ihrem Körper, die ihr unheimlich waren und für die sie Scham empfand, werden sie kaum zu erotischen Abenteuern veranlasst haben.

Zum Glück war Luise ebenfalls schwanger, und so verbrachten die beiden Schwestern ruhige Monate in Potsdam auf Schloss Sanssouci.

Die Tage verliefen gleichmäßig. Man ging im Park spazieren, begab sich gegen 14 Uhr zum Mittagessen, gegen 21 Uhr zum Abendessen. Es wurde gesungen und auf der Laute gespielt. Auch der Vater verbrachte viel Zeit auf dem Schloss. »Wir sind immer zusammen«, schrieb Luise ihrem Mann. »Papa, Friederike und ich, wir plaudern, erzählen uns von Vergangenem und machen Pläne für die Zukunft.«

Aus den Briefen Friederikes geht aber auch die Sehnsucht nach ihrem Bruder und nach Darmstadt und dem unbeschwerten Leben dort hervor. Sie machte sich Sorgen um ihn, weil er seine Rechnungen nicht bezahlen konnte. Während Luise immer Probleme hatte, mit dem ihr zugestandenen Geld auszukommen, war Friederike eine gute Hausfrau. Sie verfügte meist über genügend Geld und konnte so auch in den kommenden Jahren immer wieder ihren Bruder unterstützen.

Als Ende September beide Prinzen aus dem Polenfeldzug zurückkehrten, dauerte die Freude nur kurze Zeit, denn Luise stürzte und verlor ihr erstes Kind, das am 7. Oktober 1794 tot geboren wurde.

Friederike gebar dagegen am 30. Oktober einen Sohn, und »obgleich sie sehr litt«, schrieb Luise an ihren Bruder, »so hat sie doch für ihre Leiden eine große Entschädigung, denn sie hat ein lebendiges und gesundes Kind zur Welt gebracht«. Die Zeit von der Geburt ihres Sohnes bis Anfang Dezember gehörte für Friederike zu den glücklichsten Momenten ihrer Ehe. Sie bezeichnete sich selbst als »glückliche Gattin« und sprach von den »göttlichen Gefühlen«, die sie als Mutter und Gattin habe. Vor allem Ludwigs Verhalten bei der Geburt hatte sie darin bestärkt, dass jetzt alles gut werden würde:

»Nicht einen Augenblick hat mich mein lieber Mann verlassen, während der ganzen Zeit meines Leidens; er hielt
mich in jeder Wehe; auch habe ich ihm in seiner Hand eine
Falte gedrückt, die er noch 2 Tage nachher behielt; nachdem
trugen er mich und der [Arzt] in mein Bette. Ich habe aus
Dankbarkeit für ihn gerne die Schmerzen gelitten. Er freut
sich so sehr, Vater zu sein, und er wird gewiß eben so guter
Vater als Gatte sein!«

Glückliche Momente

> »… nichts macht mich doch so glücklich als wie
> meine Kinderchen, und o Gott, wenn ich in der
> Ehe so alle Vergnügungen genösse, die ich haben
> könnte, so wäre es ein himmlisches Leben …«[8]

Als Friederike diesen Brief schrieb, war sie 18 Jahre alt, dreifache Mutter – und ihr Ehemann bereitete ihr alles andere als ein himmlisches Leben.

In den drei Jahren seiner Ehe hatte Prinz Ludwig pflichtgetreu das getan, was man von ihm erwartet hatte: die preußische Königsfamilie mit dem dringend benötigten Nachwuchs an Prinzen und Prinzessinnen zu versorgen. Am 30. Oktober 1794 wurde Friedrich Ludwig geboren, ein Jahr darauf Karl und am 30. September 1796 Friederike.

Damit erschöpfte sich aber auch schon seine Bereitschaft, den pflichtbewussten Ehemann zu spielen. Mehr hatte er von Anfang an nicht eingeplant. Er war dem Befehl seines Vaters gefolgt, eine der beiden Prinzessinnen aus Mecklenburg zu heiraten, wobei es ihm egal war, welche.

Zeitzeugen berichten, dass er auch später nie von Friederike als von seiner Frau sprach, sondern nur in der neutralen Form: »die Prinzessin«. Luise von Radziwill, eine enge Freundin der beiden Schwestern, beschreibt in ihren Memoiren einen Nachmittag im Juli 1794, als Prinz Ludwig dem Prinzen Heinrich, dem Bruder Friedrichs des Großen, der Leiter der protestantischen Ballei Brandenburg des Johanniterordens war, als Koadjutor beigegeben und vom König mit dem Ritterschlag ausgezeichnet wurde.

»Seine Gemahlin war bezaubernd und voller Anmut; sie gefiel allen Männern, mit Ausnahme ihres Gatten. Die Liebkosungen, mit denen sie ihn ... überschüttete, waren ihm zur Last. Doch wer weiß, ob ihr Charakter sich nicht vorteilhafter entwickelt und manche Klippen vermieden haben würde, wenn er sie nur geliebt hätte.«

Leider gibt es keine Briefe von ihm, die Auskunft über seine Gefühle geben. Wenn Friederike aus seinen Briefen zitiert, sind es militärische Einzelheiten. Da Ludwig immer im Schatten des Kronprinzen stand und auch schon mit 23 Jahren starb, haben sich die Historiker mit ihm kaum befasst. Fakt ist jedoch, dass er sich die Freiheit nahm, sein Junggesellenleben, wann immer es ging, fortzuführen und sich eine Geliebte zu halten, während seine Frau mit den Kindern zu Hause auf ihn wartete.

Das Verhalten von Prinz Ludwig war dabei keineswegs ungewöhnlich. Er hatte seine Pflicht getan und geheiratet und führte eine Ehe *à la mode* wie die meisten Adligen und Fürsten, die aus politischen Überlegungen heraus bestimmte Frauen heiraten mussten. Gefühle waren dabei nicht im Spiel und wurden von beiden Seiten meist auch nicht erwartet.

Friederike war im Grunde noch gut dran, denn der Kronprinz, der mit Luise eine Liebesehe führte, achtete darauf, dass Prinz Ludwig zumindest in der Öffentlichkeit die Form wahrte und sie nicht bloßstellte, wie der Vater das mit seiner Mutter immer wieder getan hatte. Nur war Friederike mit ganz anderen Vorstellungen in die Ehe gegangen, hatte von Glück und Liebe geträumt. In der Ehe ihrer Schwester wurde ihr auch täglich vor Augen geführt, dass so eine Beziehung möglich war. Sie hat die Briefe des Kronprinzen an Luise gelesen, die voller Zärtlichkeit und Liebe waren. Auch die Geschichten ihrer Kindheit von tapferen Rittern und romantischen Helden erzählten von Liebe und Glück und nicht davon, dass der geliebte Mann neben seiner Frau eine Geliebte hatte.

»… nein, das ist zu göttlich! Oh göttliche Vorsehung, wie bin ich heute glücklich! Mein Mann ist heute herrlichen Humors (was seit 5 Tagen das erste mal ist), meine Kinder sind wohl, schön und lustig, und mein Engels Bruder, mein guter George schreibt mir heute 5 Bogen.«

So sahen also die glücklichen Momente dieser Ehe aus, wobei die fünf humorlosen Tage insgesamt wohl schwerer gewogen haben. Die Briefe, die Friederike an ihren Bruder schreibt, sind in all diesen Jahren ein für sie wichtiges Ventil, in dem sie das aufschreibt, was sie bedrückt. Er hilft ihr durch seinen Rat und macht ihr Mut durchzuhalten, obwohl auch er wohl nur ahnen kann, wie sehr sie wirklich unter dem Verhalten ihres Mannes leidet. »Glaube nur nicht!«, fährt sie fort, »daß meine Lage, so vorteilhaft sie auch wirklich ist, ohne Dornen [ist]. Oh Gott, beinahe alle Tage finde ich mehr wie eine, danke doch der Vorsehung, daß er mir nur so viel fühlen läßt; doch davon Punktum, denn das ist kein angenehmes Gespräch.«

Zu den schönsten Erinnerungen ihrer ersten Ehe gehörten die Monate, die sie 1796 im Schloss von Schwedt an der Oder zugebracht hat. Ihr Mann wurde als Kommandeur des Dragonerregiments Nr. 1 dorthin versetzt. Friederike, die genau wie Luise ihre ersten Ehejahre als Soldatenbraut zubrachte, folgte ihrem Mann mit der ganzen Familie. Diese Monate in Schwedt bezeichnete Friederike später als »glückliche Zeiten«, an die sie sich immer erinnerte, wenn sie in Berlin wieder unglücklich war.

In ihren Briefen berichtete Friederike ihrem Bruder Georg von ruhigen Stunden mit ihrem Mann, wo sie sich gegenseitig aus Büchern vorgelesen haben. Aber auch von gemeinsamen Fahrten und Ausflügen: Einige Tage waren sie inkognito in Frankfurt an der Oder, er – der General – im Frack, sie im Reitkostüm, und so zogen sie wie normale junge Leute durch Parks und über Märkte, besuchten Museen und Konzerte.

Von ihrer Schwester Luise, die zusammen mit dem

Kronprinzen im August in Schwedt zu Besuch war und die immer ein wachsames Auge auf ihre Schwester hatte, ist folgende anschauliche Schilderung der Situation überliefert: »… ich habe nichts als Gutes von der guten Ika zu sagen; sowohl Gutes von ihr selbst, als auch lauter Erfreuliches von ihrer Lage. Friederike ist immer das liebe sanfte Geschöpf. Denke sie Dir aber so hübsch, so heiter, so vergnügt, als Du sie nie gesehen hast, umringt von ihren Kindern, die ohne Vorurteil ganz allerliebste Geschöpfchen sind und so gut und zärtlich um sie tun. Prinz Louis ist ein ganz anderer Mensch in Schwedt, gut und zärtlich mit seiner Frau, seine Laune heiter, seine Stirne ohne Runzel und der kleine Fritz sein kleiner Abgott; wie natürlich ist es, daß ein Teil dieser Liebe auf diejenige zurückfällt, die ihm das liebe Kind gab: auch wenn seine Frau kein anderes Verdienst hätte, so wäre dieses doch genug, um ihn zu fesseln.«

Der letzte Satz war wohl eher Wunschdenken und Hoffen, dass die Schwester auch glücklich werden würde.

»Ich bin hier so vergnügt, so glücklich, mein Mann ist so gut gegen mich, er wünscht es selbst«, schrieb Friederike im Juli an ihren Bruder Georg, um einen Monat später von den Ausflügen ihres Mannes nach Berlin zu berichten: »… gehet er denn vielleicht auf eine Zeitlang nach Berlin, so weiß ich nichts und merke nichts, und er kann ungestört genießen, was mich unglücklich macht, bis er es überdrüssig wird.« So hing auch in Schwedt der Schatten der anderen Frau, der Geliebten ihres Mannes, über ihrem Glück.

Sobald die Familie im Herbst wieder zurück in Berlin war, wo Friederike am 30. September ihre kleine Tochter bekam, die sie sich so sehr gewünscht hatte und die nach ihr benannt wurde, fiel Prinz Ludwig in seine alten Gewohnheiten zurück: »… aber er war gleich nach seiner Rückkehr wie versteinert kalt gegen mich, und ich bin auch sehr zurückhaltend, nur ja keinen Kuß, ohne daß er mir einen bietet, aber freundlich, damit er sieht, daß ich nicht böse bin.«

In diesem Brief an den Bruder vom November 1796 gab Friederike verzweifelt zu, dass sie sich nie von dem Gedanken an die andere Frau frei machen konnte, obwohl sie sich immer wieder vornahm, sich ihrem Mann gegenüber nichts anmerken zu lassen. »… aber der unglückliche Gedanke will sich nicht aus meinem Kopf schlagen, der mich doch jetzt schon weniger empfindlich macht als am Anfang, weil mich das Unglück abgehärtet hat, etwas wenigstens.«

Trost und Freude fand sie durch ihre Kinder, mit denen sie sich sehr intensiv beschäftigte: »… meine Engelskinder sind bis jetzt noch vorzüglich, der älteste verschafft mir viel Freude, ich suche sie auf in meinen düsteren Augenblicken.« Über ihre kleine Tochter Friederike schreibt sie, dass sie »wahrlich ein hübsches Kind« sei, und »bis jetzt ist sie lieb«.

Die ganze Stimmung dieses Briefes ist traurig, melancholisch, selbst bei der Beschreibung ihrer Kinder fällt die Wiederholung der Wörter »bis jetzt« auf. Selbst das Glück mit ihren Kindern war zu diesem Zeitpunkt für Friederike kein verlässlicher Faktor in ihrem Leben.

Zu dieser Zeit weilte auch die ältere Schwester Therese in Berlin, die die Ehe von Friederike so beurteilte: »Wie unglücklich, daß gerade das liebliche, hingebende Wesen mit so einem eiskalten Mann verbunden sei. Gott Lob, jetzt finden sie sich ganz, sie entschuldigt gewisse Schwächen und findet viel Glück, Freude und Nahrung für ihr Herz in ihren Kindern. Man weiß, wie leicht getäuschte Hoffnungen verbittern, allein das ist gar nicht der Fall. Sie hat sich und mir zugleich versprochen, daß sie sich vor Klagen und Explikationen wie vor Feuer hüten will, dabei ist ihr Denken und Trachten, ihr ganzer Wandel, ein Bestreben, ihre Pflicht zu thun, und ihm wohl zu gefallen. Seit 3 Wochen, daß der Mann krank ist, denkt sie an kein Ausgehen, sogar der Wunsch mich zu sehen, hinderte sie nicht daran. Ich denke, es ist unmöglich, von dieser Beharrlichkeit, Sanftmuth und Liebe nicht gerührt zu werden.«

Wer weiß, was aus dieser Ehe geworden wäre, wenn nicht Prinz Ludwig an Diphtherie erkrankt und am 28. Dezember 1796 gestorben wäre.

Wochenlang pflegte Friederike ihn, und alle, die sie beobachteten, bewunderten ihren unermüdlichen Einsatz an seinem Krankenlager.

Von der Liebe, die sie für ihn empfunden hat, und von der Hoffnung auf seine Liebe blieb am Ende nur Pflichterfüllung. Und wenn Beobachter ihr später vorwarfen, sie habe nicht wirklich und nicht lange genug um ihren Mann getrauert, so muss man sich wundern, denn ihre Pflicht hat sie auch in ihrer Trauerzeit erfüllt, und genau das und nicht mehr war von ihr in dieser Ehe gefordert worden.

Dass ein Gefühl der Erleichterung überwog und das Bedürfnis zu leben, das kann man ihr nach den Demütigungen der vergangenen Jahre nicht verübeln. Denn dass sie jemals seine Liebe gewinnen würde, den Traum hatte sie längst begraben, lange bevor sie ihren Mann tatsächlich begrub.

»... und er war der geliebte Gemahl der Edlen, die ihn so glücklich machte, die er so liebte, die Seiner Liebe so würdig war!«

Diese tröstenden Worte, direkt an die trauernde Witwe gerichtet, schrieb der Hofmarschall Zöllner, der auch die Beisetzung organisierte. Die »Vossische Zeitung« fand die Worte so erhebend, dass sie diesen Brief in vollem Wortlaut abdruckte. »Noch der Leichnahm Ihres theuren Gemahls schien Ihnen zu lächeln, als Sie ihn zum letzten mal sahn, und gewiß Sein Geist nahm das dankbare Andenken in die Ewigkeit mit, daß Sie Ihm den schönsten Theil Seines irdischen Glücks bereiteten.«

Wie sehr diese Worte an der Wahrheit vorbeigingen, ahnten weder der Schreiber noch die gerührten Leser. Friederikes Bilanz ihrer Ehe sah ganz anders aus. Sie habe ihre Pflicht erfüllt, schrieb sie später an ihren Vater, »gegen einen Mann, der mich nicht liebte und mich höchstunglücklich machte«.

Zwei Tage stand der Sarg mit dem Leichnam im schwarz ausgeschlagenen Audienzzimmer des Erdgeschosses im Prinzessinnenpalais. Friederike war noch in der Nacht seines Todes mit ihrer Hofdame zu Luise geflüchtet. »Traurigster Tag!«, betitelt Frau von Voss den Tag nach dem Tod. »Alle Herrschaften kamen zu uns; die arme Witwe war ganz außer sich vor Schmerz und wir alle weinten mit ihr.«

Am 31. Dezember wurde der Sarg spätabends in den Dom gebracht. Die feierliche Beisetzung erfolgte zehn Tage später mit dem leeren Sarkophag, der in der Gruft über den eigentlichen Sarg gestülpt wurde.

»Die Prinzessin weinte viel, war aber heute schon ruhiger und gefasster als gestern.«

Wenn Beobachter wie die Prinzessin Radziwill zu sehen meinten, dass die Trauer Friederikes nicht echt war, so dürfte das zu diesem Zeitpunkt wohl nicht stimmen. Selbst Gräfin Voss, die Friederike und ihren – wie sie meinte – unguten Einfluss auf ihre Schwester Luise immer sehr kritisch begutachtete und die das Ganze aus allernächster Nähe beobachten konnte, schreibt, wie »erschütternd traurig« Friederike in diesen Wochen war. Erst im September 1797, also zehn Monate nach dem Tod Ludwigs, tauchte die erste bissige Bemerkung über Friederike und die Männer auf: »Die fremden Prinzen zu Tisch und Abends bei uns, Prinzessin Louis hatte ihre tiefe Trauer abgelegt und war heute zum ersten Mal wieder im Theater. Sie weiß sich nur zu gut zu trösten.«

Hamburg, Oktober 2004

Inzwischen häufen sich die über Fernleihe bestellten Bücher auf meinem Schreibtisch. Sekundärliteratur rund um das Leben am preußischen Hof zu Zeiten Friedrich Wilhelms II. und Friedrich Wilhelms III., Aufsätze, die die kriegerischen Verwicklungen mit der französischen Republik und Napoleon beleuchten, Berichte über den Grafen Hardenberg und den Freiherrn vom Stein, die damaligen Minister Preußens, und über andere wichtige Männer dieser Zeit.

Von Friederike ist nur selten die Rede, ihre Schwester Luise steht dagegen stets im Mittelpunkt. Und nur, wenn beide zusammen auftreten, wird auch die jüngere erwähnt.

Luises Briefe aus dieser Zeit sind gesucht und gefunden worden, sie wurden wissenschaftlich aufbereitet und in einem dicken Buch veröffentlicht.

Wo aber sind die Briefe von Friederike? Ist sie die Einzige aus der Familie, die in ihrem späteren Leben keine seitenlangen Briefe an ihre Schwestern, ihre Brüder Georg und Karl und an ihre Männer schrieb? Bailleu, einer der ersten Biografen Luises, hat einige Jugendbriefe Friederikes in Zeitschriften veröffentlicht, zum Beispiel um 1900 im »Hohenzollern-Jahrbuch«. Auch Willis, der Biograph ihres dritten Mannes Ernst August, muss einige Briefe gekannt haben. Er fand sie in den Fünfzigerjahren des 20. Jahrhunderts im Archivdepot bei Göttingen, wo sie während des Zweiten Weltkriegs ausgelagert waren.

Vor mir liegt eine der wenigen bislang existierenden Biografien über Friederike. Endlich ein vollständiges Lebensbild, endlich einmal steht Friederike im Mittelpunkt und nicht nur *als Beigabe ihrer Schwester. Flott geschrieben, auf den ersten Blick gut recherchiert.*

1796 stirbt Friederikes erster Mann Ludwig von Preußen, so lese ich, eineinhalb Jahre später ihr kleiner Sohn Karl, erst zweieinhalb Jahre alt. Die Suche nach Liebe und Glück beginnt von Neuem und war für eine Witwe aus dem preußischen Herrscherhaus nicht einfach. Von allen beobachtet, konnte jeder noch so harmlose Flirt in eine heiße Affäre umgedichtet werden.

Besonders heftig werden die Vermutungen im Sommer 1798 nach dem Tod des kleinen Karl. Statt die Schwester Luise zu begleiten, verbringt Friederike, angeblich um alleine zu trauern, den Sommer auf ihrem Schloss im Norden Berlins. »Hier beginnt das Lügennetz, in das sie sich verstrickt, das so gut gesellschaftlich und auch in den Archiven getarnt wurde, bis ein Zufall die Spur wies, die nach langen Recherchen zur Klärung führte.«

Welche Tarnung? Welche Spur? Lügennetz? Komme ich jetzt der Geschichte vom sogenannten »Sündenfall« der Friederike näher?

Die Biografin führt aus, dass Friederike schon in Pyrmont während ihres Kuraufenthalts im Jahr 1797 dem Prinzen Louis Ferdinand und dem Herzog Adolf von Cambridge und später zu Schönhausen dem Prinzen von Solms-Braunfels erlaubt hat, sie zu trösten. Und zwar derart, dass sie schwanger wurde. Frau van Taack vermutet, sie sei von Adolf schwanger, aber den will Friederike nicht heiraten, weil sie dann nach England müsste. Also gesteht sie dem Prinzen Solms alles – und dieser nutzt die »einmalige Gelegenheit, die Misere seines Daseins zu überwinden«, und bietet ihr an, sie zu heiraten.

Da Friederike sich in ihn verliebt hat, geht sie darauf ein, obwohl sie weiß, dass der preußische König und ihre Schwester Luise sehr böse sein werden. Und so kommt es auch. Friederike darf den Prinzen zwar heiraten, immerhin ist sie schwanger, aber sie muss Berlin verlassen und mit ihm in die Verbannung in das »Provinznest« Ansbach gehen.

Alles etwas verwirrend, was ich dort lese, vor allem, weil ich mit meinem Quellenstudium noch nicht so weit gekommen bin und gar nicht beurteilen kann, ob das denn alles so stimmt.

Aber es kommt noch schlimmer. Angeblich soll Friederike am 10. Januar 1799 Berlin verlassen haben. Sieben Tage später fährt die Fürstin Radziwill nach Rheinsberg, und bei der Abfahrt aus Berlin finden ihre Zofen ein kleines Kind in einem Kasten. Auf den Seidenresten, in die die Kleine gehüllt ist, steht das Monogramm »S. v. B.« – wie Solms von Braunfels.

Schlussfolgerung: Friederike war gar nicht mehr schwanger, als sie abfuhr, sie hat ihr Kind heimlich zur Welt gebracht und dann ausgesetzt, allerdings so, dass die Fürstin Radziwill es findet und versorgen kann.

Ist diese Version schon etwas abenteuerlich, so kommt es noch besser: Die Autorin erhält einen Taufschein aus dem kleinen Ort Silkerode im Harz zugeschickt, wo ein Johann Kleinecke am 19. Januar 1799 geboren wurde. Taufpaten sind Georg III. von England und der preußische König Friedrich Wilhelm. Erklärung im Buch: Dieser Junge muss Friederikes Sohn sein. Sie habe auf dem Weg von Berlin nach Ansbach mitten im Winter einen Umweg gemacht, ihr Kind zur Welt gebracht und im Harz bei Pflegeeltern gelassen und sei dann weitergefahren.

Und wie erklärte man das jetzt der Familie? »Was man in Ansbach praktizierte oder nicht praktizierte, bleibe der Phantasie des Lesers überlassen, jedenfalls musste das (nicht vorhandene) Kind sterben und starb laut Eintragung im Solmsschen Stammbuch: Caroline, geb. 27. Februar, gest. 20. Oktober 1799.« Dieser Eintrag sei aber vielleicht auch erst viel später vorgenommen worden, wird abschließend noch behauptet.

An dieser Stelle unterbreche ich meine Lektüre. Jetzt wird mir klar, warum Friederike bis heute als »Sünderin« hingestellt wird. Voreheliche Zeugung eines Kindes, heimliche Hochzeit, Verbannung in die Provinz, Aussetzen des Kindes.

Kein Wunder, dass man sie als Gegenpol zur tugendhaften Schwester Luise gesehen hat.

Und doch bleiben viele Fragen. Dass sie von einem der Prinzen schwanger geworden ist, das mag stimmen, aber dass sie ihr Kind im Winter in einem verlassenen Harzdorf bei ihr völlig Fremden abgesetzt hat, das passt nicht zu der Friederike, so wie ich sie inzwischen kennengelernt habe.

Es müssen doch Briefe aus dieser Zeit existieren. Briefe an ihren Bruder und ihre Schwester, an ihren Vater. Die Autorin Merete van Taack schreibt, es gebe keine. Die Briefe aus der Ansbach-Zeit, alle Dokumente, die Jahre 1799 bis 1804 betreffend, seien verschwunden. Oder haben sie vielleicht gar nicht existiert?

Ich kann und will einfach nicht glauben, dass eine Frau, die die ersten Schreibversuche ihrer Kinder aufbewahrt hat und die Blüten und Locken sammelt, ihr neugeborenes Baby aussetzt, vor allem, wenn sie doch inzwischen verheiratet ist und das Kind so allenfalls etwas früher zur Welt kommt als nach den vorgeschriebenen neun Monaten nach der Hochzeit.

Einige Tage später kommt der Postbote und drückt mir einen Stapel Briefe in die Hand. Zuunterst liegt ein Schreiben aus dem Staatsarchiv Schwerin. Dort ist das Hausarchiv der Herzöge von Mecklenburg-Strelitz untergebracht. Ich hatte angefragt, ob ich die 20 Briefe Friederikes, die erhalten sein sollen, einsehen könnte.

Nachdem ich das Schreiben des Staatsarchivs gelesen habe, atme ich tief durch. Das Archiv teilt mir mit: In Schwerin befinden sich nicht nur »meine« 20 Briefe, es lagern dort allein über 400 Briefe nur an ihren Bruder Georg – und eine Fülle an weiteren Beständen, die erst nach 1990 erschlossen und für die Öffentlichkeit zugänglich gemacht worden sind.

Bereits zwei Tage später sitze ich im Archiv. Vor mir türmen sich die Briefordner. Es dauert Tage, bis ich mir einen Überblick verschafft habe. Brief um Brief, Zeile um Zeile erschließt sich mir Friederikes Leben. Und dann erscheint plötzlich die

Archivangestellte mit einem unscheinbaren Kästchen, das nicht in der Briefsammlung, sondern bei den Akten des Fürstenhauses abgelegt war: »*Herzogin Friederike (1778–1841): Erinnerungsstücke*« *steht auf dem Deckel. Ich vermute, wie schon in Pattensen Ringe oder Locken zu finden. Ich öffne das Kästchen und bin enttäuscht: Nur ein Umschlag aus dickem Dokumentenpapier kommt zum Vorschein. Das Siegel der mecklenburgischen Fürsten, irgendwann einmal erbrochen. Auf dem Umschlag die Aufschrift: Nur mit ausdrücklicher Genehmigung des fürstlichen Hauses zu öffnen.*

Vorsichtig schaue ich mich um. Dann öffne ich behutsam den Umschlag. Heraus kommen ... Briefe. Alle geschrieben im Monat Januar 1799. Luises Handschrift, die von Friederike ... Geheimpapiere, alle noch nicht einzeln inventarisiert, noch von niemandem ausgewertet.

Meine Hände zittern, denn mir wird schlagartig bewusst, dass ich hier mit diesen Briefen die Wahrheit über die Ereignisse des Jahres 1799 in der Hand halte.

Leben als Witwe

30. September 1797
»Jeder will sie haben, wer sie sieht, ist in sie
verliebt.«[9]

Dieser wohl bekannteste Ausspruch der Frau von Voss,
Oberhofmeisterin der Königin Luise, über Friederike wird
immer wieder zum Anlass genommen, ein Urteil über deren
moralische Grundsätze zu fällen. Dabei ist Friederike in
diesem und in ähnlichen Zitaten Objekt der Begierde und
nicht die Begehrende.

»Wie ich die beiden Engel zum 1. Mal sah, so war ich frappiert von ihrer Schönheit, daß ich ganz außer mir war, als
die Großmutter sie mir präsentierte.« So äußerte sich bereits Friedrich Wilhelm II., der zukünftige Schwiegervater
und sein Leben lang für schöne Frauen anfällig, als er Luise
und Friederike 1793 in Frankfurt sah.

Für Goethe waren die beiden Schwestern »himmlische
Erscheinungen«, Jean Paul vergleicht in seinem Roman
»Titan« Luise mit der Schönheitsgöttin Aphrodite und be-
schreibt Friederike als die Grazie Thalia, die im mythischen
Geschehen die Göttin begleitet.

Beide Schwestern verkörperten das Schönheitsideal der
damaligen Zeit: Jugend, Schönheit und Anmut. Durch
»Schönheit und ungekünstelte Herablassung« waren die beiden die »Göttinnen des Publikums« – und damit *die* Sympa-
thieträger für die preußische Monarchie.

Für die Ewigkeit sollte diese Schönheit festgehalten werden. Das war der Wunsch des stolzen Schwiegervaters. Nach

der Hochzeit entstanden, der höfischen Praxis folgend, zahlreiche Porträts. So wurde 1795 das berühmte Marmorstandbild an Schadow in Auftrag gegeben und 1797 vollendet, ausgerechnet in dem Jahr, in dem die in der Doppelstatue festgeschriebene Einheit der beiden Schwestern durch die äußeren Umstände zerbrach.

Vielleicht weinte Friederike am Grab ihres Mannes weniger Tränen um seine Person als vielmehr um das Ende des gemeinsamen Lebens mit Luise. Sie hatte diese Ehe gewollt, um mit ihrer Schwester zusammen zu bleiben. Als Witwe hatte sie kein Recht mehr, direkt in Berlin neben dem Kronprinzen zu wohnen. Friedrich Wilhelm II. wies ihr nach dem Tod der Königin Elisabeth, der Frau Friedrichs des Großen, im Januar 1797 als Wohnsitz das Schloss Schönhausen im heutigen Stadtteil Pankow zu, wo auch die Erbprinzessin der Niederlande, Wilhelmine, genannt Mimi, eine Tochter Friedrich Wilhelms II., Zuflucht vor den französischen Revolutionstruppen gefunden hatte.

Die Hoftrauer war offiziell auf drei Monate festgelegt, dann kam noch der Tod der Witwe Friedrichs des Großen hinzu. Unterbrochen wurde die offizielle Trauerzeit nur durch die Feiern zur Hochzeit der Prinzessin Auguste, der Schwester Wilhelmines, mit dem Kurprinzen von Hessen. Ansonsten waren diese Monate eine sehr häusliche Zeit im Familienkreis, der Friederike auch in diesen schwierigen Monaten zur Seite stand. Die Großmutter kam am Tag vor Friederikes 19. Geburtstag nach Berlin. Auch der Bruder Georg besuchte sie häufig in Berlin. Die Tage waren ausgefüllt mit Besuchen von Gottesdiensten in Begleitung der Großmutter, Tees bei der Königin oder bei Luise von Radziwill, der Schwester Louis Ferdinands.

Und natürlich mit ihren Kindern: »Ein Grund, warum ich nicht mit nach Potsdam gehe, ist, daß ich nur ein Kind mitnehmen könnte und ich mich von den Kleinodien nicht trennen kann. Ihr lieben kleinen Geschöpfe, Ihr sollt mich noch recht freuen und trösten. Die Kleine ist glücklich durch die

Blattern und ist nicht mehr so sehr grotte Madame. Wenn du ihre Windeln küßt, reicht sie dir ihren kleinen appetitlichen Fuß zu küssen, so weiß wie Alabaster. Denke nun, neulich kommt ein Bedienter, der bei dir die Aufwartung hat, zu meinen Kindern. So fragt Carl: ›Was macht Onkel Sote?‹ freut dich das nicht? Fritz, der weiß gleich dich zu einem unter der unendlichen Zahl seiner Oncles [einzuordnen].«

Zu ihrer Lieblingslektüre gehörten in dieser Zeit die Schriften des Theologen Johann Joachim Spalding, der auch an der Hofkirche zu Berlin predigte. In seinem Buch »Über die Bestimmung des Menschen« geht es um die Suche nach dem eigenen Weg zum Glück, ein Thema, das Friederike ihr Leben lang begleitete: »Ein gütiger, mitleidiger, großmütiger Charakter, eine Seele, die ohne Eigennutz Gutes stiftet, die mit Freuden geschäftig ist, alles um sich her glücklich zu machen, eine jede Absicht, Gesinnung und Tat, die darauf gerichtet wird, daß es anders wohl gehen soll, das ist für mich einer der reizendsten Anblicke, die ich jemals haben kann«, schreibt Spalding und definiert das Ziel eines jeden Menschen als »rechtschaffen und in der Rechtschaffenheit glückselig zu sein«. Immer wieder las Friederike seine Worte und versuchte danach zu leben.

Einen Höhepunkt in dieser Zeit stellte die glückliche Geburt von Luises Sohn Wilhelm, des späteren deutschen Kaisers Wilhelm I., am 22. März 1797 dar. Die Briefe Friederikes zeigen erneut die enge Bindung der beiden Schwestern. In den Stunden vor der Geburt wachte Friederike, während alle anderen schliefen, an Luises Bett und las ihr vor.

»Ich stand ihr bei so gut ich konnte, denn ehe man wußte, daß es so sehr ernst war, ließ man sie öfter mit mir ganz allein. Ich folglich also allein, ich schwitzte so wie sie dabei vor Angst.« Und nach der Geburt freute sie sich mit ihr, als wäre ihr eigener Sohn geboren: »... in einem Satz war ich bei Luise an ihrem Wochenbett und dankte Gott für die Freude. Ich zitterte so, daß ich mich halten mußte.«

In ihren Briefen aus dieser Zeit scheint immer wieder die Trauer über den Verlust ihres Mannes durch. Die Salutschüsse nach der Geburt von Luises Sohn erinnerten sie zum Beispiel an die Kanonenschüsse, abgefeuert bei der Bestattung ihres Mannes.

»Mein Kummer hat heute wieder beinahe die Oberhand gewonnen; gestern war es auffallend, als die Kanonen gingen, das war wieder ein schrecklicher Augenblick. Solche Erinnerungen sind nagend für die Gesundheit. Du erinnerst dich doch des schrecklichen Signals, als du die Hülle meines Louis begleitetest. Es ist soviel Wehmut in dem süßen Kelch der Freude [über die Geburt] gewesen, daß ich beinahe unterlag.« Ein anderes Mal schrieb sie an ihren Bruder: »Und so gehe ich wieder in mein Trauerhaus und werde meinen nagenden Schmerz empfinden, der mich doch nie verläßt.«

Trauer auch in dem Brief an ihren Vater, der ihr eine betende Figur aus weißem Marmor geschickt hat: »... was könnte wohl analoger für mich sein, obgleich ich itzt keine Aufforderung zum Gebet nötig habe, so erinnert mich der Kummer, der auf diese Betende ausgedrückt ist, an meine eigene Lage.«

In den Briefen dieser Zeit fällt kein bitteres Wort über ihre unglückliche Ehe, im Gegenteil: Es scheint so, als ob die Trauer die Enttäuschungen ausgelöscht oder zumindest überlagert hat. Als der König ein Monument für ihren Mann errichten lassen will, schrieb sie sogar: »... wie mich das Andenken an ihn, den Geliebten, entzückt.«

Ganz im Sinne des Hofpredigers Johann Joachim Spalding, auf den sie sich in vielen Briefen bezieht, fand Friederike Trost in der Erkenntnis, auf dem rechten Weg zu sein: »Ich tue das, was ich tun soll; ich bin das, was ich sein soll. Dies allein ist eine unerschöpfliche Quelle der Gleichmütigkeit und des Friedens, der in seiner Stille unaussprechlich mehr wert ist als alles Getöse sinnlicher Belustigungen.«

Dass der Tod Ludwigs Friederike mehr Freiheit gebracht hatte, ist nur ein Gerücht, denn sie blieb Teil der Königsfamilie und damit der strengen preußischen Etikette unterworfen. Außerdem war sie mit 19 Jahren als Schwiegertochter des preußischen Königs ein noch begehrteres Heiratsobjekt im politischen Mächtespiel als vor ihrer ersten Ehe und zog daher alle ledigen Prinzen magisch an.

Eine Neunzehnjährige auf der Suche nach Liebe und Glück, umgeben von Prinzen, die sie sicher wegen ihrer Schönheit und Lebendigkeit schätzten, aber genauso sehr wegen erhoffter Karrieresprünge.

So muss Luise gedacht haben, als sie ihre Schwester im Juni 1797 verabschiedete, die zusammen mit Friedrich Wilhelm II. einen Kuraufenthalt in Pyrmont antrat:

»Mein Herz blutet! Friederike ist seit dem 22ten nachts um 12 Uhr von hier abgereist. Wehe! Noch nie ist mir eine Trennung von ihr so schwer gefallen wie diese. Bedenke …, von welcher Wichtigkeit diese Reise für ihr ganzes zukünftiges Leben sein kann! Sie kommt da in Pyrmont unter den Abschaum von Menschen von ganz Berlin. Wie leicht können sie ihr Fallstricke legen, wie viel Behutsamkeit, sogar Weisheit gehört dazu, es mit keinem zu verderben und mit keinem gut zu werden. Wenn ich dieses alles bedenke, so sträubt sich mein Haar, mein Herz klopft schrecklich, und unwillkürlich fallen mir die 19 Jahre meiner Schwester, ihre Unerfahrenheit und ihre zu große Gutmüthigkeit ein. Gott wird alles gut machen, Er hat schon öfters geholfen und wird auch hier nicht fern sein. Wenigstens habe ich mir nichts vorzuwerfen, denn ich habe ihr alles gesagt, was ich glaubte ihr nützlich zu sein, und sie sah es zuletzt gottlob ein.«

Die Reise Friederikes nach Pyrmont kam auf ausdrücklichen Wunsch Friedrich Wilhelms II. zustande. Er wollte seine Schwiegertochter, an der er sehr hing, an seiner Seite haben. Vielleicht wollte er sie auch nach den Monaten der Trauer ins Leben zurückführen.

Pyrmont gehörte neben Spa und Karlsbad zu den berühmten Bädern Kontinentaleuropas nördlich der Alpen. In keinem anderen Bad strömten Sommer für Sommer so viele gekrönte Häupter und Adlige samt Gefolge zusammen. Allein 1797 während der zweimonatigen Kur Friedrich Wilhelms II. waren neun Könige beziehungsweise Mitglieder europäischer Königshäuser, 14 fürstliche und 362 adlige Gäste am Ort. Pyrmont galt unter Kennern als der »berühmteste Gesundbrunnen in der Welt«. Wobei die Gesundheit nicht das Wichtigste war. Abgesehen davon, dass in diesen Bädern auch immer politische Probleme besprochen und geklärt wurden, stand das Vergnügen an erster Stelle. Eine nicht enden wollende Folge von Festen, Diners, Soupers, Bällen, Maskeraden und Feuerwerken.

»Der größte Theil der Brunnen- und Badegäste trinkt kein Wasser und badet nicht; ihre Absicht ist lediglich, eine Lustreise zu machen, Fremde kennen zu lernen, zu tanzen, zu spielen, sich zu zerstreuen usw.«, schrieb das »Journal des Luxus und der Moden« 1789, eine der bekanntesten Zeitschriften der damaligen Welt.

Mit der Reise nach Pyrmont wurde allgemein die Vorstellung verbunden, dort in einem Freiraum zu leben, der die Normen des Alltagslebens für kurze Zeit außer Kraft setzte. 1788 erschien ein Briefroman, der in Pyrmont spielte, mit dem Titel »Der Wüstling«, in dem eine vom Leben an der Seite ihres Mannes gelangweilte Professorengattin von einem Berliner Lebemann verführt wird.

Die Thermalbäder waren in vielerlei Hinsicht hilfreich, aber selbst gestandene Mediziner wie Heinrich Matthias Marcard mussten zugeben, dass so manche Frau, die bis dahin als unfruchtbar galt, »durch ganz andere Kräfte als die Arzneykräfte der Quelle plötzlich schwanger wurde«.

Vor allem das Tanzen galt manchem zeitgenössischen Beobachter als »Schule der feinen Wollust«.

»Wie viele unwürdige Triebe schwellen das Herz dieser Menschen«, schrieb Florencourt. »Das weit unmoralischere

Walzen hingegen wird noch immer nicht nur allgemein ge-
billigt, sondern derjenige, der sich in der schönen Welt da-
wider auflehnen wollte, würde Gefahr laufen, das Märthyr-
thum deshalb zu leiden, und für einen albernen Methodisten
gehalten zu werden. Wenn der Tänzer seine Tänzerinn eng
umschlungen hält, wenn er mit ihr Knie an Knie, Brust an
Brust eine Gruppe bildet, worinn man auf einem Gemälde
das wollüstige Umarmen zweyer Liebender erkennt, ist es
dann nicht von einem auch tugendhaften Manne zu viel gefordert, daß er bey solchen Lockerungen unempfindlich
bleiben solle? Wird er nicht mit dem reizenden Mädchen,
deren Athem ihn anwehet, von deren heißen Wangen er
den Wiederschein fühlt, deren Herz dem seinigen entgegen
klopft, in nähere Vertraulichkeit zu kommen suchen? ...
Wird sich das Mädchen im Taumel der schnellen Bewegung,
von Tanz, Musik, Schmeicheley und Sinnlichkeit berauscht,
ihrer selbst nur halb mächtig, dagegen sichern können, daß
sie nicht *einen* Grad weniger schuldlos, weniger mitfühlend,
weniger unverdorben aus den sie umschließenden Armen
zurückkehre.«

Die Badekur geriet damit für Friederike zum Balanceakt
zwischen tolerierter Freizügigkeit und öffentlicher Missbil-
ligung. Kein Wunder, dass Luise Angst um ihre Schwester
hatte, obwohl sie den Walzer selber leidenschaftlich gerne
tanzte. Es ging ihr wohl auch weniger um eine tatsächliche
Gefährdung Friederikes durch das Tanzen eines Walzers als
darum, dass ihr ungezwungenes Verhalten ihren Ruf ge-
fährden könnte, zumal nach der geltenden Moral der Mann
am Ende immer noch etwas Tugendhaftes an sich hatte und
als der eigentlich Verführte galt.

Trotz aller Ermahnungen, und obwohl sie selber im Juli
mit ihrem Mann nachfolgte und die Schwester ein wenig
kontrollieren konnte, musste Luise drei Monate später die
Bilanz ziehen: »Was bleibt uns da zu tun übrig, lieber guter
Freund? Bedauern, Verzeihen, Vergessen und das Vornehmen, Gutes zu stiften, wo wir können.«

Friederike hatte immerhin in den dazwischen liegenden Monaten zwei Prinzen derart den Kopf verdreht, dass
sie ihre vermeintlichen Ansprüche auf Friederike in einem
Duell ausfechten wollten. Nur das Eingreifen Friedrich Wilhelms II. verhinderte, dass es tatsächlich dazu kam.

Badereisen bedeuteten für alle am Hofleben Beteiligten,
wie Luise es einmal formulierte, eine der wenigen Chancen,
den Verpflichtungen der »Cour, Gêne, Etikette und wie die
Dinger alle heißen« zu entkommen.

Das Ausklinken aus dem normalen Leben sollte wohl
auch durch das Inkognito unterstrichen werden, unter dem
viele der Adligen in Pyrmont gastierten. So erschien Friederike als Comtesse von Schwerin, ihr kleiner Sohn Friedrich als Comte de Schwerin, das Kronprinzenpaar spielte
den Grafen und die Gräfin von Lingen – und Friedrich Wilhelm II. war der Graf von Hohenstein.

Man schlüpfte in eine andere Rolle und konnte so Dinge
tun, die in Berlin und anderswo als eklatanter Verstoß gegen
die Etikette gegolten hätten.

Dies betraf vor allem das Überschreiten der Standesgren-
zen. Dem Berliner Hof wurde es hoch angerechnet, dass sowohl der König als auch Friederike und Luise im Gegensatz
zu den hannoverschen Adligen keine Standesdünkel hatten.
»Nur die herablassende Popularität unseres geliebten, guten
Königs, und der ihn stets umringenden Königlichen Familie
hat die hier sonst feststehenden Grenzsteine zwischen den
Adelichen und Bürgerlichen zu verrücken vermocht. Noch
vor zwei Jahren bestand die Einrichtung, daß sowohl beym
Déjeuné als andern öffentlichen Gesellschaften der Stuhl
der Gräfin doch wenigstens 6 Stühle von dem der Bürgerin
entfernt stand, und daher schrieb sich auch die höchst auf-
fallende Sitte, daß bei solchen Déjeunés alle Plätze durch
Umlegung der Stühle und Tassen schon im voraus markirt
waren. Eben diese Rangordnung herrschte bey den öffentlichen Bällen in dem Brunnensaale.«

Luise und Friederike, die »gleich Huld-Göttinnen Freude

und Leben um sich verbreiteten, tanzten beständig mit in bunt gemischtesten Reihen«, heißt es weiter im »Journal des Luxus und der Moden«. »Ich habe es mit meinen Augen gesehen, wie eine der Prinzessinnen die Mad. Chevalier umarmte. Man machte ihr von Seiten der Etiquette Vorstellung, und fragte: was sie denn für andere Damen übrig behalte? Die Prinzessin: ›die Chevalier ist aus eben dem Stoffe, wie andere Menschen, und hat noch oben dreyn Talente. Wenn es mir einfällt, werde ich morgen die Damen alle nach der Reihe umarmen.‹« Nun ist nicht überliefert, welche der beiden Schwestern es aussprach, aber es hätte von jeder stammen können.

Auch in der Mode waren die beiden »Trendsetter«. Ihre leichten, fliegenden Gewänder, die an griechische Vorbilder erinnerten und die natürliche Figur der Frauen umschmeichelten, entsprachen dem neuen Schönheitsideal des Empire. Wobei die Mode zunehmend als Ausdruck der Gesinnung galt. Die als überladen und unnatürlich empfundene Mode des ausgehenden Rokokos mit Schnürbrüsten, Korsetts und hohen Absätzen, die zum Beispiel die hannoverschen Adligen noch trugen, galten als Zeichen, dass die Trägerinnen in ihrer Gesinnung an den Prinzipien des Ancien Régime mit seiner Klasseneinteilung festhielten.

Die preußischen Prinzessinnen dagegen machten durch ihre Kleider und ihr Verhalten deutlich, dass sie die Einflüsse der Französischen Revolution und den Geist der Freiheit, der die steife Etikette und die ständische Diskriminierung langsam verdrängte, bereits verinnerlicht hatten. Das Leben in Pyrmont entsprach weit eher ihrem Geschmack und erinnerte sie an die ungezwungene Zeit in Darmstadt, als sie das Wort »Etikette« nur aus Büchern kannten.

Begegnungen und Flirts mit Folgen

»Nichts Reales, da sei der Himmel mein Zeuge,
habe ich mir nicht vorzuwerfen …«[10]

So schrieb Friederike Jahre später an ihren Bruder Georg
über ihre Beziehungen zu den Prinzen Louis Ferdinand und
Adolf. Natürlich wurde die lockere Atmosphäre in Pyrmont auch von diesen Prinzen genutzt, die Friederike hierher gefolgt waren, um ihr den Hof zu machen.

Da war zunächst einmal Louis Ferdinand, der schon 1794
die kronprinzliche Ehe durcheinandergebracht hatte und
der nach den Aussagen seiner Schwester Luise von Radziwill bereits seit dem Winter 1795/96 ernsthaft in Friederike verliebt war. Sie nahm schon damals seine Huldigungen
gerne an – kein Wunder, da sie von ihrem eigenen Mann in
der Hinsicht nicht viel erwarten konnte. Ludwig scheint die
Verehrung Louis Ferdinands für seine Frau auch nicht viel
ausgemacht zu haben, jedenfalls lud er ihn sogar im Sommer 1796 nach Schwedt ein, als er mit seiner Familie dort stationiert war.

In diesem Zusammenhang ist auch der Brief Luises vom
4. Oktober 1796 interessant, den sie nach ihrem Besuch in
Schwedt schreibt. Sie notierte, dass immerzu drei Herren
um Friederike herum sind, die sie nicht namentlich nennt,
da sie Georg bekannt seien. Einer war der Prinz Louis Ferdinand. Und schon damals muss es Gerede gegeben haben.

Aber Luise beruhigte ihren Bruder. »Allein sagen muß
ich dir, daß Friederike engelsgleich bei allem dem Gesudel
dastehet und sie nur ihre Pflicht und ihren Mann vor Augen

und im Herzen hat. Es ist ein gar vortreffliches Weib. Indem ich so bedenke, was ich geschrieben habe, so kömmt es mir vor, als schriebe ich la Cronick Scandaleuse, allein, es interessiert Dich und kann doch nicht anders als interessieren, weil das unsere Ika so nahe angehet.«

Luise Fürstin von Radziwill, die zu diesem Zeitpunkt noch eng mit Friederike befreundet war, beobachtete die Mischung aus »Koketterie, Empfindsamkeit und Pflichttreue«, als die sie Friederikes Verhalten beschrieb, sehr kritisch, aber ihre Memoiren schrieb sie ja auch erst, als Friederike ihrem Bruder endgültig den Laufpass gegeben hatte und sie ihn über diesen Verlust hinwegtrösten musste. Fürstin Luise, die an ihrem Bruder so hing wie Friederike und Luise an Georg, hat Friederike das nie verziehen – und insofern ist ihr harter Kommentar verständlich, aber nicht sehr hilfreich bei der Suche nach der Wahrheit.

Nach dem Tod Ludwigs sah Louis Ferdinand eine neue Chance. Im Frühjahr 1797 war er »beständig unterwegs, um sie in Schönhausen zu besuchen, und kam mir verträumt und beunruhigt vor«, schrieb seine Schwester Luise in ihren Memoiren. Er erzählte vor seinen Offizierskameraden: »Es hängt nur von mir ab, Schwager des Königs zu werden.«

Auch Friederike muss einer Heirat nicht abgeneigt gewesen sein. Sie soll seiner Schwester bei der Abfahrt nach Pyrmont gesagt haben, sie wolle den König bitten, einer Heirat zuzustimmen.

Vielleicht war das auch ein Grund für Luises Sorgen, die sie sich in Bezug auf die Schwester bei deren Abreise nach Pyrmont machte. Es gibt einen Brief aus dieser Zeit, den sie nicht abgeschickt hat, aber »ich habe ihr alles gesagt, was ich glaube, ihr nützlich zu sein«. Was sie wohl gesagt hat, steht in dem nicht abgeschickten Brief : Sie warnt Friederike vor den »glühenden, aber verlogenen Beschwörungen« Louis Ferdinands. »… lass ihn bei jeder Gelegenheit merken, daß Du nicht willst, daß er Dir den Hof macht. Glaube Deiner Luise, er ist es nicht wert … Er ist ein Lügner, Spieler,

Hasardeur und falsch ... Er ist dem König ein Schrecken, unserem Vater unangenehm ... Und ich schwöre Dir, daß er Dich mißbraucht, wenn er Dir sagt, daß er Dich liebt. Er hat sogar eines Abends spät damit geprahlt, daß er sich sofort aufs Pferd schwingen und Dich aufsuchen könne, wenn er wolle.«

Harte Worte über einen Mann, für dessen Charme auch Luise nicht unempfänglich gewesen ist und den Theodor Fontane noch 1857 in einem bekannten Gedicht so beschrieb:

»Sechs Fuß hoch aufgeschossen,
Ein Kriegsgott anzuschaun,
Der Liebling der Genossen,
Der Abgott schöner Fraun,
Blauäugig, blond, verwegen,
Und in der jungen Hand
Den alten Preußendegen –
Prinz Louis Ferdinand.«

Ob Friederike nun ernsthaft versucht hat, den König zu einer Heirat zu überreden, ist nicht bekannt. Sie hatte drei Kinder, und die Schulden Louis Ferdinands waren in Preußen sprichwörtlich. Er war ein vorzüglicher Pianist, Tänzer, der Liebling aller Frauen und wurde von seinen Soldaten vergöttert. Aber es ist wohl ein Unterschied, ob man sich von so einem Mann den Hof machen lässt oder ihm das eigene und das Schicksal dreier Kinder anvertraut.

Auch Friedrich Wilhelm II. war kein Freund des Prinzen, der sich häufig unerlaubt von der Truppe entfernte und für seinen Leichtsinn bekannt war. Friederike hätte es wohl schwer gehabt, ihn zu überreden, einer Hochzeit zuzustimmen. Und ohne die Zustimmung des Königs gab es für Friederike als Mitglied des preußischen Hofes, dessen Oberhaupt der König war, keine Möglichkeit zu heiraten, in wen auch immer sie sich verlieben würde. Louis Ferdinand jedenfalls war überzeugt, dass sie sich nicht genug

Mühe gegeben hatte, vor allem als er sie von Lemgo aus, wo er stationiert war, in Pyrmont besuchen kam und dort in Friederikes Nähe nicht nur seinen Freund, den Prinzen von Braunschweig, vorfand, sondern auch den Herzog Adolf von Cambridge, der das gleiche Ziel wie er verfolgte. Auch sein Versuch, seine vermeintlichen Ansprüche mit dem Degen zu verteidigen, brachte ihn nicht weiter.

Bezog sich Luises bitterer Satz im Brief an den Bruder auf diese kämpferische Auseinandersetzung, in deren Mittelpunkt Friederike stand und deren Ruf als »galanteste Löwin des Jahrhunderts« durch solche Vorfälle neue Nahrung bekam: bedauern, verzeihen, vergessen?

Es wurden noch eine Weile Briefe ausgetauscht, doch dann teilte Friederike dem Prinzen definitiv mit, dass der König eine Heirat abgelehnt hatte.

Nun war Louis Ferdinand an Ablehnungen durch Damen nicht gewöhnt, und daher traf es seinen Stolz schwer. Er sandte alle Briefe über seine Schwester an Friederike zurück und zeigte sich als ein schlechter Verlierer, denn später behauptete er, dass *er* die Beziehung beendet habe, mit den Worten: »Zweimal bin ich bei der verwitweten Louis … in Schönhausen geschlafen. Hätte sie mir diesen Genuß nicht gestattet; ich hätte sie geheiratet. Aber sie lag schon ganz aufgedeckt da, als ich durch das Fenster stieg; jetzt ekelt sie mich!«

Freunde machte er sich mit solchen Behauptungen nicht, denn als er dem Obersten Christian von Massenbach gegenüber solche Reden führte, ließ dieser ihn mit den Worten abblitzen: »Und das erzählen Sie mir, wie können Sie nur so unedel sein?«

Kleiner von Gestalt, korpulent, rundes Gesicht – Adolf von Cambridge war, was die äußeren Vorzüge anbetrifft, seinem Duellgegner Louis Ferdinand eindeutig unterlegen.

Dafür galt er aber als fleißig und zuverlässig, von Schuldenbergen war bei ihm nichts bekannt, und da er sich im

Gegensatz zu Louis Ferdinand auch an die Anweisungen seiner Vorgesetzten hielt und nicht ständig Extratouren reiten wollte, hatte er eine glänzende Karriere vor sich und konnte damit einer Frau mit drei Kindern auf den ersten Blick durchaus Sicherheit bieten.

Außerdem war er der Lieblingssohn des englischen Königs Georg III., seine Mutter war Friederikes Tante, und eine Hochzeit mit ihm wäre praktisch eine Familienangelegenheit zwischen Cousin und Cousine gewesen und hätte die preußisch-englischen Beziehungen zusätzlich gefestigt. Also waren auch von Friedrich Wilhelm II. keine grundsätzlichen Bedenken zu erwarten.

Beide waren einer Heirat nicht abgeneigt, für beide gab es aber jeweils ein großes Hindernis. Der englische König Georg III. hatte seinem Sohn befohlen, Heiratsabsichten auf die Zeit nach dem Ende des Krieges gegen Frankreich zu verschieben, weil er Komplikationen mit dem eigenen Parlament befürchtete. Dieses Ende sollte allerdings erst 17 Jahre später kommen. Er hatte Adolf zudem empfohlen, sich gegenüber Friederike zurückzuhalten, was dieser, wenn gleich schweren Herzens, auch tat, indem er sein Verhalten zu ihr auf briefliche Kontakte beschränkte, wie er seinem Vater im Januar 1799 ausdrücklich bestätigt.

Friederike dagegen konnte sich, wie sie ihrem Vater schrieb, nur schwer mit der Forderung des preußischen Königs abfinden, im Falle einer Heirat ihre Kinder nicht mit nach England zu nehmen. Sie sollten am preußischen Hof in Berlin erzogen werden. »Leider! Mein teurer Vater, meine Wege werden nicht mit Rosen besät sein, wie Sie es mir wünschen; ich empfinde tausend Bitterkeit und einen Kummer so tief allein bei dem Gedanken, mich zu trennen von meinen Kindern, daß ich glaube dazu nicht die Kraft zu haben; wenn ich manchmal aufwache in der Nacht und wie ich meinen kleinen Fritz sehe und denke, daß ich ihn eines Tages verlassen soll, fange ich an zu weinen wie ein Schloßhund und es scheint mir, daß dieses unmöglich ist.«

Briefe zwischen Prinz Adolf und Friederike, zum Teil über ihren Vater, gingen in diesen Monaten hin und her, wägten das Für und Wider ab.

Während der schweren Krankheit ihres Sohnes Karl, die vier Wochen später zu seinem Tod führte, traf Friederike für sich eine endgültige Entscheidung. An ihren Vater schrieb sie nach dem Tod von Karl: »Bedenken Sie, teurer Vater, die Schuldgefühle, die ich gehabt hätte ... wenn ich vielleicht meine Kinder aus Sorge um die eigene Person verlassen hätte ... Auch wenn ich Prinzessin bin, eine Mutter bleibt eine Mutter, und die Natur fordert ihre Rechte. Es ist bei diesem Anlaß, teurer Vater, daß sich mein Gewissen meldet, und zu mir sagt, wie sehr ich fehle, wenn ich jemals meine Kinder verlasse ... Ich sehe darin einen Wink der Vorsehung, als wenn sie mir sagen wollte: Kannst Du Deine Kinder *verlassen* und das *Glück der Mutter* aus freien Stücken entbehren, um Anderswo glücklich zu sein, warum sollte ich sie Dir nicht nehmen und sie glücklicher machen, als sie sein würden, wenn Du ihnen Deine Sorge entziehest? Nein, ich kann sie nicht verlassen, die armen Kinder. Gott hat sie mir nicht gegeben, um sie zu Waisen zu machen, sondern um meine Pflicht als Mutter zu erfüllen. Gott weiß auch, wie tief ich das Glück, Mutter zu sein, empfinde, und wie ich wünsche, meine Pflicht zu erfüllen. Ich lebe ganz in ihnen und möchte mich aufopfern zu ihrem Glücke. – Sie theurer Vater haben mich so oft hier gesehen, als Pr A. eine Anwort verlangte, wie ich kämpfte! ... Diese Hauptsache machte ich auch in Pyrmont zur condizion Ihm meine Hand zu reichen, wenn ich meine Kinder nicht verlassen sollte, so wie er seine Pflicht als Sohn fühlte, und es sich zur condizion machte, wenn sein Vater nichts dagegen hätte.«

Ganz zu den Akten legte man die Verbindung zunächst nicht, denn bis zum Sommer 1798 schrieben sich Adolf und Friederike noch Briefe.

Ausschlaggebend war am Ende aber ein ganz anderer Grund, den Luise später in einem Brief an den Vater auf den Punkt bringt: »Ihr Gefühl für Prince Adolf hat sich geändert. Und der Grund ist eine andere Wahl.«

Dass Adolf sie geliebt hat, war Friederike bewusst. Ich »fand die grenzenlose Leidenschaft, brach sein Herz«, schrieb sie Jahre später an ihren Bruder. Und sie hoffte, dass das »Unrecht«, das sie ihm angetan hat, »dem Bruder bei seiner Brautschau in England nicht schaden wird«.

Für Adolf musste die plötzliche Heirat Friederikes mit Friedrich von Solms 1799 ein Schock werden. Dementsprechend behutsam wurde er durch einen Brief Friederikes informiert. Trotzdem war er am Ende ein fairer Verlierer, der seine Enttäuschung in einem Brief an seinen Vater mit folgenden Worten zum Ausdruck brachte: »Ich habe natürlich sehr viel gelitten, aber die Überzeugung, daß ich in dieser ganzen Angelegenheit als Ehrenmann gehandelt habe, hat geholfen gut zu tragen, was ich durchgemacht habe, und die Zusicherung Ihrer Billigung ist ein Trost, den ich nicht ausdrücken kann, denn obgleich ich fühle, daß ich froh bin, nicht eine Frau geheiratet zu haben, die sich in einer derartigen Weise verhalten hat, finde ich dennoch, daß es sehr schwer ist, einen Menschen zu vergessen, dem ich sehr aufrichtig verbunden war.«

Man muss davon ausgehen, dass Friederike in Pyrmont nie wirklich unbeobachtet war, dass sie ihren Sohn dabei hatte, im selben Haus mit ihrem Schwiegervater und seinem Gefolge wohnte, ihr Vater zwischenzeitlich zu Besuch kam und nach den ersten vier Wochen auch Luise mit dem Kronprinzen vor Ort war – man kann sich somit nur schwer vorstellen, dass ihre sogenannten Affären zu diesem Zeitpunkt mehr als nur Flirts waren.

Friederike kommentiert die Ereignisse 1801, wieder verheiratet, so: Sie habe sich nur vorzuwerfen »die kleine Eitelkeit, da ich [mich] geschmeichelt fand und denen Prinzen L. und A. mich erlaubt zu sehen und daß ich der Eitelkeit wegen, oder um es richtig zu sagen, dem inneren Herzen wegen, was dadurch aufgemuntert und ausgefüllt war, denen beiden mehr Gehör gab als ein ehrliches Weib tun sollte, weil es nicht recht ist zu hören, wo man nicht recht antworten kann. Nichts Reales, da sei der Himmel mein Zeuge, habe ich mir nicht vorzuwerfen, es war nichts als Eitelkeit, Schwäche ... ein leeres Herz, Jugend, mit einem Wort, ein verzeihlicher kleiner Übergang, wovon itzt gewiß keine Spur mehr übrig ist. Ich denke jetzt solide, und es wäre mir unmöglich, wenn ich auch 4 oder 6 Jahre von meinem Mann entfernt wäre, einem anderen auch nur das entfernteste Gehör zu geben ... Hier hat mein Engels-Georg, mein treuer, obgleich jünger doch alter Freund, mein ganzes Glaubensbekenntnis und meine ganze Beichte, gewiß aufrichtiger als Maria Stuart in dem Augenblick vor ihrem Tode.«

Berlin-Pankow, November 2004

Park und Schloss Schönhausen in Niederschönhausen sind zum Glück nicht so überlaufen wie Charlottenburg, obwohl es zu den wenigen Schlossbauten Berlins gehört, die den Krieg unbeschädigt überstanden haben. Trotzdem verirren sich nur wenige Menschen hierher. Selbst meine Berliner Freunde wussten zunächst gar nicht, wo denn in Pankow ein Schloss sein sollte. Das liegt wahrscheinlich daran, dass es von 1949 bis 1960 Sitz des Staatspräsidenten der DDR, dann Gästehaus der Regierung und damit für die Öffentlichkeit nicht zugänglich war.

Leider kann man heute nur einen Teil des alten Schlossparks besichtigen, die ehemalige Schlossgärtnerei mit der Orangerie ist für Touristen verschlossen.

Ich gehe zwischen den zwei Torhäuschen in den »Inneren Schlosspark« und stehe auf der Lindenallee, die direkt auf das Schloss führt. Warum haben alle Schlösser eine Lindenallee?

Da, wo früher der Rosengarten war, wachsen heute wilde Gräser.

Über dem Eingang zum Schloss prangt frisch renoviert das Relief mit den beiden Buchstaben E und C, für Elisabeth Christine. Friedrich II. hatte dieses Schloss seiner Frau geschenkt, die dort die meiste Zeit ihres Lebens bis zu ihrem Tod im Jahre 1797 verbrachte – teils freiwillig, teils weil Friedrich sie nicht in seiner Nähe haben wollte und zu vielen Familienfeiern nicht einmal nach Berlin einlud.

Es ist Sonntagvormittag, und der Heimatverein bietet eine Führung durch das Schloss an. Während die ältere Dame fach-

kundig von Raum zu Raum führt, filtere ich aus ihren Worten nur die für »meine« Friederike wichtigen Passagen heraus.

Zum Glück hat es eine Bestandsaufnahme des Inventars und des Zustandes des Hauses im Jahre 1797 gegeben, um den Renovierungsbedarf festzustellen, und so kann unsere Führerin berichten, wie es im Schlossinneren 1797, also zur Zeit, als Friederike einzog, aussah.

Jetzt muss ich nur in allen Räumen in Gedanken die heutige Farbe wegzaubern. Flur und Treppenhalle waren damals grau marmoriert und nicht mit weißer Farbe bemalt. Die Fußböden waren aus Eiche. Da, wo früher Tapeten mit zarten chinesischen und japanischen Filigranzeichnungen hingen, blendet heute die weiße Raufasertapete.

Es gibt einen »Roten Salon«, einen »Blauen Salon«, so genannt nach den jeweiligen Wandtapeten. Die »Grüne Kammer« hieß jahrzehntelang »Pieck-Zimmer«, weil dort das Arbeitszimmer des Präsidenten der DDR eingerichtet war. Die heutige Ausstattung ist erst in den Siebzigerjahren entstanden, das ursprüngliche Zimmer komplett umgestaltet, weil man den Schah von Persien erwartete, der dann doch nicht gekommen ist, weil er in der Zwischenzeit gestürzt wurde.

Ich tröste mich damit, dass das Schloss bestimmt nicht so gut erhalten wäre, wenn man es nicht für Staatszwecke genutzt hätte. Im Spiegelsaal, wo die Feste stattfanden und wo Friederike mit Friedrich von Solms tanzte, hat im 20. Jahrhundert Erich Honecker die DDR-Staatsgäste empfangen.

Später wandere ich unter den jahrhundertealten Platanen, Eichen und Buchen durch den Park. Hier haben ihre Kinder gespielt, und sie hat ihnen zugeschaut. Ich setze mich auf den Brunnen und schaue zurück aufs Schloss. Zwei Jahre lang hat sie hier im Schloss gelebt und dann noch einmal für längere Zeit während ihrer dritten Ehe.

Schloss Schönhausen mit seinen Parkanlagen ist ein Ort, der für heimliche leidenschaftliche Affären bekannt und geeignet war. Schon Friedrich Wilhelm II. verliebte sich hier mehrfach in Hofdamen seiner Frau und vergnügte sich mit ihnen, heiratete sie sogar mit »Zustimmung« seiner Frau zur linken Hand.

Hier hat also auch Friederike leidenschaftliche Stunden mit der großen Liebe ihres Lebens verbracht, und hier wurde auch der Plan ausgeheckt, der am Ende zu Schwangerschaft, Heirat, Verbannung und zu dem Glauben führte, das Glück endlich gefunden zu haben.

Friedrich von Solms-Braunfels

»Wiedersehen! Und der Gedanke: ›ein Ast, der
vom Stamme bricht, wird anderswo gedeihen‹,
geben meinem Herzen mehr Ruhe.«[11]

Der Tod ihres dreijährigen Sohnes Karl war gerade vier Monate her, als Friederike diese Worte auf Schloss Schönhausen an ihre beiden älteren Schwestern Charlotte und Therese schrieb. Trost fand sie bei ihren beiden anderen Kindern, an deren Spiel sie oft teilnahm. Trotz des »tiefen Schmerzes«, der sie nie verließ, bezeichnete sie sich als eine »glückliche Mutter«.

»Wie gut geht es mir nicht in der Welt«, kommentierte Luise die Situation ihrer Schwester, an deren Leben sie trotz der räumlichen Trennung und der Verpflichtungen als Königin nach wie vor ganz intensiv teilnahm, »und wie verschieden ist das Schicksal gegen die gute Friederike. Verdiene ich es denn mehr wie sie? Nein, gewiß nicht; Gott muß es ihr einmal in der Welt recht gut gehen lassen, sie verdient gewiß Glück und hat nichts als Kummer. Ihre schönste Jugend gehet unter in Tränen dahin.«

Friederikes neues Zuhause war ein zweieinhalbgeschossiger, rechteckiger und ziemlich schmuckloser Bau mit einem Walmdach und lag elfeinhalb Kilometer vom Zentrum Berlins inmitten eines großen Parks mit Lustgarten, einer Orangerie und einer Maulbeerbaumplantage, 1751 angelegt von Elisabeth Christine, der Frau Friedrichs II., mit dem Ziel, die teure Seide für die Kleider selber herzustellen.

Friederike teilte das Schloss mit ihrer Schwägerin Mimi, deren Mann, dem Prinzen von Oranien, und verschiedenen auswärtigen Besuchern wie dem Prinzen von Nassau, dem Prinzen und der Prinzessin von Braunschweig. Ihr Haushalt, den sie selber aus der ihr zustehenden Apanage finanzieren musste, bestand aus 40 Personen.

Sie scheint zufrieden gewesen zu sein, wenn ihr Leben auch im Vergleich zu der Zeit, wo sie direkt im Zentrum von Berlin lebte, Tür an Tür mit Luise, sehr eintönig geworden war. Der Umgang mit der allgegenwärtigen Langeweile war aber ein Hauptproblem aller am Hofe lebenden Adligen. Eingepfercht in die das ganze Leben regelnde Hofetikette, die nicht nur die Rangordnung, sondern auch Kleidung, Geschmack, Tagesablauf, die Art der Beschäftigung und die Konversation bestimmte, gab es wenig Raum für individuelle Gestaltung.

Dies hat vor allem Luise nach der Thronbesteigung ihres Mannes schmerzlich zu spüren bekommen. Das Berliner Hofleben bestand aus einem sich unabänderlich wiederholenden Kreislauf, an dem auch Friederike oft teilnehmen musste.

In Ermangelung von wirklichen Aufgaben wurde viel Energie in die Suche nach immer neuen Vergnügungen gesteckt, die die Langeweile vertreiben sollten. Den Winter verbrachte man in Berlin mit Theaterbesuchen, Karnevalsfeiern, gegenseitigen Besuchen und anderen Festivitäten, im Frühjahr und Herbst fanden die Manöver in Potsdam statt, den Sommer verbrachte man mit Reisen und Erholungstagen in Charlottenburg.

Für Friederike kam hinzu, dass Luise den König häufig begleitete, so zum Beispiel von Mai bis Juni 1798 nach Königsberg zur Krönung. Gerade dieser Abschied ist beiden Schwestern sehr schwer gefallen, hatte Friederike doch erst kurz zuvor ihren kleinen Sohn verloren. Luise lud sie zwar immer ein mitzukommen, egal ob sie nach Potsdam, Paretz oder sonst wo hinfuhr, aber Friederike wollte ihre

Kinder nicht alleine lassen und hatte außerdem das Gefühl, dass ihr Schwager ganz froh war, wenn sie mal nicht dabei war. Außerdem wurde sie durch das Glück der Schwester immer wieder an ihr eigenes Unglück erinnert. Am 28. Januar 1798 schrieb sie an ihren Vater aus Potsdam, wohin der König sie eingeladen hatte: »Ich sehe um mich herum eine völlig glückliche Schwester, das tut meinem Herzen gut und schmerzt ihm, dieses Glück, weil ich ihr ein beständiges und ewiges Glück wünsche, wie sie es verdient, aber das Leid entsteht durch den Wunsch: hättest Du nicht auch ein Recht zu beanspruchen, glücklich zu sein? Im allgemeinen, teurer Vater, bemühe ich mich heiter zu sein, um nicht ihr Glück mit einer einzigen Wolke zu trüben, aber es geschieht mit einem zerrissenen Herzen, und sehr viel geneigt zur Traurigkeit.«

Und so verliefen ihre Tage gleichförmig nach einem immer sich wiederholenden Schema, das nicht viel Zeit für selbstständige Unternehmungen ließ. Morgens um neun nahm sie das Frühstück im Garten oder auf der Galerie mit allen Mitbewohnern ein. Auch die Kinder waren anwesend. Danach saß man zusammen, plauderte oder las sich gegenseitig etwas vor. Um ein Uhr begab man sich auf die Zimmer, um sich für das Diner um zwei Uhr anzukleiden. Friederike langweilte sich bei den immer gleichen Gesprächen, in die nur neue Besucher Abwechslung brachten. Es fiel ihr schwer, immer die Höfliche zu spielen.

Nach dem Essen begab sich jeder auf sein Zimmer, das Friederike als ihre »Zelle« bezeichnete. Dies war der einzige Moment am Tag, schreibt Friederike, an dem sie etwas für sich alleine machen konnte. In diesen Stunden entstanden ihre Briefe, in denen sie auf schriftliche Weise Gespräche mit ihren Freunden und Verwandten führte. Oft fügte sie gezeichnete Frisuren und Modefiguren hinzu, von denen einige noch unter den Unterlagen erhalten sind. In dieser Zeit erledigte sie auch die Verwaltung ihres für ihre Verhältnisse kleinen Haushaltes.

Friedrich von Solms-Braunfels

Einen großen Vorteil hatte die Lage Schönhausens allerdings, den Friederike sofort erkannte, als ihr Schwiegervater ihr das Schloss als Wohnsitz anbot: »Du Bester«, schrieb sie an ihren Bruder, »wirst Gott mit mir preisen, daß mir der König erlaubt hat, da zu wohnen in diesen Räumen. Denke dir nun das Glück; nun habe ich mit der ganzen Clique nichts mehr zu schaffen, nicht mal mit einem Fernglas können sie mich sehen. Spionieren können sie nicht lassen. Sie dürfen alles hören, sehen und riechen, was ich mache. Aber Fenster in Fenster sehen zu können ist doch gar zu unangenehm gewesen.«

Friederike war 19, als sie diese Zeilen schrieb – und auch diese Worte sind zu ihren Ungunsten ausgelegt worden. Sie galt zu ihrer Zeit als große Schönheit, und die Männer lagen ihr zu Füßen. Dass sie sich freute, wenn nicht mehr jeder Schritt von ihr überwacht, nicht jede Träne auf ihre Echtheit untersucht wurde, kann man gut nachvollziehen, das heißt aber noch lange nicht, dass aus diesen Sätzen Leichtsinn und der Vorsatz sprechen, Schönhausen zu einem Bordell zu machen – so wie einige Autoren argwöhnen.

Ihr Tag bestand überwiegend aus langweiliger Routine. Am späten Nachmittag fuhr man fast täglich zum Schloss Charlottenburg, um das Königspaar zu besuchen, jedes Mal ein Weg von elfeinhalb Kilometern durch »arabischen Wüstensand«.

Dort traf Friederike auf die Familie, denn auch die Großmutter und Georg waren häufig dort. Die Großmutter sogar so oft, dass Frau von Voss ganz genervt war, weil sie in deren Anwesenheit nie zu Wort kam. Friederike war glücklich im Kreis der Familie und vergnügte sich mit ihren Kindern bei Topfschlagen, Blindekuhspielen und Luftballonsteigen-Lassen, trank gemeinsam mit allen Tee und nahm das Abendessen ein. Oft stand danach ein Theaterbesuch in Berlin an. Vor ein Uhr nachts war Friederike selten zurück in Schönhausen.

Die Familie war schon immer Friederikes Lebensmittel-

punkt und ist es zeit ihres Lebens geblieben. Dafür sprechen Hunderte von zärtlichen Briefen, die sie an ihre Geschwister geschrieben hat.

»Es liegt eine Stimmung heiteren Behagens und sorglosen
Genießens über diesen Spätsommertagen des Jahres 1798«,
schreibt Bailleu, der als Erster die Briefe Luises ausgewertet
hat. Der Krieg war weit weg, und dem König »war es ganz
willkommen, wenn man sich in Berlin vergnügte, als ob es
kein Frankreich und kein Österreich auf der Welt gäbe«.
Das Königspaar, »das in gemeinsamer Häuslichkeit lebte –
einer Häuslichkeit freilich, für die des Hausherrn peinlich
strenger Wille alles regelte, die Stunden der Mahlzeiten wie
die Pferdezahl vor dem Wagen der Königin. Wie im Staate
hatte im Hause jedes seinen unveränderlichen Platz. Abwei-
chungen von der einmal eingeführten und ihm genehmen
Ordnung duldete Friedrich Wilhelm nicht, sie waren ihm
›fatal‹, wie eines seiner Lieblingsworte lautete, und weckten
den in ihm schlummernden Haustyrannen.«

Die einzigen Sorgenfalten gab es bei den Geschwistern
ausgerechnet wegen Luise. Auch wenn der König seine Frau
sehr liebte und sie über viele seiner Schwächen hinweg-
sah, weil sie merkte, wie sehr er an ihr hing, so wurde doch
immer deutlicher, dass die Harmonie in dieser Ehe nur aufrechterhalten wurde, weil Luise sich völlig seinem Willen
unterwarf. Georg schrieb am 12. Oktober 1798: »... denn so
gänzlich willenlos zu sein, sobald der König den kleinsten
Wunsch äußert, und täglich mit dem Bewußtsein, den größten Dank zu verdienen, humeurs mit Lächeln ertragen zu
müssen, ist und bleibt hart.«

Pflichterfüllung aus Liebe, lautete Luises Antwort.
Pflichten gegen Gott, gegen die Menschen und sich selbst,
Pflichten als Gattin und Mutter, häusliche und öffentliche
Angelegenheiten. Einerseits bewunderten die Geschwister
diese Haltung, andererseits machte sie ihnen Sorgen. Wenn
Luise früher die lebhaftere der beiden Schwestern war, die
immer irgendwelchen Unsinn plante und damit auch Frie-

derike häufig zur Verzweiflung getrieben hatte, so schrieb
Georg zu dieser Zeit: Friederike ist munterer als je.

Während Friederike das Lesen ihrer Kinderzeit beibehalten hatte und theologische Werke las, mit Goethe und
anderen literarischen Größen korrespondierte, sah Friedrich Wilhelm es nicht gerne, wenn seine Frau las. Für ihn
war höhere Bildung für Frauen überflüssig, bei seinem Anspruch an Unterhaltung und Lektüre hatte er wohl eher ein
wenig Angst, seiner Frau intellektuell unterlegen zu sein.
Luise jedenfalls teilte die Befürchtungen ihrer Geschwister. »Wenn es so fortgeht, werde ich bald nicht mehr wissen, ob London in England oder Deutschland liegt.« Und da
die Geschwister immer zusammenhielten, organisierten sie
heimlich Lektüre für Luise.

Das eigentliche Problem, das das traute Familienleben
in Berlin für Jahre empfindlich stören sollte, entstand aber
parallel dazu in Schönhausen. Unbemerkt vom Rest der Familie hatte Friederike dort im Schloss häufig Besuch vom
Prinzen Friedrich von Solms-Braunfels, der im September 1797 mit den Ansbacher Husaren zu Manövern im Potsdamer Umland weilte und sofort Zugang zur kronprinz-
lichen Familie fand. Viele wunderte das, so auch Frau von
Voss, die ihn von Anfang an nicht mochte und auf ihre gewohnt bissige Weise notierte: »Abends kamen [in das Kron-
prinzenpalais] die Prinzen und ein Prinz Solms von den
Husaren, der mir sehr windig zu sein scheint und gar nicht
gefällt.« Und ein paar Wochen später: »Zu Tisch immer dieser ewige Prinz Solms.«

Aber sie konnte daran nichts ändern, denn der Kronprinz protegierte ihn. Er hatte ihn 1788 in Den Haag kennengelernt, als er seinen Vater auf einer Reise in die Niederlande begleitete. Dort war Prinz Friedrich zu Solms Kornett
der Garde am Hofe des Statthalters Wilhelms V. von Oranien. Der Kronprinz und Prinz Solms – beide achtzehn-
jährig – wurden gute Bekannte. Auf Empfehlung Friedrich
Wilhelms konnte Solms 1787 bei den Ansbacher Husaren als

Rittmeister eintreten und wurde nach der Thronbesteigung des Kronprinzen vom neuen König als Major nach Berlin in die Garde geholt.

Luise hatte von Beginn an eine ähnlich gute Meinung vom Prinzen wie ihr Mann. Am 1. Oktober 1797 teilte sie ihrem Bruder Georg mit: »Er ist ein guter, angenehmer junger Mann. Er hat viel Unglück gehabt, das macht ihn ein wenig verschlossen.« Und später, nachdem Friederike ihre Beziehung zu Prinz Solms gestanden hatte, schrieb sie ihrem Vater: »Auch von Seiten des Prinzen kann ich Ihnen beruhigen. Abgesehen von dieser That, ist es ein durchaus redlicher Mann, dem man keine zweideutige Handlung zu schulden legen kann. Sein Charakter ist gerade und offen.«

Nur was alle nicht wussten, Luise allenfalls ahnte: Der Prinz war ein »Jugendfreund« Friederikes aus den Frankfurter Tagen des Jahres 1792. Seitdem waren sieben Jahre vergangen, in denen sie sich nicht gesehen hatten, ja, wo sie nicht einmal wusste, ob er noch lebte. »Nun aber sahen wir uns wieder, und ich hielt mein älteres Versprechen« und fand »die grenzenloseste Leidenschaft«.

Diese Leidenschaft wurde vom Prinzen erwidert, wie er dem Vater Friederikes zu seiner Rechtfertigung später schreibt: »Innige heiße Verehrung der seltenen Reize und Vorzüge von Euer Durchlaucht Prinzessin Tochter fachten in meiner Seele eine Leidenschaft an, die zu überwinden ich zu schwach war. Meine unbegrenzte Liebe zu ihr wuchs mit jedem Tage, je mehr ich sie kennenlernte und je mehr ich sie überzeugte, daß unsere Gesinnungen und Meinungen wechselseitig waren.«

Wenn ihm auch Karl von Mecklenburg am Ende seine Verzeihung und seinen väterlichen Segen gab, so war er doch nicht sehr beglückt über das, was im Sommer 1798 auf Schloss Schönhausen passiert ist: »Euer Liebden haben den glücklichen Frieden meines Hauses gestört«, schrieb er an seinen neuen Schwiegersohn. »Sie haben heimlich meine jüngste Tochter zu einem Schritt verleitet, dessen Schmach sie itzt leidet und dessen Folgen ihr lebenslang treffen werden.«

Auf jeden Fall waren sich alle Beteiligten in einem Punkt einig: Hier war sehr viel Leidenschaft im Spiel. Und da half auch nicht, dass Friederikes Lieblingsautor Spalding vor den Gefahren der Wollust vorausschauend gewarnt und ein tugendhaftes Leben favorisiert hatte: »Es kommen freilich Zeiten, da Leidenschaften und besondere Neigungen diesen klaren glänzenden Anblick verdunkeln«, schrieb er. »Aber wenn ich nur die gehörige Stärke anwende, mich aus einer solchen täuschenden Wolke herauszuarbeiten; wenn ich mich über das falsche Licht, welches sinnliche oder parteiische Begierden verursachen, hinweg in den heiteren Standpunkt der frei urteilenden Vernunft setze und von daher die Dinge so betrachte, wie sie sich nicht bloß auf diese oder jene Absicht von meiner Seite beziehen, sondern wie sie an sich beschaffen sind und wie ich sie ohne die Blendung des Eigennutzes an einem Fremden beurteilen würde; dann verschwindet der Dunst, und ich erblicke die Wahrheit; ich sehe, was recht ist und was sein soll.«

So weit die Theorie, die gegen die wahre Leidenschaft keine Chance hatte, eine Leidenschaft, die nicht unbemerkt blieb. Gerüchte kursierten. Der Herzog von Braunschweig, der auch in Schönhausen wohnte und die häufigen Besuche des Prinzen miterlebte, soll dem König schon lange vor Friederikes Geständnis von dem Verhältnis erzählt haben. Auch Friederikes Hofmarschall Graf von Keyserling war ihr Interesse am Prinzen Solms längst aufgefallen. »I.K.H. [Friederike] trug mir die Briefe an den Prinzen Adolf auf, aber in Gesellschaft schien sie sich für einen anderen zu interessieren.« Er schickte einen entsprechenden Bericht an Königin Luise, die ihre Schwester offensichtlich auch zur Rede stellte. Nach Keyserling leugnete sie aber zunächst alles ab.

Bis dann die Folgen nicht mehr zu verschweigen waren. Es gibt aus dieser Zeit nur den Eintrag vom 5. August im Tagebuch von Frau von Voss, der uns eine Ahnung von

Friederikes tatsächlicher Stimmung vermittelt, denn in den Briefen an ihre Schwestern und an ihren Bruder gibt sie sich fröhlich und unbeschwert. Frau von Voss bemerkte, ohne sich die wahre Ursache erklären zu können: »Die Pzin Louis war unwohl, es war genau so wie von Völlerei, sie hat viel geweint, man kann daraus nicht schlau werden.«

Luise fiel am Ende die schwere Aufgabe zu, ihrem Vater von den Schwierigkeiten zu erzählen, in die ihre jüngere Schwester geraten war: »... also Prinz Solms faßte eine heiße Leidenschaft für Friederike und sie ebenfalls für ihn, ein Augenblick und sie vergaßen sich, wodurch Folgen entstanden sind, die sichtbar sind. Meine Schwester entdeckte ihre Lage niemand, aus Furcht, den Prinzen zu verlieren, ihn und sich unglücklich zu machen; endlich aber, wie sie nur noch 6 Wochen hin hatte bis zum Augenblick ihrer Entbindung, entdeckte sie es Brown [Hofarzt] unter der Bedingung, es niemandem zu sagen, besonders aber um mir den Gram zu sparen und allen, die ihr lieb waren.«

Das ist Friederike natürlich nicht gelungen. Die Weihnachtstage des Jahres 1798 hat Luise mit Sicherheit nie vergessen. Friederike war schwanger im siebten Monat, und offenbar hatte sie die Schwangerschaft geplant, um Tatsachen zu schaffen, damit sie mit dem Prinzen zusammenbleiben konnte.

Auch hier haben wir nur die Kommentare von Frau von Voss, die erst zusammen mit den aufgefundenen Geheimpapieren Sinn machen und die Stimmung im Königshaus um Silvester 1798 herum beschreiben: »Die Königin beklagte sich über rheumatische Schmerzen; der König hat ein Brechmittel genommen; er blieb den ganzen Tag im Bett ... Gott weiß, was los ist. Die Pzin Louis, glaube ich, ist hiervon die Ursache.«

Besonders ärgerte sich Frau von Voss, dass der Generaladjutant des Königs, Köckritz, in das Geheimnis eingeweiht war, sie dagegen nicht. So war sie auf Vermutungen angewiesen, die der Wahrheit immerhin schon sehr nahe kamen: »Die Schwester wird Dummheiten gemacht haben, wird England hinschmeißen und wird eine Torheit mit dem Prinzen Solms begehen, dieses ist entsetzlich.«

Luise war vor allem dadurch getroffen, dass Friederike ihr die Schwangerschaft so lange verschwiegen hatte. Der König war schockiert, weil er im Gegensatz zu seinem Vater seinen Hof von Skandalen dieser Art freihalten wollte, und dass dies alles ausgerechnet in Schönhausen passierte, machte es auch nicht besser. Dass Friederike diese Schwangerschaft womöglich noch geplant hatte, um eine Legalisierung der Beziehung zu dem nicht standesgemäßen Prinzen zu erzwingen, passte außerdem so gar nicht zu seiner Vorstellung von einem angemessenen Verhalten von Frauen, die dem Mann zu gehorchen hätten und selbstständige Handlungen nach Möglichkeit unterlassen sollten.

Und es ist wohl nur seiner großen Liebe zu Luise zu verdanken, die sich schützend vor die Schwester stellte, dass Friederike ihren Prinzen am Ende doch heiraten durfte und sie nicht zur Strafe ganz an den Rand der preußischen Länder in die niederschlesische Heide in die Verbannung geschickt wurden.

»Die Gnade meines Mannes, worauf Sie so fest bauten«, schrieb sie ihrem Vater, »hat sich auch hier bewiesen, und er hat den beiden Gefallenen verziehen, und ihr Schicksal so leidlich als möglich eingerichtet; aber Prinz Solms konnte bei den bekannten Umständen nicht bei den Garden bleiben …« Und später heißt es: »Bloß aus Liebe zu mir erhörte er mein sehnlichstes Flehen, sie nicht nach Lüben in Schlesien zu schicken, und mein Weinen, meine unaussprechliche Leiden bewogen ihn, meinen Bitten Gehör zu geben.«

Bis in die heutigen Biografien gelten die Ereignisse dieses Sommers als der »Sündenfall« von Friederike und sind die Grundlage für ihre Verurteilung als tugendlos und unzüchtig.

Dabei hatte sie sich nur zum ersten Mal in ihrem Leben leidenschaftlich verliebt. Was tatsächlich in jenem Sommer

mit ihr passiert ist, erklärte sie selber in einem Brief an ihren
Bruder mit einem Gedicht, das ihr Schiller übersandt hatte:

»Das Liebesbündnis schöner Seelen
Knüpft oft der erste Augenblick
Wenn andre, eh' sie Freunde wählen,
Was sich dabei gewinnt, erst emsig überzählen
Verbindet jene schon ein Wort, ein stiller Blick
Gleich Spiegeln strahlet eins der andern Bild zurück,
Sie wählen nicht, sie fühlen sich getrieben,
Und lieben ihren Freund, wie sie sich selber lieben.«

Heimliche Hochzeit

>»Ich habe schrecklich gefehlt! Ich habe meine Pflicht verletzt, ich habe mich sehr schuldig gemacht.«[12]

Nachdem bis heute so viel Falsches und Unausgegorenes über die Vorgänge im Januar 1799 geschrieben wurde, ist es an der Zeit und nur fair, die Hauptperson einmal selber ausführlich zu Wort kommen zu lassen.

Am 3. Januar 1799 schrieb Friederike an ihren Vater den folgenden Brief, der auch unter den Geheimpapieren lag:

Berlin, 3. Januar 1799

»Bester teuerster Vater! Sehen Sie zu Ihren Füßen ein Kind, welches sich leider den schrecklichsten Vorwurf macht, den besten der Väter betrübt zu haben. O bester Vater! Warum muß eine unüberlegte Handlung soviel Böses nach sich ziehen, warum muß ich das einzige Ihrer Kinder sein, die Ihr Vaterherz betrübt? O haben Sie Erbarmen mit mir, teurer Vater, und sehen Sie in mir nur die Verzweiflung, wenn Sie mir armes Weib nicht vergeben. Bester Vater! Ich habe schrecklich gefehlt! Ich habe meine Pflicht verletzt, ich habe mich sehr schuldig gemacht. Ich habe das heiligste Band geknüpft ohne Ihren Segen, ohne Ihre Einwilligung. Gott, könnte ich Ihnen nur einmal mein Herz öffnen, damit Sie darin Verzweiflung und Reue, ja die innigste Reue lesen. Aber nur einen Augenblick dürften Sie hineinsehen, denn es würde Ihr Vaterherz betrüben, wenn Sie sehen, wie mordend die Vorwürfe sind, die ich mir mache. – Sie wissen, bester Vater, wie stark die Gewalt der Liebe ist, Sie fühlen es besser wie keiner; Sie wissen, wie haltbar ihre Fesseln sind, wenn es wahre Leidenschaft ist. – Ich vergaß der Pflicht, die ich einer noch unsicheren zukünftigen vom Krieg und Umstände abhängenden Verbindung schuldig war, gab einer Leidenschaft Gehör, wie ich sie noch nie fühlte, und knüpfte heimlich ein Band der Ehe, welches ich der Umstände des Prinzen wegen, der mein Herz so ganz, so ganz besitzt, nie hätte können zugegeben werden.

Hier, bester Vater, ist das Bekenntnis meines Vergehens, das Geständnis meiner Schande. Die Folgen dieser heimlichen Leidenschaft zeigen sich, und ich war es dem unglücklichen Geschöpf, welches ich davon unter dem Herzen trage, [schuldig,] es dem Könige und meiner Schwester zu offenbaren.

Die herzliche Reue, die mordenden Vorwürfe, die ich mir selbst mache, und die wahre Leidenschaft, die mich an den Prinzen fesselt, bewogen sie, uns zu verzeihen, kann ich von Ihnen, teuerster Vater, wohl dasselbe hoffen?

O, ich flehe Sie, verweigern Sie Ihre Vergebung nicht Ihrem Kinde zu gestehen, die ohne der Ruhe, daß sie wieder ausgesöhnt mit ihrem Vater und ihren nächsten Blutsverwandten ist, kein Glück genießen kann, wenn ihr auch die Liebe ihres Mannes gegeben ist. – Verzeihen Sie aber auch dem Mann, den ich über alles liebe, sonst ohnedem sind wir nicht glücklich.

Machen Sie mir alle Vorwürfe, bester Vater, ich darf nichts zu hart finden, denn ich verdiene sie, aber es ist mordend für mein armes Herz, denn es fühlt so tief sein Vergehen, daß es sich selbst mit Vorwürfen und Reue durchbohrt. – Dieses Vergehen, bester Vater, macht mich so unglücklich, wie ich es noch nie war – schenken Sie mir aber Ihre Verzeihung und endlich wieder Ihren Segen, verschließen Sie mir nicht ganz das zärtliche Vaterherz, darf ich hoffen, daß ich mir selbst und Sie mir den Gram verziehen haben, den ich Ihnen allen verursachte, dann darf ich hoffen, daß nach 5 Jahren von immer wachsendem Unglück der Himmel mir auch einmal heiter scheinen wird, da als dann mein Herz sein Bedürfnis erfüllt, und sich durch Ausübung jeglicher häuslicher Tugend es verdienen werde, glücklich zu sein.

O, bester, teuerster Vater, ich will Sie nicht noch mehr ermüden, könnten Sie aber in mein Herz sehen, es ist von Gram, von Vorwürfen zerrissen, verzeihen Sie mir nur, sonst kann ich nicht glücklich sein. Kommen Sie dann einmal zu Charlotte, einer Tochter, die Ihnen noch nie Kummer machte, so sehen Sie mitleidig zu mir herab, wie unglücklich ich wäre ohne Ihre Liebe. Nur Verzeihung gewähren Sie uns! – Gott, ich muß schließen, sonst höre ich gar nicht auf und betrübe Sie noch mehr; also bis auf Ihre Antwort sagen Sie sich, daß ich keine Ruhe mehr habe, und daß Ihr unglückliches Kind viel – sehr viel leidet.

Gott, meine Tränen verdunkeln alles, was ich schreibe.

Fréderique«

Königin Luise als hilfreiche Schwester

>»Den wichtigen Schritt zur Ehe ohne Anfragen,
>weil ich ihn nicht erhalten hätte, den Geliebten,
>dieses tat ich aus Liebe, und das größte Opfer,
>was ich dem Geliebten brachte, war das zweideu-
>tige Licht, was dadurch auf meine Aufführung
>fiel, und die Reputation, den guten Namen aufs
>Spiel zu setzen, ist gewiß das größte Opfer ...«[13]

So schrieb Friederike am 30. November 1801 an ihren Bruder Georg. Wie recht sie damit hatte! Wer auch immer sich
bis in die heutige Zeit zu dieser Frau äußert, reduziert sie
auf die Ereignisse dieses Sommers und der darauf folgenden
Monate. Und das auch noch, ohne dass die wahren Begeben-
heiten bisher bekannt waren. So heißt es zum Beispiel, dass
sie den Prinzen heiraten »mußte«, dabei war eine Ehe mit
ihm ihr eigentliches Ziel. Das Hochzeitsdatum wird im April
oder Dezember 1798 vermutet, lag tatsächlich aber am 7. Januar 1799, die Hochzeit war auch nur insofern »heimlich«,
als Friederike nicht das ihr als einer preußischen Prinzessin zustehende Fest mit öffentlichem Gottesdienst bekam.
Dass selbst Friederike im obigen Brief von einer heimlichen
Hochzeit spricht, war Teil des Planes, den Luise mit ihrem
Mann ausgeheckt hatte. Eins zeigen die Falschmeldungen
aber ganz deutlich, und das wiederum hätte Luise bestimmt
sehr gefreut: Über 200 Jahre lang haben ihre Geheimhal-
tungsmaßnahmen funktioniert.

Das Geburtsdatum der kleinen Caroline liegt Ende Februar 1799, sechs Wochen vorher hat Friederike ihre Schwester informiert, also ungefähr Weihnachten 1798. Und von

diesem Augenblick an wurde die höchste Geheimhaltungsstufe verhängt. Von Friederike gibt es aus dieser Zeit nur den oben zitierten Brief an ihren Vater. Sie traut sich nicht, ein weiteres Mal zu schreiben, bittet ihn sogar über Luise, nicht nach Berlin zu kommen, da sie ihn zu sehr verletzt habe.

Also fiel Luise, die sich als die Ältere schon immer für die Schwester verantwortlich und sich darum mitschuldig fühlte, die Aufgabe zu, den Vater zu informieren und um Verzeihung zu bitten:

»Es gibt keine Tochter, die so einen Vater wie Sie hat ... Ich möchte Sie noch einmal vor allem daran erinnern, daß Sie nicht für einen Moment vergessen mögen, daß Sie Vater sind, daß Sie all Ihre Kräfte zusammennehmen und all Ihre Güte. Nehmen Sie Zuflucht zu Ihrem exzellenten Herzen und hören Sie nur auf die Stimme der Natur. Nach dieser Präambel müssen Sie etwas Schlimmes und Folgenreiches erwarten, und wirklich ist die Nachricht, die ich Ihnen mitteilen muß, derart, daß Sie auf alles vorbereitet sein müssen ... und bevor Sie sie hören, wappnen Sie sich mit all Ihrem Mut, den Sie nötig haben werden, um den Schlag, den ich Ihnen jetzt versetzen muß, zu verkraften. Es handelt sich um Ihre Tochter, meine Schwester Friederike.«

So beginnt der Brief, mit dem Luise ihrem Vater von der Schwangerschaft ihrer Schwester berichtete. Diese Einleitung war aber auch nötig, denn so ist er auf das Schlimmste vorbereitet und konnte die verklausulierten Sätze seiner Tochter verstehen: »Sie hat gewählt und *unwiderruflich* gewählt.«

Luise traute sich nicht, das Wort Schwangerschaft auszusprechen, aber sie wiederholte den Satz, damit der Vater das Unaussprechliche begriff: »Wissen Sie, was es heißt, wenn man *unwiderruflich* gewählt hat, das heißt *in einer Weise, die nicht rückgängig zu machen ist.*«

Insgesamt schrieb sie in diesen Januartagen drei Briefe an ihren Vater, dem sie immer wieder berichtete, wie groß die

Reue ihrer Schwester und auch die des Prinzen Solms sei. »Nichts gleicht der Hoffnungslosigkeit meiner Schwester, Ihnen Kummer gemacht zu haben.«

Über den Prinzen Solms berichtete sie, dass er seit dem Geständnis »ein ganz anderer Mensch [war], der nur wie ein halb Toter herumlief. Wenn Reue versöhnen kann, so verdienen sie beide gewiß Verzeihung.«

Mit diesen Reuebekundungen verband Luise die Bitte um Verzeihung für die Schwester. »Höre mich und versuche zu verzeihen.«

In den Biografien Luises steht immer wieder, dass sie ihrer Schwester jahrelang nicht verziehen hat. Dem widersprechen diese Briefe eindeutig: »Je l'ai vue, je lui ai pardonné.« Sie hatte längst verziehen, genauso wie der König auch.

Aus den ersten Januartagen liegt kein Brief des Vaters an Friederike vor, aber aus dem Brief, den Karl von Mecklenburg an seinen Schwiegersohn schrieb, geht hervor, dass er doch relativ schnell die neue Situation als unabänderlich akzeptiert hatte und seine größte Sorge dem Glück seiner Tochter galt: »Mein zerrissenes Vaterherz blutet, aber es will dennoch Verzeihung für mein armes verführtes Kind. Auch für Sie, mein Prinz, als Schwiegersohn, wenn Sie dieses Namens sich künftig würdig erweisen.«

Er verspricht Verzeihung und väterlichen Segen, wenn »als guter Gatte Sie meine Tochter so glücklich machen, wie sie von Ihrer Hand es zu werden hofft und vielmals zu sein verdient ... Sie versprachen dieses am Traualtar meiner Tochter. Sie wiederholten mir dieselben Gelübde in Ihrem Brief vom 10. Januar als Mann von Ehre. Ich baue auf Ihre Zusicherung und unterzeichne mich in diesem festen Vertrauen in Freundschaft und Liebe

Euer Liebden guter Schwiegervater«

Damit hatte Luise eines ihrer Hauptziele erreicht. Was immer Friederike auch in ihrer neuen Ehe erwarten würde, der Rückhalt der Familie war ihr sicher, denn wenn der Vater ihr verziehen hatte, würden es auch die Geschwister tun. Als Friederike am 10. Januar Berlin verließ, hatte Luise ihr zum Abschied gesagt: »Wenn du glücklich wirst, wird es niemanden geben, der nicht glücklicher darüber ist als ich. Wenn du unglücklicherweise nicht das findest, was du dir wünschst ... komm zurück in meine Arme, die niemals geschlossen sind und die dich mit der Zärtlichkeit empfangen werden, die du von mir kennst.«

Es gibt nur eine Stelle, an der Luise sich kritisch zu Friederikes Verhalten äußerte. Sie hoffte, dass die Schwester Charlotte, die in Hildburghausen und damit näher an Ansbach wohnte, einen guten Einfluss auf Friederike haben würde, »der ihr Lob, der ihre Tugenden werden vielleicht tief in das Herz der armen Gefallenen wirken. Ihr Herz ist gut; aber Leichtsinn, Hang zur Eitelkeit, beständige Schmeicheleien, kein Freund, der ihr Führer war, dieses sind wohl die Ursachen, die ihren Fall bereiteten; und von der Seite betrachtet, ist es ein wahres Glück, daß sie Berlin verläßt.«

Das größte Problem war aber die Geheimhaltung. Neben dem Arzt und dem Adjutanten des Königs wussten nur noch Luise, ihr Mann und ihr Vater von dem Verhältnis, und so sollte es auch bleiben. Weder die Großmutter noch die Geschwister und die Onkel sollten eingeweiht werden, eine schwere Entscheidung, weil die Familienbande doch sehr eng waren und man sich sonst alles mitteilte. Zum ersten Mal musste auch Bruder Georg außen vor bleiben. Aber es ging, wie Luise immer wieder betonte und den Vater anflehte, sich auch daran zu halten, um Friederikes Ehre und um ihre Chance, glücklich zu werden.

»Es gibt eine offizielle Version, die alle anderen, auch die Öffentlichkeit erhalten: aber es heißt (wie meine Schwester es durch einen Brief und der Prinz Solms-Braunfels ebenfalls angezeigt haben) sie seien schon lange heimlich ohne Wissen und Willen getraut worden von einem fremden Prediger; dieses hätten sie endlich dem Könige angezeigt, dieser wäre natürlich aufgebracht und hätte dem Prinzen versetzt von die Garde du Corps nach Ansbach bei die Husaren, und sie als seine Frau hätte ihm gefolgt ... Morgen bekömmt mein Mann die Briefe, der kommuniziert sie dem auswärtigen Department, und die Sache wird bekannt.«

Die Wahrheit steht nur in einem Brief Luises, alle anderen, auch die Briefe Friederikes und des Prinzen Solms, enthalten die offizielle Version.

Die Wahrheit lautet nach Luise so: »Die Heirat ist erst kürzlich geschehen von einem vereidigten Prediger, der ewiges Stillschweigen schwor und eine Pension bekömmt. Außerdem ist er ein rechtschaffener Mann, auf den man sich verlassen kann ...«

Wobei anfangs eine Hochzeit zwischen Friederike und dem nicht standesgemäßen Prinzen vom König nicht genehmigt werden sollte. Aber alle anderen Überlegungen wurden verworfen. »An eine heimliche Niederkunft war nicht zu denken, besonders da alle Welt außer ich Verdacht auf sie hatten.« Außerdem dann wohin mit dem Kind, »das so gut ihr Kind ist als die andern, die sie hat«?

Dieser Satz widerlegt nebenbei auch eine weitere Unterstellung späterer Zeiten, dass Friederike aus lauter Scham ihr Kind bei der Geburt ausgesetzt haben soll. Ihre Familie hatte es bereits im ungeborenen Zustand akzeptiert – und das war alles, was für Friederike wichtig war.

Eine von Luise und dem König angedachte Reise Friederikes wurde ebenfalls verworfen, denn das wäre zu auffällig zu einem Zeitpunkt, als die vornehme Welt zum Karneval nach Berlin strömte. Eine Krankheit, schrieb Luise, hätte wohl niemand geglaubt, da alle schon Verdacht hatten.

»Also blieb nichts übrig, um die Ehre zu retten, als sie zu verheiraten. Dazu kömmt, daß es ihr angelegentliches Flehen und Wünschen war; und daß man sie sehr unglücklich zu diesem Augenblick gemacht, wenn man sie getrennt hätte. Dies ist die Wahrheit ...«

Die Briefe dieses Januars wurden in Neustrelitz in einen besonderen Umschlag gesteckt und versiegelt und fast zwei Jahrhunderte lang nicht geöffnet.

Auch um die Auflösung der Verlobung mit Adolf kümmerte sich Luise. Friederike musste ihm einen Brief schreiben, in dem sie die heimliche Verlobung löste, einen Brief, der von Luise und Friedrich Wilhelm gegengelesen und für gut befunden wurde. Sie hat ihn über die Hochzeit mit dem Prinzen Solms informiert, ihn um Verzeihung gebeten, ihre Versprechungen gebrochen zu haben. Luise hat diesen Brief in einen von ihr mit gleichem Inhalt an ihren Onkel Ernst, den Prinzen von Mecklenburg-Strelitz, gesteckt, der sich in Hannover aufhielt und der Adolf vorsichtig vorbereiten sollte.

Die Hochzeit bedeutete für Friederike, dass sie Berlin verlassen, ihren Sohn und ihre Schwester zurücklassen musste, alles Maßnahmen, die Friederike in ihrer Liebe zu dem neuen Mann an ihrer Seite nicht bedacht hatte, was nicht so sehr verwundert, da Leidenschaft bekanntlich das Nachdenken über eventuelle Folgen nicht gerade fördert.

Am schlimmsten traf sie die Trennung von ihrem fünfjährigen Sohn, der als preußischer Prinz am Hofe erzogen werden musste: »In dem Augenblick wo ich die Nachricht bekam, ich dürfte ihn nicht mitnehmen, da war mirs als wenn man mir ein Stück von mir selbst abschnitt und als ich ihn zum letzten mal an meine Brust drückte, war mirs, als verging mein letzter Atemzug.«

Das gleiche Schicksal hätte auch ihre kleine gerade zwei Jahre alte Tochter getroffen, wenn nicht Luise beim König erreicht hätte, dass Friederike das Kind bei sich behalten durfte.

Verzeihung und Skandal

»Sie ist fort! Ja ist auf ewig von mir getrennt. Sie
wird nun nicht mehr die Gefährtin meines Lebens
sein. Dieser Gedanke, diese Gewißheit umhüllen
dermaßen meine Sinne, daß ich auch gar nichts
anderes denke und fühle. Ach Gott! Helfe mir
diese schwere Trennung tragen.«[14]

Das schrieb Luise über den Tag des Abschieds, der für sie
einer der »grausamsten« Tage ihres Lebens war. »Ich bin untröstlich, daß ich von Friederike getrennt bin ... Ich war
niemals in meinem Leben von meiner Schwester getrennt,
das längste waren 5 Wochen und nur Gott weiß, wie ihre
Zukunft sein wird.«

Von Friederike gibt es keinen Brief, aber sie wird ähnlich
wie Luise empfunden haben, denn bei allen Unterschieden
zwischen den Schwestern, was die äußeren Lebensumstände
anbetraf, so waren sie in ihrem Wesen und gegenseitigen Auf-
einanderangewiesensein tatsächlich bislang die Einheit gewesen, als die sie Schadow in seiner Marmorstatue dargestellt
hat. Schwangerschaften, Geburten, Trauer und die Launen
ihrer Ehemänner – alles hatten sie gemeinsam getragen.

Und jetzt verließ Friederike, fünf Jahre nach dem trium-
phalen Einzug in Berlin, spät abends um zehn Uhr unter
Ausschluss der Öffentlichkeit die Stadt.

Der Botschafter von Mecklenburg-Strelitz in Berlin berichtete dem Vater am 13. Januar 1799, dass Friederike in Tränen aufgelöst abgefahren sei. Er schrieb aber auch, dass es
durch die »unglückliche Affaire« einen »furchtbaren eclat«
gegeben habe und man Friederike deswegen verurteilte.

Auch Frau von Voss, die nicht an die offizielle Version glaubte, berichtet, dass man überall von dieser »schrecklichen Geschichte« erzählte. »Sie wird es noch früh bereuen, daß sie ihn geheiratet hat«, orakelte sie bei der Abfahrt Friederikes.

Wie wichtig es war, dass Luise die Wahrheit, so gut es ging, geheim gehalten hat, zeigt ein Auszug aus dem Brief, den der Kanzleichef Karls von Mecklenburg für seinen Vorgesetzten entworfen, den der Vater aber nie abgeschickt hat. Der Kanzleichef war entsetzt über die Vorgänge in Berlin und vermutete eine Verschwörung gegen Friederike, die durch »jugendlichen Leichtsinn und zu rasches Blut« anfällig für die Schmeicheleien des »verdienstlosen Verführers« gewesen sei, um das Glück der Schwester und damit der Königin zu untergraben. Ähnliche Gerüchte hätte es wohl auch in der Öffentlichkeit gegeben.

Er riet dem Vater, »daß der Fall Ihrer schwachen Tochter verborgen bleiben könnte und sie im Witwenstande für immer ihre Torheit büßte, wo sie doch wahrscheinlich noch weniger unglücklich würde, als sie künftig sicher an der Hand ihres Verführers sich selbst fühlen mußte, da eine Ehe, die bloß auf Sinnlichkeit eines schwachen Augenblicks sich gründet, kein dauerhaftes Glück gewähren könne«.

Auch dieser Entwurf eines Antwortbriefs war in den Geheimpapieren sicher vor den Augen der Öffentlichkeit verborgen worden, so wie der Vater eingedenk der Bitten Luises alle Briefe, den Vorfall betreffend, versiegeln ließ, damit zum Schutz von Friederike niemand die Wahrheit erfahren würde.

Dass die Menschen trotzdem redeten, musste Luise bald erfahren. Zunächst wurde der Karneval um einige Tage verschoben, weil sich das Königspaar nicht wohlfühlte; kein Wunder bei den Aufregungen der letzten Wochen. Nach Karnevalsfesten war ihnen sicher nicht zumute. Luise beklagte sich bei Georg, jeder hätte sie bei ihrem ersten öffent-

lichen Auftritt nach Friederikes Abreise beobachtet, und sie
wäre froh gewesen, als sie wieder zu Hause war.

Es gab keine offizielle Nachricht in der »Vossischen Zeitung« über die Abreise Friederikes, obwohl sonst über jede
noch so kleine Reise eines Hofmitglieds berichtet wurde.
Offiziell wurde jedes Aufsehen vermieden. Lediglich am
15. Januar 1799 erschien auf der letzen Seite der Zeitung
ein kurzer Aufruf, dass jeder, der noch Ansprüche an das
»Hofmarschallamt der verwitweten Prinzessin Ludewig v.
Preußen, geborne Prinzessin zu Mecklenburg-Strelitz, wieder vermählten Fürstin zu Solms-Braunfels« habe, diese bis
zum 15. Februar 1799 anmelden solle. Danach würden alle
Ansprüche erlöschen.

Im achten Monat schwanger, eine 500 Kilometer lange
Reise über die schneebedeckten Straßen und eine ungewisse
Zukunft vor sich, so fuhr Friederike von Berlin ab.

Und doch war sie bei aller Trauer über das, was sie zurücklassen musste, glücklich. »Ich habe von jeher gewünscht und
erstrebt, zu lieben und geliebt zu werden. Jetzt werde ich
dieses Glück endlich genießen.«

Schwerin, Dezember 2004

»Denn eine Schwalbe macht noch keinen Frühling und auch nicht einen Tag. So macht auch nicht ein Tag oder eine kleine Zeitspanne den Menschen glücklich und selig.«

War es ein Wink des Schicksals, dass mir ausgerechnet an diesem Morgen das altbewährte Wort von Aristoteles aus der Zeitung entgegenblickte? Denn nun sitze ich wieder im Archiv zu Schwerin und wühle mich durch die Stapel alter Briefe, die Friederike aus der Zeit der Verbannung an ihren Bruder Georg geschrieben hatte. Abgeschickt sind sie nicht in Ansbach, sondern zumeist in Triesdorf, wo auch immer das liegen mag. Haben ihre Kritiker doch Recht behalten – und Friederike ist zur Strafe mit ihrem Mann auf ein Dorf in ein Bauernhaus verbannt worden?

Also suche ich in meinem Atlas. Triesdorf gibt es nicht. Die freundliche Dame im Archiv sucht im Internet und wird fündig. Triesdorf, heute der Stadt Weidenbach südlich von Ansbach eingemeindet, hieß die Sommerresidenz der Markgrafen von Brandenburg-Ansbach im 17. und 18. Jahrhundert. Dort waren, umgeben von großen Waldgebieten, Schlösser und Häuser für die Fürsten, den Hofstaat und die jeweiligen Jagdgesellschaften entstanden.

Na, wenigstens war sie standesgemäß untergebracht. Und um glücklich zu werden, braucht es schließlich auch diverser materieller Voraussetzungen. »Glück besteht aus einem hübschen Bankkonto, einer guten Köchin und einer tadellosen Verdauung«, erkannte schon der Philosoph Jean-Jacques Rousseau ganz pragmatisch. Mit Geld war Friederike vom preußischen König versorgt worden, ihre eigene Küche *durfte sie mitnehmen (über ihre Verdauung schweigen die Quellen).*

Selbst Aristoteles, der sich intensiv mit der Glücksfrage beschäftigt hat und die Suche danach als »das eigentliche, entscheidende Ziel [telos] des menschlichen Handelns, Strebens und Denkens« bezeichnet, war sich darüber im Klaren, dass man mit hungrigem Bauch und ohne entsprechende Unterkunft nur schwer das Glück genießen kann.

Das glückliche Leben der Prinzessin zu Solms-Braunfels kann also beginnen, denke ich so bei mir und beuge mich wieder über ihre Briefe und lese, lese und lese ... über Liebe, Glück – bin selber glücklich und zufrieden, dass sich ihre Erwartungen erfüllt haben.

Sechs Stunden später und eine halbe Stunde vor Schließung des Archivs bin ich bei den Briefen des Jahres 1814 angekommen.

»Leider war es soweit gekommen, daß dieser Tod für ihn und mich ein Glück ist ...« Dieser Satz findet sich in einem Brief Friederikes an Frau von Berg.

Wie bissig sie doch sein kann, denke ich noch, bis mir zwei Sätze weiter aufgeht, dass sie nicht etwa von einem unliebsamen Bekannten, sondern von ihrem Mann schreibt, dem Prinzen Solms, der einige Wochen vorher gestorben ist.

Nach einer kurzen Betäubungsphase lese ich den Brief erneut. Kein Zweifel möglich. Sie schreibt tatsächlich über den Mann, der einmal ihr ganzes Glück war, für den sie sogar den Bruch mit ihrer Familie riskiert hat. Fast wünsche ich, ich hätte diesen Brief nie gefunden. 15 Jahre gelebtes Leben liegen zwischen beiden Äußerungen, für mich sind es nur sechs Stunden. Ich könnte heulen vor Enttäuschung.

Die Archivangestellte, die darauf wartet, dass ich meinen Platz räume, weil sie schließen will, kommt besorgt zu mir herüber. »Geht es Ihnen nicht gut? Kann ich helfen?«

Ich schüttele den Kopf und packe meine Sachen. Wie soll ich ihr erklären, dass ich traurig bin, weil eine Frau, die schon über 150 Jahre tot ist, ihr Glück verloren hat?

Schwerin, Dezember 2004

»Wir sind auf Erden, um das Glück zu suchen, nicht um es zu finden.« Auch wenn Sidonie-Gabrielle Colette offenbar ähnlich deprimierende Erfahrungen mit der Glückssuche gemacht hat, kann mich das jetzt nicht trösten.

Meine Reaktion ist mir peinlich. Ich muss mehr Abstand finden. Weniger Anteilnahme – das nehme ich mir ganz fest vor. Schließlich schreibe ich ein Sachbuch, basierend auf Fakten, keinen Roman mit erfundenen Gefühlen – nur das, was ich in den Briefen wirklich gefunden habe. Und das reicht schon aus. Gefühle noch dazu erfinden, würde mich jetzt doch überfordern ...

Was aber ist in diesen Jahren geschehen? Die rosaroten Wolken verfliegen in jeder Beziehung nach einer Weile, aber wenn sie ihr Glück jetzt über seinen Tod definiert, muss eine Menge passiert sein.

Vielleicht waren ihre Erwartungen einfach zu hoch? Die Probleme in der Fremde ohne die Familie zu groß?

Hat Schopenhauer etwa recht mit seiner doch sehr bescheidenen Erwartungshaltung an das Glück? Er behauptet:» Glück ist die Abwesenheit von Schmerz. Denn für das Subjekt ist nur das Unglück greifbar: Es ist der Schmerz, das Leid ... Schmerz zu vermeiden und seine Seele an nichts zu hängen, was einem auch wieder genommen werden kann, mag zwar noch nicht glücklich machen, garantiert aber zumindest, daß man sich nicht in Sehnsüchten und Leidenschaften vergebens verzehren wird.«

Ankunft in der Verbannung

>»Ich fühlte und erfuhr in der Entfernung von
116 Stunden nur die Vergessenheit.«[15]

Sechseinhalb Jahre verbrachte Friederike mit ihrem Mann
und den Kindern in Ansbach, und obwohl sie durch regelmäßige Briefe und auch gelegentliche Besuche den Kontakt zu ihrer Familie nie verlor, so zieht sich doch durch
alle Briefe das Gefühl von Isolation und Einsamkeit. Die
500 Kilometer, die Berlin und Ansbach trennen und heute
auf der Autobahn in sechs Stunden bequem zu bewältigen
sind, waren zur damaligen Zeit eine ermüdende Reise mit
der Kutsche über mangelhaft befestigte und immer wieder überflutete Straßen. Sandige und sumpfige Strecken ver-
zögerten zusätzlich das Vorwärtskommen.

Berichte von Reisenden aus der Zeit erzählen, wie mühsam das Reisen gerade im Winter war. Vor allem Hügel und
Berge stellten für die beladenen Kutschen kaum zu über-
windende Hindernisse dar. Oft wurden die Reisenden zum
Aussteigen gezwungen, um das Hinauf- bzw. Hinabfahren
ohne Unfall zu ermöglichen.

In einem Brief an ihren Vater kurz nach der Ankunft
in Ansbach schreibt Friederike, die auf der Fahrt neben
den Beschwerden, die eine Schwangerschaft im achten
Monat auf so einer Reise mit sich bringt, auch noch Zahn-
schmerzen bekam, »von einer halben Stunde Weg, die wir
auf einem Berg abends um 6 Uhr machen mußten, wobei
ich – ohnachtet der zärtlichsten Sorgfalt meines guten Mannes – aus eigener Ungeschicklichkeit ausglitschte und mit

dem Bein in einen tiefen Gleiß kam, welches voller Wasser stand und ich bis über die Wade naß ward, dem ohnachtend die Wanderschaft in der schrecklichen Kälte fort führte bis unten am Berg. Es war fürchterlich, den Wagen anzusehen, der alle paar Schritt in ein neues Erdloch kam.«

Auf den gleichen Wegen wurden die Briefe und die Pakete transportiert, entweder durch reitende oder fahrende Boten. Briefe waren über Monate die einzige Verbindung zwischen Friederike und der Familie in Berlin und Neustrelitz – und diese Briefe kamen ihrer Ansicht nach viel zu selten.

Das lag aber nur bedingt an ihren Verwandten, die nach ihrer Meinung nicht oft genug schrieben. Es lag vor allem daran, dass die Postverbindung zwischen Ansbach und Berlin kompliziert war.

Das im 16. Jahrhundert von der Familie Taxis als Monopol im Auftrag von Kaiser Maximilian aufgebaute Netz fester Poststraßen und -stationen war nach dem Dreißigjährigen Krieg durch den preußischen Kurfürsten Friedrich Wilhelm unterlaufen worden, der in seinem Territorium ein eigenes Postwesen aufbaute. Andere Nachbarländer zogen nach, sodass um 1800 ein Brief von Ansbach nach Berlin und umgekehrt zwei oder drei Postverwaltungen durchlaufen musste. Abgesehen davon, dass dies länger dauerte, war es auch teurer. Um 1800 kostete ein einfacher Brief von Nürnberg nach Hamburg – 525 Kilometer – 12 Kreuzer, ein einfacher Brief von Nürnberg nach Berlin – 420 Kilometer – 27 Kreuzer, da Taxissche und brandenburgische Post beteiligt waren, und wenn der Brief über Leipzig geleitet wurde, sogar 35 Kreuzer, weil auch die sächsische Post kassierte.

Um 1790 hatten auch die Länder Hannover und Braunschweig die Reichspost aufgehoben und eigene Postlinien eingerichtet.

Da die Verbindung in den Süden nach Nürnberg (Augsburg/Italien) über Leipzig zwar kürzer und teurer, aber oft wegen politischer oder kriegerischer Schwierigkeiten gestört war, schuf Preußen die Postverbindung über Duderstadt im Südharz. Dort war dann neben dem Reichspostamt auch ein preußisches; man traf in der Stadt auf die alte Taxis'sche Linie Nürnberg–Hamburg.

Die Post aus Berlin ging also über Magdeburg, Halberstadt nach Duderstadt, da fand die Übergabe an die Taxis'sche Post statt, die eine Fahrpost über Gotha, Coburg nach Nürnberg bereithielt. In Nürnberg beim Reichsoberpostamt gingen im 18. Jahrhundert Postkurse nach allen Richtungen (Frankfurt über Würzburg, Augsburg–Italien über Roth, nach München, Wien u. a.). Eine kleinere Linie führte nach Ansbach.

Wenn Friederike diese komplizierten Verbindungen im Einzelnen gekannt hätte, wäre sie vielleicht weniger ungeduldig gewesen und hätte sich über jeden Brief, der überhaupt ankam, gefreut, so aber wartete sie täglich sehnsüchtig auf den Postboten und machte ihren Geschwistern Vorwürfe, wenn sie umsonst warten musste.

Im Mai 1800 erinnerte Friederike ihren Bruder an die Absprache, jede Woche zu schreiben. Da sie wusste, dass er wegen seiner Studien in Berlin war und wahrscheinlich nicht viel Zeit hatte, bat sie ihn, wenigstens alle zwei Wochen zu schreiben, da sie »außer meinem Mann gar kein Band« hat.

Friederike quälte sich mit dem Gedanken, man könnte sie vergessen, »denn die gute Luise schreibt mir gar zu wenig … Ich schmeichelte mir einst, der Liebling Luisens Herzen unter den Schwestern zu sein!«

Besonders schmerzlich für sie war, als sie vom Tod von Luises Tochter Friederike aus der Zeitung erfahren musste. Einzelheiten erfuhr sie erst auf Umwegen über einen Brief Georgs an die Schwester Therese, den sie zu lesen bekam. Tief getroffen schrieb Friederike an Luise am 29. Mai 1800. Bislang hatte sie Geburten und Todesfälle gemeinsam mit der Schwester durchgestanden. Jetzt benachrichtigte man sie nicht einmal mehr. Offenbar hatte Therese jetzt die Rolle als »Liebling ihres Herzens« eingenommen. »Dieses traf mich tief, denn ich schmeichelte mir einst daß wir gegenseitig uns am liebsten von unseren Schwestern hatten, verzeih, wenn ich es wähnte, aber wir sprachen so oft davon und immer schien es mir so, du bist mir die liebste das kann ich vor Gott nicht leugnen also vor den Menschen nicht, also kannst du auch glauben wie sehr alles geschmertzt was darauf bezug hat.«

Immer wieder kommt sie in ihren Briefen auf diesen Vorfall zurück. Ihre Schwester Charlotte, die von der Familie ihr am nächsten wohnte, hatte Friederike Briefe von ihrem Bruder Georg zu lesen gegeben, in denen Einzelheiten über den Tod von Luises Tochter standen.

»Denke Dir«, schrieb sie ihrem Bruder und machte ihm Vorwürfe, nicht auch ihr sofort geschrieben zu haben, »wie es mich betrüben muß, in solch einem Augenblick, wo meine treue Seele so sehr um Luise bekümmert ist, wo ich teil an sie nehme in einem Verlust, dessen Wunde bei mir noch nicht geheilt ist, *so ganz, so ganz vergessen zu sein.*«

Neben ihrer Schwester und ihrem Sohn vermisste sie auch das gewohnte Leben in Berlin. Als Schwester der Königin hatte natürlich auch sie an führender Stelle am höfischen Leben mit seinen Bällen, Galadiners, Theater- und Opernabenden Anteil gehabt.

In Ansbach gab es nichts auch nur annähernd Vergleichbares. Das höfische Leben war nach dem Abgang des letzten Markgrafen und der Übergabe seiner Ländereien an Preußen und nach dem Weggang Hardenbergs, der als preußischer Statthalter bis 1798 im Schloss residiert hatte, weithin erloschen. Hardenberg hatte sich in der Nähe von Berlin einen neuen Hauptwohnsitz geschaffen und leitete von dort bis 1806 die Regierungsgeschäfte. Nur in den Wochen, wenn er in Ansbach weilte, so zum Beispiel, als der preußische König mit Luise in den Jahren 1803 und 1805 nach Ansbach kam, lebte für kurze Zeit der Glanz früherer Zeiten wieder auf.

Ansbach – das hieß ein Leben in der Provinz. Und so

versuchte Friederike – wegen der großen Entfernung zu
Berlin vergeblich –, durch Briefkontakt am dortigen gesellschaftlichen Leben teilzunehmen. Sie fragte in ihren Briefen
nach allen Einzelheiten über verschiedene Adlige, die sie aus
ihrer Berliner Zeit kannte, über das neue Komödienhaus,
das neue Museum.

Ihr tatsächliches Leben spielte dagegen weitab aller Zerstreuungen, mit denen man sich anderswo die Langeweile
vertrieb. Die einzige Abwechslung waren die Begegnungen
mit den französischen Emigranten, meist Adligen, die vor
der Revolution aus Frankreich nach Preußen (Ansbach war
preußische Enklave) geflohen waren.

Die weite Entfernung vom Leben in Berlin, das neben
der erwünschten Abwechslung auch zu viele Versuchungen
bot, war natürlich ein wesentliches Ziel der vom König ver-
hängten Maßnahme gewesen: »Und ist sie noch zu bessern
und von den vielen kleinen Schwachheiten abzubringen, so
ist es sicher, ein kleiner Ort, keine Zerstreuung, also mehr
Aufmerksamkeit auf sich selbst, alles dieses hervorzubrin-
gen imstande sind«, schrieb Luise an ihren Vater Anfang
Januar 1799.

Zu den kleinen Schwachheiten, die dieser Ort Friederike
abgewöhnen sollte, gehörten nach Luise »Leichtsinn, Hang
zur Eitelkeit« und »beständige Schmeicheleien«, die ihr vonseiten der Männerwelt entgegengebracht wurden.

Zu diesem Zweck war Ansbach sicher gut gewählt. Die
ehemalige Residenz der Markgrafen von Brandenburg-Ansbach liegt in Franken zirka 45 Kilometer südwestlich von
Nürnberg inmitten einer »wunderschönen Landschaft«, wie
schon Luise an ihren Bruder schrieb. Viel wichtiger für sie,
später auch für Friederike, war aber die Nähe zu Hildburghausen, wo Schwester Charlotte residierte.

Die Stadt Ansbach gehörte im Januar 1799 erst seit acht
Jahren zum Königreich Preußen, denn am 2. Dezember 1791
hatte Markgraf Alexander, der keine eigenen Kinder hatte
und dessen Erbe nach seinem Tod ohnehin der preußische

König gewesen wäre, seine Länder aus persönlichen Gründen an diesen gegen eine jährliche Leibrente übergeben. Er lebte fortan mit seiner langjährigen Geliebten Lady Craven in England.

Die Bevölkerung nahm diese Entwicklung gelassen hin, viele fühlten sich auch in einer Zeit der Revolutionen und umgeben vom Krieg unter dem Schutz des preußischen Staates sicherer.

Für die Residenzstadt Ansbach änderte sich zunächst nicht viel. Die Stelle des Markgrafen nahm als leitender Minister Graf Hardenberg ein, der die Markgrafschaft zu aller Zufriedenheit regierte.

Die preußischen Provinzen in Franken wurden als Inseln des Friedens zu einem Zufluchtsort vieler französischer Emigranten und deutscher Fürsten und Grafen; sogar der Bischof von Eichstätt fand hier Asyl. Die Emigranten und ihre Erzählungen konnten für Friederike aber nur zu einem schwachen Ersatz für das gesellschaftliche Leben in Berlin werden.

Das war die Situation, als Friederike mit ihrer Familie im Januar 1799 in Ansbach eintraf, um im Schloss Quartier zu nehmen. Die Altstadt wird auch heute noch von dem mehrflügligen Renaissancebau des Schlosses beherrscht.

Friederike und ihrer Familie standen dort Zimmer im Gästeflügel zur Verfügung. Die Innenausstattung im Stil des Rokokos gehörte zu den bedeutendsten der Zeit und ist auch fast unverändert erhalten. Hohe stuckverzierte Wände in zartem Grün und Blau, überall goldene Blütennetze, die dem Ganzen etwas Verspieltes geben.

Ihr Schlafzimmer, das in weiten Teilen im alten Zustand erhalten wurde, hatte textile Wände aus grünem Seidendamast, an der Decke weißer Stuck mit einem weißen Rankenwerk aus Affen, Vögeln, Masken und Drachen. Der Gusseisenofen in der rechten Alkovenkammer sorgte in der kalten Jahreszeit nur unzureichend für Wärme, sodass sich Friederike des Öfteren über die Kälte beklagte. Das kleine

Kabinett daneben ist mit einer Eichentäfelung versehen. Über dem Kamin das Stuckmedaillon mit dem Bildnis des jungen Prinzen Karl Wilhelm Friedrich, der höchst unglücklich mit seiner Frau, der preußischen Prinzessin Friederike Luise, hier lebte.

Hat Friederike die eingeritzten Inschriften der beiden im Nebenzimmer gelesen? In die Fensterscheiben hatten sie das Unglück ihrer aus politischen Gründen geschlossenen Ehe für die Nachwelt festgehalten: »Ein Herz ohne Liebe ist wie eine Armee ohne Tambour«, hatte der Markgraf auf Französisch geschrieben, und seine Frau ergänzte: »Ich leide, ohne daß ich es zu sagen wage. Friederike Luise.«

Zum Glück trafen solche Worte auf Friederikes soeben geschlossene zweite Ehe nicht zu.

Ihre Zimmer im Schloss fand Friederike zwar ganz schön anzusehen, aber ohne jede Bequemlichkeit. »... und was das ärgste ist«, schrieb sie an ihren Bruder, »gar kein Kinderzimmer. Du kennst es ja, Du weißt, bis zu meinem Schlafzimmer sind es 5 Säle, dann kommt das Schlafzimmer, dann ein ganz kleines Kabinett, welches keinen Eingang hat, nur durch mein Schlafzimmer und keinen Ausgang als zum Minister, 2 Türen, ein Fenster und ein Kamin, kein Platz um Bettchens und Betten zu stellen.«

Der erste Teil ihrer eigenen Möbel aus Berlin wurde erst Ende März auf die Reise nach Ansbach geschickt, um die anderen musste sie kämpfen. Sie beanspruchte nämlich weitere Möbel aus ihrem ehemaligen Schlafzimmer und dem Cabinet im Palais Louis, dem späteren Prinzessinnenpalais, die sie von ihrem Mann zur persönlichen Verfügung geschenkt bekommen hatte. Vor allem große Leuchter fehlten ihr, mit deren Hilfe sie bei Teegesellschaften oder anderen Veranstaltungen die Räume im Schloss festlich beleuchten könnte.

Diese Möbel standen aber inzwischen auf der vom ehemaligen Hofmeister des Prinzen Ludwig, dem Grafen Keyserling, verfassten Inventarliste als königliches Eigentum.

Es gab zwar Zeugen, zum Beispiel ihre ehemalige Hofmeisterin, die Gräfin von Brühl, die die Schenkung bestätigen konnten, aber wie Friederike frustriert an Luise schreibt: »Ich bat sie, ich bat ihn, sie mögten es betheuren, wenn es nöthig wäre, nun aber wenn es zum handlen kömmt, so will niemand was thun. Die wahre Freundschaft ist die handelnde Freundschaft, deswegen hoffe ich auf dich, du glaubst nicht wie das schmerzt wenn niemand mehr etwas für einen thun will.«

So bat sie als letzte Hoffnung ihre Schwester Luise, sich beim König für sie einzusetzen. Tatsächlich erreichte Luise, dass der König im Oktober 1800 alle gewünschten Objekte nach Ansbach schicken ließ.

Friedrich Wilhelm III. hatte im Übrigen alles für das neue Leben seiner Schwägerin bis ins Detail so geregelt, dass sie standesgemäß leben konnte. So bekam sie nicht nur auf Lebenszeit eine jährliche Pension von 20 000 Talern, sondern der König übernahm auch die jährlichen Kosten für zehn Pferde und für Holz, wobei gerade Letzteres angesichts der hohen Räume, die im Winter zu heizen waren, ein nicht unerheblicher Posten war. Auch das Tafelsilber, das Tischzeug und das Bettzeug im Schloss durfte sie benutzen.

Die Bestimmungen des Königs lassen an Fürsorglichkeit nichts vermissen, so als wollte er die harte Strafe der Verbannung ein wenig mildern. Ohnehin gab er die Schuld an dieser – in seinen Augen – Mesalliance wohl eher ihrem Mann, dem Prinzen Solms, dem er offenbar unterstellte, dass er Friederike geheiratet hatte, um sich Vorteile zu verschaffen.

Daher verfügte er explizit, dass alle Bestimmungen der sogenannten »Versicherungsakte«, die an die Stelle eines Ehevertrages trat, mit dem Tod Friederikes enden sollten und der Prinz alle Vergünstigungen nur mitgenießen durfte, solange er mit ihr verheiratet war. In einem separaten Artikel wurde auf Wunsch von Friederikes Vater noch festgelegt, dass die 15 000 Taler in Gold aus dem Heiratsgut nicht dem Prinzen Solms zustanden, was das übliche Verfahren gewesen wäre, denn der Mann verfügte über die Mitgift seiner Frau, sondern Friederike zur freien Verfügung gestellt wurden.

Auch über die oben erwähnte jährliche Pension erhielt der Prinz kein Verfügungsrecht. Das Geld sollte während der Ehe mit dem Fürsten Solms und auch im Falle, »als wenn diese Ehe durch Ehescheidung getrennt werden sollte, an die Fürstin, nicht aber an den Fürsten ausgezahlt [werden], und der Fürst hat daran in keinem Falle irgendeinen Anspruch«. Damit sicherte Friedrich Wilhelm III. Friederike sogar für den Fall einer Scheidung ab.

»Die Ehe ist ein Kefig, worein wir gesperret werden, niemand hat den Schlüssel darzu als der Tod«, schrieb Christiana Mariana von Ziegler 1731 und traf damit genau die zeitgenössische Meinung zur Scheidung. Sie war ein für die damalige Zeit kaum denkbares Ende einer Ehe, und so ist die Bestimmung in der Versicherungsakte ziemlich ungewöhnlich und wohl nur aus dem starken Gefühl Friedrich Wilhelms heraus entstanden, dass diese Beziehung auf Dauer nicht haltbar sein würde.

Auch für die zu erwartenden Kinder aus dieser Verbindung sorgte der König schon im Voraus, ohne Wissen der Beteiligten. In einer zusätzlichen Versicherungsakte vom 11. Januar 1799 verfügte er, dass ein Kapital von 40 000 Talern preußisch Courant für diese Kinder bei der späteren Preußischen Staatsbank anzulegen seien mit einer jährlichen Verzinsung. Als Friederike ungefähr 16 Jahre später davon erfuhr, war das Kapital auf 104 000 Taler angewachsen.

Abgesehen von diesen Einkünften Friederikes war die Familie auf den Sold des Prinzen Solms angewiesen, der als Major Dienst in der Kaserne des Ansbach-Bayreuther Husarenregiments machte. Es scheint, dass Major von Solms dem Stab der ansbachischen Truppen angehört hat und auch für andere Aufgaben zur Verfügung stand. Das Kommando über ein Bataillon hatte er nicht.

Aus der Zeit, die Friederike und ihre Familie in Ansbach und Umgebung verbrachten, gibt es von ihr 38 Briefe an ihren Bruder Georg. Mehr als die Hälfte davon wurden in dem kleinen Ort Triesdorf geschrieben.

Aus ihnen geht hervor, dass die Familie Solms die ersten Monate des Jahres 1799 in Ansbach verbracht hat, im Sommer 1799 wurde die Sommerresidenz der früheren Markgrafen in Triesdorf, zehn Kilometer südwestlich, Hauptsitz der Familie. Ihre Zimmer im Schloss zu Ansbach behielt Friederike allerdings bei.

Zur Zeit des Markgrafen Alexander durch eine gradlinige Chausseestraße mit Ansbach verbunden und mit der Kutsche in zirka zwei Stunden zu erreichen, lag Triesdorf inmitten von Waldungen, die die Markgrafen zur Jagd benutzten. Es gab ein sogenanntes Weißes Schloss mit einem Lustgarten und neben der Meierei das Falkenhaus, das 1730–32 gebaut wurde und wegen seines unverputzten roten Backsteinmauerwerks das Rote Schloss genannt wurde. Hier in der Falknerei kam ursprünglich die fürstliche Jagdgesellschaft zusammen, bis es 1758 zum Wohnsitz umgebaut wurde. Nur der Falke in der Wetterfahne erinnert noch heute an die ursprüngliche Bestimmung.

In diesem roten Backsteinhaus verbrachte Friederike mit ihrer Familie den größten Teil der Jahre 1799–1805. Die Zimmer waren ganz im ländlichen Stil gehalten, die Wände im Vorzimmer zierten Bilder von Falken, Hunden und Pferden, im Speisesaal die Büsten von Ceres, Diana, Flora und Pomona, vier Göttinnen, passend für ein ländliches Sommerschloss: Ceres, im alten Rom verehrt als Göttin der Erde, die Saat und Erde schützt; Diana als Behüterin der Frauen und Herrin der Jagd; Flora, zuständig für Blumen und Pflanzen, und Pomona, die das Obst reifen lässt.

»Ich bin sehr commode eingerichtet«, schrieb Friederike an ihren Bruder. »Das gelbe Zimmer ist und bleibt mein Salon.«

In Triesdorf verbrachte sie ihre Zeit noch weiter abseits jeden gesellschaftlichen Lebens. In einem Brief an Luise aus dem Jahr 1802 beschreibt sie ihr Leben in der Verbannung daher auch als »häusliche Einsamkeit«, fügt allerdings sofort hinzu, dass man wirklich einsam nicht sein kann, »wenn man einen über alles lieben Mann und ein paar liebe Kinder hat«.

Und wenn sich auch das Gefühl der Einsamkeit wie ein roter Faden durch alle Briefe aus jener Zeit zieht, so wird es überdeckt durch das Glück, das sie in der Liebe zu ihrem Mann gefunden zu haben scheint: »Ich genieße das Glück, das in Hütten wohnt und nicht das, was auf Thronen und in Kronen besteht. Ich bin verbunden mit dem einzigen Mann, der nach meinem Gefühl allein mich hätte glücklich machen können. Er ist für mein Herz das Ideal, welches es sich je machte.« Diese Stelle findet sich in einem Brief an ihren Bruder Georg, geschrieben am 27. Februar 1799, dem Tag, an dem ihre Tochter Caroline geboren wird.

Silkerode im Harz, Januar 2005

Silkerode im Südharz. 296 Kilometer von Berlin entfernt. Ein kleiner Ort in der nordwestlichen Ecke Thüringens an der früheren Grenze der DDR zur Bundesrepublik. Der Grenzzaun umgab den Ort im Westen und Norden. Endstation.

Aber auch um 1800 gab es keine Straßen aus Silkerode hinaus über die Grenzberge nach Westen oder Norden. Die Landstraße von Süden endete am nördlichen Ortsrand.

Es schneit und schneit und will gar nicht mehr aufhören. Der ADAC empfiehlt Winterreifen für die Fahrt hierher, und diese Empfehlung erwies sich in meinem Fall auch als sehr sinnvoll. Von Bad Lauterberg kommend, habe ich mich über Bockelnhagen nach hier durchgeschlagen dank der Schneeräumfahrzeuge, die die Straßen für die Wochenendbesucher freigeschaufelt haben.

Auf der Suche nach einem Café komme ich an der kleinen evangelischen Kirche vorbei, die durch die Schneefälle der letzten Tage fast eingeschneit ist. Das darf mir nicht passieren, denn Übernachtungsmöglichkeiten, Pensionen oder gar Hotels gibt es hier nicht, ebenso wenig wie einen Arzt oder Apotheker. 420 Einwohner. Da ist es kein Wunder, dass sogar die einzige Gaststätte im Ort in der Woche nur abends geöffnet hat und samstags, sodass ich wenigstens zu meinem Cappuccino komme.

Es schneit immer noch.

Hier also soll Friederike, nach Merete van Taack, im neunten Monat schwanger, in ihrer Kutsche, nur begleitet von ihrer alten Kinderfrau Babette und ihrem Kutscher Potje, vor 205 Jahren von Berlin angekommen sein, um ihr Kind auf die Welt zu bringen, es zurückzulassen und dann weiter nach Ansbach zu fahren?

Angesichts der Schwierigkeiten, die selbst heutige Autos auf der Fahrt nach Silkerode bei winterlichen Wetterverhältnissen überwinden müssen, erscheint diese Theorie absurd. Frau van Taack meint dazu: Silkerode »mag auf dem Weg von Berlin nach Ansbach gelegen haben« – oder man habe einen Umweg eingeplant.

Die Fakten sprechen dagegen. Silkerode lag nach der damaligen Straßenführung keinesfalls am Wegesrand, sondern weit ab von allen Poststraßen. Legt man Reiseberichte aus der Zeit zugrunde, hätte Friederike bei schneefreien Straßen mit ihrer Kutsche täglich nur vier bis viereinhalb Meilen (etwa 30 Kilometer) zurücklegen können. Einen Umweg von 200 Kilometern zu machen mitten im Winter durch die Berge auf Straßen, die kaum passierbar waren, ist undenkbar.

Wer außerdem glaubt, dass Friederike als preußische Prinzessin, die sie ja nach wie vor war, ihre Reise von Berlin nach Ansbach in einer Kutsche mit nur zwei alten Begleitpersonen angetreten hat, hat keinen Begriff von den – in allen europäischen Ländern – perfekt funktionierenden Bestimmungen, die den Ablauf eines derartigen Reisevorhabens für ein Mitglied des Königshauses genau regelten: In Wahrheit stellte das Ministerium des königlichen Hauses fünf Wagen und 23 Pferde zur Verfügung und legte fest, dass die Prinzessin mit Hofdame im besonders eingerichteten ersten Wagen fahren sollte – in Potsdam stieg dann ihr Mann zu –, in einem weiteren Wagen folgte die kleine Friederike mit Kinderfrau, und die übrigen Kutschen waren für das Gepäck und die Bediensteten bestimmt.

Ein Umweg nach Silkerode lässt sich auch mit Blick auf die zeitliche Dimension ausschließen. Da die Reisenden aufgrund der Straßen- und Witterungsverhältnisse nicht vor dem 20. Januar 1799 in Silkerode hätten eintreffen können, wäre das Erreichen des endgültigen Reiseziels Ansbach vor Mitte Februar nicht denkbar. Die Ankunft »Se Durchlaucht Prinz

Solms, nebst Gemahlin und Suite« wurde in der örtlichen Zeitung aber schon am 23. Januar für die davor liegende Woche vermeldet, also spätestens am 19. Januar war Friederike mit Mann in Ansbach angekommen.

Ich bestelle mir einen weiteren Cappuccino und lese noch einmal den Brief, den Luise vor der Abreise Friederikes an ihren Vater über das ungeborene Kind schrieb: »… das so gut ihr Kind ist als die andern, die sie hat.«

Nachdem durch die Hochzeit und die Verbannung Friederikes ihre Ehre gewahrt war, gab es keinen Grund mehr, dieses Kind irgendwo auszusetzen. Und wenn man alle Briefe, in denen die kleine Caroline erwähnt wird, nun als Lügen bezeichnet, so mag dahinter nur die Absicht stehen, eine höchst vage Theorie gegen alle Fakten aufrechterhalten zu wollen.

Und während ich meinen dritten Cappuccino trinke, hoffe ich, um derartige Hypothesen endgültig ins Reich der Mythen zu verweisen, dass ich irgendwann irgendwo den Beweis für die Existenz Carolines und ihr Leben in Ansbach bei ihren Eltern finden werde. Eine offizielle Geburtsurkunde muss her!

Caroline: Geburt und Tod

> »Nun genug hiervon und jetzt zu etwas Besse-
> rem; nämlich ich eile, dir die gute Nachricht von
> Friederikes glücklicher und schleuniger Entbin-
> dung zu geben.«[16]

So schrieb die preußische Königin Luise am 7. März 1799, kurz nachdem sie von der Geburt Carolines erfahren hatte, an ihren Bruder Georg. Und sie fügte hinzu: »Ich war äußerst verlegen, bis ich diese erhielt, denn jetzt darf ich es sagen, daß ich mit sehr vielem Kummer diesem Augenblick entgegensah, weil ihre Gesundheit merklich durch die heftigen Gemütsbewegungen gelitten hatte.«

In der Biografie von Mercte van Taack wird dieser Briefausschnitt Luises als Lüge dargestellt: geschrieben, um zu vertuschen, dass Friederike das Kind längst geboren und entweder in Berlin ausgesetzt oder im Harz zur Adoption freigegeben hat.

Wie absurd diese Thesen sind, wurde bereits an anderer Stelle ausgeführt. Fakt bleibt, dass keines ihrer insgesamt zwölf lebend geborenen Kinder schon vor der Geburt für so viel Wirbel gesorgt hat wie Caroline, die am 27. Februar 1799 im Schloss zu Ansbach geboren wurde.

Für Friederike war dieses Kind, das sie später einmal das »ewig geliebte erste Pfand unserer Liebe« nennt, in verschiedener Hinsicht etwas ganz Besonderes.

Schwangerschaft und Mutterschaft galten in jener Zeit als die einzig wahre Bestimmung der Frau, wobei hier die Ehefrau zu verstehen ist. Unehelich gezeugte oder geborene

Kinder hatten immer eine Bestrafung der Frau zur Folge, abgesehen von der Verachtung, die ihr durch die Gesellschaft entgegenschlug. Nicht umsonst betonte Luise immer wieder die Notwendigkeit von absoluter Geheimhaltung der vorehelichen Zeugung, um die Ehre ihrer Schwester zu schützen.

Schwangerschaftsverhütung und Aufklärung darüber waren in der normalen Erziehung der Frau nicht vorgesehen, da ihre eigentliche Bestimmung ja das Kindergebären war, auch wenn schon Johann Daniel Hensel 1788 gefordert hatte, »daß es unumgänglich nöthig sey einem Frauenzimmer, wenigstens wenn es über die Kinderjahre hinweg ist, das Zeugungsgeschäft, die dabey vorkommenden Umstände und Folgen so genau, so ernsthaft und vorsichtig als möglich zu erklären, und dadurch den nachteiligen Folgen der Unwissenheit vorzubeugen«.

Ob Friederike jemals auf derartige Weise über das »Zeugungsgeschäft« aufgeklärt worden ist, mag bezweifelt werden, aber nach drei Geburten kannte sie sich immerhin so gut aus, um diese Schwangerschaft bewusst zu planen.

Bewusst geplant, um ihren Schwager, den preußischen König, und ihre Familie vor vollendete Tatsachen zu stellen, damit die Beziehung zum Prinzen Solms als etwas Endgültiges akzeptiert würde. Luise war sich über diese Tatsache sehr wohl im Klaren, und sie traute sich nicht einmal, es mit Worten auszudrücken, sondern umschrieb es in einem Brief an den Vater: »Wissen Sie, was es heißt, wenn man *unwiderruflich* gewählt hat, das heißt *in einer Weise, die nicht rückgängig zu machen ist.*«

Dieses Kind, das am 27. Februar 1799 geboren wurde, war die Ursache für Friederikes Glück: mit dem Mann, den sie liebte, zusammenbleiben zu können – und gleichzeitig auch für ihr Unglück: der Anlass für die Verbannung in einen hinteren Winkel Preußens und die Trennung von ihrem Sohn und ihrer Schwester.

Durch die »heftigen Gemütsbewegungen«, wie Luise

es formulierte, das Geständnis, die Vorwürfe der Schwester und der Familie, die Angst, verstoßen zu werden, die Verbannung und dann die Strapazen der Reise waren die Schwangerschaft und vor allem Friederikes Gesundheit von Anfang an stark gefährdet. Die Sorge um seine Tochter ließ sogar den Vater Karl seinen Zorn vergessen. Er bat sie nur, sich zu schonen. In ihrem Antwortschreiben bestätigte Friederike, dass er sich zu Recht Sorgen machte.

»Ich muß leider sagen, daß seit dem ersten Tag meines Hierseins ich keine leidenslose Stunde hatte. Ich wünschte mir mehr Kräfte, weil ich sie brauche zu dem Augenblick, wo ich Mutterschmerzen leiden soll.«

Hinzu kamen die Ängste, die die meisten Frauen der damaligen Zeit hatten, denn nicht wenige starben bei der Geburt. In einer Abhandlung für Hebammen aus dem Jahr 1763 steht noch die Feststellung: »Es wird für ein Glück gerechnet, wenn eine Gebärende mit dem Leben davonkömt.« Bei schweren Geburten setzte man außerdem alles daran, das Leben des Kindes zu retten und es möglichst rasch zu taufen, denn das wichtigste Ziel der Geburtshilfe war jahrhundertelang die »Seelenrettung des Kindes«. Bei einer schweren Geburt opferte man bis in diese Zeit hinein um der »Seligkeit des Kindes« willen eher das Leben der Mutter als das des ungetauften Kindes.

Zusätzliche Ängste wurden oft durch Unwissenheit oder bewusstes Ausklammern dieser Vorgänge im übrigen Leben geschürt. Selbst die Kaiserin Maria Theresia gab in einem Brief (1773) an ihre Schwiegertochter Beatrice d'Este, die kurz vor der Entbindung stand, zu: »Denn trotz meiner sechzehn Kinder weiß ich nichts, rein gar nichts. Das mag Euch einiges zu denken geben über meine Tüchtigkeit, aber ich gestehe, was Niederkunft und alles sonstige Medizinische angeht, wollte ich unwissend bleiben, um besser gehorchen zu können. Denn ich habe immer gefunden, daß die Halbwissenden am schwersten zu pflegen waren.«

Charlotte von Stein schrieb mitfühlend an Schillers Frau

Charlotte, als diese kurz vor der Geburt ihres zweiten Kindes stand: »Niemand kann besser Ihre Leiden fühlen als ich, denn mir war dieses Geschäfte auch auf eine schwere Art auferlegt. Von Thränen ermüdet schlief ich nur ein und schleppte mich wieder beim Erwachen einen Tag, und schwer lag der Gedanke auf mir, warum die Natur ihr halbes Geschlecht zu dieser pein bestimmt habe.«

Viele Frauen hatten Todesahnungen während der Schwangerschaft. Meta Klopstock schrieb an ihren Mann Friedrich Gottlieb: »Du mußt nicht denken, Süßer, daß dies etwas weiter bedeutet, als daß ich so leicht sterben, als leben kann; und daß ich mich, auf beydes, gefaßt mache. Denn ich lasse mich gewiß nicht darauf ein, etwas von beyden auszumachen. Wenn ich nach den Umständen schliessen wollte; so wäre vielmehr die Wahrscheinlichkeit für Leben, als für Tod. Aber ich bin sehr ruhig zu jedem von beyden. Was Gott will. Ich erstaune manchmal selbst über die Gelassenheit, die ich die ganze Schwangerschaft über gehabt habe, da ich doch so glückselig in dieser Welt bin. O was ist unsere Religion! Was muß die Ewigkeit seyn, von der wir so wenig wissen, und unsere Seele so viel fühlt! Mehr als ein Leben mit Klopstock! Es scheint mir izt nicht so schwer, dich und dein Kind zu verlassen, als ehmals, und daher fürchte ich oft, daß ich diese Ruhe wieder verlieren kann; ob sie gleich schon acht Monate gedauret hat, und in dem Anfange der beyden vorigen Schwangerschaften auch war.« Meta starb am 28. Januar 1758 bei der Geburt ihres ersten Kindes.

Immerhin hatte Friederike schon vor der Geburt die Gewissheit, dass ihre Familie – nach dem ersten Schock und bei allen Vorbehalten gegenüber Friedrich von Solms – das Kind akzeptieren würde. Das geht deutlich aus den erhaltenen Briefen hervor. Und auch die Bereitschaft, sich mit ihrem Mann zu arrangieren, war groß, solange er sein Versprechen hielt, Friederike glücklich zu machen.

Und das hatte er zumindest vor. In einem Brief vom 23. Januar 1799, einem der ganz seltenen Zeugnisse seiner Liebe zu Friederike, schrieb er seinem Bruder, dem Fürsten Wilhelm zu Solms-Braunfels, um ihm die überraschende Heirat zu erklären, wenn auch in der offiziellen Version: »Du wirst es vielleicht nun schon wissen, nehmlich daß ich heimlich verheirathet war, mit der verwitweten Prinzeß Louis.« Der König habe ihnen verziehen und sie nach Ansbach geschickt, »vor die Nachkommenschaft, wo ich wohl sorgen will daß keine zu viel kommen, wird wohl auch gesorgt werden ... Du hast recht wenn du sagst daß ist ein verfluchter Husarenstreich der übel ablaufen hätte können, hingegen der König und die Königin verzeiht mir, ich bin glücklich, meine Frau auch, was kann ich noch mehr in diesem Leben verlangen.«

Und glücklich war Friederike tatsächlich, vor allem nach der Geburt der kleinen Caroline. Ihre Briefe aus der Zeit sprechen von tief empfundenem Glück! So schreibt sie an den Vater: »Menschen wie ich kennen nur ein Glück auf der Welt, das ist das Häusliche, und bestehet bloß darin, einen Gatten zu besitzen, den bloß das Herz gewählt, und in diesem schönen Umgang seine Pflichten mit denen der zärtlichsten Mutter aufs strengste zu erfüllen.« Und an den Bruder Georg an dessen Geburtstag: »Soeben hat die liebe kleine Caroline aus der Mutter Busen, an der Mutter Herz, welches so warm für Dich schlägt, auf Deine Gesundheit getrunken. Ich habe es ihr die ganze Zeit, als sie getrunken hat, vorgesagt, sie trinke auf Deine Gesundheit.«

Eine besondere Bindung zu dieser Tochter entstand auch dadurch, dass sie zum ersten Mal eines ihrer Kinder stillen durfte, was ihr Mann ihr für drei Monate erlaubt hatte, und so »freue ich mich diese süßen Pflichten dem lieben kleinen Geschöpf erfüllen zu können ... und das erste lächeln welches sonst der Amme gehört, und nun mich beglücken wird, muß einen bis zum Himmel heben«.

Auch ihre anderen Kinder liebte sie über alles, nur fehlte in ihrer ersten Ehe zu ihrem Glück die Liebe des dazugehö-

rigen Vaters, der sich lieber um seine Geliebte kümmerte.
»Und ich gestehe, daß so ein Kind einem noch mehr Liebe
in so einer zarten Jugend einflößt, wenn dessen Vater einen
so wertschätzt und so liebt, wie ich geliebt werde.«

Prinz Solms kündigte die Geburt seiner Tochter seinem
Bruder auf seine Weise an: »… es ist eine große Kunst keine
Kinder zu machen als welche zu machen; diese kleine Made-
moiselle sollte auch nicht seyn, hingegen habe ich ihr eine
Frau zu verdanken, denn ohne das Unglück hätte ich sie
nicht bekommen.«

Diesmal war also Friederikes Glück vollkommen – acht
Monate lang, bis die kleine Caroline am 18. Oktober 1799
starb.

»Mein Carolinchen starb in meinen Armen, an eben dem
Herzen gelehnt, wo es Leben bekam, und als es hinüber-
schlummerte, nahm es einen Teil meines Herzens mit. Du
weißt es, ich empfand schon einmal den Schmerz, ein Kind
zu verlieren. Aber ein Kind, für das man Mutter war, welches man selbst stillte, zu verlieren, ist noch viel schmerz-
hafter.«

Als Todesursache wurde Zahnfieber angegeben, was zur
damaligen Zeit »oftmahl wegen der dabey zuschlagenden
Zustände und gefährlichen andern Krankheiten, kein geringer Zufall, so daß nicht wenig Kinder, wenn Fieber und
Convulsionen dazu kommen, ihr Leben darüber aufgeben
müssen«. Zu allem Unglück war sie an dem Tag alleine. Ihr
Mann war auf der Jagd mit dem Fürsten Hohenlohe, und als
er zurückkam, war Caroline schon tot.

Vier Tage später war die Beerdigung, gleichzeitig der
Geburtstag des Prinzen Solms. Beide hatten sich darauf
gefreut, dass Caroline ihm an diesem Tag »ihre Händchen
entgegenstrecken« würde.

Wieder einmal hatte Friederike ein Kind verloren, und wieder einmal brauchte sie ihr ganzes Gottvertrauen, um nicht

zu verzweifeln, zumal diesmal niemand aus ihrer Familie bei ihr war. Tapfer tröstete sie sich damit, dass alles einen Sinn habe, auch wenn sie ihn nicht verstehe.

»Nichts läßt der Schöpfer umsonst geschehen und einst, wenn auch meine Stunde geschlagen hat und wir uns wieder sehen, dann werde ich den wahren Lohn dafür« empfangen. »Nun habe ich schon 2 Engelchen, die meiner warten … ach Gott, und wenn ich nun bedenke, daß nur allein der Gott, der Vater, der allergütigste allerweise den Tod schickt, oh, dann sollte ich schweigen, aber Gott wird verzeihen, wenn ich noch immer weine, bis er selbst meine Tränen stillt.«

Triesdorf bei Ansbach, Mai 2005

Bahnhof Triesdorf mitten in der Botanik. Etwas planlos stehe ich da und suche nach einem Hinweisschild. Schließlich entscheide ich mich für den Weg durch den Wald. Die Richtung müsste stimmen.

»Zum Roten Schloss?«

Der Traktorfahrer, den ich angehalten habe, sieht mich hilfsbereit, doch leider hilflos an. »Ich fahr hier jeden Tag lang, aber ein rotes Schloss habe ich noch nicht gesehen. Meinen Sie die Fachschule für Landwirtschaft?«

»Ganz bestimmt nicht!«, sage ich entschieden und gehe weiter.

Endlich stehe ich auf der schnurgeraden Allee Richtung Süden, ursprünglich Fahr- und Reitweg zwischen Ansbach und Triesdorf, im 18. Jahrhundert angelegt. Und da sind ja auch die roten holländischen Häuser, die mal Kavaliershäuser (Gästehäuser) waren und vom Hofbaumeister Gabriel de Gabrieli 1695–97 erbaut wurden. Hier also fuhr Friederike mit ihrer kleinen Tochter in der Kutsche Richtung Ansbach. Also kann das Rote Schloss nicht weit sein!

Erleichtert atme ich auf, obwohl ich immer noch kein Schild mit einem Hinweis auf das rote oder weiße Schloss sehe.

»Bildungszentrum für Landwirtschaft und Umwelt« steht auf einem riesigen Hinweisschild. Traktoren fahren vorbei, Milchfahrzeuge, ich sehe Schüler und Studenten.

Auf dem Gelände des einstigen Sommersitzes der Markgrafen befindet sich heute das größte landwirtschaftliche Ausbildungszentrum des Landes Bayern. 1300 Schüler und Studenten und 200 Lehrer. In der bereits zu Friederikes Zeiten

bestehenden Meierei ist die Verwaltung der Schulen untergebracht.

Im Weißen Schloss hat man die Fachakademie für Haus-
wirtschaft und Ernährung angesiedelt. Nur der Treppenturm
und die Stuckdekorationen erinnern an alte Zeiten.

Im »Marstall« von 1763 sind jetzt die Mensa und die Cafe-
teria. Ich wandere durch den früheren Hofgarten, »welcher
durch die schönsten Alleen und Buschwerke, die sich überhaupt durch alle Gänge und Straßen Triesdorfs erstrecken, ge-
ziert wird und ganz im englischen Geschmack angelegt ist«,
schrieb Johann Bernard Fischer 1787.

Das Rote Schloss lässt sich noch dank der roten Sandsteine
der Fenster- und Türrahmen und der Eckrisalite wieder-
erkennen. Es liegt heute an einer viel befahrenen Straße von
Gunzenhausen nach Weidenbach.

Hier residiert die Verwaltung der Tierhaltungsschule mit
Vorlesungs- und Praktikumsräumen. Der Stuckfalke im Trep-
penhaus schaut auf fröhlich lärmende Schüler, die gerade im
größten Raum des Gebäudes etwas über das Innenleben einer
Kuh lernen sollen.

Ist dies der Raum, von dem Friederike schrieb: »Das gelbe
Zimmer ist und bleibt mein Salon«?

Der Direktor, der mich freundlich herumführt, weiß nichts
von einem gelben Zimmer. Auch dass die Schwester der preußischen Königin hier gelebt und mehrere Kinder zur Welt gebracht hat, ist nur sehr rudimentär im Gedächtnis der Triesdorfer verankert.

Ich wandere weiter Richtung Weidenbach, dorthin, wo die
Kirche steht, in die Friederike am Sonntag zum Gottesdienst
ging, dorthin, wo auf dem Friedhof drei ihrer Kinder begraben wurden. Und während ich mich langsam dem Ort nähere,
gehen meine Gedanken zurück zu jenem Tag vor zwei Monaten, als ich an meinem Schreibtisch über Friederikes Briefen
saß …

Ich hatte jetzt genügend Briefe vorliegen, um die Existenz
der kleinen Caroline glaubhaft zu machen, aber um endgültig

alle Gerüchte auszuschalten, bedurfte es eines Beweises, einer Geburtsurkunde, einer Todesurkunde.

Aber wo lag sie begraben? In Ansbach? Gestorben soll sie in Triesdorf sein? Wozu gehört Triesdorf – »friedhofstechnisch« gesehen?

Wie immer, wenn ich bei meinen Recherchen nicht weiterkam, rief ich meinen Vater an, der durch seine Ahnenforschungen bestens mit aussichtslosen Fällen vertraut ist. Und er hatte auch sogleich die rettende Idee: die genealogische Forschungsstelle der Mormonen in Hannover.

Zunächst glaubte ich mich verhört zu haben, denn von den Mormonen hatte ich viel gehört, aber dass sie sich in der Ahnenforschung engagierten, war mir neu.

Und doch ist es so: Die Mormonen glauben, dass niemand ohne Taufe erlöst werden kann. Die Taufe kann auch nach dem Tod erfolgen, wenn die Namen zum Beispiel von verstorbenen Familienangehörigen einschließlich Geburts- und Todesdatum nach Salt Lake City, die Hauptstadt des Mormonenstaates Utah in den USA, übermittelt werden. Dort sollen sie für alle Zeiten aufbewahrt und mit ihnen die Hoffnung, dass ihre Träger auferstehen werden.

Daher haben viele Mormonen ein besonderes Interesse an ihren Vorfahren. Und so kopieren Abgesandte der Mormonen auf der ganzen Welt die Kirchenbücher und stellen die Filme in Salt Lake City, aber auch in bestimmten zentralen Orten europäischer Länder auf Abruf für ihre Glaubensgenossen und für Nichtmitglieder bereit.

Die Forschungsstelle in Hannover-Laatzen besitzt mehrere Räume mit Lesegeräten. Mein Vater, der schon mehrfach dort geforscht hatte, bestellte die Filme mit den Geburts- und Totenbüchern von Ansbach und Umgebung und bearbeitete sie.

Schon einige Tage später rief er mich an, um mir mitzuteilen, dass in den Kirchenbüchern in Ansbach keine Caroline verzeichnet sei. Es gab überhaupt keinen Eintrag dieser Familie, auch nicht von den Kindern Friederikes, die nachweislich überlebt hatten.

*Während ich mich zunehmend mutloser zeigte, schien das
negative Ergebnis meinen Vater nur noch anzuspornen. Und
keine zwei Wochen später legte er mir das Ergebnis seiner weiteren Nachforschungen vor: Es gab noch eine andere Kirche,
die in Frage kam – in Weidenbach bei Triesdorf. Der dortige
Pfarrer von der evangelischen Markgrafen-Hofkirche hatte
seine Kirchenbücher nicht ins Mormonenverzeichnis aufnehmen lassen. So griff mein Vater zum Telefonhörer und traf in
Weidenbach auf die historisch sehr interessierte Pfarrersfrau,
die einige Tage später zurückrief.*

*Zwar waren die Geburten der Solms'schen Kinder nicht
verzeichnet, sie wurden gleich in das Stammbuch der Familie
Solms eingetragen. Aber im Totenbuch fanden sich Einträge
über mehrere Kinder von Friederike, die in Triesdorf gestorben waren, so auch der folgende, der die Existenz der kleinen Caroline definitiv beweist und damit allen Gerüchten ein
Ende setzen wird:*

*»Ihro Durchlaucht, Prinzessin Carolina Wilhelmina So-
phia, der hochfürstlich Durchlaucht, Herrn Prinzen von
Solms, Friedrich Wilhelm, Königl. Preußischen Majors unter
dem hochlöblichen Ansbacher Husaren-bataillon, dermalen
im Falkenhaus zu Trießdorf wohnhaft, und Dero Frau Gemahlin Königl. Hoheit Friederike Caroline Sophie Alexan-
drina, einer geb. Prinzessin v. Mecklenburg-Strelitz, jüngste
Prinzessin-Tochter, ein liebenswürdigstes und hoffnungs-
volles hochfürstliches Kind, starb zu gedachtem Trießdorf zum
höchsten Leidwesen Ihrer hochfürstlichen Eltern am Zahnfieber, dem 18. Oktober, h.a. nachmittags gegen 2 Uhr und
wurde hierauf. [begraben] den 22. einsc.. Morgens 6 bis 7 Uhr
auf ausdrücklichen höchsten Befehl der hochfürstlichen Eltern ganz in der Stille ohne alles Gepränge in einer zweispän-
nigen Staats-Chaise, so innen Herr Präsident und Geheimer
Hofrat Dr. Schöpf [ehemals Leibarzt des Markgrafen Alexander, wohnte in Triesdorf] und Herr Rittmeister von Lindener
saßen, welchen das Hochfürstliche von Solmsche Hochansehn-
liche Hof-Personal zu Fuß nachfolgten, zu Grab begleitet und*

auf dem Weidenbacher Kirchhofe der Leichenkapelle zunächst am Sakristei-Fenster in ein ausgemauertes Grab beigesetzt, alt nur 8 Monate.«

Dieser Eintrag im Totenbuch der Pfarrei zu Weidenbach (1799, Nr. 33, dort zwischen Nr. 32 und 34, späterer Eintrag nicht möglich!) entspricht fast genau dem für Prinzessin Luise Solms, einer weiteren Tochter Friederikes, die am 27. Oktober 1803 gestorben ist.

Und nun sitze ich hier, in der Kirche zu Weidenbach, gelegen an der Triesdorfer Straße 10, in den Händen Friederikes Brief vom 14. Dezember 1799, und während ich ihre Worte lese, vermischt sich die Gegenwart mit der Vergangenheit:

»... nahmen wir Abschied auf ewig von der teuren Hülle unseres vielleicht zu sehr geliebten Kindes, das ewig geliebte erste Pfand unserer Liebe. Wie froh bin ich, daß ich dem lieben kleinen Engel seine kurze Existenz so angenehm, so glücklich wie möglich machen konnte.«

Leben im Roten Schloss

> »… hätte er mir nicht den Gatten rauben können?
> Die Stütze meines Lebens? … Gott lies mir aber
> den Freund, den treuen Gatten.«[17]

In Ohnmacht und Verzweiflung der Allmacht Gottes ausgeliefert zu sein, der Leben nimmt und gibt, ohne dass der Mensch es versteht, und doch in allem noch die »Güte« Gottes zu erkennen, zeigt, wie groß das Gottvertrauen Friederikes war. Aus ihren Briefen geht hervor, wie sehr sie die Thesen des Berliner Hofpredigers Spalding verinnerlicht hat, dessen Buch über die »Bestimmung des Menschen« sie schon beim Tod ihres ersten Mannes als ständige Lektüre begleitete. »Der Mensch ist zur Unsterblichkeit bestimmt«, schreibt Spalding, und das diesseitige Leben sei nur der Anfang, sozusagen »die erste Kindheit«, in der der Mensch für die Ewigkeit erzogen wird. Und was bedeutet dann die »Widerwärtigkeit dieses Lebens? Soll ich untröstlich über die Unbequemlichkeiten eines kurzen Wege sein, der mich zu meinen höhern Vaterland führt, zu jenem Reiche des Lichts und der Wahrheit, wo mir in dem nähern Anschauen und Genusse der ursprünglichen Güte und in dem ewigen Gefühle der reinesten Freude eine genügsame Vergütung desjenigen, was ich hier etwa gelitten habe, zuteil werden wird?«

Und so wird das menschliche Leben zum »dunklen Vorbereitungsstand« auf das Paradies, das für die Zeit nach dem Tod auf den Menschen wartet und das Spalding als die »völlige Befreiung von den Torheiten sowohl als den Plagen dieses Lebens« und als Vereinigung mit »der Quelle der

Vollkommenheit« definiert. Und dort wird auch der größte Wunsch aller, die einen geliebten Menschen verloren haben, erfüllt: »Wiedersehen, Wiedervereinigung mit den Lieben«.

Tod und Leben gehörten für Friederike wie für alle Frauen ihrer Zeit eng zusammen. Selbst Schwangerschaft und Geburt, die neues Leben verhießen, waren mit Todesahnungen verbunden. Totgeburten, Tod in den ersten Monaten nach der Geburt, Mütter, die bei der Geburt starben, jede Schwangerschaft war ein großes Risiko. Und so wie bei Friederike und ihren Schwestern gab es für viele Frauen kein Jahr, in dem sie nicht schwanger waren.

Als im Jahr 1800 ihre Schwester Therese zu einem Familientreffen nach Berlin fuhr, um sich mit den Geschwistern zu treffen, schrieb Friederike ihr: Ihr werdet euch sehen »in dem Augenblick, wo ich unter Schmerzen zwischen Tod und Leben kämpfen werde, denn es ist gerade die Zeit meiner Entbindung, ganz zu Ende September oder Anfang Oktober«. Sie bittet darum, für sie zu beten, »daß mir Gott eine glückliche Stunde gebe und vorzüglich, daß er mir den kleinen Engel erhalte, der mir das verlorene einigermaßen ersetzen soll«.

Eine vergebliche Hoffnung; das Kind, ein Sohn, wird am 11. September geboren, starb aber schon Ende des Monats.

Der Tod war also ein ständiger Begleiter, und die Versuche, den allmächtigen Gott, der ihn nicht verhindert hat, zu verstehen, ziehen sich wie ein Leitmotiv durch Friederikes Briefe: »Verzeihe Gott! Ich murre nicht. O nein, wer besser als ich hat die Wahrheit gelernt, daß die großen Leiden den schönsten [Erfolg] haben, ich habe aus den verworrensten Leiden, die mir ein Labyrinth schienen, die schönste Entwicklung erfahren, darum ist mein Vertrauen in die Vorsehung fest und unerschütterlich.«

Das Leid als Labyrinth zu deuten, aus dem der Mensch nach oft verzweifelten Versuchen und Irrwegen am Ende reifer hervorgeht, ist ein rührender Versuch Friederikes, zu verstehen, was sie sonst nicht ertragen könnte. Auch

der Hinweis im Brief an ihren Bruder, dass Gott ihr ja den
Mann hätte nehmen können, geht in dieselbe Richtung.

Ein weiterer Versuch, Trost zu finden, indem man das
auferlegte Schicksal annimmt, ist die folgende Stelle: »Da
aber Gott, der unsere Herzen und unseren Verstand kennt,
und eben so allwissend ist als er allerweise ist, siehet, wie
verborgen für uns die edlen Absichten sind; indem er uns so
ein Leiden auferlegt zu tragen, so verzeiht er uns allen.« Der
Tod Carolines als Opfer, damit Gott verzeiht, dass dieses
Kind außerhalb der Ehe gezeugt wurde?

Krankheit, Leiden, Tod und Verzweiflung. Und doch ist
sie glücklich, glücklicher als jemals zuvor. Sie spricht sogar
einmal von einem »perfekten Glück«, zu dem ihr nur Luise
und ihr ältester Sohn fehlen.

Das Glück findet sie zum einen in der Beziehung zu
ihrem Mann, die zumindest in diesen ersten Jahren das hält,
was sich Friederike von ihr versprochen hat.

»Ich bin verbunden mit dem einzigen Mann, der nach
meinem Gefühl allein mich hätte glücklich machen können.
Er ist für mein Herz das Ideal, welches es sich je machte. Ich
versuchte es zu tilgen, aber umsonst, unbegreiflich wie der
Magnet, der mich, der unsere Herzen verband.«

Ihrem Vater schrieb sie, dass ihr Mann »sein ganzes
Glück in meinem Besitz sieht und in dem Gedanken, mich
glücklich zu machen«. Und er machte sie wirklich, schreibt
sie später an ihren Bruder, »unaussprechlich glücklich«.

Glück fand sie auch in ihren Kindern, wobei die ersten
drei Jahre in Ansbach nur Friederike bei ihr ist, denn die Erziehung ihres Sohnes, des Prinzen Friedrich Wilhelm Ludwig, »Sohn des hochseligen Prinzen Ludwig, wird hier zu
Berlin unter Unserem Befehl ohne irgendeine Einwirkung
der nunmehrigen Fürstin zu Solms geführt, und die Vormundschaft über den besagten Prinzen Friedrich steht lediglich und allein Uns zu«. So hatte es Friedrich Wilhelm III.
1799 vor ihrer Abreise aus Berlin verfügt, und Friederike erfuhr seither nur über Briefe, wie es ihm ging. In ihren Brie-

fen fragt sie stets nach dem »geliebten Erstgeborenen«, freut sich über seine Fortschritte und darüber, dass der von ihr ausgesuchte Erzieher eine so gute Wahl war.

Auch die Vormundschaft über (die kleine) Friederike, die sie durch das Einschreiten von Luise immerhin nach Ansbach mitnehmen durfte, hatte der preußische König: »... aber die Erziehung der gedachten Prinzessin wird der Fürstin, auf ihr Ansuchen, und bei gegenwärtigen Umständen auf 8 Jahre, jedoch unter unserer Direction, überlassen.« Die Kosten für eine standesgemäße Erziehung als preußische Prinzessin übernahm der König. Zunächst zahlte er 2500 Taler pro Jahr. Nach Ablauf der acht Jahre »bestimmen lediglich Wir die fernere Erziehung und den Aufenthalt dieser Prinzessin, sondern Wir behalten Uns auch vor, während dieser acht Jahre, zu jeder Zeit, wenn Wir es gut finden, die Prinzessin wieder hierher nach Berlin in Unsere unmittelbare Erziehung zu nehmen«.

Dieser letzte Absatz in der Versicherungsakte war ein Druckmittel, das garantieren sollte, dass sich Friederike in der Ferne weitab von der Kontrolle durch ihre Schwester und den König ihrer Stellung entsprechend verhalten sollte. Ein Druckmittel, das stärker nicht sein konnte, denn Luise und der König konnten sich ganz sicher sein, dass Friederike niemals etwas tun würde, wodurch sie auch noch ihre Tochter verlieren würde.

Dass derartige Sorgen auch aus anderen Gründen unberechtigt waren, dessen war sich zumindest Friederike sicher. So schrieb sie ihrem Bruder 1801, »daß das Herz seiner Ika ganz und allein der Tugend ergeben ist und daß du nie, mein Guter, es erfahren wirst oder vielmehr nie nichts geschehen wird, was einer jeden Art von Tugend zuwider wäre, wenigstens nicht wissend. Ich bin zu alt, zu erfahren zu weise, um in Hauptsachen jetzt unwissend zu fehlen, also hoffe ich, solltest du nie einen Kummer über mich haben.«

Viel Gelegenheit, vom Pfad der Tugend abzuweichen, gab es in Ansbach und Triesdorf auch gar nicht. Und wenn sie ihrem Vater 1799 schrieb, dass Menschen wie sie nur »ein Glück auf der Welt [kennen], das ist das Häusliche, und bestehet bloß darin, einen Gatten zu besitzen, den bloß das Herz gewählt, und in diesem schönen Umgang seine Pflichten mit denen der zärtlichsten Mutter aufs strengste zu erfüllen«, dann entspricht das wohl der Wahrheit, jedenfalls wenn man sich ihren Tagesablauf einmal näher ansieht.

Jeden Morgen stand sie um 6.30 Uhr auf und setzte sich noch vor dem Frühstück an den Schreibtisch, um Briefe zu schreiben oder, wie sie es ausdrückt, »alte Schulden abzutragen«.

In diesen Briefen berichtet sie von ihren täglichen Sorgen, von Begegnungen mit alten und neuen Bekannten. Sie philosophiert über den Tod, über das Glück und die Tugend und über den Wert der Geschwisterliebe. Stunden verbrachte sie täglich so und befand sich damit in guter Gesellschaft, denn das Schreiben von Briefen und das Lesen waren zwei Leidenschaften, die sie mit vielen Frauen ihrer Zeit teilte.

Briefe waren die Form, in der Frauen unangefochten ihre geistige Produktivität entfalten durften. Vor allem Frauen verhalfen dem Brief als literarischer Gattung zu besonderer Bedeutung, wenn auch hier wieder der Unterschied zu »männlichen« Briefen betont wurde.

Christian Fürchtegott Gellert äußerte sich 1759 dazu: »Eine Vorstellung macht bey ihnen geschwind der anderen Platz, daher halten sie sich selten bey einem guten Gedanken zu lange auf: wir fühlen ihn stärker, und darum gehen wir oft zu lange mit ihm um. Ihre Gedanken selbst sind, wie ihre Eindrücke, leicht; sie sind ein scharfes aber kein tiefes Gepräge. Die Frauenzimmer sorgen weniger für die Ordnung eines Briefs, und weil sie nicht durch die Regeln der Kunst ihrem Verstande eine ungewöhnliche Richtung gegeben haben: so wird ihr Brief desto freyer und weniger ängstlich.«

Gegen neun Uhr kam dann der Haushofmeister, um wirtschaftliche Dinge mit ihr zu besprechen. Bei diesen ging es neben der täglichen Versorgung der Familie vor allem darum, wie man mit dem Budget, das ihr zur Verfügung stand, auskommen konnte, denn Friederike musste im Gegensatz zu ihrer Zeit in Berlin, »da ich noch reich war«, sparen.

So bat sie den Vater um Pferde, die sie benötigte, um zwischen Ansbach und Triesdorf pendeln zu können, die sie aber nicht selber anschaffen konnte, »da wir uns hüten wollen, Schulden zu machen«. Ein anderes Mal bat sie Luise um Rat, was sie ihrer Hofdame an Lohn zahlen sollte. In Berlin hatte sie ihr ein Kollier von Perlen und einen Ring gegeben. Aber nun hatten sich die Verhältnisse geändert.

Die Familie musste mit der jährlichen Pension vom König und mit dem Sold ihres Mannes auskommen – im Vergleich zu dem verschwenderischen Leben in Berlin als Schwiegertochter und dann Schwägerin eines preußischen Königs ein finanzieller Erdrutsch.

Um zehn Uhr holte sie jeden Morgen ihre kleine Tochter Friederike, liebevoll »Ikschen« genannt, die inzwischen drei Jahre und sechs Monate alt war, zum Frühstück ab, an dem auch ihre Hofdame Frau von Zeuner teilnahm.

Von elf bis zwölf Uhr hatte Ikschen auf dem Schoß der Mutter bei einem Lehrer Unterricht im Buchstabieren. Und danach, wenn die Tochter brav gelernt hatte, wanderten Mutter und Kind über die Wiese zu den Schafen, die Ikschen so sehr liebte. Es waren wohl diese Momente, die sie meinte, wenn sie an ihren Bruder schrieb, dass Mutter zu sein »eine Seligkeit auf Erden ist«.

In Berlin registrierte Luise erfreut, wie gut die kleine Friederike sich entwickelte: »Besonders wohltätig ist es meinem Herzen, die Bestätigung von allen Seiten zu hören, daß das Isselchen glücklich und gut ist. Gottlob.«

Gegen ein Uhr nahm Friederike das Mittagessen ein, falls kein Besuch aus Ansbach kam. Da sie keinen eigenen Sekretär hatte, setzte sie sich nachmittags wieder an ihren

Schreibtisch und erledigte die Korrespondenz mit Kaufleuten und anderen Geschäftsleuten.

Von vier bis sechs Uhr und von sieben bis acht Uhr betreute sie erneut ihre kleine Tochter, las ihr vor, oder sie
schnitten gemeinsam Bilder aus – häusliches Glück, von
dem Friederike Georg so oft berichtete.

Abwechslung in diesen Tagesablauf, bei dem sie sich
wegen der häufigen dienstlich bedingten Abwesenheit ihres
Mannes oft sehr einsam fühlte, brachten in Ansbach durch-
reisende Besucher, die sie von früher kannte, wie zum Beispiel den Schauspieler und Schauspieldirektor Iffland aus
Berlin oder die vielen adligen Emigranten, die vor den he-
ranrückenden Franzosen ins preußische Ansbach geflüchtet
waren.

»Hier wimmelt es von vornehmen Emigranten. Der alte
Fürst von Taxis [Schwiegervater von Therese] mit seinem
Sohn, 100 und etliche aus seiner Suite sind in Gunzenhausen, 3 Stunden von hier ... Der alte Fürst hat neulich ein
großes Diner von 30 Personen bei mir eingenommen, was
wirklich prächtig und schön war ... Gestern aß der Fürst
von Hohenzollern-Hechingen hier, der mitsamt Frau und
Kindern und auch 34 Pferden in Ettingen ist.«

Immer wieder fuhr sie für einen Tag nach Ansbach, zum
Diner beim Präsidenten Schückmann oder zu einem Pick-
nick mit anderen Gästen: »... es waren lauter ehrliche Leute
beisammen, das ist wahrer Genuß des Lebens, zu leben mit
ehrliche Leute.«

Diese Zusammenkünfte kommentierte Friederike vor
allem in den Briefen an ihre Schwester Luise auf gewohnt
flapsige Weise: »Ich habe mich wieder aufs neue über die
Unmanierlichkeit der Ansbacher geärgert.«

Weitere Abwechslung brachte der immer schon sehnsüchtig erwartete Kurier mit der Post, der nicht nur Briefe
und damit Nachrichten von ihrer Familie brachte, sondern auch Bücherpakete. Seit ihrer Kindheit war Friederike
eine leidenschaftliche Leserin, die alles verschlang, was ihr

zwischen die Finger kam. Waren es früher Ritterromane, so bevorzugte sie jetzt Bücher über mecklenburgische Geschichte, Werke von Goethe, Schiller und Jean Paul, mit denen sie auch eine rege Korrespondenz führte.

Lesen und Vorlesen. Für die gebildeten Bürger und Adligen eine der Vergnügungen, um der Langeweile zu entgehen. Von alters her hatte das Vorlesen in kleiner oder großer Runde eine große Bedeutung, ob in der Kirche, bei Hofe oder im adligen Familienkreis.

In Triesdorf war Friederike auf die Gesellschaft ihrer Hofdame angewiesen, die die ihr zufallende Rolle der Vorleserin nur sehr schlecht erfüllte. Sie hat »an Bildung kein Interesse«, beklagte sich Friederike bei ihrem Bruder, »kann nicht vorlesen ... lese ich vor, so gähnt sie soviel, daß ihr die Augen übergehen ... ein Kind von sieben Jahren liest besser.«

Nun lag die Hofdame Karoline von Zeuner mit ihrer Abneigung gegen Bildung durchaus im Trend der Zeit. Auch bekannte Vertreter der Aufklärung betrachteten gelehrte, belesene Frauen mit Skepsis.

»Ich brauche das Wort ›denkend‹ vom weiblichen Geschlecht nicht gern; auch die verständigsten Frauen denken wenig oder gar nicht – sie sehen Bilder, reihen diese – aber mit abstrakten Zeichen wissen sie kaum umzugehen«, schrieb Johann Caspar Lavater noch 1783. Andere befürchteten eher, dass die lesende Frau sich durch ihre Lektüre ein eigenes Bild von der Welt schaffen könnte, das nicht mehr mit der Tradition übereinstimmte, und dass sie sich dadurch einer Kontrolle durch den Mann und die Gesellschaft immer mehr entzog.

Vielleicht fühlte sich Frau von Zeuner aber auch überfordert durch die Ansprüche von Friederike, so wie es eine andere Vorleserin, Luise Mejer, ebenfalls im Jahr 1783 formulierte: »Ich soll der Gräfin [Luise Gräfin Stolberg] Vorleserin und Secretair werden. Das alles würd' ich mit Vergnügen, aber ich bin nicht gelehrt genug, mein Verstand ist

auch nicht danach gestimmt, ewig zu studieren. Ich lese (abwechselnd) in sechs Büchern, und werde gefragt daraus wie
ein Kind. Die Angst, mit der ich lese, nimmt mir allen Nutzen. Dann ist meine Philosophie ganz der Gräfin ihrer ent-
gegengesetzt. Man stopft hier Menschen mit Lektüre, wie
man Gänse mit Nudeln stopft.«

Als Frau von Zeuner 1802 heiratete, musste sich Friederike nach einer anderen Gesellschafterin umsehen, und bei
der Suche spielte als Qualifikation das Vorlesen eine wichtige
Rolle. Am liebsten hätte Friederike die Gräfin Henkel engagiert, die sie von Berlin und Ansbach her kannte: »… das ist
ein Weib, wie ich sie wünsche, wie ich sie bedarf … Die Gräfin Henkel ist eine wahre, deutsche, bieder Frau, hat mich
und mein Mann sehr lieb … ist ganz über Galanterie hinaus,
ist gesund, hat Erfahrung, ist gebildet und bildet sich täglich
mehr aus, liest gern und viel und außerordentlich gut und
gern laut vor, welches für mich ein unentbehrliches Bedürfnis ist.«

Leider war die Gräfin nicht abkömmlich, und so musste
Friederike mit Frau von Bogwisch vorliebnehmen. Wie die
zum Vorlesen stand, wissen wir nicht, aber es gibt zumindest keine Beschwerden über einen Mangel an Bildungs-
drang.

Nicht vergessen darf man, dass Friederike in diesen sechs
Jahren in Ansbach kaum einen Monat ohne Schwangerschaft verbrachte mit all den Beschwernissen, die das für sie
und ihre Gesundheit bedeutete.

Caroline, Friedrich Wilhelm, Luise und Auguste wurden
geboren, dazwischen gab es noch den Sohn, der nur einen
Monat alt wurde. Caroline und Luise starben noch während
ihres ersten Lebensjahres, nur Friedrich Wilhelm, geboren
am 30. Dezember 1801, und später Auguste, die am 25. Juli
1804 zur Welt kam, überlebten.

Trotzdem war Friederike glücklich und zufrieden. »… nur
soviel, daß wir alle wohl sind«, schrieb sie vor der Geburt

von Auguste an ihren Bruder, »das heißt: mein Mann, ich, Ikschen und Wilhelmchen, Vater, Mutter und zwei Kinder. Ich genieße so recht das Glück, Mutter zu sein. *Gott erhalte mir das Glück*.«

Briefe und Familientreffen

> »Aber bin ich erst wieder mit den Verwandten
> ausgesöhnt, die mir am Herzen liegen, verstehe
> ich darunter, und mit mir selbst, so wirst Du
> Dich auch einmal an meinem Leben freuen ...«[18]

Dies teilte Friederike kurz vor der Geburt ihrer Tochter Caroline ihrem Bruder Georg mit. Das Thema Aussöhnung mit ihrer Familie zieht sich wie ein weiterer roter Faden durch ihre Briefe. Die Familie war in ihrem bisherigen Leben der Dreh- und Angelpunkt gewesen in guten und in schlechten Tagen – und nun war sie selber verantwortlich für die Schwierigkeiten mit ihnen.

»Gott allein kann es wissen, wie wehe es meinem Herzen tut und wie durchbohrt es von dem Gedanken ist, daß ich die Urheberin alles dessen Kummers bin, der Sie, der unsere ganze Familie traf«, schrieb sie ihrem Vater im Februar 1799. Würden die Großmutter, die Onkel, ihre Geschwister sie verachten und den Kontakt abbrechen? Oder würde man ihr verzeihen, zumindest nach einer gewissen Zeit?

Schockiert waren sie wohl alle über Friederikes Verhalten und darüber, dass sie den Namen der Familie ins Gerede gebracht hatte – wobei das Schlimmste eben noch abgewendet werden konnte. Und zunächst reagierten alle mit Schweigen, worüber Friederike in ihrer Einsamkeit in Ansbach entsetzt war.

Aber was hatte sie anderes erwartet? Sie selber hatte vor ihrer Abfahrt aus Berlin nicht einmal den Vater sehen wollen, so sehr hatte sie sich geschämt; alle anderen wurden in-

formiert, als sie längst auf dem Weg nach Ansbach war. Die
Brüder waren vom Vater über die offizielle Version der Heirat informiert worden und hatten sie durch den Vater grü-
ßen lassen, ein durchaus verständlicher Umweg, der Friederike aber besonders vonseiten Georgs sehr traf.

»Dieser kalte Gruß erschütterte mich so, daß mir mitten
unter Tränen ein kalter Schauer überlief. O, mache mir alle
Vorwürfe, die du willst, aber nur höre nicht auf, mich zu lieben, denn dies könnte ich nicht ertragen, das wäre zuviel zu
leiden«, schrieb sie ihm.

Georg war mit Sicherheit enttäuscht, genau wie Luise,
dass Friederike ihn nicht ins Vertrauen gezogen hatte, zumal
er nach dem Abschluss seiner Studien in Rostock seit Anfang 1799 in Berlin weiterstudierte und sich auf das Zusammensein mit seinen beiden Lieblingsschwestern Luise und
Friederike gefreut hatte. In seinem Tagebuch findet sich
unter dem 12. Januar 1799 der folgende Eintrag: »… erfahren
von der Heyrat meiner Schwester Louis mit dem Prinzen
Solms – Gott! Lasse mich wenig solche Tage erleben – nicht
meinen Feinden – ja, das flehe ich aus meinem Herzen zu
Dir –.«

Immer wieder versuchte Friederike ihm in ihren Briefen
zu erklären, warum sie so gehandelt hatte: aus Leidenschaft.
Sie schrieb eigens für ihn Schillers Gedicht »Das Liebesbündnis schöner Seelen« ab, das da endet:

»Sie wählen nicht, sie fühlen sich getrieben,
Und lieben ihren Freund, wie sie sich selber lieben.«

Ob Georg zu diesem Zeitpunkt aber viel Verständnis dafür
hatte, dass sie ihre Leidenschaft ausgelebt hat, während er
auf seine verzichten sollte, ist fraglich. Er hatte sich gerade
in eine ältere Rostocker Dame verliebt, und Luise, die wohl
den nächsten Skandal befürchtete, hatte alle Hände voll
zu tun, um ihm diese Affäre, letztlich mit Erfolg, auszu-
reden.

Und es war wohl auch Luises Einfluss zu verdanken – die der Schwester längst verziehen und nur noch den Wunsch hatte, dass Friederike wirklich das von ihr ersehnte Glück erhielt –, dass Georg zu den ersten gehörte, die Friederike die Hand reichten.

Er schrieb ihr, dass es besser sei, sie sei »glücklich weit von mir in irgendeinem Winkel der Erde als unglücklich in meiner Nähe«.

Und wenn auch Friederike sich mehr Nachrichten von ihm wünschte, so war doch der Tonfall der Briefe schon bald wieder so vertraut und liebevoll wie immer, so als hätte es die Verstimmung nie gegeben.

Wie sehr Friederike ihre Angehörigen vermisste, vor allem zu besonderen Anlässen wie Geburtstagsfeiern, die die Jahre hindurch immer Familienfeste gewesen waren, zeigt der folgende Briefausschnitt an ihren Bruder, in dem sie sich ausmalte, was ihre Familie gerade machte: »Ich vermute, daß du heute den Tag recht glücklich mit meiner geliebten Engels-Luise zubringst, in Charlottenburg, da wo wir voriges Jahr saßen, also im Garten. Seid recht früh aufgestanden, damit die Großmama nicht stört, auch vielleicht um 6 Uhr [Friederike war auch um 6 Uhr aufgestanden]; vielleicht hat uns eine Sympathie zugleich die Augen geöffnet; ach, nur bei solchen Gelegenheiten wünschte ich mich einen Augenblick hin, wo mein Herz das Verlangen hat; unsichtbar schwebe ich bei euch, aber nur für euch sichtbar, mit der übrigen Welt will ich nichts zu tun haben. Aber nur, um dich einen Augenblick zu überraschen, wenn ihr so traulich zusammen seid, ehe die Großmama zum Café kommt.«

Sie wünschte von ihrem Bruder ein Porträt, damit er zumindest als Bild bei ihr sein könne, so wie das Porträt von Luise immer auf ihrem Tisch lag.

»Bleibe, wie du bist, und ewig wirst du selbst glücklich sein und glücklich machen.« Diesen Satz, den Georg ihr 1801 schrieb, zitierte sie in einem späteren Brief an ihn, glücklich darüber, dass die Aussöhnung mit ihm geglückt war.

Zu den Familienmitgliedern, die wie Georg erst später und auch nur mit der offiziellen Version der Geschichte vertraut gemacht wurden, gehörten die Schwestern Therese und Charlotte, zu denen Friederike, bedingt durch deren frühe Heiraten, nie das enge Verhältnis wie zu Luise entwickelt hatte. Aber durch ihren neuen Wohnsitz in Ansbach rückten beide Schwestern geografisch näher an sie heran als Luise in Berlin, wo ihr ein Besuch außerdem nicht gestattet war.

Eine Einladung in das nur 135 Kilometer entfernte Hildburghausen erfolgte allerdings erst im Sommer 1799, als sich die ganze Familie bei Charlotte traf und Friederike endgültig wieder in den Kreis der Familie aufgenommen wurde. Friederike schreibt im Rückblick von dem Bund, den sie dort am Todestag der Mutter mit ihren drei Schwestern und dem Bruder geschlossen hat, einen Bund, »der Tugend und Gott treu zu sein. Heute vor einem Jahr in Hildburghausen umfangen wir 3 Schwestern und du, und einig und fest eure Herzen, kamen dem meinigen nahe, und durch viele Tränen unvergeßlich beeideten wir alles, was wir uns versprachen.« Hier war es auch, dass Jean Paul die vier Schwestern sah und zu seinem Prolog im »Titan« inspiriert wurde.

Trotzdem blieb Friederikes Beziehung zu ihrer ältesten Schwester Charlotte anfangs eher kühl. Erst nach dem Tod ihrer Tochter Caroline kam eine persönlich gehaltene Einladung nach Hildburghausen. Offenbar hatten sowohl Georg als auch Luise versucht zu vermitteln, da sie sich große Sorgen um Friederike nach dem Tod der kleinen Caroline machten.

Friederike nahm die Einladung ihrer Schwester nur zögerlich an. »… das stimmt mit deinem Wunsch und deinem Rat überein«, schrieb sie an Georg, »allein anbiedern tue ich mich nicht; hätte sie uns nicht gebeten, ich wäre nicht hingegangen und hätte ausgehalten bis ans Ende, aber ihre Einladung war so herzlich, so gut, so freundschaftlich, daß ich nicht wüßte, was mich zurückhalten sollte … außer mein Mann bekommt vom König keinen Urlaub.«

Sie blieb mehrere Monate dort, dankbar dafür, den Ort verlassen zu können, wo ihre kleine Tochter gestorben war. Diesem ersten Besuch folgten weitere in den darauf folgenden Jahren, sodass auch hier eine ziemlich rasche Versöhnung geglückt zu sein scheint. Und als 1800 Friederikes kleiner Sohn starb, kam Charlotte sofort nach Triesdorf, um ihr beizustehen.

Noch enger wurde aber die Beziehung zu ihrer Schwester Therese, die mit dem Fürsten Karl Alexander von Thurn und Taxis verheiratet war. Friederike besuchte sie nicht nur in Regensburg, sondern verbrachte auch viele Sommermonate in Dischingen, acht Kilometer südlich der alten Reichsabtei Neresheim, auf den Schlössern Trugenhofen und Duttenstein, die zum Besitz der Thurn und Taxis gehörten.

»Wir haben ein göttliches Séjour in Regensburg gemacht bei unserer geliebten Therese; so leid mir das Scheiden tat, das Weggehen, so froh schied ich doch, denn Therese versicherte mich, ich sei ihrem Herzen viel geworden. Sie fängt an, mich mehr zu kennen, und ihre Liebe macht mich sehr glücklich.«

Hier konnte Friederike auch wieder wie früher in Berlin ihrer Leidenschaft nachgehen und Feste mit aufwendigen Rollenspielen organisieren. So zum Beispiel zu Ehren ihrer Schwester den »Theresentag«, wo unter ihrer Regie ein griechisches Spektakel, besetzt mit sechs Damen und sechs Herren, aufgeführt wurde. Dabei wurde Therese das »Buch des Schicksals« überreicht. Friederike entwarf die Kostüme und die Frisuren und wies ihren Bruder Georg an, der auch zu dem Fest eingeladen war, aus Augsburg roten Stoff und weißen Atlas mitzubringen und sich ja nicht vor Therese vorzeitig zu verplaudern.

Auch Gegenbesuche von Therese in Ansbach und Triesdorf waren die Regel. Die Beziehung zu ihr wurde in dieser Zeit sogar enger als je zuvor. In gewisser Weise übernahm Therese die Rolle, die vorher Luise innegehabt hatte, ohne diese wirklich ersetzen zu können.

In einem Brief an ihren Bruder übermittelte Friederike Grüße von Therese, »die ich das unaussprechliche Glück habe zu besitzen«. »Es macht mich doppelt glücklich, weil ich itzt glaube, daß sie mich liebt, nicht blos aus Verwandschaft des Blutes, sondern aus dem Einklang gleichgestimmter Seelen.«

Diese Verbundenheit besteht während der gesamten Ansbach-Zeit. Friederike verbringt Wochen und Monate bei ihrer Schwester. »Unsere Lebensart hier ist göttlich, wir sind beinahe immer zusammen, bis auf die Stunden des Schreibens und die der Toilette … Wir frühstücken um 10.00, von 11–12 liest uns der Kirchenrat Lange etwas vor, von 12–1 habe ich Singe- und Guitarrenstunde, von 1 bis 2 schreiben wir … um 3 dann kommt das göttliche Schwätzstündchen, dann wieder Guitarrenstunde, dann Toilette.«

Freude und frohe Stunden, aber auch Schmerzen und Leid. Als Friederike im Herbst 1803 wieder einmal mit ihrer kleinen Tochter Luise in Dischingen war, starb diese am 27. Oktober. Zwei Tage später kehrte Friederike, auf dem Schoß ihr totes Mädchen, nach Triesdorf zurück, »wo sie auf dem hiesigen Friedhof an die Seite ihrer beiden hochfürstlichen Geschwister standesgemäß« beigesetzt wurde, wie der Pastor der Hofkirche in Weidenbach amtlich im Kirchenbuch vermerkte.

Lediglich zwei Personen aus der Familie kannten die wahre Geschichte von Friederikes überstürzter Heirat: ihr Vater und Luise. Und diese beiden fanden als Erste den Weg zurück zu ihr.

Schon 1799 nahm der Vater am Familientreffen in Hildburghausen teil, wo auch Friederike mit ihrer Tochter war. Und 1802 besuchte er sie in Triesdorf, wo er sich, wie Friederike glücklich ihrem Bruder schreibt, so wohlgefühlt habe, dass er acht Tage blieb und »unaufgefordert«, wie sie betont, versprach, im nächsten Jahr für vier Wochen zu kommen. Sonst sollte Friederike mit ihrer Familie nach Strelitz kommen. Sie wertet das zu Recht als einen Beweis dafür, »wie lieb er mich behalten, und wie lieb er meinen Mann gewonnen«.

Ähnlich war es bei Luise. Schon alle Briefe in den geheimen Papieren, also Anfang 1799, beweisen, dass sie ihr fast sofort verziehen hatte. Sie bat den Vater um Vergebung für die Schwester, als Friederike sich nicht traute, ihm zu schreiben; sie sorgte dafür, dass die Strafe, die der König verhängte, nicht zu hart ausfiel; sie bat für die Schwester, dass sie ihre kleine Tochter behalten durfte, und sie gab ihr beim Abschied auf den Weg, jederzeit, wenn sie unglücklich würde, zu ihr zurückzukommen.

Von allen Familienangehörigen war sie am stärksten persönlich von Friederikes Schicksal betroffen, schließlich waren sie und die Schwester bis dahin wie siamesische Zwillinge gewesen. Sie litt ganz furchtbar unter der Einsamkeit. In einem Brief Ende März 1799 aus Potsdam, wohin sie ihren Mann wie immer zu den jährlichen Manövertagen begleitet hatte und wohin Friederike so oft mitgekommen war, schreibt sie an Frau von Voss: »Potsdam ist entsetzlich traurig, alles ist so kalt, alles ist so still.« Wie gerne wäre sie bei der Taufe der kleinen Caroline am 22. März dabei gewesen. Sie hatte, wie aus dem Taufbuch der Ansbacher Militärgemeinde hervorgeht, die Patenschaft übernommen; bei der kirchlichen Zeremonie musste sie sich aber von Obristleutnant von Bila, dem Chef der Ansbacher Husaren, vertreten lassen.

Sie wurde schwer krank und erholte sich erst nach Wochen. Umso mehr freute sie sich, als Friedrich Wilhelm III. ihr das Ziel der jährlichen Sommerreise des Königspaares ankündigte: Es sollte eine Reise in die Vergangenheit werden zu den Stätten, wo Luise ihre Kindheit verbracht hatte: zunächst nach Hildburghausen, wo er ein großes Familientreffen, zu dem auch Friederike eingeladen war, geplant hatte. Am 2. Juni 1799 traf Luise in Hildburghausen ein, das sich immer mehr zum Familientreffpunkt entwickelte. Die

Großmutter, der Vater, beide Brüder und alle vier Schwestern waren dort.

Friederike trat ihnen hier zum ersten Mal seit ihrer Verbannung aus Berlin gegenüber. Leider gibt es aus der Zeit keine Briefe, die ihre Gefühle beschreiben, so wie Jahre später beim Besuch Luises in Ansbach. Alle Verwandten, denen Friederike oder Luise hätte schreiben können, waren ja zugegen.

Vier Wochen lang verbrachte die Familie zusammen, zog über Frankfurt nach Darmstadt in das Haus der Großmutter, wo Luise und Friederike ihre Kindheit verlebt hatten. Überall, wo das Königspaar mit den Angehörigen im Gefolge erschien, waren die Straßen geschmückt, jubelnde Menschen begrüßten sie, es gab Empfänge und Galadiners. Und natürlich registrierten alle Beobachter genau, dass die vor einem halben Jahr in die Verbannung geschickte Prinzessin Friederike nun als Fürstin Solms überall die ständige Begleiterin der Königin war.

Die Berliner »Vossische Zeitung« berichtete in jeder Ausgabe über die Ereignisse. Bei der Ankunft des Königspaares in Ansbach war die Stadt geschmückt, weiß gekleidete Knaben und Mädchen streuten Blumen und überreichten auf weißen Atlas gestickte Gedichte. Und immer wieder an der Seite des Königspaares die Fürstin Solms mit ihrem Mann: Abends im Schloss »Soupé beim Prinzen von Solms-Braunfels« an einer »kleinen gewählten Tafel«, am nächsten Tag um zehn Uhr »gingen ihre Königl. Majestäten in Begleitung der Prinzessin von Solms Braunfels, des Kurfürsten von Pfalzbaiern Durchl., der auch im Königl. Schloß abgestiegen war, und des Prinzen von Solms im Hofgarten spazieren, und besahen die Orangerie. Mittags war Tafel von 49 Couverts.«

Soupers, Cour beim König und der Königin, abends Bälle, wobei der größte Teil des dortigen Adels zugegen war. Während der Ankunft des Königs kehrte für kurze Zeit der Glanz des höfischen Lebens in das Ansbacher Schloss

zurück. Und Friederike und ihr Mann mittendrin, so als
hätte es den Skandal nie gegeben. Für aller Augen sichtbar hatte der König seiner Schwägerin und ihrem Mann vergeben und spazierte mit ihnen durch den Hofgarten. Ungetrübte Familienidylle.

Für viele Außenstehende aber kam die Versöhnung viel
zu früh.

In Berlin kursierten daraufhin sogar Gerüchte, dass Friederike schon bald nach Berlin zurückkehren würde. Nach
außen hin ignorierte Luise das Gerede, machte sich aber
doch ihre Gedanken. »Ich bin ein schwaches Weib, das fühle
ich alle Tage mehr; aus Güte des Herzens werde ich schwach.
Ich wünsche, es ginge allen Menschen wohl, deshalb verzeihe ich leicht, vergesse gern, schelte nicht, wo ich sollte,
um nicht zu betrüben, und ich fürchte, ich stifte doch nichts
Gutes, weder außer mir, noch in mir; denn die menschliche
Natur ist verdorben, sie will Härte um der Besserung willen, sie dürfen nicht geschont sein, und ich habe mir zum
Grundsatz gemacht, sanft, schonend gütig gegen Jeden zu
sein, und eben darum fürchte ich, werde ich schwach und
meine Selbständigkeit verlieren … Kommt es bloß auf mich
allein an, so traue ich mir zu, nicht schwach zu sein, so wenig
in meinen Handlungen, als in meinem Urteile. Ist aber ein
Anderer damit verbunden, hat mein Urteil Einfluß auf das
Wohl eines Zweiten, so schwanke ich, obgleich das Gefühl
des Rechts tief und klar in meinem Herzen schlägt. Was ist
dieses Schwanken? Ist es Schwäche oder ist es Menschenliebe?«

Die beste Erklärung fand sie wohl selber, als sie ihrer
Großmutter schrieb: »Meine wahre und aufrichtige An-
hänglichkeit an meine Familie ist der Art, daß ich nicht ganz
glücklich sein kann, wenn ich sie nicht alle glücklich weiß.«

Einen Einfluss auf ihr Verhalten Friederike gegenüber hatte
das Gerede aber nicht. Im Gegenteil: Die Tochter, die sie
kurze Zeit später zur Welt brachte, nannte sie nach ihrer

Schwester Friederike, und der König stimmte zu. Als das Kind kurze Zeit später an den Blattern starb, kommentierte Friederike das mit den Worten: »Es tut mir leid, daß mein Name Unglück brachte, und daß sie [Luise] diese Erinnerung an mich verloren hat.«

Auch Friederike benannte eine Tochter, die 1803 geboren wurde, nach der Schwester; die kleine Luise starb schon nach sechs Monaten.

Insgesamt führte die räumliche Trennung bei beiden Schwestern zu einer noch stärkeren Bindung. Das Medaillon mit dem Porträt Luises lag immer auf Friederikes Schreibtisch. Und wenn sie verreiste, hängte sie es sich um den Hals.

In ihren Briefen ist immer wieder die enge Verbundenheit zwischen ihnen ein Thema. »Was verbindet uns?«, fragte sie in einem Brief und gibt selbst die Antwort: »Es ist die Liebe zur Tugend, und der feste Grundsatz die Unmöglichkeit uns zu trennen.«

Während der Besuch Luises 1799 kaum die Chance bot, unter vier Augen Gespräche zu führen, gelang dies 1803 bei der zweiten Reise des Königs nach Ansbach zur Freude der Schwestern umso häufiger.

Anlass waren Beschwerden über den Minister Hardenberg, was Ritter Lang in seinen Memoiren so kommentierte: »Unterdessen traf der König selber in Ansbach zur Heerschau ein in ziemlicher Mißstimmung gegen den Herrn von Hardenberg, von dem ihm die Haugwitzianer [Anhänger des Ministers Haugwitz] glauben machten, er benehme sich in Ansbach wie ein verschwenderischer Nabob, hätte auf des Königs Kosten das Schloß zu einem Feenpalast hergerichtet, auf welchem für die Frau Ministerin hängende Gärten in die Lüfte gezaubert wären. Da sich nun der König persönlich von den boshaften Lügen und zu seiner Verwunderung bescheidenen häuslichen Verhältnissen des Ministers überzeugte, der in seinem Hange zu Großmut und Gastfreiheit durch Zuzug seiner eigenen Renten von 30 000 Gulden jährlich [Erhebliches] leistete, so war er wie umgewandelt ... Auf alle Fälle trug wohl auch die anwesende Königin das Ihrige mit bei, um dem Minister wieder auf das Gnadenpferd zu helfen.«

Friederike konnten die bösen Gerüchte über den Minister nur recht gewesen sein, verschafften sie ihr doch die Möglichkeit, endlich ihre Schwester wiederzusehen. Diesmal war sie sogar Gastgeberin in Triesdorf für den König und sein vierzigköpfiges Gefolge. »Ich lies es [das Souper] oben in dem grünen Zimmer servieren ... Er fand es ganz delicient.«

Der Fürst de Ligné, der ebenfalls eingeladen war, berichtete begeistert: »Ich habe ... Edelstetten [Lignés Wohnsitz] verlassen, um mich zu Göttinnen zu begeben, denn anders kann man die Königin von Preußen, die Fürstin Thurn und Taxis und die Fürstin Solms nicht nennen. Welche Schönheit und überdies welche Liebenswürdigkeit! Hättet Ihr sie nur neulich gesehen, als sie in vollem Galopp eine Höhe hinaufsprengten, die der höchste Aussichtspunkt von ganz Franken ist. Hinterdrein kam der König, alle Fürsten und Generale, die Mühe hatten, den Damen zu folgen. Auf diesem Hügel fanden wir eine Frühstückstafel, Versteinerungen, Mineralien, römische Überreste, Spuren einer Tempelritterburg und besonders zahlreiche Erinnerungen an den Dreißigjährigen Krieg. Ein Abendessen bei der entzückenden Fürstin Solms konnte nicht traurig sein. Ich schlug vor, daß jeder ein Lied singen solle ... Die drei königlichen Prinzessinnen singen herrlich.«

Bei diesem Besuch Luises gab es endlich die ersehnte Gelegenheit für beide Schwestern, Zeit miteinander zu verbringen. Friederike berichtete Georg, dass sie immerzu an ihn gedacht hätten, denn die Beziehung zwischen ihnen dreien sei etwas ganz Besonderes, zum Schreiben seien Luise und sie aber nicht gekommen, man habe sich morgens stets verplaudert, »denn das Herz war immer so voll«.

Luise beschreibt diese Tage mit Friederike im September 1803 als »glückliche Vereinigung«.

Auch bei diesem Treffen fanden sich andere Familienmitglieder ein: Onkel Georg und Schwester Therese. Die Beschreibung, die Friederike ihrem Bruder schickte, erinnert an die fröhlichen Berliner Tage, als die Familie sich täglich zum Tee traf. Neben den offiziellen Veranstaltungen wurden Ausflüge in die Umgebung gemacht, so zum Hesselberg, wie von Fürst Ligné beschrieben. Am schönsten empfand Friederike aber die Stunden, die sie mit Luise mit Plaudern verbringen konnte, alleine, ungestört, »nur der König ging bei uns ein und aus«. Kostbare Stunden, die nur zu schnell vorübergingen.

Wie sehr beide Schwestern auch noch nach vier Jahren unter der Trennung litten, zeigt ein Brief Luises, den sie nach ihrer Rückkehr an ihren Bruder schrieb: Bei der Ankunft in Fürth am 4. Juni »fand ich Friederike. Diese Zusammenkunft war beinahe mehr schmerzlich wie erfreulich. Ich glaube, wir empfanden im Augenblick des Wiedersehens und der ersten Umarmung den ganzen Umfang des Unglücks, voneinander getrennt zu sein, denn sie weinte so heftig, daß sie sich nicht erholen konnte, und ich, als sie mich aus ihren Armen losließ, [war] beinahe ohnmächtig.«

Ein immer wiederkehrendes Symbol, mit dem Friederike die Beziehung der Geschwister untereinander charakterisiert, ist das Kleeblatt. Das dreiblättrige Kleeblatt steht für sie selbst, die Schwester Luise und den Bruder Georg, zu denen sie die engste Beziehung hatte. 1805 schreibt sie an ihren Bruder, dass die Gräfin L'Estocq ein sechsblättriges Kleeblatt gefunden und ihr geschenkt habe – und »da Carl jetzt gewiß die sechste in den Kammern unserer Gefühle ausmacht, dachte mein Herz ihm das 6te Blättchen zu«.

Die sechs Geschwister als Kleeblatt, 1805 inniger verbunden als je zuvor.

Im Schatten der napoleonischen Kriege

»Bei meiner Zurückkunft im zweiten Jahre meines Grenzregulierungsgeschäftes fand ich in Ansbach alles von Kriegsgerüchten und wirklichen Kriegsmärschen der Franzosen, Österreicher und Bayern sehr unruhig und aufgeregt.«[19]

So schrieb Ritter Lang in seinen Memoiren über den Herbst 1805. Seit Napoleon sich im Dezember 1804 zum Kaiser der Franzosen gekrönt hatte, war sein Machtanspruch über weite Teile Mitteleuropas noch deutlicher geworden. Immer mehr Fürsten deutscher Kleinstaaten schwenkten auf seine Seite über, und die Lage Preußens wurde von Monat zu Monat schwieriger.

Friedrich Wilhelm III. glaubte, so der Historiker Jean Lulves, »am sichersten durch Beobachtung strengster Neutralität dem ruhigen Alltagsleben inmitten seiner Familie jede Störung fern zuhalten; das entsprach zudem seiner Friedensliebe, seiner schwerfälligen Scheu vor jeglichem verantwortungsvollem Handeln«.

Später urteilte der König selbst über diese Zeit: »Mehr als ein König ist untergegangen, weil er den Krieg liebte, ich werde untergehen, weil ich den Frieden liebe.« Zunächst einmal erlaubte er seinen Diplomaten eine leichte Annäherung an Frankreich und trat selber aus gesundheitlichen Gründen eine Sommerreise an, die ihn unter anderem nach Sichersreuth (Alexanderbad) führte, wo man das Quellwasser trank, das nach einer Analyse aus dem Jahr 1755 gut war für Verdauung und Magen und auch bei »Entkräftung der Nerven, üblem Humor, verdrießlichem Wesen« helfen sollte.

In dem damals sehr beliebten Kurbad traf auch Friederike mit ihrer Familie ein. Man wohnte in einem der Bayreuther Markgrafenschlösser und verbrachte dort weiterhin sorglose Wochen, die Graf Hardenberg durch Ausflüge verschönerte: in die benachbarten Orte und in das berühmte Felslabyrinth, Luxburg genannt, das Luise zu Ehren in Luisenburg umgetauft wurde.

Es war ein Leben »wie im Himmel«, schrieb Friederike an ihren Bruder. Dazu trug vor allem der Umstand bei, dass sie all das mit Luise zusammen erlebte. Sie spricht von der »göttlichen Wiedervereinigung« mit der Schwester, und auch Luise berichtete ihrem Bruder: »… ich und Friederike sind dabei unbeschreiblich glücklich.«

Es gab aber für Friederike und ihre Familie nicht nur glückliche Momente in Sichersreuth. Ihr Mann hatte im Juni seinen Dienst im Ansbacher Regiment aus gesundheitlichen Gründen bis zu einer eventuellen Heilung aufgegeben, was den König sehr verärgert hatte. Zum einen sah er die Gründe als nicht stichhaltig an, zum anderen war er besorgt, dass seine Schwägerin Friederike, für die er sich immer besonders verantwortlich gefühlt hatte, nun die Kosten für den Familienunterhalt alleine tragen musste.

Ob die Gesundheit Friedrichs von Solms zu diesem Zeitpunkt wirklich so angegriffen war, dass eine längere Beurlaubung gerechtfertigt war, lässt sich nicht sicher belegen. Für Selbstmitleid, Verbitterung und andere seelische Leiden, die ihm später nachgesagt wurden, gibt es für das Jahr 1805 keine Beweise. Sicher hatte er sich als Schwager des preußischen Königs mehr für seine Laufbahn versprochen, und die Versetzung nach Ansbach war wohl auch ein nur schwer zu verkraftender Einbruch seiner Karriere.

Friederike erwähnt in keinem ihrer Briefe auch nur mit einem Wort, dass ihr Mann unzufrieden sei oder sich ihre Beziehung dadurch verschlechtert habe.

Letzteres kann man allerdings auch nicht erwarten, denn sie hatte diese Ehe gewollt, gegen den Widerstand der Familie durchgesetzt. Sie wird sich kaum nach sechs Jahren Ehe über ihn beschweren, zumal sie bis vor einiger Zeit immer noch von unendlichem Glück gesprochen hatte.

Im Anschluss an die »himmlischen« Wochen im Bayreuther Land, die für Friederike von Juni bis Mitte August dauerten, war sie noch einmal für wenige Wochen in Ansbach und Triesdorf, erfüllt von Sorgen um die Zukunft der Familie wegen des immer näher rückenden Krieges.

Einig war sie sich mit ihrer Schwester Luise in der Ablehnung Napoleons als Person und als Heerführer. Ritter Lang kommentiert ironisch: »Man durfte bei der Prinzessin Solms, Schwester der Königin, wenn sie in Ansbach weilte und Empfang hielt ... nichts als von Krieg und der alsbaldigen federleichten Vertilgung aller Franzosen sprechen.«

Ihr Schwager, der preußische König, verhandelte derweil mit Napoleon über einen von diesem angebotenen Vertrag, der Preußen das Königreich Hannover einbringen sollte. Da Napoleon aber immer neue Forderungen stellte, die Preußen geknebelt hätten, brach Friedrich Wilhelm die Verhandlungen ab.

Im September lud er alle Verwandten nach Schloss Paretz bei Berlin ein, um das Erntedankfest zu feiern, ganz so, als sei das Problem Napoleon bereits gelöst.

Diese Haltung stimmte selbst Luises Oberhofmeisterin Frau von Voss, die den Festivitäten mit sehr gemischten Gefühlen beiwohnte, nachdenklich: »Man denkt an nichts als die Redoute, während die Könige von Sardinien und Neapel auf der Flucht sind ... Gebe der Himmel, daß die Reihe nicht an uns kommt!«

Für Friederike war es das erste Mal seit ihrer Verbannung, dass sie so nahe wieder an Berlin herankommen durfte. »Quatsch! Ich bin toll, toll, toll, ganz schlitter rasend toll vor Freude, Dich zu sehen, obgleich ich recht betrübt bin, daß mein guter ehrlicher Solms das Glück nicht mit mir teilen kann«, schrieb sie vor Freude ganz außer sich an ihren Bruder, nachdem sie die Einladung des Königs erhalten hatte.

Ein weiterer Grund zur Freude, den ihr Bruder wahrscheinlich nicht ganz nachvollziehen konnte, war der, dass sie endlich einmal nicht schwanger war: »Hier sind wir, wie wir sind, alle ganz natürlich, lebendigen Leibes, mit Augen, Mund und Nasen, Ohren und Hände und Füßen, und ich ledigen Leibes. Gott Lob und Dank! Halleluja!«

Insgesamt drei Monate verbrachte Friederike in jenem Herbst in Potsdam und Berlin, auch wenn mit der allgemeinen Mobilmachung der preußischen Truppen am 10. Oktober 1805 die Zeit der Neutralität, die Friedrich Wilhelm III. bis zu diesem Zeitpunkt verzweifelt aufrechterhalten hatte, endete. Als französische Truppen unter Marschall Bernadotte nach Ansbach einmarschierten, empfand der König dies als unverzeihliche Verletzung des Völkerrechts. Für Friederike und ihre Familie bedeutete es das Ende der Zeit in Ansbach, denn eine Rückkehr dorthin war vorläufig ausgeschlossen.

Der König trat am 3. November 1805 der Koalition gegen Napoleon bei und hoffte auf eine Rückgewinnung Ansbachs.

In Berlin erlebte Friederike den Ausmarsch der preußischen Truppen. Unter den Soldaten waren viele Freunde und Bekannte, die Brüder des Königs und ihr eigener Bruder, der zwanzigjährige Karl. »Der arme Carl gehet heute auch dem Schicksal entgegen, was ich dabei fühle, überlasse ich Deinem zart fühlenden Herzen zu entscheiden.«

Nach der Niederlage der österreichischen und russischen Truppen in der sogenannten Dreikaiserschlacht bei Austerlitz musste der preußische Sondergesandte Graf Haugwitz am 15. Dezember in Wien, das zu der Zeit von Napoleon besetzt war, einen Vertrag unterzeichnen, der Preußen zwang, die Koalition wieder zu verlassen, sein Heer auf Friedensstärke zu reduzieren und die Markgrafschaft Ansbach endgültig abzutreten.

Für Friederike begann eine Zeit des Herumwanderns ohne festen Wohnsitz für sich und ihre Familie. Von den stillen, häuslichen Jahren, dem Leben nur für die Familie, hinein in ein Leben, das bestimmt war durch Niederlagen der preußischen Truppen, durch Flucht vor den französischen Armeen: ständig wechselnde Wohnsitze und eine zunehmende eigene Beteiligung am politischen Leben.

Sie ließ ihre persönlichen Sachen und die ihrer Familie von Ansbach und Triesdorf nach Bayreuth in die Eremitage bringen, das ehemalige Sommerschloss der Markgrafen von Bayreuth-Ansbach, das seit 1792 zu Preußen gehörte. Von dort fuhr sie nach Paretz und Berlin, wo sie die Zeit bis zum nächsten Frühjahr verbrachte. Im Anschluss daran lebte sie einige Zeit mit der Familie in Karlsbad, was wegen ihrer erneuten Schwangerschaft – ihr späterer Lieblingssohn Alexander war unterwegs – auch nötig war. Einige Wochen in Bayreuth folgten.

Aber der Krieg kam immer näher. Bayreuth konnte ihr, als immer noch preußischer Prinzessin, keinen ausreichenden Schutz mehr bieten.

So brach sie mit ihren Kindern Friederike, Wilhelm und Auguste erneut auf nach Berlin, wo sie die Nachricht von der Doppelschlacht bei Jena und Auerstedt am 14. Oktober 1806 erhielt, in der Napoleon das preußische Heer vernichtend geschlagen hatte und damit den Zusammenbruch des bisherigen Staats- und Militärapparates herbeiführte.

Mit der königlichen Familie trat sie einige Tage später die Flucht nach Ostpreußen an, einem ungewissen Schicksal entgegen.

Teil II
1806–1841

»Das Glück ist im Grunde nichts anderes als der mutige Wille zu leben, indem man die Bedingungen des Lebens annimmt.«

Maurice Barrès (1862–1923)

Hamburg, Juni 2005

Auf dem Fußboden stapeln sich Geschichtsatlanten, daneben Bücher über preußische Geschichte und über eine der Hauptfiguren der nächsten Kapitel, die ich schreiben muss: Napoleon. »Er ist auffallend häßlich, ein dickes, aufgedunsenes braunes Gesicht, dabei ist er korpulent, klein und ganz ohne Figur, seine großen, runden Augen rollen unheimlich umher, der Ausdruck seiner Züge ist Härte, er sieht aus wie die Inkarnation des Erfolges. Nur der Mund ist schön geschnitten und auch die Zähne sind schön.« So beschreibt ihn die Haushofmeisterin Gräfin Voss in ihrem Tagebuch am 6. Juli 1807 in Tilsit.

Nun war Frau von Voss nicht eben eine Freundin des Korsen. Bösewicht, Geißel der Menschheit, Ungeheuer sind nur einige der Ausdrücke, die sie für ihn fand, während sie vor ihm bis an das hinterste Ende des Königreichs Preußen flüchtete. Wie oft sie ihm den Tod an den Hals wünschte, kann man gar nicht zählen. Geschrieben hat sie dies außerdem im Angesicht der größten Demütigung der Frau, die sie abgöttisch verehrte: der Königin Luise.

»Über Napoleons Erscheinung auf dieser Erde«, schrieb Friederike schon etwas differenzierter in der Rückschau auf die Zeit im November 1813, »fallen mir immer die Worte des Herrn ein, die Goethe ihm in den Mund legt, als er zu Mephistopheles spricht, der von ihm die Erlaubnis erfleht, den Faust zu verführen. ›Ja, ich gewähre es Dir‹, und sagt, er solle durch Böses unbewußt zum Guten führen.«

Napoleon als Faust? Von Mephisto verführt, Europa mit Krieg zu überziehen?

Dabei tat er doch nur das, was er für seine Pflicht hielt, nicht viel anders, als es der preußische König und auch Luise machten. Es ging um Pflichterfüllung dem Volke gegenüber und um die Ehre, was auch immer das bedeuten sollte. Und auch Napoleon hatte sich sein Leben wohl anders vorgestellt, wenn da nicht die Pflicht gerufen hätte: »Ich wüßte andere Dinge zu tun als Krieg zu führen, aber allem voran geht die Pflicht. Alles im Leben habe ich meiner Bestimmung geopfert: Ruhe, Interessen und Glück.«

Mein bisheriges Napoleon-Bild war auch nicht gerade geprägt von Fakten und Sachlichkeit. Noch heute sehe ich mich auf dem Sofa liegen und stunden-, ja tagelang den Roman von Annemarie Selinko »Désirée« lesen. Napoleon war die erste große Liebe der Seidenhändlertochter aus Marseille, die später schwedische Königin wurde. Ich habe mit ihr gelitten, als Napoleon sie wegen Joséphine verließ, ich habe ihn wie Désirée anfangs gehasst, ihm dann verziehen und am Ende Mitleid mit ihm gehabt. Als Ungeheuer erschien er mir nie, nur als Mensch mit Stärken und Schwächen.

Jetzt stehe ich auf der anderen Seite und verfolge die Spuren einer Frau, deren Leben Napoleon durcheinanderwirbelte, nur weil das Schicksal sie mit einem preußischen Prinzen verheiratet hatte. Wieder leide ich mit. Und doch verhindert wohl meine Lektüre von »Désirée«, dass ich diesen Mann so negativ sehen kann wie Frau von Voss. Und ich bin in der glücklichen Lage, nicht nur Friederikes und Luises Briefe, sondern auch die Briefe Napoleons zu lesen – Briefe voller Sehnsucht nach einem Wiedersehen mit seiner Frau Joséphine; Briefe, die den Menschen Napoleon zeigen: »Deinen Brief erhielt ich in einer alten Scheune, wo mir etwas Stroh als Bett und Schmutz und Wind als Decke dienten.«

Kann denn ein Mann, der solche poetischen Sätze schreibt, ein »Ungeheuer« sein, ein »Teufel in Menschengestalt«, wie Luise meinte?

Flucht nach Ostpreußen

»O Gott, welche Zeiten, welches Schicksal!«[20]

Dies schrieb Friederike am 17. Oktober 1806 aus Berlin an ihren Bruder Georg. Gerade hatte sie die Nachricht über die vernichtende Niederlage der preußischen Truppen durch Napoleon in der Schlacht von Jena und Auerstedt erhalten.

Und während der Sieger Napoleon zufrieden an seine Frau Joséphine schrieb: »Alles war so, wie ich es berechnet hatte, und nie ist ein Heer gründlicher geschlagen und vollkommener aufgerieben worden. Es bleibt mir nur noch hinzuzufügen, daß es mir gutgeht und daß ich trotz Anstrengung, Biwakieren und schlaflosen Nächten fetter geworden bin«, herrschte auf der Gegenseite das blanke Entsetzen: »… der Angriff des Königs, o Gott sei bei Dir, er mißlang nicht allein, sondern die Armeen sind geschlagen, und, wie man sagt, aufs schrecklichste mitgenommen.«

Friederike wartete in Berlin auf ihre Schwester Luise, um dann weiter nach Schwedt zu flüchten, wohin ihre und die Kinder der Schwester schon vorausgefahren waren. Denn der Einmarsch Napoleons in Berlin war jetzt nur noch eine Frage der Zeit und erfolgte ja tatsächlich keine vierzehn Tage später, am 27. Oktober.

In einer Zeit, in der Nachrichten nur durch Boten und damit immer zeitversetzt ankamen, herrschte große Unsicherheit. Friederike berichtet von den Worten eines Leipziger Kaufmanns, der von einer Schlacht nichts gehört haben will und erklärt, dass in Leipzig alles ruhig sei. Wahrheit oder Betrug, durch den Feind inszeniert, um die königliche Familie in Sicherheit zu wiegen? fragte sich Friederike misstrauisch. Aus Berlin jedenfalls flüchtete, wer flüchten konnte. Einige Bekannte und Verwandte der königlichen Familie blieben aus Krankheits- oder Altersgründen zurück, die anderen aber »sind es dem König schuldig, ihn nicht in der Verlegenheit zu sehen, einen von uns gefangen zu sehen«.

Unsicherheit, Angst vor der Zukunft und die Sorge um die, die an der Schlacht beteiligt waren, kennzeichnen diesen Brief vom 17. Oktober. »Von meinem Mann habe ich seit dem 7ten keinen Brief mehr, den 10ten war er noch wohl, wie es jetzt mit ihm steht, weiß Gott.«

Dabei hatte das Jahr 1806 so sorgenfrei angefangen. Zwar war Napoleon im Zuge der kriegerischen Auseinandersetzungen des vorangegangenen Herbstes in Ansbach einmarschiert, hatte Wien besetzt und in der Schlacht von Austerlitz am 3. Dezember 1805 die Österreicher und Russen vernichtend geschlagen, aber Friedrich Wilhelm III. setzte weiter auf Verhandlungen und schien zunächst hinsichtlich einer friedlichen Einigung mit dem Eroberer erfolgreich zu sein. Er schloss am 15. Dezember 1805 sogar eine Sonderallianz mit Frankreich, in dem er Hannover gegen Ansbach, Kleve und Neuchâtel eintauschte. Im Dezember 1805 erlebte Friederike in Berlin noch den Ausmarsch der preußischen Truppen, kurze Zeit später schickte Friedrich Wilhelm seine Soldaten in die Kasernen zurück.

Und »da jetzt gar keine Wahrscheinlichkeit zum Krieg ist«, genoss Friederike, während ihre Kinder in Neustrelitz bei ihrem Bruder und dem Vater weilten, zusammen mit ihrer Schwester das gesellschaftliche Leben in Berlin, das sie so lange entbehrt hatte, in vollen Zügen. An allen Höfen war nicht nur das Theater mit professionellen Schauspielern, sondern gerade auch das eigene Theaterspielen ein beliebtes abendfüllendes Mittel zum Vertreiben der allgegenwärtigen Langeweile. Im Spiel konnte man sich zwangloser

bewegen, als es die Etikette sonst zuließ. Und Friederike
liebte das Theaterspielen, wie die folgende begeisterte Schilderung zeigt: »Wir haben nämlich einen göttlichen Abend
bei Radziwills zugebracht, wo die verschiedenen Tableaus
vorgestellt wurden, Stehbilder wie David und Urias, Romeo
und Julia und andere.«

Der Abend endete mit dem »göttlichen Requiem von
Mozart«.

Auch im April des gleichen Jahres, als sie mit ihren Kindern bei ihrer Familie in Neustrelitz wohnte, beherrschen
Alltäglichkeiten und das Glück, wieder mit allen vereint zu
sein, ihre Briefe. So schrieb sie voller Übermut einen Brief
an Luise, den sie mit einer Karikatur ihres jüngsten Bruders
Karl schmückt: Karl mit herausgestreckter Zunge. Ihre einzige »Sorge« sind die Saucen, die Luise aus Berlin geschickt
hat und die aufgebraucht sind. Der Koch möchte Nach-
schub haben. »Ich soll schreiben wegen Saucen und wegen
Pastetchen ... war gut aber zu wenig ... Du möchtest also
die Gnad' haben und machst von allem mehr ... Die Saucen ... pfeifen auf dem letzten Loch, der arme O., also Saucen, hörst du, Saucen, recht viel, recht viel, haben's gehört,
auch Rezepte von allerlei gutem Essen.«

Zum Schluss fordert sie die Schwester in Versform auf,
sich der Familie in Neustrelitz anzuschließen:

> »Komm bald
> Sonst werd ich alt
> Und in Ohnmacht falt
> Meine Gestalt.«

Und während Napoleon durch die Bildung des Rheinbundes
am 12. Juli 1806 den Untergang des Römischen Reiches Deutscher Nation einläutete, am 6. August 1806 Kaiser Franz II.
auf den Kaisertitel verzichtete und nur noch Kaiser von Österreich war, was das faktische Ende des Alten Reiches bedeutete, verlebte Friederike erholsame Tage in Karlsbad. Wie

auch Goethe, der sie dort mehrfach auf Gesellschaften traf und diese Begegnungen in seinen Briefen und im Tagebuch beschrieb, beschäftigten sich die Kurenden auch angesichts der weltpolitischen Veränderungen mehr mit der Qualität des Brunnenwassers und der Suche nach Zerstreuungen als mit der Politik.

Den Untergang des Alten Reiches kommentierte Goethes Mutter in einem Brief an ihren Sohn: »Mir ist übrigens zumute, als wenn ein alter Freund sehr krank ist. Die Ärzte geben ihn auf, man versichert, daß er sterben wird, und mit aller Gewißheit wird man doch erschüttert, wenn die Post kommt, er ist tot.«

Aber die meisten Menschen im Reich nahmen diese Nachricht mit Gleichmut auf, Friederike erwähnte sie in dem Brief vom 12. September an ihren Bruder mit keinem Wort. Im Gegenteil, sie dachte darüber nach, wie an diesem Tag, der sein Geburtstag war, in Berlin bei Luise gefeiert wurde.

In Berlin dagegen war man längst nicht mehr in Friedensstimmung, und auch Luise hatte inzwischen andere Sorgen als die, wie sie den Geburtstag ihres Lieblingsbruders am besten feiern sollte.

Luise unterstützte schon seit längerem die Partei der Kriegsbefürworter gegen Napoleon, zu denen neben dem Prinzen Louis Ferdinand auch der spätere preußische Reformer Freiherr vom Stein gehörte. »Gott weiß es«, beschrieb sie ihre Rolle später, »daß ich nie über öffentliche Angelegenheiten zu Rate gezogen worden bin und auch nie danach gestrebt habe. Wäre ich darum befragt worden, so hätte ich – ich bekenne es offen – für den Krieg gestimmt, da ich glaube, daß er notwendig war. Unsere Lage war so kritisch geworden, daß wir auf alle Gefahr hin verpflichtet waren, uns herauszuwickeln ... Aus einem Prinzip der Ehre und folglich der Pflicht, weit entfernt von aller selbstsüchtigen Berechnung waren wir, soweit ich es verstehe, berufen, jenen Weg einzuschlagen.«

Ihr Mann dagegen setzt nach wie vor auf Verhandlungen und will von Krieg nichts wissen. Erst als Anfang August 1806 Gerüchte in Berlin eintrafen, dass Napoleon den Engländern Hannover angeboten hätte, das doch die Preußen gerade erst nach ihrem Vertrag mit ihm besetzt hatten, war das Maß voll. Er befahl am 9. August die Mobilmachung des Heeres.

Allerdings glaubte niemand an die Ernsthaftigkeit von Kriegsvorbereitungen. Selbst Friederikes Vater, Herzog Karl von Mecklenburg-Strelitz, schrieb daraufhin an seinen Sohn Georg: »… bei dem ewigen Mobil- und Immobilmachen, Armieren und Desarmieren gibt sich ja sonst der beste der Könige die Unbeständigkeit, ich mag nicht sagen Schwachheit, und er ist, bei Gott, ein Ball, mit dem Napoleon spielt, hin und her schlägt.«

Dies entsprach ganz der Einschätzung Napoleons. So schrieb er seinem Außenminister Talleyrand über die Mobilmachung der Preußen im August 1806: »Sein Kabinett ist dermaßen verächtlich, sein Souverän so schwach … daß man auf diese Macht gar nicht zählen kann. Sie wird fortfahren zu handeln, wie sie es immer getan hat, nämlich rüsten, abrüsten, rüsten, dann, während man sie schlägt, untätig bleiben und sich mit dem Sieger arrangieren. Der Gedanke, Preußen könne sich allein mit mir einlassen, erscheint mir so lächerlich, daß er gar nicht in Betracht gezogen zu werden verdient.«

Umso erstaunter war Napoleon dann, als er einige Tage später das preußische Ultimatum in der Hand hielt: Bis zum 8. Oktober sollte er seine Truppen bis hinter den Rhein zurückziehen und einem von Preußen gewünschten norddeutschen Bund zustimmen.

Napoleon bot Mitte September an, seine Truppen aus Westfalen abzuziehen, wenn der preußische König die Mobilmachung rückgängig machte. Aber das konnte dieser natürlich nicht, ohne einen endgültigen Gesichtsverlust zu riskieren.

So endete auch für Friederike unwiderruflich die Zeit, in der sie die kriegerischen Auseinandersetzungen um sie herum ignorieren konnte. Am 21. September kam sie mit ihren Kindern Friederike, Wilhelm und Auguste in Berlin im Schloss Charlottenburg an und freute sich auf ein Wiedersehen mit ihrer Schwester, die sie ein dreiviertel Jahr nicht gesehen hatte.

Und dann lief alles anders als geplant. Der Schwester konnte sie nur von Kutsche zu Kutsche zuwinken, denn Luise war auf dem Weg zum König ins Hauptquartier nach Erfurt. Sie schrieb Friederike noch am selben Abend aus Magdeburg: »... der Schmerz, den ich empfunden habe, als ich Dich sah, um Dich im gleichen Augenblick zu verlieren, läßt sich nicht beschreiben. Mehr als zwei Stunden danach habe ich nicht ein Wort gesprochen. Erst als ich mich Brandenburg näherte, habe ich die Sprache wiedergefunden und mich von meiner Bestürzung ein wenig erholt. Nun fühle ich mich hundeelend.«

Kummer und Schmerz, weil sie die Schwester verfehlt hat. Der Ernst der Lage scheint aber auch Luise nicht ganz klar gewesen zu sein, denn sie beendet diesen Brief mit der Bitte an Friederike, ihr Kosmetika zu schicken: »Nun nehme ich Abschied und bitte Dich, wenn möglich, mir einen oder zwei Näpfe Salbe für den Teint, von Thime, und eine Flasche Wasser [Kölnischwasser]. Und wenn Du Wiener Waschwasser hast, auch ein Fläschchen.«

In den nächsten zwei Wochen konnte Friederike im Schloss Charlottenburg das Wiedersehen mit ihrem ältesten Sohn, mit Mimi, ihrer Schwägerin, mit Marianne von Hessen-Kassel und Luise von Radziwill noch genießen, während Luise siegessicher bei ihrem Mann in Erfurt ausharrte. Der Einzige, der die Situation einigermaßen realistisch einschätzte, war Napoleon: »... die Dinge stehen gut, ganz wie ich es mir wünsche. Mit Gottes Hilfe, glaube ich, wird in wenigen Tagen alles eine recht peinliche Wendung für den armen König von Preußen nehmen, den ich persönlich bedaure, weil er gut ist. Die Königin ist mit dem König in Erfurt. Wenn sie eine Schlacht sehen will, soll sie dies grausame Vergnügen haben.«

Einen Tag später wurde das Heer Friedrich Wilhelms III.
und das seiner Verbündeten vernichtend geschlagen, die
Truppen traten den Rückzug an, Luise flüchtete nach Berlin
zurück, wo sie am 17. Oktober spät abends ankam.

Hier war soeben neben dem Ergebnis der Schlacht auch
die Nachricht eingetroffen, dass Louis Ferdinand bei einem
Vorhutgefecht der Hauptschlacht am 10. Oktober nahe dem
Ort Saalfeld getötet worden war. Der Brief, mit dem Friederike ihrem Bruder die Nachricht mitteilt, ist kaum lesbar.
»Der Tod des armen Prinzen Louis hat uns alle in Tränen
gestürzt. Hätte er nicht so viel gewagt, er lebte noch.«

Luise und Friederike verließen Berlin und fuhren nach
Schwedt zu ihren Kindern. Von dort reiste Luise weiter
nach Küstrin zum König, Friederike mit allen Kindern und
der Dienerschaft bei Regen und auf den schlechten Straßen
über Danzig nach Königsberg. Und während die königliche
Familie von Ort zu Ort flüchtete, marschierte Napoleon am
27. Oktober in Berlin ein und schrieb von dort an seine Frau:
»Das Wetter ist herrlich hier; während des ganzen Feldzugs
hat es kein einziges Mal geregnet. Ich befinde mich außerordentlich wohl, und alles geht aufs beste.«

Zu jener Zeit schickte Frau von Voss, die Oberhofmeisterin der Königin, die mit ihren 77 Jahren unter den Strapazen der Flucht litt und sich mit Friederike um die Kinder
kümmerte, immer wieder erboste Stoßgebete gegen Napoleon gen Himmel: »... er ist ein Ungeheuer. Gott wolle ihn
vernichten!«

Familienleben in Königsberg

»Umstände und Verhältnisse erziehen den Menschen, und für unsere Kinder mag es gut sein,
daß sie die ernste Seite des Lebens schon in ihrer
Jugend kennenlernen. Wären sie im Schoße des
Überflusses und der Bequemlichkeit groß geworden, so würden sie meinen, das müsse so sein.«[21]

Als Luise diese Worte aus Königsberg im April 1808 an ihren
Vater schrieb, hatten ihre und Friederikes Kinder die ernste
Seite des Lebens bereits kennengelernt. Sicher vor den napo-
leonischen Truppen in Königsberg angekommen, stellte
Friederike, die im vierten Monat schwanger war, entsetzt
fest, dass in der Stadt Typhus herrschte. Luises fünfjähriger
Sohn steckte sich sofort an und lag tagelang mit hohem Fie-
ber im Bett, bis der von Friederike herbeigeholte Hofarzt
Hufeland den Jungen durch heiße und kalte Bäder, die die
Abwehrkräfte stärken sollten, retten konnte. Auch Luise,
die Mitte November mit dem König nach Königsberg kam,
erkrankte an Typhus.

Während Luise im Königsberger Schloss wohnte, hatte
Friederike im Stadtpalais des Grafen Schlieben Unterkunft
gefunden. Im ersten Stock des großen Hauses wohnten die
Kinder und das Personal. In der unteren Etage gab es mehrere luxuriös eingerichtete Wohnräume, einen Empfangs-
raum und sogar einen kleinen Ballsaal.

Königsberg, die alte Haupt- und Residenzstadt, lange
Jahre am Rande des groß gewordenen preußischen Staates
gelegen, erstrahlte durch den Aufenthalt des Königshofes
für kurze Zeit in neuem Glanz. Hier und nicht in Berlin

hatte die Krönung des ersten Königs in Preußen stattgefun-
den. König konnte ein Fürst des römisch-deutschen Reiches
nur werden in einem Gebiet, das außerhalb der Reichs-
grenzen lag, wie zum Beispiel August der Starke, Kurfürst
von Sachsen, in Polen. Für den Brandenburger Kurfürsten
Friedrich war es darum 1701 günstig, dass Preußen nicht
zum Reich gehörte. Und so krönte er sich als Friedrich I.
in seiner Geburtsstadt Königsberg selbst; seine Nachfolger
taten es ihm gleich, auch Friedrich Wilhelm III. war 1797
nach dem Tod seines Vaters mit Luise nach Königsberg zur
Krönung aufgebrochen – und war begeistert gefeiert worden. Jetzt kamen sie als Flüchtlinge zurück.

Das Tagebuch der Oberhofmeisterin von Voss gibt Auskunft über die Stimmung bei Hofe. Die Königin war den
ganzen Dezember über krank, konnte kaum aufstehen, und
von außen kamen immer bedrohlichere Nachrichten über
das Vorrücken Napoleons. Friederike und ihr Mann waren
häufig Gast im Schloss bei den Mahlzeiten und bei den
abendlichen Vergnügungen. Friederike schien es sehr gut zu
gehen. Frau von Voss, die schon immer ein »Problem« mit
der jüngeren Schwester ihrer Königin hatte und die wohl
auch auf die enge Beziehung der beiden eifersüchtig war,
schrieb am 17. Dezember in ihr Tagebuch: »Abends kam
die Solms, sie lachte, lärmte, sprach so laut und machte solchen Spektakel mit den beiden jüngeren Hofdamen in der
Stube neben der armen Königin, daß ich recht böse darüber
war.«

Weihnachten gab es auf Geheiß des Königs keine Weih-
nachtsbescherung, auch für die Kinder nicht. Einziges Ge-
sprächsthema: die vorrückende französische Armee. Am
29. Dezember verloren die Russen eine Schlacht gegen Napoleon. »Das ist recht schlimm«, kommentierte Frau von
Voss, »aber doch nicht, um schon allen Muth und alle Hoffnung zu verlieren, wie hier bei Hof die Leute es thun; ich
ärgere mich, wenn ich die übermäßige Furcht und Verzagt-
heit sehe.«

Die Stimmung bei Tisch wechselte täglich, schwankte zwischen Hoffnung und Verzweiflung, je nachdem, welche Nachrichten die Kuriere brachten. Das Wetter in diesem Jahr begünstigte Napoleons Angriffe, denn normalerweise lägen seine Truppen wohl im Winterquartier, aber »es friert und taut binnen vierundzwanzig Stunden. Man kann sich keinen seltsameren Winter denken.« So berichtet der Kaiser an Joséphine.

Am 30. Dezember konnte man endlich eine siegreiche Schlacht gegen die Franzosen vermelden – und so hatte die Familie gleichzeitig mit dem Geburtstag des Prinzen Heinrich einen doppelten Anlass zur Freude, der mit einem »brennenden Pudding« gefeiert wurde.

Die Freude hielt nicht lange an, Napoleon rückte gegen Königsberg vor, und die königliche Familie flüchtete weiter nach Memel. Luise wurde am 5. Januar 1807 krank in ihren Wagen gesetzt und fuhr bei Sturm und Schneegestöber ab.

Friederike, die im siebten Monat schwanger war, blieb mit ihrer Familie in Königsberg. Prinz Solms hatte es strikt abgelehnt, nach Memel zu gehen, in diese nur 5000 Einwohner zählende kleine Stadt – wo die Kaufleute über nichts anderes reden könnten als über den Holzhandel, wie er sich ausdrückte.

Während vor der Stadt die Truppenbewegungen immer bedrohlicher wurden, führte Friederike ihr Leben, so gut es ging, weiter. Sie hatte in Königsberg viele neue Bekanntschaften der unterschiedlichsten Art geschlossen: mit der Familie des Oberbefehlshabers der preußischen Truppen in Ostpreußen, General L'Estocq, mit Oberst von Scharnhorst, mit dem Geheimen Kriegsrat a. D. Scheffner, dem evangelischen Hauptpastor Borowski und auch mit Wilhelm von Humboldt. Alles, was in der preußischen Gemeinde Rang und Namen hatte, traf sich bei ihr.

Am 7./8. Februar 1807 kam es zur Schlacht bei Preußisch Eylau, 20 Kilometer südlich von Königsberg, die aber keine Entscheidung herbeiführte: Keine Seite konnte einen Sieg erringen, und als der Kampf sich zugunsten Napoleons zu wenden schien, mussten die Franzosen durch das Eingreifen eines preußischen Korps unter General L'Estocq wieder zurückweichen, es blieb bei einem verlustreichen Unentschieden. Die Russen hätten sich am Ende zurückziehen müssen, schreibt Frau von Voss in ihr Tagebuch, allerdings geordnet und ohne Niederlage, seien sehr tapfer gewesen und hätten auch noch zwölf Adler erbeutet. »Das ist sehr schön und ehrenvoll, aber es ist kein Sieg!«

Den beanspruchte Napoleon für sich, wenn er auch die Verluste auf beiden Seiten bedauerte. »Die ganze Gegend ist mit Toten und Verwundeten bedeckt. Das ist keine schöne Seite des Krieges; man leidet und das Herz ist vom Anblick so vieler Opfer bedrückt.«

Und Luise berichtete an ihren Vater: »Die Schlacht bei Eylau war sehr wichtig in ihren Folgen. Freilich hat man nicht allen Vorteil davon gezogen, den man hätte ziehen können ... So viel ist sicher, daß sie den Russen und Preußen 18000 Tote und Blessierte gekostet hat, und daß Königsberg fürchterlich ist wegen der leidenden Menschen, die überall nicht gehen sondern kriechen.«

In dieser Stadt voller Kriegsgetümmel brachte Friederike am 12. März 1807 ihren Sohn Alexander zur Welt. Es war eine sehr schmerzhafte Geburt, die sich über 48 Stunden hinzog. Für die Schmerzen fühlte sie sich von Gott belohnt, »indem er mir den Anblick eines außerordentlich großen, schönen und gesunden Knäbleins gewährte«.

Seine Taufe zwei Monate später konnte sie mit 50 Gästen und ihrer Schwester Luise feiern, die im April für zwei Monate zu Besuch gekommen war und bei ihr im Palais wohnte, froh darüber, nicht nach Memel, der »Heimstätte der Unzufriedenen«, oder, wie Gräfin Albertine L'Estocq schrieb, »Langweiligenstein« zurückkehren zu müssen.

Die Hofdamen hatte Luise ins Schloss geschickt. Sie selber lebte in den Zimmern ihrer Schwester, für beide glückliche Tage und Wochen, wie die Briefe Luises beweisen. »Ich wohnte bei Friederike, schlief mit ihr in einem Zimmer, war alle Momente mit und bei ihr, lebte wirklich so glücklich und froh, wie man es im jetzigen Zeitpunkt sein kann, mit und durch ihr.« So im Brief an ihren Bruder Georg und ebenso an ihren Vater später aus Memel: »Ich habe zwei Monate sehr viel Freude gehabt, ich war mit der guten Ika vereint und habe das Glück genossen.«

Über diese Monate in Königsberg mit Friederike geben vor allem die Briefe Luises Auskunft, die mit ihrem Mann fast täglich korrespondierte und ihm neben vielen politischen Ratschlägen auch ein lebendiges Bild ihres Lebens vermittelte. Beide Schwestern genossen das Zusammensein, und »mit jedem Augenblick wollten wir uns nur recht und aufs neue versichern, daß nach so manchen kummervollen Tagen Gott uns diese Vereinigung wieder zum Trost und Belohnung für unsere Herzen zugelassen hatte«.

Besonders erfreulich war, dass die Oberhofmeisterin von Voss in Memel geblieben war und man daher »Dinge tun« konnte, »die von der Regel der Voss zum Beispiel abwichen«. Dazu gehörte, dass Luise nicht offiziell Hof hielt, sondern jeder, der sie besuchen kam, auf eine Tasse Tee eingeladen wurde. Ganz zwanglos traf man sich um sieben zum Tee und verbrachte den Abend miteinander.

Das Haus des Grafen Schlieben wurde durch die Anwesenheit der Königin noch intensiver als zuvor zum Mittelpunkt des gesellschaftlichen Lebens in Königsberg. Die Besucher waren international: der preußische General von Blücher, der englische Diplomat Lord Hutchinson, die Russen Nikolajewitsch und Stroganow, Mitglieder des geheimen Komitees Zar Alexanders, der Pole Czartoryski, der für seine preußenfeindliche Haltung bekannt war, Dichter wie Achim von Arnim und Max von Schenckendorf, der Chirurg Goercke.

Die Gästeliste lässt auf die unterschiedlichsten Themen schließen. So war mit dem Hofprediger Borowski ein Schüler Immanuel Kants anwesend, Frau von Krüdener dagegen war Anhängerin der Herrnhuter Pietisten mit einer Vorliebe für mystische Interpretationen großer politischer Vorgänge. Für sie war Napoleon identisch mit dem in der Offenbarung des Johannes geschilderten Engel des Abgrundes.

Pädagogische Fragen wurden mit dem Professor Johann Wilhelm Süvern und mit Wilhelm von Humboldt diskutiert; beide wurden später entscheidend für die Reform des preußischen Schulwesens und die Einführung der Prinzipien Pestalozzis. Sie wollten eine Schule, die ohne standesmäßige oder konfessionelle Unterschiede eine allgemeine und gleiche Bildung für alle vermitteln sollte. Im Sinne von Fichte verstanden sie die Pädagogik als Instrument zur Erziehung freier Staatsbürger, was wiederum dem Staat zugute kommen sollte.

Diese Zusammenkünfte im Haus des Grafen Schlieben boten also reichlich Stoff für kontroverse Diskussionen.

Zur Entspannung las dann der über siebzigjährige Kriegsrat Johann Georg Scheffner aus seinen – ins Hochdeutsche übersetzten – alemannischen Gedichten vor:

»O könnt ich doch den kostbarn Rausch beschreiben
Den ich zu deinen Füßen oft gefühlt,
Wenn jeder neidsche Vorhang aufgezogen
Und jeder Sinn entzückt befriedigt ward.«

Vielleicht hätten diese Unterhaltungen auch Frau von Voss erfreut, die sich über die abendlichen »Ringelspiele« in Memel und die anderen geistlosen Zerstreuungen dort bitter beklagte: »... immer diese ewigen jeux d'esprit, die ich durchaus nicht liebe und bei denen wirklich wenig esprit herrscht.«

»Unterdessen mach ich allerhand nette Sachen hier«, beschrieb Luise ihr Leben in Königsberg ihrem Mann. Dazu gehörten die morgendlichen Besuche des Kriegsrates Scheffner, mit dem die Schwestern eine langjährige Freundschaft begannen und mit dem sie stundenlang über politische und philosophische Themen diskutierten. Vor allem die Fragen von Pflicht und Moral, die beiden Schwestern als Anhänger Spaldings wichtig waren, wurden erörtert. »Mein Genie-Ziel ist, meinen Geist auszubilden, mein moralisches Ziel ist, meine Fehler abzulegen, mich zu bessern«, schrieb Friederike an Scheffner. Das Leben auf Erden sah sie als beständige Prüfung und Aufgabe, an sich zu arbeiten, »um würdig vor Gott zu treten«.

Scheffner bescheinigte Friederike in seinen Memoiren einen »Verzicht auf alle Prinzeßlichkeit«, eine »gewisse nicht unkultiviert gebliebene Naturcoqueterie« und eine musikalische Stimme. Auch nach ihrer Abreise aus Königsberg korrespondierten Friederike und Scheffner miteinander über philosophische Fragen.

Wenn Briefe von der Familie aus Neustrelitz ankamen, wurden diese gemeinsam gelesen. Zusammen verbrachten sie auch viel Zeit am Klavier und nahmen Gitarrenunterricht. »Letzthin sangen Friederike und ich ein Jägerlied – sie in Ekstase, schrie: Ach Gott, wie schön, man siehet die Hörner!«

Es waren wohl diese Momente, in denen die Schwestern wie früher bei der Großmutter in Darmstadt herumalbern konnten, ohne Rücksicht auf jegliche Etikette, die Luise als glücklich bezeichnet.

Nachmittags unternahm man Kahnfahrten auf dem Schlossteich und dem Pregel und steuerte mit den Booten die umliegenden Gärten an, wo dann Tee getrunken oder zu Abend gegessen wurde. Besonders gern fuhren Luise und Friederike zum Jagdschloss Friedrichshof an der Pregelmündung, das Kurfürst Friedrich III. 1693 hatte bauen lassen, da es keine Sommerresidenz gab. Die nach dem Vorbild des Schlosses Niederschönhausen in Berlin errichtete Anlage war 1719 in den Besitz des Prinzen von Holstein-Beck gelangt, und so nannte es der Volksmund »Holstein«. Abgesehen von der Lage des Schlosses war es sicher auch die Erinnerung an Berlin, die dieses Schloss so beliebt werden ließ.

Anfang Mai kam König Friedrich Wilhelm für drei Tage zu Besuch und hinterließ ein Geschenk, über das sich die beiden Schwestern noch lange amüsierten: seinen Zopf.

Friedrich Wilhelm war seit dem 16. April mit Zar Alexander bei den russischen Truppen in Schippenbeil und Bartenstein gewesen. Die gute langjährige Beziehung der beiden Monarchen führte dazu, dass Friedrich Wilhelm sich auch im äußeren Erscheinungsbild an den Zaren anglich. Er fing an, einen Tschako zu tragen, ließ sich einen Schnurrbart wachsen und schnitt sich den Zopf ab, der bei den preußischen Soldaten bereits vor Monaten abgeschafft worden war. Der Zopf, das Symbol des alten Preußen, war endgültig Vergangenheit. »Jedenfalls habe ich Tränen gelacht über das Zöpfchen, und es soll aufbewahrt werden unangetastet bis an der Welt Ende«, schrieb Luise ihrem Mann.

Aber alle Vergnügungen konnten nicht verdecken, dass Napoleon immer näher rückte und Königsberg eine Stadt im Belagerungszustand war, bevölkert von verletzten Soldaten. Gemeinsam mit der Schwester besuchte Friederike immer wieder die verwundeten Soldaten der Schlacht von Eylau, die in den Lazaretten in Königsberg lagen. Sie trösteten die Soldaten und halfen durch Spenden. Sie versuchten das Schicksal gefangener polnischer Insurgenten zu erleichtern und verabschiedeten die preußischen Freikorps, die gegen Napoleon ausrückten.

Und immer wieder Kuriere mit Berichten über neue Niederlagen, die vor allem Luise aus ihrem fröhlichen Leben herausrissen und an ihre Stellung als preußische Königin erinnerten. »Danzig! Danzig! Ist dahin, seit gestern in französischen Händen«, schrieb Luise an ihren Bruder Georg. Der Hass gegen Napoleon vereinte die beiden Schwestern. Es ist auffällig, dass beide Napoleon mit Goethes Faust vergleichen, der vom Teufel zu seinen Verbrechen verführt wurde – ein Indiz für viele Gespräche, die sie darüber geführt haben mögen.

Getrübt wurde die glückliche Stimmung neben den Nachrichten von der Front vor allem durch Friederikes Ehemann, der in Königsberg anwesend war. Gut leiden konnte ihn wohl kaum einer aus der Umgebung der Königin. So urteilte Frau von Voss schon im November des Vorjahres bissig: »Der Prinz Solms ist auch da und ist immer derselbe, um nichts gebessert.«

Er litt an Depressionen, leistete deshalb keinen Dienst in einer Zeit, in der jeder Offizier im Kampf gegen Napoleon stand. Mitte April 1807 wurden seine Depressionen aber immer schlimmer, was Luise regelmäßig an ihren Mann berichtete. »Solms ist noch immer ziemlich leidend; obgleich man es ihm nicht ansieht, er ist dick, fett und rot.« Vierzehn Tage später hatte sich die Lage noch verschlimmert, wie Luise ihrer Schwägerin Marianne von Preußen berichtete: »Solms ist recht krank. Denke Dir, Marianne, sein Kopf leidet wirklich manchmal! Wie Friederike leidet und ich mit ihr, begreifst Du, edle Seele, gewiß. Doch ich bin ihr Trost. Ich helfe nicht nur tragen, sondern ich tröste, heitere auf, ich zerstreue das arme gebeugte Weib nach Kräften.«

Noch am gleichen Tag ging auch ein Brief Luises an ihren Mann: »Meine Schwester, die dir zu Füßen ist, hat mir einen traurigen Auftrag gegeben, nämlich über den Gesundheitszustand ihres Gatten zu reden. Es ist nicht zu leugnen, daß der arme Fürst Solms in der traurigsten Verfassung ist, die man sich denken kann. Andauernde Krämpfe lassen ihm Tag und Nacht keine Ruhe, und was das schlimmste ist: Wenn die Krämpfe nicht in den Händen sind, ziehen sie sich nach dem Kopfe, der Kopf verwirrt sich dann etwas und wird mehr oder weniger angegriffen. Düstere Melancholie, Tränen und Geschrei sind die Folge, und oft kann er sogar nicht sprechen. Häufig glaubt man, daß er sterben wird, alles Blut steigt ihm in den Kopf, er leidet unter derartigen Beklemmungen, daß Reimann [der Erzieher von Friederikes ältestem Sohn Fritz] mehrere male glaubte, er würde ganz und

gar wahnsinnig werden. Die Ärzte haben beschlossen, daß
er ein Bad benutzen soll, das einzige Mittel, ihn wiederherzustellen.«

Die Situation muss wirklich unerträglich gewesen sein,
denn bereits vierzehn Tage später bat Luise ihren Mann um
einen ungewöhnlichen Gefallen, um die Gesundheit des
Prinzen wiederherzustellen. Er möge ihm eine Auszeich-
nung verleihen, zum Beispiel den Orden Pour le Mérite, der
seit Friedrich dem Großen Personen verliehen wurde, die
Außerordentliches im zivilen oder militärischen Bereich
geleistet hatten, oder aber ihn außer der Reihe befördern.
»... lebe wohl, mein Lieber, was du auch tust, du wirst es aus
Mitgefühl tun«, schloss sie ihren Brief.

Diese Bitte brachte den König arg in Verlegenheit, denn
nicht nur sein korrektes Wesen, sondern auch seine Abneigung gegen den Prinzen sprachen dagegen. Aber wieder einmal hatte Luise die richtigen Worte zur Unterstützung ihrer
kleinen Schwester gefunden, und so bekam Prinz Solms
zwar keinen Orden, aber immerhin eine Beförderung zum
Oberstleutnant, die er zwar ebenso wenig verdient hatte, die
ihn aber trotzdem sehr beglückte. Er sei im »siebten Himmel«, bedankte sich Luise dafür.

Doch selbst wenn ihn das für den Moment befriedigte,
seinem Ansehen zumindest in der Familie hat es wohl mehr
geschadet. In einer Zeit, in der sich jeder tüchtige Offizier
seine Auszeichnungen durch bewiesene Tapferkeit in einer
Schlacht erwerben mußte, bekam Friedrich von Solms-
Braunfels sie durch Kontakte zum König.

Wie sehr auch Luise ihn verachtete, zeigt ihr Brief, den
sie nach ihrer Rückkehr nach Memel und nach der Abreise
ihrer Schwester nach Karlsbad an ihren Vater schrieb: »Friederike reiste den 12. morgens ab, nachdem ich sie am 10.
verließ, um hierher zu kommen. Sie folgte ihrer schweren
Pflicht, d. h. sie folgte ihrem Mann ins Bad, auf 150 Meilen
weit von allen Quellen, die ihr Unterhalt geben können, und
auf dem Weg, der ihr Vermögen aufreiben muß. Es ist Toll-

manns Werk, allein der Prinz verlangte es und sie gehorchte. Ich bin sehr unzufrieden mit dem Prinzen.«

Hinzu kamen die Gefahren einer solchen Reise mitten durch das Kampfgebiet. Deserteure der französischen, preußischen und russischen Armeen durchzogen das Land, plünderten und überfielen Reisende, sodass man zu dieser Zeit nur mit sehr viel Glück ohne Schaden an sein Ziel kam.

Die Königsberger Zeit, die beide als glückliche Zeit in Erinnerung behielten, waren die letzten unbeschwerten Wochen, die beide Schwestern so eng zusammen verbringen sollten. Und als hätte Luise das geahnt, schrieb sie ihrem Bruder, dass sie oft zu Friederike gesagt habe: »... ach! Gott, Friederike, ich sehe diese glückliche Zeit nicht als Belohnung vergangener unglücklicher Zeiten an, sondern als Quelle der Stärkung zu neuen Unglücksfällen.«

Friederike von Mecklenburg-Strelitz, verheiratete Prinzessin von Preußen.
Den Zeitgenossen gilt sie als »galanteste Löwin des Jahrhunderts«
und »sündige Friederike« – in Wirklichkeit war sie lebenslang auf der
Suche nach Liebe und privatem Glück.

Das Geburtshaus.
Altes Palais in der Leinestraße in Hannover,
gegenüber dem Leineschloss.

Friederikes Eltern:
Karl von Mecklenburg-Strelitz und seine Frau Friederike,
geborene von Hessen-Darmstadt. Als die Mutter stirbt, ist die kleine
Friederike gerade vier Jahre alt.

Jugendbildnis Friederikes.
Gemälde von Johann Friedrich August Tischbein, 1796.

Georg von Mecklenburg-Strelitz.
Von allen Geschwistern liebt Friederike ihren Bruder Georg
und ihre ältere Schwester Luise am meisten.

Die berühmte Skulptur der Schwestern Luise und Friederike von Gottfried Schadow ist heute in der Alten Nationalgalerie auf der Museumsinsel in Berlin zu besichtigen.

*Kronprinz Friedrich Wilhelm ist zwischen den Schwestern
Luise und Friederike zunächst hin und her gerissen, entscheidet sich
dann aber für die ältere Luise.*

Sein Bruder Ludwig heiratet die jüngere Friederike.
Doch während das Kronprinzenpaar eine glückliche Ehe führt,
erlebt Friederike ihre erste Ehe als große Enttäuschung.

Luise und Friederike vor einer Büste Friedrich Wilhelms II. von Preußen.
Am 14. März 1793 trifft der König die Prinzessinnen in
Frankfurt am Main »zufällig« im Theater und ist auf Anhieb entzückt
von der Anmut und dem Liebreiz der Schwestern.

Friederike als Braut.

Berlin, Unter den Linden. Gegenüber dem Zeughaus (vorne links)
das Kronprinzenpalais und das Prinzessinnenpalais.

Friederike als Witwe.
Schon bald wird sie mit Prinz Friedrich Wilhelm von Solms-Braunfels
Berlin verlassen und nach Ansbach in Franken übersiedeln müssen.

Prinz Friedrich Wilhelm von Solms-Braunfels.
Für ihre große Liebe setzt Friederike ohne zu zögern ihren Ruf aufs Spiel.
Nur mit Mühe gelingt es Luise, einen Skandal zu verhindern.

Königin Luise bittet Napoleon um mildere Friedensbedingungen für ihr Land. Die Unterredung zwischen der Königin und Napoleon am 6. Juli 1807 in Tilsit findet unter vier Augen statt.

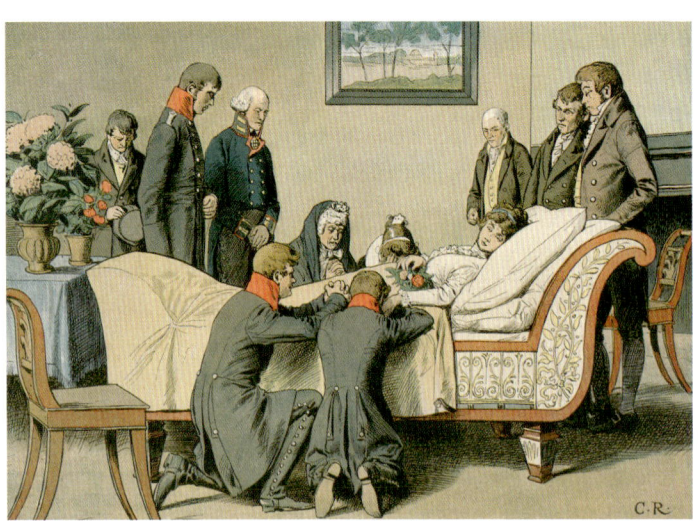

*Königin Luise auf dem Sterbebett.
Eine der schrecklichsten Stunden in Friederikes Leben; Tag und Nacht hatte sie an der Seite der kranken Schwester gewacht.*

König Friedrich Wilhelm III., Friederikes Schwager und Freund.

Das großherzogliche Schloss in Neustrelitz, in dem sich Friederike zeitlebens zu Hause fühlt.

1830 in London: Ernst August von Hannover mit seinem Sohn Georg.

Charlotte, Königin von England, Friederikes Tante und Schwiegermutter, weigert sich standhaft, die ungeliebte Schwiegertochter am englischen Hof zu empfangen.

Friederike im Alter.
Jene Frau, die mit 21 Jahren schrieb: »Ich habe immer das Glück
gesucht und ersehnt zu lieben und geliebt zu werden«, findet es am Ende
tatsächlich – in ihren Kindern, ihren Geschwistern, ihren Freunden
und nicht zuletzt in ihrem Mann, Ernst August von Hannover.

Von der Luisenburg zum Friederikenfels, Teplice, 16. Juli 2005

Hier sitze ich also in Teplice, Friederikes Teplitz, im ehemaligen »Salon Europas« und schaue vom Fenster des Hotels »Prince de Ligne« auf den Schlossplatz. Rechter Hand das Stadtpalais der Familie Clary-Aldringen, in dem Friederike zu Gast war und das jetzt ein Museum ist, weiter vorne die Schlosskirche und direkt vor meinem Fenster die Pestsäule, die einer der Grafen aus Dankbarkeit für das Vorüberziehen der Pestepidemie errichtet hat, dahinter die Kavaliershäuschen, in denen Friederike gewohnt hat.

Alle Gebäude einen Steinwurf entfernt und doch unerreichbar. Seit ich vor drei Stunden, zwei Minuten nach der Ankunft, auf dem Hotelparkplatz umgeknickt bin, sitze ich hier mit eingegipstem Fuß. Auch das Heilwasser, das besonders gut für die Gelenke sein soll und das man mir in einer Plastikflasche gebracht hat, hilft nicht bei gebrochenen Gliedmaßen.

16 Jahre (mit Unterbrechungen) verbrachte Friederike die Sommermonate, oft bis in den Herbst hinein, in den verschiedenen meist böhmischen Kurorten: Franzensbad, Karlsbad und Teplitz. Zweimal war sie in Alexanderbad, zweimal in Bad Rehberg und dreimal in Pyrmont.

Auf den Spuren ihrer Kuraufenthalte bin ich seit einer Woche unterwegs. Zunächst Alexanderbad, ehemals Sichersreuth, noch in Deutschland gelegen. Das Wasser der Luisenquelle soll bewirken »eine gewisse Heiterkeit des Gemüts und mehrerer Geschicklichkeit und Munterkeit zu sonst gewohnten Handlungen auch da, wo durch mancherley Arten von geschwindtem Leben die Kräfte erschöpft werden« (1755).

Jedes Heilwasser auf der Reise wird probiert, hatte ich mir vorgenommen, und schon bei der ersten Quelle habe ich Probleme. Es ist sauer und schmeckt nach Eisen, und ohne meinen festen Vorsatz hätte ich bestimmt die nächste Blume damit begossen. Tröstlich ist die Erinnerung an einen Brief Friederikes vom 24. Juni 1805 aus Alexanderbad, in dem sie ihrem Bruder schreibt, dass man ihr jede Anstrengung, sogar das Briefeschreiben, verboten hatte, »weil ich den Eger-Brunnen trinke, und bin nicht gar wohl«. Also liegt es nicht nur an meinem empfindlichen Magen.

Das Felsenlabyrinth der Luisenburg etwas außerhalb der Stadt gefällt mir schon besser. Hier in diesem schon von Goethe begeistert beschriebenen Granitfelsengewirr waren Friederike und Luise mit ihren Kindern 1805 herumgeklettert, hatten auf dem Platz vor dem Felsen, der heute noch Luisensitz heißt, gemeinsam die gegenüberliegende Felsengruppe betrachtet. Drei Felsen schmiegen sich aneinander und heißen »Kleeblatt«.

Auch in Františkovy Lázně (Franzensbad), der nächsten Station, in Tschechien gelegen, schmeckt das Wasser so, wie der Name der Quelle verheißt: Egerer Säuerling. Bestandteile: Eisen, Schwefel, Salze. Für einen Euro erhalte ich einen Plastikbecher, gefüllt mit Egerer Säuerling. Früher haben hier Brunnenknechte oder Brunnenmägde das Mineralwasser mit langen Kellen direkt aus der Quelle geschöpft.

»Der Säuerling schmeckt nach Vitriol und Eisen, außerdem hat er auch einen angenehmen sauren Geschmack, der den Mund austrocknet und gleichfalls zum weiteren Trinken treibet«, heißt es in einer Beschreibung aus dem 17. Jahrhundert. Dem kann ich nicht zustimmen, meine Familie nicht, die mich auf dieser Reise begleitet, auch nicht. Vielleicht aber fehlen uns nur die Fenchelsamen und die Orangenschalen, die man dazu kauen soll. Manche raten dazu, eine Mischung aus Wein und Zucker in das Brunnenwasser zu mischen.

Wer sich hier für Wochen oder sogar Monate einer Trinkkur unterzog, musste jeden Morgen bereits um sechs Uhr in der Früh anfangen. Während man im 16. Jahrhundert noch fünf Liter Wasser pro Tag trinken sollte, reduzierte sich die Menge im Laufe der Jahrhunderte. Auch die Heilbäder nahmen viel Zeit in Anspruch. Bis auf eine Mittagspause sollte man den ganzen Tag im Wasser bleiben, damit die schädlichen Keime ausgeschwemmt wurden. Mit dem Ergebnis: Den Patienten pellte sich die Haut ab, und die Keime verbreiteten sich besonders schnell. Also reduzierte man auch hier.

Karlovy Vary (Karlsbad), in einem engen Tal am Fluss Tepl gelegen, war zur Zeit Friederikes eines der beliebtesten Kurbäder. Insgesamt sechsmal kurte sie hier, promenierte mit ihrem Trinkbecher in der Hand von der Schlossquelle bis zum Sprudel mit Goethe auf und ab.

100 Quellen gibt es in und um Karlsbad, von denen zwölf zur Trinkkur benutzt werden. Heute ist die Hauptquelle der sogenannte Sprudel, der mit 73 Grad in die Brunnen fließt. Sehr salzig schmeckt das Wasser. Vielleicht liegt es an meiner neuen Schnabeltasse, dass mir das Wasser hier besser gefällt. Insgesamt aus acht Quellen trinke ich, meine Familie hält sich von Quelle zu Quelle mehr zurück.

Wir wohnen im Grandhotel Pupp, weniger weil es das erste Haus am Ort ist, sondern weil genau an dieser Stelle der Böhmische Saal gestanden hat, wo man sich damals nach dem Genuss des Wassers traf, um mit Freunden zu essen und um zu tanzen.

Auf dem heutigen Goetheweg, der auch früher schon ein beliebter Spaziergang war, geht es weiter zur Dorotheenaue, dann hinüber zur 13. Quelle, dem Sauerbrunn, der reich an Kohlendioxid sein soll und absolut grässlich schmeckt. Erst später teilt man mir mit, dass dieses Wasser eher zum Baden benutzt wird.

Damals lag hier die Kaffeewirtschaft Schönbrunn und 500 Meter bergauf eine Felspartie, die man zur Erinnerung an die Herzogin von Cumberland »Friederikenfels« genannt hat. Der preußische Kammerherr Cornelian soll die Anlage rund um die Felspartie 1806 ihr zu Ehren errichtet haben. Dort, wo die Gastwirtschaft stand, ist heute ein riesiges Hotel. Vom

»Friederikenfels« weiß hier niemand etwas. Dem alten Reiseführer aus dem 19. Jahrhundert, der die genaue Beschreibung liefert, fehlt die Karte. Und so können wir nur ahnen, wo sich der Fels befindet, irgendwo dort hinter dem Hotel.

Geht man weiter am Fluss entlang, kommt man zum Posthof, einst eine Station für Postkutschen, aber schon zu Friederikes Zeiten ein Restaurant, wie man aus Goethes Tagebuch entnehmen kann: »Ich ging mit dem Grafen Haack nach dem Posthofe, wohin die Prinzeß [Solms] gefahren kam und wir zu Fuße hineingingen.«

Und dann Teplice (Teplitz), im Norden Tschechiens, das älteste Heilbad Europas, wohin man damals zur Nachkur fuhr. Trinken in Karlsbad, Baden in Teplitz. Die Urquelle sprudelt am Kurhotel aus dem Maul einer eisernen Wildsau, da angeblich Schweine einst das heilende Wasser entdeckt haben sollen. Heute wie damals wird die Kursaison feierlich mit einem Fest und der Segnung der Heilquellen eröffnet.

Die Fahrt durch die traditionellen Kurbäder des 18. und 19. Jahrhunderts geht zu Ende, wegen meines gebrochenen Fußes einen Tag früher als geplant. Heute wie damals suchen Menschen hier Heilung und Erholung, vieles erinnert noch an die damalige Glanzzeit der Kurbäder. Auch in unserem Hotel sind prominente Gäste abgestiegen: Goethe und Chopin, 1835 fand hier das Treffen zwischen dem Zaren, Kaiser Franz I. von Österreich und Friedrich Wilhelm III. von Preußen statt. Auch der österreichische Fürst Metternich war hier Gast.

Die Namen der prominenten Gäste finden sich allerorten, wenn auch das Wissen um diese Personen zuweilen über die Kenntnis des Namens nicht hinausgeht. Wehmut überkommt den kundigen Leser, wenn der Autor eines Reiseführers seinen Lesern einen Mann wie Metternich nahezubringen versucht: »Fürst Metternich, heute in erster Linie als Sektmarke bekannt ...«

Kuren in Karlsbad und Teplitz

> »… mein künftiges Schicksal stehet mir daher nur
> noch sehr wankend vor Augen, weil die unsichere
> Gesundheit dessen, für den ich die ungeheure
> Reise unternahm, alles entscheiden wird.«[22]

Diese Worte schrieb Friederike am 5. August 1807 aus dem
Kurbad Teplitz, gelegen in einer Talsohle zwischen Erz-
gebirge und Böhmischem Mittelgebirge, an ihren Bruder
Georg. Abgesehen von Napoleon mit seinen die Landkarte
verändernden Kriegszügen, war es vor allem die Gesundheit ihres Mannes, von der es abhing, wo sie mit ihrer Familie eine neue Heimat finden würde. Ansbach gehörte
inzwischen zu Bayern, und da ihr Mann somit – wenigstens fürs erste – kein Regiment (und keinen Sold) mehr
hatte, waren die Aussichten düster. »Mein Wunsch und
auch meines Mannes, wenn er fort dienen kann, gehet nach
Berlin.«

Zunächst aber musste die Gesundheit ihres Mannes wie-
derhergestellt werden, und dafür war Friederike auch jedes
finanzielle Opfer recht. »Die Reise hat das Unmögliche gekostet, und wird mich natürlich sehr zurücksetzen, allein
auch die habe ich zu der gewünschten Besserung willig
getan, wenn es nur hilft.«

Ziel der Reise und Aufenthaltsort der Familie für die
nächsten Monate waren die beiden Kurorte Karlsbad und
Teplitz in Böhmen. Hier trafen sich in den Sommermonaten
alle Jahre wieder Adlige und Fürsten aus ganz Europa, auch
Goethe zog es 13 Jahre lang hierhin.

Aus zwölf Heilquellen sprudeln bis heute täglich drei Millionen Liter Heilwasser aus der Erde und wirken, getrunken oder als Bad genossen, entzündungshemmend, heilen Erkrankungen des Magens und des Darms und führen zur generellen Entschlackung des Körpers, oder wie Goethe formulierte: »Ich bin überzeugt, daß man große Übel der Sekretion mit Geduld und Vorsicht, wo nicht beheben, doch sehr mildern kann durch diese Wasser, und daß ein Arzt, der es recht studirte, Wunder thun würde.«

Goethe, für den Weimar, Rom und Karlsbad die »einzigen Orte, wo ich leben möchte« (1812) waren, fasste die Gesamtwirkung von Karlsbad in einem Gedicht so zusammen:

»Hier im Wald bewachs'nen Tale,
Das so mancher Fremde segnet,
Weil mit heilsam heißer Schale
Die Genesung ihm begegnet ...«

Die Saison begann jährlich am 1. Mai mit der feierlichen Brunnenweihung und dauerte bis weit in den September hinein. Wichtige Bestandteile der Kur waren das Lustwandeln und Promenieren auf einem der zahllosen Wege, wobei man schluckweise das verordnete Quellwasser zu sich nahm.

»Und so wurden Wald und Wiese
Zum bewohnten Paradiese,
Daß ein jeglicher genieße,
Sich empfinde froh und frei.«

So beschließt Goethe sein Karlsbad-Gedicht.

»Froh und frei«: Dies galt insbesondere für die Adligen, die sich in den Kurbädern frei von der sonst herrschenden Etikette bewegen konnten, und das »Journal des Luxus und der Moden« stellte fest, dass es am Brunnen keine Standesdünkel gebe. »... ich habe dort immer Menschen mit Menschen umgehen sehen.« Erst zu den Mahlzeiten und den abendlichen Vergnügungen trennten sich Hochadel und übrige Kurgäste wieder.

Als Friederike Mitte Juni 1807 mit ihrem Mann und drei ihrer fünf Kinder in Karlsbad ankam, hatte sie neun Monate hinter sich, die geprägt waren von der Flucht vor den französischen Armeen, vom Leben im Exil in Königsberg und den Bildern von verwundeten Soldaten und neu ausrückenden Truppen und dem Donnern der Kanonen. In Königsberg war gerade Napoleon eingezogen.

In Karlsbad dagegen war alles wie im Jahr zuvor. »Wir haben zwar abwechslungsreiches, aber doch im ganzen sehr angenehmes Wetter«, schrieb Goethe an seine Frau Christiane. »Bekanntschaften hab' ich auch schon gemacht und so wird das hiesige Leben nach hergebrachter Ordnung fortgeführt.«

Und während Frau von Voss im fernen Memel nach der alles entscheidenden Schlacht von Friedland und der Angst vor den Friedensbedingungen Napoleons in ihr Tagebuch schrieb: »Man lebt so weiter mit gepreßtem Herzen ... Ach, wenn nur jetzt nicht Frieden geschlossen wird in diesem Augenblick tiefster Niederlage!«, kamen in Karlsbad alte Bekannte in fröhlicher Runde zusammen.

So sah Friederike unter anderen den Fürsten Charles Joseph de Ligne wieder, den sie noch aus Ansbacher Zeiten kannte und der, obwohl inzwischen 72 Jahre alt, immer noch »heiter, geistreich allen Vorfällen gewachsen war«, wie Goethe bemerkte. Sie traf dort den bekanntesten Publizisten der Zeit, Friedrich Gentz, der schon damals in Friederike verliebt war und für den sie die »schönste Frau, die je mein Auge gesehen« darstellte: »Sie wurde nun die Sonne, nach welcher meine Blicke sich kehrten.« Noch Jahre später schwärmte er: »Ich liebe die Prinzessin bis zur Leidenschaft, so stark, wie ich irgend noch lieben kann; es ist auch ganz unbegreiflich, wie vollständig schön, wie harmonisch schön, wie immer gleich liebenswürdig und von welch unendlichen Ressourcen sie ist. Glauben Sie mir, ich bin höllisch blasiert, habe so viel von der Welt gesehen und genossen, daß man mit Illusionen und Schaugepräge nichts mehr bei mir ausrichtet. Es muß arg kommen, wenn ich von einer Frau so sprechen soll. Diese verdient es.«

Durch den Herzog von Weimar war auch Goethe in den Kreis um Friederike eingeführt worden. Schon im Vorjahr hatte er sie hier kennengelernt, seine Verehrung für sie und ihre Schwester hatte er ihnen ja schon 1793 kundgetan, als er ihren Besuch im Heerlager mit »himmlischen Erscheinungen« verglich.

Man tauschte Erinnerungen an den unvergessenen Aufenthalt der drei Geschwister Luise, Friederike und Georg bei Goethes Mutter in Frankfurt und plauderte über die neuesten Werke Goethes. »Zunächst hab' ich nun der Fürstin Solms, einer gebornen Prinzessin von Mecklenburg, zu gedenken«, schrieb Goethe im August 1807, »die mir immer, wo ich ihr auch begegnete, ein gnädiges Wohlwollen erwies. Sie veranlaßte mich jederzeit ihr etwas vorzulesen, und ich wählte stets das Neueste, was mir aus Sinn und Herz hervorgequollen war.«

Fast täglich bummelten sie zusammen vom Schlossbrunnen zum Theresienbrunnen, Goethe begleitete sie in das Porzellangewölbe oder zurück nach Hause, trank Tee mit ihr oder war bei den abendlichen Soireen anwesend, wo gesungen oder auch über die neuesten politischen Entwicklungen diskutiert wurde.

In diesem Jahr wurde der Grundstein für eine jahrzehntelange Korrespondenz gelegt, man könnte es sogar Freundschaft nennen, die in den folgenden Jahren im Sommer durch das Wiedersehen in Karlsbad und Teplitz vertieft wurde. In einem Brief vom November 1811 schrieb Friederike, dass sie »unbegränztes Zutrauen« in Goethe habe und dass sie an ihn so ungezwungen wie an ihre Geschwister schriebe. Sie las alle seine Werke und diskutierte mit ihm darüber.

Bei diesen Treffen mit Goethe und den Gesprächen war aber aus Anstandsgründen immer eine weitere Person anwesend, »eine freundliche, sinnige Hofdame, Fräulein L'Estocq war es, welche mit gutem Geiste, diesen vertraulichen Mitteilungen beiwohnte«, schreibt Goethe.

Friederike schätzte vor allem seine beiden Gedichte »Prometheus« und »Pandora«, aber auch die »Wahlverwandtschaften«, »Dichtung und Wahrheit« und den »Faust« las sie immer wieder. So manche Erfahrungen, die er in Versform zu Papier brachte, trafen sich mit dem, was sie erlebt und durchlitten hatte. Oft zitierte sie zum Beispiel sein Gedicht »Rastlose Liebe«:

> »Dem Schnee, dem Regen,
> Dem Wind entgegen,
> Im Dampf der Klüfte,
> Durch Nebeldüfte,
> Immer zu! Immer zu!
> Ohne Rast und Ruh!
>
> Lieber durch Leiden
> Möcht' ich mich schlagen,
> Als so viel Freuden
> Des Lebens ertragen.
> Alle das Neigen
> Von Herzen zu Herzen,
> Ach, wie so eigen
> Schaffet das Schmerzen!
>
> Wie soll ich fliehen?
> Wälderwärts ziehen?
> Alles vergebens!
> Krone des Lebens,
> Glück ohne Ruh,
> Liebe, bist du!«

Die Hochschätzung beruhte auf Gegenseitigkeit. Als sich Friederike 1820 ein Taschenexemplar des »Prometheus«

wünschte, besorgte Goethe ihr eines und schrieb an Zelter: »... muß es aber erst noch binden lassen, daß es durch die schönsten aller Hände durchzugehen einigermaßen würdig sey.«

Auch die Fürstin Bagration, eine Cousine Zar Alexanders, fand sich in Karlsbad ein. Sie galt als Schönheit und Mittelpunkt jeder Gesellschaft. Vielleicht hat Goethe seine Bemerkung ja auf sie gemünzt: »Wir wollen die koquetten und galanten Damen nicht schelten, sondern sie wie ein anderes Glück mit Dank annehmen. Sie sind eine Art von Lotterie, wo man mit geringem Einsatz sehr viel gewinnen, wohl gar das große Los ziehen kann und niemals eine völlige Niete behält.« Wir können wohl davon ausgehen, dass er solche Thesen mit Friederike nicht diskutiert hat.

Im Spätsommer 1807 erhielt Friederike eine Einladung nach Teplitz, wo sie durch Vermittlung des Fürsten de Ligne kostenlos in einem der Kavaliershäuser am Rande des Schlossparks Unterkunft finden konnte. Der regierende Fürst der Familie Clary-Aldringen war mit der Tochter des Fürsten de Ligne verheiratet. Während Friederike aus Kostengründen sofort dorthin übersiedeln wollte, war ihr Mann erst nach einem begeisterten Brief des Herzogs von Weimar an Goethe über die Wunderwirkung des dortigen Wassers und der Bäder dazu bereit.

Ab 1808 der bevorzugte Kurort der Aristokratie, lag Teplitz noch 1807 eher am Rande des Geschehens. »Hier lebe ich wie in einem Kloster, ich sehe in der Regel nur die Familie Clary und den alten Prinz de Ligne«, schrieb Friederike an ihren Bruder.

In diesem Brief an Georg erwähnt sie ihren Mann nur indirekt als Verursacher der immensen Reisekosten. »Reich bin ich an Freude an meinen lieben Kindern ... Wilhelm ist immer geistreich und von herrlichem Herzen, Auguste sehr hübsch und oft lieblich, Alexander prächtig und vielversprechend ... Die zwei zurückgelassenen [Fritz Louis und Friederike] erfüllen, was sie versprachen und ziehen mich mächtig an.«

Der Schriftsteller Karl Eduard Vehse, der in seinen »Berliner Hof-Geschichten« Friederike »nächst der Herzogin von Sagan und der Fürstin Bagration als die galanteste Löwin des Jahrhunderts« vorstellte und mit diesem Ausdruck Friederikes Ansehen für die nächsten Jahrhunderte prägte, übersah, ebenso wie all die anderen, die sie auf Gesellschaften beobachteten, dass Friederike im Unterschied zu den beiden anderen Damen immer ihre Kinder dabei hatte und ihr eigentliches Glück als Mutter in ihrer Familie fand.

Auch wenn Karlsbad und Teplitz abseits der Wege Napoleons lagen, waren die politischen Geschehnisse natürlich Hauptgesprächsthema, selbst wenn ein Goethe davon nicht sehr begeistert war. »Übrigens lebe ich denn doch sehr einsam: denn in der Welt kommen einem nichts als Jeremiaden entgegen … Wenn jemand sich über das beklagt, was er verloren hat und zu verlieren fürchtet, das hör' ich mit Teilnahme und spreche gerne darüber und tröste gern. Wenn aber die Menschen über ein Ganzes jammern, das verloren sein soll, das denn doch in Deutschland kein Mensch sein Lebtag gesehen, noch viel weniger sich darum bekümmert hat; so muß ich meine Ungeduld verbergen, um nicht unhöflich zu werden, oder als Egoist zu erscheinen. Wie gesagt, wenn jemand seine verlorenen Pfründen, seine gestörte Karriere schmerzlich empfindet, so wäre es unmenschlich, nicht mitzufühlen; wenn er aber glaubt, daß der Welt auch nur im mindesten etwas dadurch verloren geht, so kann ich unmöglich mit einstimmen.«

Friederike, die im Gegensatz zu Goethe als preußische Prinzessin und Schwester der preußischen Königin direkter betroffen war und deren Zukunft weniger von verlorenen Privatpfründen als vielmehr vom Fortbestand der preußischen Monarchie abhängig war, verfolgte das militärische und politische Geschehen im Norden Deutschlands mit ängstlicher Spannung, zumal ihre beiden ältesten Kinder dort waren.

Am 7. Juli schloss Napoleon mit Zar Alexander und Friedrich Wilhelm III. in Tilsit einen Friedensvertrag, den Frau von Voss mit folgenden Worten kommentierte: »Der Elende nimmt uns ganz Westphalen, Magdeburg, die Altmark, Halberstadt und Posen, kurz dem König bleibt fast nichts übrig! Barmherziger Gott, setze dem Leben dieses entsetzlichen Menschen doch endlich ein Ziel!«

Preußen als Staat blieb durch die Fürsprache des russischen Zaren zwar erhalten, aber alle Gebiete westlich der Elbe mussten abgetreten werden. Sie wurden mit Hessen-Kassel zum Königreich Westfalen innerhalb des Rheinbundes vereinigt. Aus den preußischen Erwerbungen der zweiten und dritten polnischen Teilung wurde das Herzogtum Warschau geformt. Es wurde mit dem zum Königreich erhobenen Sachsen, das ebenfalls dem Rheinbund beitrat, in Personalunion verbunden. Damit hatte Preußen nicht nur einen Großteil seines Staatsgebietes verloren, sondern war durch mit Frankreich verbündete Staaten fast eingekreist. Das preußische Heer wurde auf 42 000 Mann beschränkt, und solange eine zunächst nicht genau festgelegte Summe an Kriegsentschädigung gezahlt war, blieb Preußen von französischen Truppen besetzt.

Eine Rückkehr nach Berlin war somit zunächst – auch für Friederike – ausgeschlossen, denn ohne ihre Schwester wollte sie dort nicht leben.

Viel schlimmer zu ertragen war für Friederike die Kränkung, die ihre Schwester Luise durch Napoleon erdulden musste und die sie wie eine ihr selber zugefügte Verletzung empfand. Denn zu den äußeren Umständen der Jahre auf der Flucht kamen persönliche Demütigungen. In der französischen Presse wurde Luise als Kriegshetzerin und damit als die Verantwortliche in Preußen für den Krieg gegen Napoleon diffamiert. Nach der Besetzung Berlins hatte Na-

poleon im Schloss Charlottenburg außerdem ihre umfang-
reiche Korrespondenz gefunden und gelesen. Peinlich war
vor allem, dass er ihre privaten Briefe an Zar Alexander, für
den sie, vorsichtig ausgedrückt, mehr als geschwärmt hat,
nicht nur gelesen, sondern auch in Auszügen veröffentlicht
hatte. »Bonaparte speit Gemeinheiten und Beleidigungen
gegen mich aus ... Und man lebt und kann die Schmach
nicht rächen«, heißt es in einem Brief an Frau von Berg.

An den Vater schrieb Luise aus Memel am 24. Juni 1807:
»Nie werde ich ganz unglücklich sein; nur hoffen kann ich
nicht mehr. Wer so von seinem Himmel heruntergestürzt
ist, der kann nicht mehr hoffen.«

Als sich in Tilsit herauskristallisierte, welche harten Bedingungen Napoleon für einen Friedensschluss stellte,
wurde Luise nach Tilsit geholt, um als Frau durch ihre
Schönheit und ihren Charme in einem persönlichen Gespräch zu versuchen, für Preußen noch etwas zu ändern. Sie
tat es, wie sie Friederike sagte, nur aus Pflichtgefühl ihrem
Mann und ihrem Land gegenüber. Sie hatte nach der ersten
Begegnung mit Napoleon den Eindruck, etwas erreicht zu
haben, was Napoleon allerdings ganz anders sah, wie er seiner Frau Joséphine schrieb: »Meine Freundin, gestern hat
die Königin von Preußen mit mir diniert. Ich mußte mich
tüchtig wehren, da sie mich zwingen wollte, ihrem Mann
noch einige Zugeständnisse zu machen. Aber ich war nur
höflich und habe mich an meine Politik gehalten. Sie ist sehr
reizvoll.« Und: »Die Königin von Preußen ist wirklich bezaubernd, sie ist voller Koketterie zu mir. Aber sei ja nicht
eifersüchtig, ich bin eine Wachsleinwand, an der alles nur
abgleiten kann. Es käme mich teuer zu stehen, den Galanten
zu spielen.«

Luise scheiterte also mit ihrer offiziellen Mission und
fühlte sich von Napoleon getäuscht und verraten, was Frau
von Voss so notierte: Der König habe ihnen mitgeteilt, »daß
Napoleon alles, was er am gestrigen Tag der Königin versprochen, bereits widerrufen habe und selbst in der Härte

der Forderungen noch weiter gegangen sei, als er es vor der Zusammenkunft mit ihr gethan hatte. Man sagte, Herr von Talleyrand sei schuld daran ... Meine arme Königin, sie ist ganz Verzweiflung!«

Friederike, die genau wie Luise den Krieg gegen Napoleon propagiert hatte, hat ihm diese Demütigung der Schwester nie verziehen. Dabei muss man bei allem Verständnis doch feststellen, dass Napoleons Verhalten nur zeigt, dass er die Taktik Alexanders und Friedrich Wilhelms durchschaut hatte. Die Schönheit und Unschuld Luises sollten die Friedensbedingungen weniger hart ausfallen lassen. Missbraucht worden ist sie dabei eher von ihrer Umgebung, Napoleons »Schuld« liegt nur darin, dass er darauf nicht hereingefallen ist. Er selber hat nach diesem Treffen seine persönlichen Attacken gegen Luise eingestellt, und auch in der französischen Presse hörten die Angriffe gegen ihre Person auf. So war es trotz allem ein Sieg ihrer Persönlichkeit, wenn auch ohne politische Auswirkungen.

Friederike im fernen Teplitz blieb nur die Hoffnung auf ein baldiges Wiedersehen mit der Schwester, wo auch immer, denn die »Dauer des Irdischen« sei zu kurz. »Also Geduld und Ausdauer, armes Herz!«

Neustrelitz, Januar 2006

Von der Aussichtsplattform des Turms der Stadtkirche sehe ich auf den Marktplatz hinunter, von dem aus acht Straßen sternförmig in alle Himmelsrichtungen auseinander gehen. Die spätbarocke Stadtanlage von Neustrelitz sei etwas ganz Besonderes im europäischen Vergleich, heißt es im Stadtführer. Weiter vorne glitzert der zugefrorene Zierker See. Dort, wo bis 1945 das Schloss stand, befindet sich heute nur ein Gerüst, auf dem zur Gartenseite hin auf einer riesigen Plane ein Teil der früheren Fassade aufgemalt ist.

»Terra incognita« war das Mecklenburger Land für Goethe, und er bat seinen Freund Achim von Arnim um Informationen. Auf der Fahrt hierher über neblige Landstraßen an zerfurchten Feldern vorbei empfinde ich das Land vor allem als sehr, sehr weit, waldig und menschenleer. Ein Fuchs wartet am Straßenrand, in der Luft kreist ein Bussard, und ein einsamer Graureiher steht fröstelnd auf einem Bein an einem zugefrorenen Rinnsal.

Kurz vor Neustrelitz fällt mein Navigationssystem aus. Zu viele neue Straßen haben das Gerät verwirrt. Während ich nach meiner Karte suche, übersehe ich das Ortsschild und die strategisch geschickt aufgebaute Blitzanlage kurz danach.

Na toll, das fängt ja gut an.

Nachdem ich mir vom Turm aus einen Überblick verschafft habe, betrete ich die Stadtkirche, in der Friederike 1815 getraut wurde. Ich setze mich in die erste Reihe und stelle mir vor, wie sie da vorne am Altar stand, um zum dritten Mal einen Bund fürs Leben zu schließen, wieder mit der Hoffnung, dass sie diesmal dauerhaft das finden würde, wonach sie ihr Leben lang gesucht hat: zu lieben und geliebt zu werden. In diesem Moment scheint die Sonne durch die Fenster der Kirche genau wie an ihrem Hochzeitstag vor fast 200 Jahren. Ich nehme es als gutes Omen, so wie sie damals.

Vom Schloss, zu dem ich anschließend gehe, ist nicht viel übrig geblieben. Weiße Kieselsteine auf der Erde markieren den Grundriss des Residenzschlosses und vermitteln einen Eindruck von seiner Größe. 1726–31 erbaut, wurde es in den letzten Kriegstagen 1945 zerstört. Übrig blieben der Schlossgarten mit alten Bäumen und die vielen Spazierwege, vorbei an Brunnen und antiken Skulpturen. Hier lustwandelte schon Friederike – und nun ich auf ihren Spuren.

Dann stehe ich vor der Orangerie, die in hellem Orange in der Mittagssonne leuchtet. In ihr überwinterten die exotischen Pflanzen aus dem Schlossgarten, unter anderem die erste Strelitzie, die hier, aus dem englischen Hofgarten in Kew angeliefert, 1818 ankam und 1822 zum ersten Mal auf deutschem Boden blühte. Auch im Stadtmuseum begegnet mir die Strelitzie. Bewundernd stehe ich vor den großen Blüten, die an einen Kranichkopf erinnern.

1773 hatte ein englischer Pflanzensammler sie am Kap der Guten Hoffnung entdeckt, las ich in meinem Führer, und mit nach England gebracht, wo der Botaniker und Direktor der Kew Gardens sie so beeindruckend fand, dass er sie nach der von ihm verehrten englischen Königin Charlotte »Strelitzia reginae« nannte. Diese wiederum, eine gebürtige Prinzessin von Mecklenburg-Strelitz, hatte ihren Verwandten 1818 die erste Staude geschickt.

Und hier bekommt meine Begeisterung für die Strelitzie einen bösen Knacks, denn Queen Charlotte war die Tante von Friederike und hat sich ziemlich unmöglich ihr gegenüber benommen, als Friederike sich in den Jahren nach 1815 in England aufhielt. Nicht einmal empfangen wollte sie sie. Die Dame war mir schon bei meinen Recherchen zu meinem Buch über die dänische Königin Caroline Mathilde, ihre Schwägerin, unangenehm aufgefallen. Sie hatte verhindert, dass Caro-

line nach ihrer Scheidung vom dänischen König zu ihrem Bruder, dem englischen König Georg III., und ihrer Familie nach England zurückkommen konnte. So musste Caroline ihre letzten Jahre alleine in Celle in der Verbannung zubringen, ohne ihre Heimat jemals wiedergesehen zu haben. Schon damals hatte ich kein Verständnis für Queen Charlotte, die sich als moralische Instanz aufspielte, ohne die Geschichte der Frauen, die sie verurteilte, wirklich zu kennen.

Nun konnte die Strelitzie ja nichts für ihre Namensgeberin, aber für heute beschloss ich, mir keine als Andenken für mein Arbeitszimmer zu Hause mitzunehmen. Friederike hätte mich verstanden. Schließlich sammelte sie auch bei allen Familientreffen Blumen, die sie dann trocknete und als Andenken aufbewahrte. Eine »Strelitzia reginae«, benannt nach ihrer Tante, hätte sie aber bestimmt niemals aufbewahrt.

Im Stadtmuseum sehe ich zum ersten Mal ein Bild von Friederikes Mutter, die ebenfalls Friederike hieß und die starb, als ihre Tochter vier Jahre alt war. In einem Regal liegt die neueste Schrift des Karbe-Wagner-Archivs aus; darin ein Aufsatz von Günter Schulz, in dem er versucht, die »ungelösten Rätsel und Widersprüche« um die kleine Caroline, das 1799 geborene Kind Friederikes, aufzuhellen. Ich bin froh, in ihm einen Mitstreiter bei der »Rehabilitierung der Prinzessin« gefunden zu haben, wenn er auch die sogenannten »Geheimdokumente« noch nicht kannte.

Am Ende meines Besuches erfahre ich auch noch, dass es in der Stadt einmal ein Palais Solms gegeben und wo es gestanden hat. Friederikes Vater, der Herzog Karl, hat es ab 1810 für seine Tochter und ihre Familie bauen lassen.

Und dann stehe ich vor dem Arbeitsamt, das heute an der Stelle des Palais, das leider zerstört wurde, errichtet ist. Auf dem asphaltierten Platz dahinter parken die Autos. Nichts erinnert an das Haus, das Friederike einmal bewohnen sollte, in das sie aber tatsächlich niemals eingezogen ist. Ob irgendwo unter dem Gebäude oder unter dem Parkplatz noch der

Grundstein versteckt liegt, die Erinnerung an den feierlichen Tag des Baubeginns, den sie in ihren Briefen beschreibt?

Am frühen Nachmittag fahre ich zufrieden weiter Richtung Berlin, wo ich am nächsten Tag im Zeitungsarchiv der Universität recherchieren will. Mein Ausflug nach Neustrelitz ist bis dahin sehr erfolgreich gewesen – trotz des zu erwartenden Strafmandats.

Aber da ahnte ich noch nicht, dass bis Berlin ein weiteres folgen würde, ich im Berufsverkehr bei einem fremden Auto den Seitenspiegel demolieren und am nächsten Tag mein Auto aufgebrochen vorfinden würde.

Am Hofe des Vaters

»In te Deo speravi.«[23]

So lautete der Spruch, den Friederike auf einen Zettel geschrieben hatte, um ihn in die Vertiefung des Grundsteins zu legen, der 1810 den Baubeginn des Hauses in Neustrelitz bedeutete, »welches ich künftig hier bewohnen soll«. Bauherr war ihr Vater Karl, der regierende Herzog von Mecklenburg-Strelitz, der Friederike und ihre Familie seit 1807 beherbergte und ihr jetzt durch dieses Haus endgültig eine neue Heimat schaffen wollte.

Die einundachtzigjährige Großmutter, Bruder Georg, ihre drei jüngsten Kinder, Alexander, Wilhelm und Auguste, und Friederikes Freundin Frau von Berg nahmen an dieser feierlichen Grundsteinlegung teil. In allen Einzelheiten und voll Dankbarkeit für ihren Vater beschreibt Friederike das Ereignis. Den Gedanken an eine Rückkehr nach Berlin hatte sie zu diesem Zeitpunkt aufgegeben.

Als sie dagegen im November 1807 das Angebot ihres Vaters annahm, zunächst mit den Kindern nach Neustrelitz zu kommen, weil sie nach Ansbach nicht zurückkonnte und ihr Mann noch keinen neuen Dienstsitz besaß, hatte sie wohl nicht gedacht, dass dies ein Dauerzustand werden würde. Sie war froh, irgendwo eine Unterkunft für ihre Familie zu finden, eine Unterkunft, die finanzierbar war. Mit Hilfe ihrer Pension vom preußischen Staat trug sie sämtliche Unkosten für die fünfköpfige Familie. Ihr ältester Sohn und inzwischen auch ihre Tochter Friederike lebten am preußischen Königshof.

Es war kein reiches Land, in das Friederike mit ihrer Familie zog, aber ein schönes, mit seiner in weiten Teilen noch unberührten Natur, mit seinen Seen und Wäldern. Die meisten Menschen lebten von der Landwirtschaft, dem Fischfang und der Jagd. Ein Land, in dem die Leibeigenschaft noch bestand; erst ihr Bruder Georg sollte sie 1820 aufheben. Aber es war, abgesehen von einer kurzen Besetzung durch die Franzosen, vom Krieg verschont geblieben, nachdem die beiden Mecklenburger Herzogtümer notgedrungen dem Rheinbund beigetreten waren.

Es war auch kein reiches Fürstengeschlecht, dem Friederike entstammte; ihr Vater, Herzog Karl II., ihr Bruder, der Erbprinz, und der gesamte Hof waren auf die Einkünfte aus dem eigenen Grundbesitz angewiesen, der allerdings mit seinen Gütern, Wäldern und Dörfern vier Neuntel des Landes ausmachte.

Als das Land Mecklenburg-Strelitz 1701 entstand, residierten die Herzöge zunächst in der alten Wasserburg zu Strelitz. Nach einem großen Brand war Herzog Adolf Friedrich III. gezwungen, in das Jagdschloss Glienecke umzuziehen, das auf einer Anhöhe am Zierker See lag. In der zweiten Hälfte des 18. Jahrhunderts kam es zu größeren Umbauten; man erweiterte es um einen Seitenflügel und setzte ein drittes Stockwerk auf.

Wie üblich siedelten sich Handwerker und Kaufleute um die neue Residenz an. Es entstand eine kleine Stadt, Neustrelitz, genau geplant von dem Baumeister Christoph Julius Löwe. Um 1800 hatte diese ländlich geprägte Stadt ungefähr 3600 Einwohner.

Friederike bezog mit ihrer Familie und dem Personal im zweiten Stock des Ostflügels eine geräumige Wohnung. Ihrem Vater hatte sie geschrieben, dass er nur die Räume und Brennholz zur Verfügung stellen möge, alle anderen Unkosten könne sie selbst tragen. Gut ausgestattete Zimmer erwarteten sie mit grauen, grünen und roten Atlas- und Damasttapeten. Die Einrichtung war dem Geschmack der

Zeit angemessen: Im »Wohnzimmer« standen auf vergoldeten Konsolen feines Porzellan und alte Tischuhren. Im über 150 Quadratmeter großen Speisesaal fand sich die Familie zu den Mahlzeiten ein, ein Raum mit Fenstern zum Schlossgarten und einer hellgrün lackierten Holztäfelung.

Besonders dankbar war Friederike für die reich ausgestattete Bibliothek aus der Regierungszeit ihres Onkels Adolf Friedrich IV., der durch die Bücher des plattdeutschen Mecklenburger Schriftstellers Fritz Reuter als »Durchläuchting« bekannt wurde.

Ihre Briefe zeigen, wie heimisch sie sich dort schon nach kurzer Zeit gefühlt hat, wozu die Anwesenheit des Vaters, der Großmutter und oft auch der Brüder und später die Nähe zu Berlin, wo ihre Schwester und ihre beiden ältesten Kinder ab Ende 1809 wieder lebten, sehr beigetragen haben.

Die Kinder aus der Ehe mit Prinz Solms waren bei ihr und betrachteten Schloss und Stadt bald als ihre Heimat. Sie waren dort mit ihren Erziehern auch gut untergebracht, wenn die Mutter in den Kurorten des Erzgebirges weilte oder der Schwester Luise bei einer Geburt im September 1809 in Königsberg beistand.

Ihr Mann ließ sich bei diesem ersten Aufenthalt Friederikes in Mecklenburg nur selten in Neustrelitz sehen. Und wenn er dort war, gab es Probleme. Er ließ seine Unzufriedenheit mit sich selbst und seiner Gesundheit an seiner Umgebung aus. Auch seine politischen Ansichten, die er oft ohne Rücksicht auf die Anwesenden äußerte, störten den Frieden.

Solms teilte keinesfalls die Meinung der Familie über das »Ungeheuer« Napoleon und das Verhalten des preußischen Königs ihm gegenüber, stattdessen pries er oftmals im Familienkreis das »militärische Genie« des französischen Kaisers. Sachlich hatte er damit zwar nicht Unrecht, aber es war sehr ungeschickt, in einer Familie, deren politisches Ziel die Vernichtung dieses Mannes war, so etwas immer wieder zu äußern. Auch seiner Frau dürfte er sich durch solche

Äußerungen entfremdet haben, denn sie konnte die Demütigungen, die Luise durch Napoleon erfahren hatte, nie verzeihen und hasste alle, die für ihn waren.

Königin Luise, die diese Spannungen aus den Briefen ihres Bruders Georg kannte, vermochte es noch einmal, ihren Mann zugunsten von Prinz Solms zu beeinflussen. Zu ihrem Geburtstag am 10. März 1809 ernannte Friedrich Wilhelm den Prinzen zum Kommandeur des 2. Ulanenregimentes in Breslau.

Er gab ihm damit eine neue Chance und versprach gleichzeitig, für Friederike und die Kinder im Schloss der schlesischen Hauptstadt eine Wohnung möblieren zu lassen. Allerdings riet er Friederike, erst nach Beendigung der Kriegswirren nach Breslau umzuziehen.

Dazu kam es aber gar nicht mehr, was weniger am Krieg lag. Im April 1809 übernahm Prinz Solms sein Regiment. Aus seinen Briefen erfuhr Friederike, dass er auch in Breslau nicht zufrieden war. Es war nur eine Frage der Zeit, wann er den Dienst endgültig quittieren würde, was er dann ja im November 1809 wirklich tat. Wieder einmal war Friederike auf das Angebot ihres Vaters angewiesen, in Neustrelitz zu bleiben, diesmal auf Dauer. Prinz Solms hat sich, wenn er auch anfangs für das Angebot sehr dankbar war, im Schloss seines Schwiegervaters nie wohlgefühlt und sich schon bald immer öfter und immer länger in seine Jagdgebiete in Schlesien zurückgezogen.

Es ist schon auffällig, dass der Tag der Grundsteinlegung von der ganzen Familie feierlich begangen wurde, Prinz Solms aber nicht einmal anwesend war. Und so beginnen die persönlichen Aufzeichnungen Friederikes über diesen Tag mit dem Satz: »Heute Vormittag zwischen 12 und 1 Uhr wurde der Grundstein zu dem Hause gelegt, welches ich künftig hier bewohnen soll.«

Hamburg, Februar 2006

Lesen ist eine Leidenschaft, von der man, einmal erfasst, sein Leben lang nicht mehr loskommt. Man liebt und leidet mit den Hauptfiguren, lässt sich in fremde Welten entführen und ist traurig, wenn man am Ende des Buches Abschied nehmen muss. Und manchmal gibt es Bücher, da möchte man zwischendrin die Zeit anhalten, weil man ahnt, dass das Schicksal es mit den Personen, die man gerade lieb gewonnen hat, auf den nächsten Seiten nicht sehr gut meint.

Bis heute habe ich Winnetou III nicht gelesen, jedenfalls nicht bis zum Ende. Als begeisterter Karl-May-Fan habe ich alle seine Bücher bis zur letzten Seite verschlungen, ausgenommen jenes. Als ich zehn Jahre alt war, habe ich mir von meinem Vater sagen lassen, auf welcher Seite Winnetou stirbt – und zwei Seiten vorher meine Lektüre beendet und nie wieder aufgenommen.

So ähnlich geht es mir in diesem Moment, wo sich mein eigenes Manuskript dem 19. Juli 1810 nähert, dem Tag, von dem Friederike später sagt: »… nichts Schrecklicheres hätte mir widerfahren können …«

Und wieder einmal wünsche ich mir, mehr Abstand zu meinen Figuren zu haben. Andererseits – wie soll das gehen, wenn man sich durch die Lektüre ihrer Briefe direkt in ihre Gefühlswelt hineinkatapultiert?

Tod der geliebten Schwester

>»Auch für den Wunsch danke ich Ihnen, teure,
innig geliebte Freundin, daß ihr verklärter Geist
mich umschweben möge als Schutzgeist.«²⁴

So schrieb Friederike an ihre beste Freundin Frau von
Berg. Die Rede war von ihrer Schwester Luise, die sich zeit
ihres Lebens für die jüngere Schwester verantwortlich gefühlt hatte. Abschied und Wiedersehen, dazwischen Monate der Trennung. Ein Auf und Ab zwischen Trauer, Glück
und Sehnsucht. Das zieht sich durch alle Briefe, die sie sich
gegenseitig schrieben, und wird auch in den Briefen der beiden Schwestern an Familienangehörige und Freunde deutlich.

Auch wenn sich ihre Wege seit 1799 nach außen getrennt
hatten und oft 1000 Kilometer und mehr zwischen ihnen
lagen, so wurde die Beziehung deshalb keinesfalls lockerer.
Vom Glück der jeweils anderen hing auch in diesen Jahren
das eigene Glück ab. »Wenn ich mir vorstelle, daß Friederike unglücklich werden könnte, so recht elend und gequält,
so kann ich Augenblicke haben, wo ich ganz verzweifelt
und trostlos bin. Ach, gütige Vorsehung, verhindere dies.
Es wäre mein Tod, das fühl' ich, so wahr ich lebe«, schrieb
Luise 1799, als die Schwester Berlin verlassen musste. Ihren
ganzen Einfluss auf König Friedrich Wilhelm III. nutzte
sie, um das Schicksal ihrer Schwester zu erleichtern. Immer
wieder bat sie auch für den Prinzen Solms, allerdings wohl
nur, damit Friederikes Leben mit ihm einfacher wurde. Der
größte Wunsch der beiden Schwestern aber war es, dass

Friederike auf Dauer wieder nach Berlin kommen durfte. Das aber lehnte der König, wohl aus einer tiefen Abneigung gegen den Prinzen Solms heraus, kategorisch ab, was Friederike in keinem Brief auch nur mit einer Silbe kritisiert. Luise dagegen beklagte sich ganz offen bei ihrem Bruder darüber. »Daß all meinen Bitten ungeachtet Friederike doch nicht in Berlin etabliert wird, ist auch eins von denen Sachen, die mich tief betrüben.« Immerhin hatte ihre Betrübnis über eine weitere Trennung von Friederike den König dazu veranlasst, Prinz Solms auf einen Posten in Breslau zu versetzen, was er Luise an ihrem Geburtstag verkündete. »Ich freue mich«, schrieb sie daraufhin an ihren Vater, »da es doch einmal Berlin nicht sein konnte, doch nicht weiter als 40 Meilen ist und ein gutes Klima. Diese 40 Meilen lassen sich schnell und mit leichten Kosten machen und wir [können] uns sehen, wenn wir wollen.«

Friederike ist mir in allem überlegen, schrieb Luise einmal und meinte damit auch, dass die Schwester die Elegantere sei, was ja auch der König bemerkt hatte, der nach ihrem Tod Aufzeichnungen anfertigte und sich dazu äußerte: »Es verdroß mich ... meine Frau nicht mit der äußeren Eleganz ... öffentlich auftreten zu sehen, die ihrer Schwester eigen war und wodurch diese so vielen Beifall hatte.«

Und auch was ihre Bildung anbetraf, war Friederike die weitaus Belesenere. Es war Friederike, die in Königsberg die Bekanntschaft eines Scheffners machte, die mit Pestalozzi und Humboldt im Hause des Grafen Schlieben politische und philosophische Diskussionsrunden hielt und die Schwester, als die sie in Königsberg besuchte, in diese Kreise einführte. Luise hat ihr Leben lang unter ihrer mangelnden Bildung gelitten, und sie sog die unterschiedlichen geistigen Anregungen, die sie durch Friederike erhielt, begeistert auf.

Auch das Herumalbern mit Friederike genoss sie. Die gemeinsamen Monate in Königsberg 1807 waren für beide trotz der Kriegswirren um sie herum die glücklichste Zeit

seit vielen Jahren, einfach, weil sie diese Wochen wieder
gemeinsam verbringen konnten.

Mit der Schwester zusammen ließen sich auch Sorgen,
Leid und Trauer besser ertragen: Schwangerschaft, Geburt,
die Sorge um kranke Kinder.

Selbst der König respektierte bis zu einer gewissen
Grenze diese enge Verbundenheit der Schwestern. So hatte
er in den Jahren 1808 und 1809 zwar nie erlaubt, dass Friederike den weiten Weg nach Königsberg machte, um Luise zu
besuchen. Aber als Luise ihn anflehte, dass sie zur Geburt
ihres zehnten Kindes im September 1809 unbedingt Friederike an ihrer Seite brauchte, durfte sie kommen und blieb
zwei Monate bis zur Rückkehr des Hofes nach Berlin – Monate, die Luise, obwohl nach der Geburt geschwächt und
liebevoll von Friederike gepflegt, als glückliche Zeit beschreibt. Zwei Briefstellen mögen dies belegen. An Georg
schrieb Luise am 4. November: »Mein Glück, Friederike
hier zu besitzen [ist groß]. Friederikens ganzes Sein, das
so herrlich fortgeschritten, mit einem Wort alles wenigstens
vieles habe ich, worüber ich mich freue«, und an Frau von
Berg Anfang Dezember: »Friederike ist außerordentlich
nett und in allem Guten wunderbar fortgeschritten. Ihre
Beurteilungskraft ist ausgezeichnet, und man sieht, daß sie
sehr fleißig ist.«

Im Dezember 1809 durften der gesamte Hof und die
königliche Familie mit der Zustimmung Napoleons nach
Berlin zurückkehren, auch wenn die letzten französischen
Truppen erst im März 1813 endgültig die Stadt verließen.

Als Friederike vier Tage vor dem offiziellen Einzug des Königspaares in Berlin ankam, verkündete die »Vossische Zeitung« dies auf der ersten Seite mit den Worten: »Den 19ten,
Nachmittags gegen 4 Uhr sind Ihre Königliche Hoheit,
die Prinzessin von Solms, Schwester der Königin, in er-
wünschtem Wohlseyn aus Königsberg hier eingetroffen.«
Vergessen war ihr Auszug 1799 bei Nacht und Nebel, den

die »Vossische Zeitung« damals mit keinem Wort erwähnt hatte. Es interessierte offenbar niemanden mehr, was damals passiert war, zu viel war durch den Krieg gegen Napoleon und die französische Besetzung geschehen.

Beim feierlichen Einzug des Königspaares wartete Friederike mit der übrigen Familie am Schloss, während ihre beiden ältesten Kinder mit einzogen. Ihre inzwischen vierzehnjährige Tochter Friederike saß in der Kutsche der Königin. »Das Volk hat uns mit rührender Freude aufgenommen; wohin ich meine Augen wende, sehe ich nur freundliche Gesichter, und der König ist beliebter als je«, schrieb Luise der Zarenmutter. »Kein Herz blieb kalt, kein Auge trocken«, kommentierte die »Vossische Zeitung«. Abends war die Stadt beleuchtet, und am nächsten Tag wurden in allen Kirchen Berlins Dankgottesdienste abgehalten. Und so passte das Motto der Sonntagspredigt über den Psalm 50, 14–15, in dem Gott zum Volke Israel spricht, sehr gut zu der allgemeinen Stimmung, die wieder über Berlin schwebte: Freude und Dankbarkeit.

»Nicht Nahrung, sondern Dank erwarte ich von dir:
Löse deine Versprechen ein,
die du mir in Bedrängnis gegeben hast,
mir, dem Höchsten, deinem Gott!
Bist du in Not, so rufe mich zu Hilfe!
Ich werde dir helfen, und du wirst mich preisen.«

Auch die Wochen danach waren ein einziges Fest. Während der Vater nach Neustrelitz zurückkehrte, blieben Friederike und die Brüder in Berlin, um zusammen mit Luise die alten Orte in Besitz zu nehmen und zu schauen, was die Franzosen in den Schlössern übrig gelassen hatten. Luises Porzellan war unversehrt, aber es fehlten die Diamanten, die Friederikes Kinder Fritz Louis und Friederike von ihrer Großmutter, der zweiten Frau Friedrich Wilhelms II., geerbt hatten.

Abends besuchte man die Oper, speiste hier und dinierte da, ganz so, als hätte man das alte Leben nahtlos dort wiederaufgenommen, wo es durch den französischen Einmarsch und die Flucht in den Osten rüde unterbrochen worden war. Und Friederike befand sich wieder mitten darin. Zurück am Hofe bei ihrer Schwester.

Aber die politischen Verhältnisse waren weiter beunruhigend und für Preußen demütigend, ein erneuter Krieg nicht unwahrscheinlich, und so beschrieb Luise ihr Leben in einem Brief an Hardenberg als »erträglicher als in Königsberg. Es ist wenigstens ein glänzendes Elend mit schönen Umgebungen, die einen zerstreuen, während es in Königsberg wirklich ein elendes Elend war.«

Wenn Friederike auch im Februar 1810 nach Neustrelitz zurückkehren musste, so hatte sie zumindest den Trost, dass Besuche zwischen Berlin und Neustrelitz einfacher waren und Briefe sicherer und schneller transportiert werden würden als die Jahre zuvor ins ferne Königsberg.

Was die Besuche anbetraf, so musste Luise sie allerdings zur Enttäuschung der Schwester immer wieder verschieben. Mal waren es politische Gründe, mal die Krankheit eines ihrer Kinder. Tröstende Briefe gingen nach Berlin ab. Friederike schickte der kranken Nichte Louise Spielsachen und sprach der Mutter Mut zu: »Es ist schon ¾ auf 12 die Nacht, mein bester Engel, aber ich kann den Boten nicht abgehen lassen, ohne Dir zu sagen, wie treu mein Herz *alles* mit Dir teilt [Krankheit von Luises Tochter Louise], was Dir begegnet … Doch nun schließe ich, Engel, bester Engel, unbeschreiblich liebe ich Dich und bin Dir treu bis in Ewigkeit. Und wirklich mehr bei Dir im Geist als hier in Strelitz.«

Und so vergingen die Wochen. Ende Juni kam dann der ersehnte Besuch doch zustande. Fünf Tage währte die Wiedersehensfreude. Dann erkrankte Luise. Eine Erkältung, die zur Lungenentzündung wurde, dazu kam ein Blutgerinnsel im Herzen. Atemnot.

Tag und Nacht wachte Friederike am Bett der Schwester, abwechselnd mit Frau von Berg. Am 19. Juli 1810 gegen neun Uhr starb Luise.

Am 27. Juli wurde der Sarg nach Berlin überführt, und drei Tage später, am Abend des 30. Juli, brachte eine Kutsche, gezogen von acht mit schwarzem Samt bedeckten Pferden, den Sarg vom Schloss zum Dom, wo er zunächst aufgestellt wurde, während die Glocken von allen Kirchen Berlins läuteten. Erst vier Monate später wurde er in die endgültige Grabstelle, das Mausoleum im Park von Schloss Charlottenburg, überführt.

So weit die Fakten.

Was Friederike empfunden hat, vermag ich mit meinen Worten nicht darzustellen. Und darum soll sie an dieser Stelle wieder persönlich zu Wort kommen, in einem Brief, den sie an den alten Weggefährten aus den glücklichen Tagen in Königsberg mit Luise im Frühling 1807, den Kriegsrat Scheffner, schrieb:

Strelitz, 17. 11. 1810

»Lieber guter teilnehmender Freund!

Wie soll ich Ihnen sagen alles, was Ihr lieber teilnehmender Brief mich empfinden ließ? Mein Herz ist so tief verwundet, mein ganzes Gemüt so gewaltig erschüttert, daß jede Mitklage, jede Thräne, die sich mit der meinigen mischt, nur wohltuend für mich wirken. Denn nichts kann wieder aufreißen, da noch nichts geheilt ist.

Sie, die geliebteste, die Gefährtin meiner Jugend und meiner Kinderjahre sterben zu sehen! Dies erwartete ich nicht von der Vaterhand dort oben, nichts Schrecklicheres hätte mir widerfahren können; da es aber doch einmal Gottes bestimmter Wille war, so danke ich ihm noch, daß ich auf meinem traurigen Lebensgang die beruhigende Gewißheit in mir trage, ihr noch nützlich gewesen zu sein, bis der Engel die schönen Augen auf ewig schloß. Von meiner Trauer, von meinem Schmerz kann ich Ihnen weiter nichts sagen, als daß ich beynah daran gestorben bin. Jeder Ausdruck scheint mir zu schwach, jede Äußerung zu unbedeutend, als daß ich sie niederschreiben möchte. Sie aber, lieber Scheffner, Sie haben uns zwei Monate in Königsberg zusammen gesehen ... Ihrem Auge kann es nicht entgangen seyn, wie fest und treu das Band unserer Liebe geknüpft war? Sie können sich also vielleicht einen Begriff machen von dem Schmerz, der sich immer tiefer und tiefer in meine Seele senkt. Gläubig und fromm und ohne Murren blicke ich hinauf nach der Hand, die mir so wehe that – ich murre nicht und frage in Demuth nur ›warum?‹ Unerklärbar und dunkler als jemals sind mir dieses mal die Wege Gottes! Ich sehe nichts als Thränen, fühle mein blutendes Herz ...

Ihr Brief und die Verse, die Sie, lieber Freund, ihr und mir zum Gedächtnis niederschrieben, habe ich sehr spät erhalten. Ich war auf Anraten und dringende Bitten der Ärzte nach Teplitz gegangen ... wo mich am zweiten Tag ... eine tödliche Krankheit befiel ... So lag ich fünfzehn Tage sehr gefährlich krank, und erst nach sechs Wochen genas ich. In dieser Zeit hat man mir alle Briefe vorenthalten. Die physischen Leiden sind nun meist alle besiegt bis auf häufiges Kopfweh, aber die Leiden des Herzens und der Seele sind es nicht ... Lieber Scheffner! An dem 19. Julius wird noch sterbend mein Herz bluten ... Sie war mir das Liebste und Beste auf der Welt, und nichts kann mich wundern, als daß ich nicht wirklich gestorben bin ... Sie glauben nicht, lieber Freund, wie ernst mir mein Leben geworden ist und wie dunkel es vor mir liegt, jetzt da ich weiß, daß sie mir auf diesem Kreise nicht mehr begegnen wird ...

Friederike«

Sie schrieb diesen Brief im November nach ihrer Rückkehr aus Teplitz, kurz bevor Luises Sarg in das Mausoleum nach Charlottenburg gebracht werden sollte. Sie hatte dem Arzt versprochen, nicht zu dem Sarg zu gehen, weil man einen Rückfall befürchtete. Friederike hielt sich daran und fuhr

am Dom vorbei, ohne anhalten zu lassen: »... lange, lange
kämpfte ich mit mir selbst, aber endlich sagte ich mir, ›der
Gott, der dir das Leben wiedergegeben, gab es dir gewiß für
deine Kinder wieder, du mußt es nicht durch deine Schuld
verlieren, und so soll es ganz ihnen gewidmet sein‹.«

Zur Überführung des Sarges wurden auch ihre Schwestern Charlotte und Therese erwartet, und gemeinsam, so
hoffte Friederike, würden sie den furchtbaren Tag mit den
Erinnerungen an die tote Schwester überstehen. »... und das
werden wir auch überleben, weil man alles überlebt, solange
Gott es will!«

Friederike und Napoleon

»Als sie [Luise] nach Tilsit ging zum Kaiser
Napoleon, schrieb sie mir: ›Es ist als ging ich in
den Tod.‹ Gewiß hat er Anteil daran.«[25]

In diesen Sätzen, die Friederike an Luise Voss am 3. April
1813 schrieb, liegt der Schlüssel zum Verständnis von Friederikes politischer Einstellung in den Jahren bis zur endgültigen Verbannung Napoleons nach Sankt Helena 1815. Wenn
auch ihr eigenes Leben seit der Besetzung Ansbachs durch
die französischen Truppen 1806 und durch ihre Flucht nach
Königsberg nachhaltig von Napoleon beeinflusst worden
war, so hatte sie doch nicht in dem Maße leiden müssen wie
ihre Schwester.

Die Briefe Luises, die Friederike aus Königsberg erreichten, erzählten von der tiefen Depression, in die sie zunehmend verfiel: »Ich lese fleißig die Geschichte und lebe in
der Vergangenheit, weil die Zukunft nicht mehr für mich
ist«, schrieb sie im Jahr 1808. Selbst die Aussicht, nach Berlin zurückzukehren, konnte Luise nicht mehr wirklich er-
freuen. Schon da hatte sie Todesahnungen, die ihre Familie erschreckten. »Es ist eine Schwermut in mir, die ich nicht
begreife. Schwarze Ahndungen, Beklemmungen, mit einem
Wort: mehr traurig als froh. Ich möchte vor der Welt flie-
hen, allein sein, hinter meine Schirmleuchter und nachdenken und weinen.«

Schuld daran hatte sicherlich auch ihre körperliche Er-
schöpfung durch die vielen Schwangerschaften, aber eben
in nicht unerheblichem Maße auch die Demütigungen, die

sie als Person und als Königin eines besiegten Landes durch Napoleon erlitt.

Luise flüchtete sich in die Religion und fand zunehmend Trost in ihrem Gottvertrauen und dem Glauben, dass Napoleon als Werkzeug Gottes auserwählt wurde, um die alte Ordnung und die alten Systeme, die sich überlebt hatten, durch eine neue Ordnung zu ersetzen. Und dieser feste Glaube an die göttliche Vorsehung ermöglichte es ihr sogar, »ihm von Herzensgrund alles persönliche Leid, das er mir angetan und gegen mich beabsichtigt hat«, zu verzeihen.

Das konnte man von Friederike nicht sagen. Auch den Satz Luises »Man muß ihn mehr bewundern als man ihn lieben kann« hätte Friederike unter keinen Umständen unterschrieben. Sie galt bei Freunden und Bekannten schon lange als »Napoleon-Hasser«, wie der Journalist Friedrich Gentz bereits 1807 von den Versammlungen bei ihr aus Teplitz berichtet, und sah im Kampf gegen Napoleon für Preußen den einzigen Ausweg.

Nach dem Tod von Luise, an dem sie Napoleon eine Mitschuld gab, verstärkte sich dieser Hass nur noch und gipfelte zu Beginn der Befreiungskriege 1813, als ihr ältester Sohn mit in den lang ersehnten Kampf gegen Napoleon zog, in dem Angebot, das sie dem preußischen König machte: »Und wenn ich 12 Söhne hätte, ich schickte sie Ihnen alle zwölf um Ihnen zu dienen.« In ihrer Umgebung duldete sie niemanden, der Napoleons militärische Qualitäten hervorhob oder ihn gar bewunderte. Dass ausgerechnet ihr eigener Mann seine Partei ergriff, hat ihn wohl die letzten Sympathien nicht nur bei Friederike, sondern auch bei der ganzen Familie gekostet.

Selbst Schwester Therese, die für das Haus Thurn und Taxis häufiger mit Napoleon verhandelte, lange Zeit in Paris lebte und eine etwas sprunghafte Haltung den Franzosen gegenüber einnahm, wurde von Friederike in einem Brief an ihren Bruder Georg heftig kritisiert: »Für Thereses Teutschheit fängt mir es auch an sehr bange zu werden ... Schade, wahrlich schade, daß ein so kraft- und geistvolles, teutsches Weib den Teutschen verloren geht.«

Ob sie wohl wusste, dass ihr guter Bekannter Goethe ein Bewunderer Napoleons war und dass in seinem Arbeitszimmer eine Gipsbüste von ihm stand? Vielleicht hätte er ihr dann erklären können, dass es neben dem Eroberer Napoleon auch den Mann gab, der den Code Napoléon geschaffen hatte, der dem Europa der kleinstaatlichen Fürsten eine neue, zeitgemäßere Ordnung verpassen wollte. Denn die Franzosen begnügten sich nicht damit, Soldaten in den besetzten Gebieten zu stationieren und Verträge abzuschließen, um ihre Eroberungen abzusichern. Sie wollten institutionelle Veränderungen, die eroberten Länder im Sinne des französischen Modells umformen, so wie es der Nationalkonvent in der Proklamation vom 15. Dezember 1792 festgelegt hatte. Die französischen Truppen sollten »im Namen der französischen Nation die Volkssouveränität und die Abschaffung aller Herrschaftsverhältnisse ... sowie allgemeiner Privilegien« verkünden, also die militärische Eroberung mit der politischen Revolution verbinden.

Allerdings hatte Napoleon, der sich 1804 selbst zum Kaiser gekrönt hatte, spätestens in diesem Moment die demokratischen Ideale vergessen, deren Verbreitung die Kriege gegen die anderen europäischen Mächte ursprünglich dienen sollten. Die Einführung des Code Napoléon als geltendes Rechtssystem in allen eroberten Gebieten zeigt aber, dass es ihm um mehr als nur um neuen Landbesitz ging.

Friederike hätte diese differenzierte Betrachtungsweise Napoleons wohl nicht gelten lassen. Luise schon eher, denn sie hatte 1809, zwei Jahre nach den Niederlagen des preußischen Heeres, in einem Brief an ihren Vater bitter bemerkt: »Wir sind eingeschlafen auf den Lorbeeren Friedrichs des Großen, welcher, der Herr seines Jahrhunderts, eine neue Zeit schuf. Wir sind mit derselben nicht fortgeschritten, deshalb überflutete sie uns.«

Nach 16 Kriegsmonaten war Preußen 1807 auf einem absoluten Tiefpunkt angekommen und war nur noch eine Randfigur unter den europäischen Mächten. Territoriale Verluste, die Hauptstadt durch die Franzosen besetzt, die Regierung nach Königsberg evakuiert, wirtschaftliche und finanzielle Einbrüche: Jetzt erwachte auch der König aus seiner Lethargie und unterstützte die Kreise, die seit langem umfassende Reformen forderten.

Aus der Notwendigkeit heraus, alle Kräfte zu mobilisieren, konnten Hardenberg und Stein Gesellschaft, Wirtschaft, die Finanzen und das Heer neu ordnen und so nicht nur die Grundlagen für einen modernen preußischen Staat legen, sondern auch für den erfolgreichen Kampf gegen Napoleon. Dabei erkannten sowohl Stein als auch Hardenberg, dass man den Bürgern Mitspracherechte einräumen muss, wenn man will, dass sie für das Land kämpfen. Und so gab es mehr Freiheit für den Einzelnen im wirtschaftlichen und gesellschaftlichen Bereich, der Staat aber behielt nach wie vor praktisch unbegrenzte Machtbefugnis, was die öffentlichen Angelegenheiten anbetraf.

Die Umsetzung der Reformen in Preußen war für Friederike, die seit 1807 in Neustrelitz bei ihrem Vater wohnte, nur insofern von Bedeutung, als sie die Grundlagen für den Wiederaufbau einer schlagkräftigen Armee bedeuteten. Für die Ideale der Französischen Revolution oder für Reformen, die ein demokratisches Mitspracherecht der Menschen zur Folge hätten, interessierte sie sich nicht. Dafür findet sich in keinem ihrer Briefe ein Hinweis. Von ihren Brüdern Karl und Georg wissen wir, dass sie beide vom Gottesgnadentum der Fürsten und ihrer sich daraus ergebenden Legitimität überzeugt waren. Demokratische Ideen und Königtum waren für sie unvereinbar. Man kann davon ausgehen, dass Friederike diese Ideen teilte.

Sie war als Prinzessin aufgewachsen, als solche hatte sie für die Ideen, für die Frankreich nach der Revolution stand, wenig Verständnis. Befreiung hieß für sie Abzug der französischen Besatzer und Rückkehr zum alten System. An eine Abschaffung der Privilegien für Adlige, an ein demokratisches Mitspracherecht der Bürger bei der Regierung, was ja eine Machtminderung für ihren Vater bedeutet hätte, hat sie zu keinem Zeitpunkt gedacht. Sie wollte eine Rückkehr zum Kaiserreich, am Besten unter einem preußischen König, mit dem Rhein als Grenze.

Das Herzogtum Mecklenburg-Strelitz, das ihr Vater Karl II. als Herzog regierte, hatte in all den Jahren eine strikte Neutralitätspolitik verfolgt, denn das Land gehörte zu den kleineren Fürstentümern im Reich und brauchte den Rückhalt einer starken Macht. Politisch wäre der Herzog eigentlich völlig unbedeutend gewesen, wenn er nicht der Bruder der englischen Königin und der Schwiegervater des preußischen Königs gewesen wäre. Diese Verbindungen gaben dem Herzog und seiner Familie ein diplomatisches Gewicht und einen Einfluss an den Höfen der europäischen Großmächte, die ihnen allein von der Größe des Landes in keiner Weise zustanden.

So war es nicht ohne Bedeutung, dass Friederike, ihr Vater und ihre Brüder eindeutig Stellung gegen Napoleon bezogen und in einem bewaffneten Kampf gegen ihn die einzige Chance für ihre Zukunft sahen.

Trotz der offiziellen Neutralitätspolitik Karls II. marschierten die Franzosen am 13. Oktober 1806 unter General Bernadotte ein und besetzten das Land. Während der Schweriner Herzog Friedrich Franz ins Exil nach Dänemark geschickt wurde, durfte Herzog Karl entgegen allen Erwartungen in seiner Residenz bleiben. Mecklenburg-Strelitz besaß keinen Handelshafen, war daher für Napoleon in seinem Kampf gegen England nicht interessant.

Friederike kam ein Jahr später in ein besetztes Land, in dem die Herrschaft ihres Vaters von Napoleons Gnade abhing. Am 8. Februar 1808 trat Mecklenburg-Strelitz auf Wunsch des preußischen Königs dem Rheinbund bei und musste ein Bataillon Soldaten (400 Männer) stellen.

Man erfüllte den Vertrag zwar buchstabengetreu, stand aber die ganze Besatzungszeit über eindeutig gegen Napoleon aufseiten des Widerstandes. So ließ Herzog Karl bei Familienfeiern des französischen Kaiserhauses keine Kirchenglocken läuten. Auch die steckbriefliche Suche nach dem Führer des westfälischen Aufstandes gegen die Franzosen wurde in Mecklenburg-Strelitz verhindert.

Die Hauptaktivitäten von Friederike und ihren Brüdern lagen aber zu dieser Zeit in den Bemühungen, den preußischen König zum bewaffneten Kampf gegen Napoleon zu veranlassen. Solange Luise lebte, versuchten die Geschwister über die Königin Einfluss auf Friedrich Wilhelm auszuüben. So reiste Georg 1809 eigens nach Königsberg, um dem König ein Bündnis mit Österreich gegen Frankreich vorzuschlagen. Vergeblich.

Parallel dazu nahmen sie Kontakt zur Kriegspartei in der preußischen Regierung auf. Georg und Friederike korrespondierten mit Hardenberg und Karl Ferdinand Friedrich von Nagler, dem Lenker der preußischen Außenpolitik. Vieles wird nur angedeutet, Namen kommen nur in Abkürzungen vor, denn Briefe wurden häufig abgefangen und konnten so mehr Schaden anrichten als nützen. Politische Mitteilungen – wie die folgende von Georg an seinen Vater: »Der König, wie ich gleich befürchtete, [ist] in seinem Innern nicht mit sich einig« – wurden zum Teil in familiäre Nachrichten mit Geheimtinte eingefügt.

Zu dieser Zeit schwirrten die Gerüchte umher und sorgten für Verunsicherungen auf allen Seiten, was Frau von Voss bissig kommentierte: »Napoleon geht nach Hamburg, wenigstens heißt es so; man weiß nie, woran man mit ihm ist. Die Hin- und Hermärsche seiner Truppen nehmen kein Ende … Die Fürsten vom Rheinbund benehmen sich erbärmlich wie die nassen Hühner, es ist kläglich mitanzusehen.«

Dann kam der Russlandfeldzug 1812. Die bis dahin siegreiche Armee Napoleons scheiterte letztlich am russischen Winter und musste sich unter großen Verlusten zurückziehen. Mehr als 600000 Mann hatte Napoleon aufgeboten; die Hauptarmee unter seiner Führung zählte 232000 Mann, von denen nur wenige tausend noch einsatzfähige Soldaten übrig blieben. Auch die deutschen Rheinbundtruppen litten schwer. Von dem Neustrelitzer Bataillon kehrten nur 100 Soldaten zurück.

Diese Niederlage gab der Kriegspartei in Preußen und in Mecklenburg-Strelitz neuen Auftrieb. »Daß Gott selbst sich diesmal unser angenommen hat, kann doch keinem Menschen entgangen sein – sollte also dieser Augenblick *ungenutzt* dahin gehen, so dürfen die, welche die Macht in Händen halten, nicht mehr klagen, denn sie schmieden sich jetzt selbst auf immer ihre eigenen Fesseln und *Er* wird sich unser nicht zum zweitenmal annehmen«, schrieb Friederike Anfang 1813 ihrer Freundin Frau von Berg.

Am 28. Februar 1813 schlossen Preußen und Russland ein Bündnis, und Preußen erklärte Frankreich den Krieg.

Friederike hoffte sehr darauf, dass Österreich sich dem Bündnis anschließen würde, und beschwor ihren Freund Gentz, der sie in Neustrelitz besucht hatte, sich bei Metternich für dies Bündnis stark zu machen. Dieser Brief, den sie Anfang Februar an Gentz schrieb, zeigt, wie gut sie die politische Lage einschätzte. Wie sich später zeigen sollte, war es tatsächlich nur einem Bündnis aus allen drei Mächten möglich, im Verbund mit England Napoleon zu besiegen.

Aber Friederike kannte auch die Angst der Österreicher vor einem zu mächtigen Russland, und so flehte sie Gentz an, wenigstens dafür zu sorgen, dass Österreich passiv bleiben und nicht etwa mit Frankreich gegen Russland kämpfen würde. »Hier leben wir denn auch noch immer zwischen Furcht und Hoffnung. Und so sehr ich wünsche, nur 8 oder 14 Tage älter zu sein, eben so sehr fürchte ich mich, daß in diesem Zeitraum auch diese letzte Hoffnung zu Grunde gegangen sein wird und daß ich nur älter geworden sein würde, um unglücklicher zu sein.«

Befreiungsschlachten

»Über Napoleons Erscheinung auf dieser Erde fallen mir immer die Worte des Herrn ein, die Goethe ihm in den Mund legt, als er zu Mephistopheles spricht, der von ihm die Erlaubnis erfleht, den Faust zu verführen. ›Ja, ich gewähre es Dir‹ und sagt, er solle durch Böses unbewußt zum Guten führen. So sind auch Schillers Worte in der Jungfrau von Orleans so schön, wenn sie sagt: ›Der die Verschwörung sendet, wird sie lösen, nur wenn sie reif ist, fällt des Schicksals Frucht.‹ Ich hoffe, wir stehen vor diesem Augenblick, und Goethes und Schillers Worte werden nun auf einmal erfüllt.«[26]

So schrieb Friederike Anfang März 1813 an ihre Freundin Frau von Berg.

Und wirklich war »des Schicksals Frucht« offensichtlich reif, denn der preußische König rief sein Volk endlich, am 20. März 1813, zum Krieg gegen Napoleon auf: »Es ist der letzte entscheidende Kampf den wir bestehen, für unsere Existenz, unsere Unabhängigkeit, unsern Wohlstand.«

Fünf Jahre hatte es gedauert, aber die waren gut genutzt worden, denn das preußische Heer, das sich Napoleon jetzt entgegenstellte, hatte nur noch wenig Ähnlichkeit mit dem der Jahre zuvor.

In Mecklenburg-Strelitz hatte wieder einmal im Januar Karl II. seinen Sohn Georg nach Berlin geschickt, um den preußischen König zum Krieg zu drängen. Er trat als einer der Ersten aus dem Rheinbund aus und stellte für die Ausrüstung eines Jägerkorps und eines Husarenregiments sogar das herzogliche Tafelsilber im Wert von 155 000 Talern zur Verfügung. Um seine Untertanen noch stärker für den Kampf zu motivieren, ließ er Flugblätter und Aufrufe des Dichters Ernst Moritz Arndt verbreiten. Für den Dichter war Napoleon der »Antichrist« und der Kampf gegen ihn ein von Gott geleitetes Unternehmen.

> »… Was ist des Teutschen Vaterland?
> So nenne endlich mir das Land!
> So weit die teutsche Zunge klingt
> Und Gott im Himmel Lieder singt,
> Das soll es seyn!
> Das, wackrer Teutscher, nenne dein!

> … Das ist des Teutschen Vaterland,
> Wo Zorn vertilgt den wälschen Tand,
> Wo jeder Franzmann heisset Feind,
> Wo jeder Teutsche heisset Freund –
> Das soll es seyn!
> Das ganze Teutschland soll es seyn!«

So lauten zwei Strophen aus seinem berühmten Gedicht »Des Teutschen Vaterland« aus dem Jahr 1813. Seine Schriften prägten die Stimmung dieser Jahre entscheidend mit. Einen »literarischen Blücher« nannten ihn die Franzosen, wobei es Arndt nicht im Sinne des späteren Nationalismus um die Überlegenheit der Deutschen über andere Völker ging – derart interpretiert wurden seine Schriften erst Jahrzehnte später –, sondern sein Anliegen war die Befreiung von der jahrelangen Fremdherrschaft durch die Franzosen.

Arndts Schriften wurden in Mecklenburg-Strelitz quasi amtlich verbreitet, und das zeigt einmal mehr, dass sie genau die Stimmung im Herzoghaus trafen. Im Unterschied zu Preußen, wo der König für sein langes Zögern berüchtigt war, war die Familie des Herzogs seit Beginn der Besatzungszeit von der Notwendigkeit eines Befreiungskrieges überzeugt, und dieser Gedanke wurde von oben in das Volk hineingetragen.

Friederike spricht in ihren Briefen des Öfteren von ihrem »teutschen nach Freiheit dürstenden Herz«. Als ihr langjähriger Freund Gentz, der inzwischen zum Berater Metternichs aufgestiegen war, statt sich dem Bündnis von Preußen und Russland anzuschließen, ein Sonderbündnis mit Bayern bevorzugte, schrieb sie ihrem Bruder hell empört: »Diese veränderte Sprache von Gentz ist wahrlich unbegreiflich und unter aller Kritik … dessen ganz unwürdig, der stets ein so ganz prononzierter Feind Frankreichs war. Ich behaupte, daß, wem das Schicksal Deutschlands einerlei ist, ist schon ein halber Franzose, und wer sich so nah an Frankreich bloß mit Bayern alliieren will, ist es ganz.«

Sie schlägt vor, die Herzogin von Sagan, die damalige Geliebte Metternichs, zu bitten, Einfluss zu nehmen, denn: »So weit Deutsch gesprochen wird, sollte nur ein Interesse sein und eine Nation dastehen.«

Welche Rolle das deutsche Volk und seine Begeisterung für die deutsche Nation nun wirklich gespielt haben, ist kaum auszumachen. Allerdings muss man bedenken, dass die Franzosen von regulären Truppen besiegt wurden, die jetzt besser ausgebildet waren als Jahre zuvor, und dass die Abstimmung unter den verbündeten Fürsten nun weitaus besser funktionierte: »Man befahl uns den Patriotismus und wir wurden Patrioten; denn wir tun alles, was unsere Fürsten befehlen«, brachte Heinrich Heine es auf den Punkt. Sehnsucht nach Frieden und dem Ende der Fremdherrschaft war sicherlich weit verbreitet, aber eine Sehnsucht nach nationaler Einheit war für die meisten Untertanen ein viel zu theoretischer Begriff und hatte mit ihrem Leben wenig zu tun.

Im August 1813 trat dann auch Österreich der Allianz gegen Frankreich bei, obwohl Napoleon in zweiter Ehe mit einer Tochter des österreichischen Kaisers verheiratet war. Die entscheidende Schlacht bei Leipzig vom 16. bis 19. Oktober 1813 führte zum Rückzug Napoleons hinter die

Rheingrenze, und am 31. März 1814 standen die Alliierten vor Paris.

»Halleluja! Paris ist unser und der Frieden ... Herrlicher glorreicher Frieden«, jubelte Friederike, als die Nachricht von der Einnahme von Paris durch die alliierten Streitkräfte in Neustrelitz eintraf. Der preußische General Blücher soll beim Blick vom Montmartre über die besetzte Stadt gesagt haben: »Luise ist gerächt!« Wie groß auch immer der Wahrheitsgehalt dieser Anekdote ist, Friederike hätte ihr sofort zugestimmt. Um seinen Triumph zu vollenden, brachte Blücher auch die Quadriga vom Brandenburger Tor, die Napoleon nach der Besetzung Berlins 1806 nach Paris entführt hatte, zurück nach Berlin, wo die ehemalige Friedensgöttin seitdem als Siegesgöttin Viktoria den Zeitgenossen vom Sieg über Napoleon kündete.

Sobald aber der gemeinsame Feind besiegt war, zerfiel das Zweckbündnis der Fürsten wieder in viele Einzelinteressen, die die Friedensverhandlungen auf dem Wiener Kongress, der von September 1814 bis Juni 1815 dauerte, stark behinderten. Metternich meinte einige Monate nach dem Kongress: »Mein geheimster Gedanke ist, daß das alte Europa am Anfang seines Endes ist. Ich werde – entschlossen, mit ihm unterzugehen – meine Pflicht zu tun wissen. Das neue Europa ist noch im Werden; zwischen Ende und Anfang wird es Chaos geben.«

Im Herbst 1814 entschloss sich auch Herzog Karl, nach Wien zu fahren, um an den Beratungen der Fürsten teilzunehmen. Friederike begleitete ihn. In Wien traf sie viele Bekannte wieder. Neben Metternich, der den Kongress leitete, Friedrich Gentz, der später die Schlussakte ausarbeitete, dann ihren alten Freund Fürst de Ligne, dem das in allen Geschichtsbüchern zitierte Wort über die Arbeitsweise des Kongresses zugeschrieben wird: »Der Kongreß kommt nicht vorwärts *[ne marche pas]* – er tanzt!«

Vorwärtsmarschieren war auch nicht das Ziel des österreichischen Staatskanzlers Metternich, der Sicherheit und

Stabilität für Europa wollte, und um dieses Ziel zu erreichen, sollte am besten alles so bleiben, wie es war. Um die Fürsten bei Laune zu halten, gab es jede Menge Bälle, Redouten und Theateraufführungen.

Fürst de Ligne sollte das Ende des Wiener Kongresses nicht mehr erleben, er starb am 13. Dezember 1814 im Alter von 79 Jahren. Kurze Zeit später kehrte Friederike mit ihrem Vater nach Neustrelitz zurück, während ihr Bruder Georg zusammen mit dem Minister August Otto Ernst von Oertzen weiterhin in Wien die Interessen des Herzogtums vertrat. »Recht bis an den Hals habe ich das verruchte diplomatische Wesen und diese Lebensweise, von der ich nicht weiß, ob ich sie Tätigkeit oder Müßiggang nennen soll!«, schrieb Oertzen genervt, »aber nach solchen Krämpfen und Kämpfen, nach solchen Erfahrungen und nach so vielem vergossenem Blut sollte man doch etwas fortgeschrittener sein, sollte man doch nicht mehr echt napoleonisch in dem Sündenpfuhl des kleinlichen Egoismus stecken!«

Von Neustrelitz aus beobachtete Friederike gespannt das Geschehen in Wien, durch Georg und durch die offiziellen Berichte, die an den Herzog gerichtet waren, bestens informiert. Als die Flucht Napoleons von Elba bekannt wurde und er im März 1815 sogar triumphierend in Paris einzog, lag sie tagelang mit schweren Magenkrämpfen im Bett. »Das ganze Übel rührt von den Empfindungen her, die ich bei der Nachricht [hatte].« Sie empfindet Zorn und Gram über die »ungewisse Zukunft«.

»Das Schrecklichste wäre, wenn wieder deutsches Blut um ihn fließen müßte.« Trotzdem wusste sie, dass der Kampf weitergehen musste. Daher setzte sie sich heftig für den Fortbestand des mecklenburgischen Regiments ein, das ihr Vater, müde des Kampfes, ausgerechnet jetzt auflösen wollte. Da beide Brüder nicht vor Ort waren, sah sie es als ihre Aufgabe an, den Vater von der Notwendigkeit zu überzeugen, das Land verteidigungsbereit zu halten. In einem mehrseitigen Brief berichtete sie ihrem Bruder nach Wien über den Streit. »Mecklenburg soll nicht das letzte Land sein, welches daran teilnimmt, wird durch seine neuen Anstrengungen beweisen, daß es ihm ernst war, die gute heilige Sache zu verteidigen.« Aber erst ihrem Bruder Georg gelang es, den Vater zu überzeugen. Friederike musste etwas frustriert einsehen, dass sie als Frau nur beschränkte Einflussmöglichkeiten hatte. »Papa schwieg, denn er mag von einer Frau und vorzüglich von jemand, der nicht privilegiert ist, mittwochs im Council zu sein, keinen Rat annehmen.«

Dass sich die Fürsten in Wien dann doch einigten, lag wohl unter anderem daran, dass der gemeinsame Feind wieder aufgetaucht war. Erst die Niederlage bei Waterloo und ein zweiter Einmarsch der Alliierten in Paris am 7. Juli 1815 führten zur endgültigen Abdankung und Verbannung Napoleons nach Sankt Helena, wo er 1821 starb.

Fragt man nach den Ergebnissen der jahrelangen Kämpfe, die mit der Schlussakte des Wiener Kongresses 1815 festgeschrieben wurden, so ist es nicht das, was sich viele erhofft hatten.

»Die göttliche Vorsehung leitet unverkennbar neue Weltzustände ein, und es soll eine andere Ordnung der Dinge werden, da die alte sich überlebt hat und in sich selbst als abgestorben zusammenstürzt.« So hatte Luise noch 1809 in einem Brief an den Vater ihre Hoffnungen formuliert.

1815, nach dem Wiener Kongress, schien es dagegen, als ob es den alten Mächten Europas noch einmal gelungen war, eine neue Ordnung der Welt zu verhindern. So erfüllte sich die Voraussage des Fürsten de Ligne, der mit der Weisheit des Alters Napoleon von Anfang an nicht so ernst genommen hatte: »Mir erscheint übrigens diese ganze Mosaikarbeit auf der Landkarte nicht sehr gefährlich, denn sie kann nicht länger bestehen als der, der sie verursacht. Die Feder hat sie geschaffen, und die Feder wird sie seinerzeit wieder zerstören, wenn man sie nur richtig zu führen versteht.«

Es gab Landgewinne für die großen Mächte, eine Bestätigung der Souveränität der kleinen Fürsten und einen Deutschen Bund, der nicht mehr als ein ständiger Kongress von Gesandten der deutschen Einzelstaaten war und nicht einen der vielen Träume von einer nationalen Einheit realisierte. Und der, um mit Friederikes Worten zu sprechen, »doch immer nur eine Mißgestalt gegen das bleiben wird, was wir mit Recht zu hoffen und erwarten durften«.

Aber andere hat diese Entwicklung weitaus mehr enttäuscht: die Freiheitskämpfer, die geglaubt hatten, dass die Befreiung von Napoleon auch die Befreiung von landesherrlichen Zwängen nach sich ziehen würde. Es gab durchaus Staaten, die sich eine Verfassung gaben. Mecklenburg-Strelitz gehörte nicht dazu, und dies vermutlich auch deshalb, weil die Herzogsfamilie geschlossen nach wie vor vom Gottesgnadentum der Fürsten überzeugt war und demokratische Ideen ablehnte, weil sie die eigene Herrschaft gefährdeten.

Ein langsamer Abschied

>»Leider war es soweit gekommen, daß dieser
Tod für ihn und für mich ein Glück ist ... aber
es wäre besser gewesen, er wäre ein Jahr eher
gestorben.«[27]

Als Friederike diese Worte 1814 an ihre Freundin Frau von
Berg schrieb, hatte sie längst innerlich von dem Mann Abschied genommen, von dem sie 14 Jahre zuvor geglaubt
hatte, dass nur er sie glücklich machen könnte: »Ich bin verbunden mit dem einzigen Mann, der nach meinem Gefühl
mich hätte glücklich machen können. Er ist für mein Herz
das Ideal, welches es sich je machte. Ich suchte es zu tilgen,
aber umsonst, unbegreiflich wie der Magnet, der mich, der
unsere Herzen verband.«

Wie sehr hatte sie gehofft, dass die Krankheit ihres Mannes und seine Depressionen durch teuer bezahlte Kuraufenthalte, durch eine vom König gewährte Beförderung zum
Oberstleutnant oder durch den neuen Posten in Breslau geheilt würden. Vergeblich. Im Oktober 1809, als sie bei Luise
in Königsberg weilte, bekam sie die Nachricht, dass er endgültig seinen Dienst in der preußischen Armee quittiert
hatte.

»Der von Ihnen lang vorausgesehene Augenblick ist da,
mein Mann ist durch Kränklichkeit gezwungen, den König
um seinen Abschied zu bitten«, teilte sie ihrem Vater mit.
Weder der König noch die Königin noch Friederike haben
ihn dazu bewegen können, vor dieser Entscheidung noch
einmal einen Kuraufenthalt zu machen. Drei Monate hatte

sie mit ihm um dieses Thema »gekämpft«, ihn aber letztlich nicht überzeugen können.

Abgesehen von persönlicher Enttäuschung über die Unfähigkeit ihres Mannes, sich im Kampf gegen Napoleon zu bewähren, gefährdete diese Entscheidung auch die finanzielle Zukunft der Familie. Prinz Solms hatte ohne seine Offiziersbezüge kein eigenes Einkommen. Für die Unterkunft der Familie und ihren Lebensunterhalt, für die Erziehung der Kinder gab es allein Friederikes Rente. Der Fonds, den Friedrich Wilhelm III. in weiser Voraussicht für ihre Kinder angelegt hatte, war zwar inzwischen auf über 100 000 Taler angewachsen, aber davon wusste Friederike damals noch nichts.

Die Reaktion des Vaters zeigt wieder einmal den festen Zusammenhalt der Familie: Er bot ihr sofort einen dauerhaften Wohnsitz im Schloss in Neustrelitz an, was Friederike mit großer Dankbarkeit annahm – vorausgesetzt, ihr Mann sei einverstanden.

Trotz aller Enttäuschung über ihren Mann warb sie bei anderen um Verständnis für ihn. Man möge ihn als Kranken behandeln: »… überdies haben Kranke manchmal wunderliche Wünsche, und als solchen habe ich leider Ursache, ihn mehr oder weniger stets zu betrachten, und so bitte ich untertänigst auch künftig ihn als solchen mit Ihrer gewöhnlichen Gnade und Nachsicht zu betrachten und zu entschuldigen.«

Der Vater ist diesem Wunsch seiner Tochter offensichtlich nachgekommen und hat den Prinzen Solms persönlich eingeladen und Verständnis für seine Entscheidung signalisiert, was ihm sicherlich sehr schwer gefallen ist. Prinz Solms jedenfalls war entzückt über den Brief und die Anteilnahme an seiner Gesundheit. Er schrieb, wie schwer ihm der Abschied vom Militärdienst gefallen war. »Ich glaubte jedoch, dieses Opfer mir Selbst und allen den lieben Meinigen schuldig zu sein und brachte es gern und willig.«

Nicht nur aus diesem Brief spricht eine schon fast bedauernswerte Unterwürfigkeit, hervorgerufen durch das Bewusstsein des eigenen Versagens und der Abhängigkeit vom Wohlwollen seines Schwiegervaters, der seiner Familie wieder einmal einen sicheren Wohnort anbot. Stellvertretend für andere Briefe sollen hier die Worte sein, mit denen er auf das Angebot reagierte: »Mit wahrem Vergnügen nehme ich Ihre gnädige Offerte an … Wie könnte ich mich mit meiner lieben Frau besser befinden als in der Nähe des Vaters, den wir beide mit gleicher Innigkeit verehren.«

Bis zu diesem Zeitpunkt hatte Friederike in ihren Briefen nur in vorsichtigen Andeutungen über den Zustand ihres Mannes geklagt. »Ihrer armen Freundin ist hienieden kein Glück beschieden. Es ist seit fünfzehn Jahren mein Schicksal mehr oder weniger verkannt oder verfolgt zu sein. Ich betrachte es als eine lange Prüfung des Himmels, die hoffentlich ein Ende haben wird.«

Ihre Umgebung hielt sich da längst nicht mehr zurück. Weder Frau von Voss noch Luise hatten für den Prinzen etwas übrig, selbst Friedrich Gentz sprach über ihn, nachdem er Friederike und ihren Mann 1810 in Teplitz bei der Kur getroffen hatte, als »der brutale Solms« – wobei man seine Äußerungen sicher mit Vorsicht genießen muss, denn Gentz hatte sich leidenschaftlich in Friederike verliebt.

Die Rückkehr des Hofes nach Berlin Ende 1809 hatte beim Prinzen Solms Hoffnungen geweckt, dass auch er nach so vielen Jahren der Verbannung endlich die Erlaubnis des Königs erhalten würde, sich wieder in Berlin niederzulassen. Umso größer war seine Enttäuschung, als der König zwar Friederikes Besuche bei ihrer Schwester genehmigte und Friederike auch wieder an den Hofzeremonien – so zum Jahrestag der Krönung – teilnehmen durfte, diese Einladungen aber nicht für ihn galten; von einem dauerhaften Aufenthalt in der Hauptstadt konnte er nicht einmal träumen.

In Neustrelitz fühlte er sich von Anfang an nicht wohl. »Hier soll ich alle Tage leben? Alle Tage meines Lebens?«, fragte er entsetzt schon am ersten Abend der Rückkehr und blamierte Friederike vor ihren Gästen. Sie schrieb: »Denke dir meine Verlegenheit und meinen Schreck: Hier an der Tafel führt er die Conversation, und das mit einer Taktlosigkeit, die einen grausen macht.«

Die Situation spitzte sich in den folgenden Monaten immer mehr zu, wohl auch, weil die Familie zum ersten Mal seit langem wieder für einen längeren Zeitraum unter einem Dach zusammenlebte und Prinz Solms keine Aufgaben hatte. So beherrschten ihn Langeweile und Unzufriedenheit – und das Leben mit ihm wurde zur Qual. Er beklagte sich über seine zu geringe Pension, darüber, dass sein Schwiegervater ihm noch keine Jagd besorgt hatte, über die Langeweile und darüber, dass ihn niemand besuchte und er auch keine Einladungen erhielt. Er wollte ein Gut pachten und eine Kur in Teplitz machen. Wenn seine Frau ihn dann auf die Kosten aufmerksam machte und ihn fragte, wer das denn alles bezahlen solle, reagierte er trotzig: »… so wird er mürrisch, schlägt die Tür zu, sagt, ich will gar nicht mehr nach Teplitz usw. Das sind die Tage, wo meine Leiden sich mehren, wo meine Nerven darüber zu Grunde gehen, denn die Überwindung, dabei ruhig zu bleiben, ist über meinen Kräften.«

Besonders schlimm waren für Friederike seine »eifersüchtigen Quälereien«, für die sie so gar kein Verständnis aufbringen konnte, denn sie richteten sich gegen ihren Vater. Für Friederike war es ganz natürlich, dass sie und ihre Familie sich, da sie in seinem Haus lebten, nach seinen Wünschen richteten. Außerdem liebte sie ihren Vater und war ihm unendlich dankbar für das, war er für ihre Familie tat. Prinz Solms dagegen fühlte sich in seiner Rolle als Ehemann nicht ernst genommen, wie Friederike ihrem Vater 1811 aus Teplitz schrieb: »Daß er oft klagt, daß er in Strelitz so wenig bei und mit mir ist, weil ich mich nur immer nach Ihnen und nicht nach seinem Willen richte, daß wie er sich ausdrückt, er nicht wüßte, ob er eine Frau hat oder nicht.«

Immer häufiger suchte Friederike in ihren Briefen ein Ventil für ihre Not und ihre Ratlosigkeit. »Ach Gott! Welch ein Kummer, Welch ein Kummer!«, begann sie einen Brief an Frau von Berg und erzählte der Freundin, wie sehr ihr Mann den Ort hasste, der für sie und die Kinder längst neue Heimat geworden war. Solms wollte in Berlin leben, dort hatte er von früher her Freunde, und man würde ihm schmeicheln. Das würde ihm gefallen und ihn in eine bessere Stimmung versetzen.

In Neustrelitz dagegen war er nur am Jammern und hatte schlechte Laune. »Gott weiß, was für ein Opfer ich ihm gebracht habe.« Dabei war er doch mitverantwortlich dafür, schrieb sie, dass die Familie nicht in Berlin bleiben durfte. Der König hatte die Umstände der Hochzeit 1799 keinesfalls vergessen – und Prinz Solms hatte in den letzten Jahren die schlechte Meinung des Königs über ihn in keiner Weise durch ein vorbildliches Soldatenleben oder gar militärische Erfolge ändern können. »Gott weiß, daß ich die unglücklichste aller Frauen bin.«

Sie machte sich Vorwürfe, den König nicht über Verbündete, wie Hardenberg oder andere Minister, stärker gebeten zu haben, die Familie in Berlin wohnen zu lassen, und beklagte sich, dass ihr Mann offenbar gar nicht verstünde, warum das alles so schwierig sei. Zu allem Überfluss sagte er ihr dann auch, dass er selber zwar todunglücklich sei, aber Hauptsache sie sei glücklich, was sie natürlich so nicht sein konnte. »Und das von einem Mann, dem man alles geopfert hat!«

Zum ersten Mal schrieb Friederike in solcher Deutlichkeit, wie es um ihre Ehe wirklich stand, und sie beendete den Brief an ihre Freundin mit den ernüchternden Worten: »… es ist mir immer klarer als jemals, daß man kein schweres oder leichtes Opfer bringen muß, wenn es sey, außer der Tugend und allem, was recht ist. Ich habe mein Leben lang daran zu bluten, denn die Wunde, die ich mir gemacht, heilt nie.«

Prinz Solms – der in seinem Leben nur noch eine Leidenschaft kannte: die Jagd – zog aus der unerträglichen Situation in Neustrelitz insofern seine Konsequenzen, als er sich in den folgenden Jahren monatelang in den preußischen Jagdrevieren in Schlesien oder auf dem Stammschloss der Familie Solms in Braunfels zum Jagen aufhielt. Alkohol und ungesunde Kost verstärkten seine Gicht und seine Schwermut, zumal ihm durchaus klar war, dass sein Versagen im Beruf zu einer Zeit, wo jeder halbwegs tüchtige Mann sich im Befreiungskrieg gegen Napoleon engagierte, ihm die Verachtung des preußischen Königs und vieler Offiziere eingebracht hatte.

Nur manchmal wurde er sich bewusst, was Friederike für ihn getan hatte. So in einem Brief aus dem Jahr 1812, den er aus Neustrelitz an seinen Bruder schrieb: »Den anderen Monat kommt mein Sohn Wilhelm von hier weg, in die école militaire nach Berlin auf fünf Jahre. Daß dies meiner Frau viel kostet, kannst Du leicht glauben; denn sie hat nichts wegzuwerfen. Sie hat Schulden, die nicht geringe sind. So sorgt sie für alles; wäre sie nicht so brav, so wäre ich der unglücklichste Mensch von der Welt. Es ist ihr noch nie eingefallen, mir nur zu verstehen zu geben, daß ich gar nichts für die Kinder tun muß, was doch sonst so leicht im weiblichen Charakter [liegt].«

Friederike, die stets zu ihm gehalten hatte, betrachtete nun sein Verhalten zunehmend frustriert und kritisch. Von einer Trennung, die ihr selbst von ihrem Vater, ihren Brüdern und auch von ihrem Schwager, dem Fürsten von Solms-Braunfels, nahegelegt wurde, wollte sie aber lange Zeit nichts wissen. Wenn sie auch nicht mehr glücklich mit ihm war und wohl auch keine Hoffnung in dieser Richtung mehr hatte, so tat sie doch das, was sie wie bei ihrem ersten Mann für ihre Pflicht als Ehefrau hielt. Im Februar 1812 kam ihr letztes gemeinsames Kind Karl zur Welt.

In einem Brief an Gentz vom 4. Februar 1813 sinniert sie über das Leben nach, wo »irren menschlich ist, und Irrtum auch in den hellsten Stunden möglich, ja – ich möchte sagen, unser Los ist«.

Im April 1813 ist die Beziehung am absoluten Tiefpunkt angekommen. Prinz Solms wollte unbedingt zur Kur nach Teplitz, während Friederike nicht wusste, wovon sie das bezahlen sollte, aber sie ließ ihn gehen.

»Dieses Geld jetzt auszugeben, ist wahrhaft sündlich. Doch werde ich Gott danken, wenn er fort ist, denn von den Plagen hat kein Mensch einen Begriff. Er ist meinem Vater und allen Menschen so zum Ärgernis, daß er fortgehen und seine Unvernunft weiter tragen [muß]. Bis jetzt kam noch keine freudige Begrüßung oder ein Lächeln aus ihm heraus bei einer guten Nachricht; er trachtet, die gute Stimmung zu stören und nimmt stets die Partei der Franzosen.«

Wobei das Letztere den Prinzen Solms wohl die allerletzten Sympathien gekostet hat, denn im Herzogshaus war niemand gut gelitten, der für Napoleon und die Franzosen Partei ergriff.

Es war insgesamt ein langsames Abschiednehmen, das im Frühsommer 1813 durch ein unerwartetes Ereignis stark beschleunigt wurde und schließlich Ende des Jahres in eine Scheidung mündete.

Am 21. Mai traf Friederikes Cousin Ernst August, Herzog von Cumberland, in Neustrelitz ein, um seinen Onkel, den Herzog von Mecklenburg-Strelitz, zu besuchen. Er selber schrieb 23 Jahre später an Friederike über seine Ankunft: »Es ist mir so frisch in Erinnerung, wie wenn es erst gestern gewesen wäre. Ich sehe Dich oben auf der Treppe, die alte Großmama und die Damen, und in diesem Augenblick spielte die Kapelle unter meinen Fenstern im Blumengarten eine Serenade. Welch ein herrlicher Abend! Wie die Blumen dufteten! Ich kann wahrlich sagen, daß dies der schönste und glücklichste Augenblick meines Lebens war.«

Es folgten weite Spaziergänge und lange Gespräche, bei denen Friederike sich mit dem Herzog anfreundete. Endlich war sie so weit, sich von ihrem Mann, der sich seit dem Frühjahr 1813 nicht mehr hatte blicken lassen, zu trennen. Aber auch jetzt fühlte sie sich für ihn verantwortlich. »Er selbst wird, wie Sie aus den angeschlossenen Briefen sehen, die Sache gütlich abmachen. So soll sie auch der Welt erscheinen, nämlich als das Resultat einer gegenseitigen freien Übereinkunft«, schrieb sie an seinen Bruder, den Fürsten von Solms-Braunfels, und bat ihn, ihrem Mann nicht vorzuwerfen, was alle ohnehin wussten, dass dessen Verhalten der eigentliche Grund der Scheidung war.

Bereits im Oktober 1813 gab es eine grundsätzliche Übereinkunft zwischen ihrem Vater und dem preußischen König, die im Dezember in der Scheidungsurkunde festgeschrieben und von allen Beteiligten unterschrieben wurde. Das Sorgerecht für die Kinder wurde ausschließlich auf Friederike übertragen. Prinz Solms musste auf jede Teilnahme an der Erziehung verzichten, was ihn wohl nicht sonderlich getroffen haben wird, denn daran beteiligt hatte er sich in den vergangenen Jahren ja ohnehin nicht. Auch bei einem Tod Friederikes wurde er nicht als Vormund vorgesehen, sondern der jeweils regierende Fürst von Mecklenburg-Strelitz. Friederike verpflichtete sich, ihrem Mann auf Lebenszeit eine jährliche Rente von 2400 Talern zu zahlen.

Und so endete nach 15 Jahren eine Ehe, die mit so viel Hoffnung, Glück und Liebe begonnen hatte. Oder war es eher Leidenschaft gewesen? Sieben Kinder hatte Friederike in dieser Zeit geboren, von denen vier noch am Leben waren.

»Was die wahre Liebe angeht, gibt es unvermeidliche Schmerzen, Fesseln, Peinlichkeiten vor der Gesellschaft, Hindernisse, die unserem Verlangen entgegenstehen; die Unsensibilität des einen und schließlich auch der Tod, mit dem alles endet. Diese unglücklichen Umstände sind die Quellen schlimmer Schmerzen, denen niemand entrinnen kann«, ließ Louis Bonaparte, ein Bruder Napoleons, in seinem Roman »Marie oder die Leiden der Liebe« seine Titelheldin sagen. Friederike hatte sich das Buch 1813 schicken lassen, denn die Geschichte traf genau ihre Stimmung in der Endphase ihrer Ehe mit Solms.

Sie trennten sich nicht im Zorn, das geht aus allen Briefen hervor, sondern in dem gegenseitigen Wissen, dass ihnen in dieser Beziehung glückliche Momente zu Beginn, aber kein dauerhaftes Glück beschieden war.

»Habe ich Dich beleidigt, so vergieb mir; ich habe es auf Ehre nicht gewollt und habe es nicht verstanden, Dich glücklich zu machen, wie ich's gern gewünscht hab ...«, schrieb Prinz Solms zum Abschied an Friederike.

Nur wenige Monate später, noch ehe die Scheidung publik wurde, starb er in Schlawentschütz in Schlesien an einem Schlaganfall. Er hat »ein Leben verlassen, das ihm zur Last war wie die ganze Welt es ihm war«, kommentierte Friederike seinen Tod.

Herzogin von Cumberland –
Hochzeit *1815*

»Aber wenn man sich auch noch so glücklich
fühlt, ist es doch unmöglich, daß man den Eindruck und den Nachklang all dessen nicht emp-
fände, was man schon erfahren hat, und so ist
natürlich mein Glück, mein Gefühl nicht so
unbefangen wie das eines jungen Menschen, der
das Leben noch vor sich hat.«[28]

Diese Zeilen schrieb Friederike zwei Tage nach ihrer offiziellen Verlobung mit ihrem Cousin, dem Herzog von Cumberland, im August 1814. Sie war glücklich, dass ihre Einsamkeit vorbei war, glücklich, noch einmal ein neues Leben
anfangen zu können. Mit 36 Jahren hatte sie bereits zwei
Ehen hinter sich und war jede mit großen Hoffnungen und
Gefühlen und vor allem die zweite mit großer Leidenschaft
eingegangen. Am Ende war sie verletzt und enttäuscht und
nur froh, dass beide Beziehungen durch den Tod unwiderruflich beendet wurden.

»Wenn man ein Buch gelesen hat und ist nun zu dem letzten Teil des Buches gekommen, fühlt man alles, was man
gelesen hat, im Zusammenhang, so ist es mir. Sie wissen,
ich glaube immer, daß mir nicht viele Blätter mehr zu lesen
übrig bleiben.« Leichte Melancholie in einem Moment, in
dem sie ein drittes Mal ihr Schicksal einem Mann anvertraut.

Wenn sie das Glück diesmal nicht so »unbefangen« empfand, dann wohl auch deshalb, weil sie mit all den gemachten Erfahrungen diesmal keine so großen Erwartungen

mehr hatte und darum die Wahrscheinlichkeit einer Enttäuschung von vornherein geringer war.

Wer aber war der Mann, mit dem Friederike unmittelbar
nach ihrer Scheidung und dem Tod des Prinzen Solms einen
dritten Versuch starten wollte?

Im Gegensatz zu ihren beiden ersten Männern sind wir
relativ gut über Ernst August, Herzog von Cumberland, informiert. Er wurde 1771 als achtes Kind des englischen Königs Georg III. und seiner Frau Charlotte von Mecklenburg-Strelitz, der Tante Friederikes, in London geboren
und wuchs auf dem Landsitz Kew des Königs auf. Da das
englische Königshaus seine eigentliche Heimat immer noch
im Kurfürstentum Hannover sah, wurde Ernst August mit
15 Jahren zur weiteren Erziehung zusammen mit seinen beiden Brüdern August und Adolf an die Universität nach
Göttingen geschickt. Nach dem Abschluss seines Studiums
schlug er die Militärlaufbahn ein und wurde schon bald Colonel in der 1. Brigade des 9. Hannoverschen Dragonerregiments. Er nahm aktiv teil an den Kämpfen der Jahre 1793/94
gegen die Franzosen und wurde in der Schlacht von Tournai am 10. Mai 1794 am Arm durch eine Kugel und am linken Auge durch den von Einschlägen erzeugten Luftdruck
verletzt. Von Geburt an kurzsichtig, war dies für ihn ein
besonderer Schicksalsschlag, denn die Probleme mit seinen Augen verfolgten ihn sein Leben lang. So wurde er 1813
unter anderem nicht Gouverneur von Hannover, weil der
einflussreiche Chef der Deutschen Kanzlei in einem Bericht
an den britischen Prinzregenten (in London) depeschierte:
»… in Ansehung des Militärs macht ihn seine fast an Blindheit grenzende Kurzsichtigkeit zum Kommando unfähig« –
was wohl eine Übertreibung war, wie Willis meint.

Bis 1813 hatte er es bis zum Feldmarschall gebracht, wenn
er auch von seinem Vater nie in dem Maße gefördert und mit
wichtigen Aufgaben betraut wurde, wie er es sich wünschte,
was ihn oft verzweifeln ließ. »Aber es scheint, als ob ich
unter einem unglücklichen Stern geboren bin.«

Zum Zeitpunkt seiner Verlobung mit Friederike war er 43 Jahre alt, und das Urteil seiner Zeitgenossen über seinen Charakter ist mehr als zwiespältig. Frau von Voss, bei der er mehrfach in Berlin zu Gast war, »liebte« ihn gar nicht, was nicht unbedingt etwas heißen muss, denn die Liebe der ehemaligen Hofdame von Königin Luise galt allein dem preußischen König und Luises Kindern. Wenn Friederike seinen Ruf in gewissen Kreisen in England gekannt hätte, dann hätte sie wohl eher das Weite gesucht. Er soll seinen Diener erschlagen, ein Verhältnis mit seiner Schwester gehabt, seine Soldaten, die ihn nachweislich sehr schätzten, tyrannisiert haben – es gab kaum eine Schlechtigkeit, die man ihm nicht anhängte.

Um dies richtig einschätzen zu können, muss man wissen, dass die englische Parteipolitik des 18. Jahrhunderts es für die königliche Familie unmöglich gemacht hatte, ein normales Familienleben zu führen. Die Opposition versuchte ständig, Keile zwischen die einzelnen Familienmitglieder, vor allem zwischen die Söhne und ihre Eltern, zu treiben. Die Probleme, die jede Familie mit heranwachsenden Kindern durchmacht, wurden zu nationalen Krisen aufgebauscht und im Parlament behandelt.

Zur Zeit Georgs III. gab es ein Tauziehen zwischen den Tories, den Königstreuen, und den Whigs, die den großen Familien, ob von Adel oder reich, nahe standen. Diese Familien kämpften für die Rechte des Parlaments gegen den König. Ernst August stand dabei aufseiten seines Vaters, und jeden Rückschlag ihrer Forderungen interpretierte die Opposition als Ergebnis seines Einflusses. Da er zudem im Gegensatz zu seinen Brüdern klare politische Ziele verfolgte, wurde er zu einer Gefahr für die Politik der Opposition. Um seinen Einfluss zu untergraben, erfand man Geschichten.

Lady Harcourt, Frau eines Generals, die ihn von Jugend an kannte und kein Interesse hatte, ihn schlechtzumachen, beschrieb ihn 1793: »Ernst August ist überaus beliebt … Er ist ein echter Husar, dabei offen, lebhaft und sehr gutmütig … Er wird von allen geliebt und gilt als guter Offizier … Ich selbst habe nie eine angenehmere Natur oder ein gütigeres Herz kennengelernt.«

Auch Gräfin Bernstorff sah ihn positiver, wenn sie auch zugab, er könne oft sehr grob sein. »Dieser Herr verbindet mit einem feinen, ja spitzen Verstand Reinheit des Wesens, mit Schärfe des Urteils anscheinende Treuherzigkeit.« Selbst Goethe, der ja Friederike schon lange kannte und 1815 auch den Herzog in ihrer Begleitung kennenlernte, verstand sich auf Anhieb so gut mit ihm, dass er beiden zur Erinnerung an den Besuch in der Gerbermühle, dem Landsitz des Bankiers von Willemer in Frankfurt am Main, das folgende Gedicht widmete:

> »Wohlerleuchtet, glühend-milde
> Zog der Fluß im Abendschein,
> Über Brück und Stadtgebilde
> Finsternisse sanken ein.
>
> Doch am Morgen ward es klar,
> Neu beganns umher zu grünen
> Nach der Nacht, wo jenes Paar
> Sternengleich uns angeschienen.«

Es ist insgesamt schwierig, ein objektives Bild von ihm zu gewinnen, da zu oft seine politischen Ziele, die er konsequent und ohne Kompromissbereitschaft verfolgte, das Urteil seiner Mitmenschen in Bezug auf seinen Charakter stark beeinträchtigten. Fest steht wohl, dass Ernst August schwer beeinflussbar war, es widerstrebte ihm, etwas zu tun, wenn er nicht mit dem Herzen dabei war. Aber wenn er von etwas überzeugt war, blieb er dabei.

Er hatte einen Hang zur Satire und bedachte seine Mitmenschen und die Vorgänge in seiner Umgebung oft mit Ironie und Spott. Da er seine Meinung auch offen auf Gesellschaften kundtat, stieß er so manchen vor den Kopf.

Fest steht auch, dass er politisch zu den Erzkonservativen zählte. Er war Monarchist, gegen jede demokratische
Strömung und lehnte ein Mitspracherecht von Parlament
und Bürgern ab. Er bekämpfte leidenschaftlich die Franzosen und Napoleon, wenngleich er immer wieder von England aus gebremst wurde und nicht das Kommando bekam,
das er sich wünschte.

Seine politische Einstellung aber galt in Friederikes Familie als die beste Empfehlung, außerdem war er ihr Cousin
und der Patensohn ihres Lieblingsonkels Ernst. Sie schätzte
an ihm auch, dass er zu einem seiner Brüder eine ähnlich
enge Beziehung hatte wie sie zu Georg. »Der Prinzregent ist
dem Herzog recht treu ergeben, und so gern alles aus Liebe
für ihn tut; und ebenso der Herzog seiner Freundschaft für
sich bedarf – wie wir untereinander Gottlob!«

Ein kleiner Haken an dieser Beziehung war, dass Ernst
Augusts Bruder Adolf, der Herzog von Cambridge, 1798
mit Friederike inoffiziell verlobt gewesen war. Dies war für
alle direkt Beteiligten aber längst vergessen und vergeben,
niemand konnte ahnen, welche Probleme sich daraus neu
ergeben würden.

»21. Mai 1813« steht eingraviert in einem schmalen Gold-
ring, den Friederike noch an ihrem Todestag trug. Es ist der
Tag, an dem Ernst August zum ersten Mal nach Neustrelitz
kam, Friederike sah und sich sofort in sie verliebte. Wir wissen nicht, ob es ihr ähnlich ergangen ist. Sie war sehr einsam,
wovon ihre Briefe an Frau von Berg erzählen, froh, dass ihr
Mann endlich abgefahren war – und doch nicht frei. Daher
hat sie die Aufmerksamkeiten des Herzogs sicher gerne angenommen, vielleicht zunächst als willkommene Ablenkung.
Sie unternahmen gemeinsame Spaziergänge, besuchten das
Schloss Hohenzieritz, wo Luise gestorben war. Anders als
zu ihrem Mann, der nur um sich selber und seine Probleme
kreiste, konnte sie mit Ernst August auch über ihre Schwester und deren Tod reden. Er hörte zu.

Und während Prinz Solms immerzu die Partei Napoleons

ergriff, teilte Ernst August ihren leidenschaftlichen Hass
auf die Franzosen und kannte selber nur ein Ziel, das besetzte Hannover, die Residenzstadt, für die englische Krone
zurückzugewinnen. Das war auch der eigentliche Grund,
warum er nach Neustrelitz gekommen war. Er hatte gehört,
dass sein Onkel im Begriff war, ein Freiwilligenkorps auf-
zustellen.

Friederike hatte diesmal die Freude, zu sehen, dass der
Mann, der sich für sie interessierte, die volle Zustimmung
ihrer Familie fand – und das, obwohl sie noch verheiratet
war.

Denn eines geht aus den Hunderten Briefen, die er ihr
geschrieben hat, hervor: Für Ernst August war Friederike
die große Liebe seines Lebens, eine Frau, der er vertrauen
konnte, ohne befürchten zu müssen, dass sie ihm in den Rücken fiel. Und eine solche Liebe hatte es in seinem bisherigen Leben noch nicht gegeben.

Leider gibt es von ihr nur wenige Briefe an ihn, die erhalten sind. Ernst August hatte befohlen, sie alle nach ihrem
Tod zu vernichten. Seinen Briefen war das gleiche Schicksal
zugedacht, aber sie wurden (nur) weggeschlossen und sind
so erhalten geblieben.

Zunächst aber ging der Herzog nach Berlin zurück, denn
Friederike war eine verheiratete Frau, und er wollte sie nicht
ins Gerede bringen. Allerdings betrieb sie von diesem Moment an ihre Scheidung, wobei sie überall offene Türen ein-
lief. Als die Scheidung im Januar 1814 ausgesprochen wurde,
bekam sie sogar einen Glückwunsch aus England von ihrer
Tante Charlotte, die normalerweise mit Menschen, die sich
scheiden ließen oder andere den Ruf gefährdende Dinge
machten, nichts zu tun haben wollte.

Der Tod von Prinz Solms im April machte aus Friederike
eine Witwe, auf die kein Schatten fiel, denn die Scheidung
war noch gar nicht publik geworden.

Kurz danach machte Ernst August ihr einen Antrag,

schriftlich, weil Friederike zur Kur in Teplitz weilte und erst im August zurück erwartet wurde, das Parlament in England aber förmlich einer Ehe zustimmen musste, sich jedoch Ende des Sommers vertagen würde.

»Du kannst nicht zweifeln, teure und geliebte Cousine, daß das Glück, so oft in Deiner Gesellschaft verweilen zu dürfen, die Achtung und Freundschaft, die ich immer für Dich empfunden habe, noch vermehrt hat. Seit der Zeit, da ich Dich als frei betrachten durfte, haben sich aber diese Achtung und Freundschaft in ein zärtlicheres Gefühl verwandelt.«

Er bat sie um ihre Hand, und wenn sie annehmen würde, »kann ich nur sagen, daß ich der glücklichste aller Menschen wäre und mich immer bestreben würde, Dich glücklich zu machen und jenem Bund nachzueifern, der zwischen dem teueren Engel und dem guten und achtenswerten König bestanden hat«.

Spätestens da wird er Friederike endgültig für sich gewonnen haben, denn die Beziehung ihrer Schwester zu Friedrich Wilhelm III. galt, bei allen Problemen, die sich aus dem Charakter des Königs ergaben, doch als sehr glücklich. Außerdem benutzte Ernst August inzwischen auch den Ausdruck »teurer Engel« für die Schwester, den alle Geschwister in ihren Briefen gebrauchten, wenn sie über Luise sprachen. Ein Zeichen, wie sehr Ernst August bereits Teil dieser Familie geworden war.

Auch Friederikes Sorgen um ihre Kinder konnte er ihr nehmen. Die beiden großen aus der Ehe mit Louis von Preußen gingen schon ihre eigenen Wege – und was die vier Kinder aus der Ehe mit dem Prinzen Solms betraf, die »könnten es gar nicht erwarten, den Herzog Vater zu nennen«, schrieb sie selber. Karl war zu diesem Zeitpunkt zwei, Alexander sieben, Auguste zehn und Wilhelm zwölf Jahre alt.

»... habe ich Dir nicht erklärt«, schrieb Ernst August, »es würde mein ständiger Wunsch sein, Dich zur glücklichsten aller Frauen zu machen? Ich habe geglaubt, Du würdest diese Erklärung so aufgefaßt haben, daß jeder Vorschlag, den Du mir machst, für mich ein Gesetz sein würde, denn ich habe nicht einen Augenblick angenommen, daß eine so vollkommene Frau wie Du, die ohne Kompliment oder Schmeichelei mir immer als Muster einer Mutter erschienen ist, sich von ihren Kindern trennen möchte … Du weißt, daß ich sie bereits sehr liebe, und wenn Du meine Hand annimmst, kannst Du sicher sein, daß ich als Dein Gatte ihr Vater sein werde.«

Friederikes Vater war im Prinzip einverstanden mit der Hochzeit, der preußische König war hoch erfreut, Ernst Augusts Bruder, der britische Prinzregent, hatte nichts dagegen, selbst die englische Königin, von deren Entscheidung man die Hochzeit abhängig gemacht hatte, schickte ihrem Sohn »ihre herzlichsten und aufrichtigsten Wünsche«.

Und doch wurde alles sehr viel schwieriger als geplant.

»O Hoffnung, was wären wir ohne Dich!«, schrieb Friederike leicht genervt noch drei Wochen vor dem geplanten Hochzeitstermin ihrem Bruder nach Wien und spielte damit auf die immer noch ausstehende Genehmigung einer Erhöhung der Apanage für den durch die Hochzeit sich vergrößernden Haushalt des Herzogs durch das Parlament in England an. Fast ein Jahr hatten die Mitglieder des Unterhauses die Entscheidung hinausgezögert, um sich auf diese Weise am Herzog für seine politische Meinung zu rächen. Dass das rechtswidrig war, störte die Parlamentarier wenig.

»Noch größeres Unbehagen verursacht mir jetzt der Umstand, daß das Witwenjahr am 12. April zu Ende geht, und ich daher dringend auf eine Antwort warte, denn als Mann von Ehre gerate ich in eine unmögliche Lage, wenn ich dann immer noch nicht eine Antwort aus England habe«, schrieb Ernst August erbost an seinen Bruder, der helfen wollte, aber nicht konnte.

Friederike war vor allem empört über die Queen, die sie für die Verzögerung mitverantwortlich machte und der sie unterstellte, dass sie mit zwei Zungen redete. Sie müsse daran denken, dass sie auch Schwester, Mutter und Tante sei, beschwerte sie sich bei Georg. Sie hätte wenigstens ihrem Bruder Karl sagen müssen, wenn sie nicht für die Hochzeit sei.

Friederikes Vater, der die Familie seiner Tochter schon kräftig unterstützte, indem er ihr ein Zuhause im Schloss geboten hatte, wollte ohne eine offizielle Genehmigung aus England seine Zustimmung zur Hochzeit nicht geben, denn die Versorgung der Solms'schen Kinder musste geregelt werden. Eine Zusicherung Ernst Augusts reichte ihm nicht, denn Karl II. wusste zu gut um die Verhältnisse in England und um die finanzielle Abhängigkeit des Herzogs, der über keine anderen Einkünfte als seine Junggesellenapanage verfügte.

Schließlich half der preußische König. Er hatte ohnehin vorgesehen, dass Friederike als preußische Prinzessin und damit dem Herzog im Rang gleichgestellt heiraten sollte. Friedrich Wilhelm III. reichten die Briefe, in denen sowohl der Prinzregent als auch der Lordkanzler ihre Zustimmung gegeben hatten, als Sicherheit aus – und er sah keinen Grund zum Misstrauen. Vorsichtshalber gewährte er Friederike aber ihre Apanage, die der preußische Staat bislang gezahlt hatte, weiter, bis das Geld in England genehmigt sein würde. Außerdem wurde der Fonds, den er 1799 angelegt hatte, jetzt auf Friederike überschrieben.

Die Trauung fand am 29. Mai 1815 in der Stadtkirche von Neustrelitz statt. Aus der Kirche hatte man sämtliche Bänke entfernt und kostbare Teppiche ausgebreitet. Alle Glocken läuteten, als sich vom Schloss her die Wagen näherten.

Ihre Kinder, die Großmutter, der Vater, ihr Bruder Karl und Abgesandte aus Schwerin und England nahmen teil. Ernst August trug die rote Uniform eines britischen Feldmarschalls, Friederike ein neues Kleid aus Drapé d'argent. Sie galt schon immer als sehr modebewusst und hatte jahrelang mit Luise bei den sommerlichen Kuraufenthalten die Mode mitbestimmt. Noch mehr als das Kleid hatte sie der Schmuck beschäftigt, den sie von allen Seiten anlässlich der

Hochzeit geschenkt bekam und von dem sie nicht wusste, welchen sie am besten tragen sollte. Schließlich hatte sie beschlossen, alles »unterzubringen«: den Kamm des Herzogs, eine Königskrone, um den Hals die Spange von ihrem Vater, die großen Ohrringe von ihrer Großmutter und am Busen den schönen Rosenzweig des Prinzregenten. »Was ich aber im Busen trug, war schöner und kostbarer als alle dieser Prunk, und vor die Dankbarkeit gegen Gott, die Liebe eines herrlichen Menschen.«

Ausführlich berichtete Friederike ihrem Bruder Georg, der zu ihrem großen Kummer nicht dabei sein konnte, von dieser Hochzeit, die so ganz anders war als die letzte 1799, als alles heimlich und unter Tränen und Schuldgefühlen passierte mit einem Pastor, der für sein Schweigen mit einer lebenslangen Pension belohnt werden musste.

Als sie diesmal zum Altar schritt, um die Ringe mit Ernst August zu tauschen, schien die Sonne in die Kirche und warf »gerade ihre Strahlen über den Altar und uns herüber an die Säulen … Ich leugne nicht, daß es mich freute und daß ich es als gutes Zeichen ansah.«

Um zwei Uhr mittags war die Trauung vorüber: »Als alte Frau und Mutter hatte ich mir alle sonst üblichen Zeremonien verbeten.«

Aber tagelang wurde gefeiert: »Die 4 Tage des Festes hier waren ganz vortrefflich, es fehlte nichts am Gelingen des Ganzen und übertraf in jeder Hinsicht alle Erwartungen, nur war es zum Sterben anstrengend.«

Danach fuhren sie nach Berlin, wo Verwandte und Freunde, vor allem aus der preußischen Herrscherfamilie, sie empfingen. »Der gute König war wie ein Engel für mich, und so die ganze Familie.«

Der Biograph des Herzogs, Geoffrey Malden Willis, schreibt, es sei bei beiden Liebe auf den ersten Blick gewesen. Bei Ernst August stimmt das sicher. Alle seine Briefe an sie sprechen davon. Sie ähneln den Briefen, in denen Friederike 1799 über den Prinzen Solms schrieb: Briefe voll ungestü-

mer Leidenschaft, die keine Grenzen kannte, voller Poesie,
die Rede war von Herzen, die wie zwei Magnete nicht voneinander loskommen.

Diese Art Leidenschaft, die, wie Marie in Louis Bona-
partes Roman sagt, nicht für die Ewigkeit ist und immer
in Leid und gegenseitiger Enttäuschung endet, kann man
wohl nur einmal im Leben erfahren, und es waren vermutlich nicht solche großen Gefühle, die Friederike für Ernst
August empfand. 25 Jahre später, anlässlich ihrer silbernen
Hochzeit, schrieb sie ein Gedicht, in dem sie für ihn das
zum Ausdruck bringt, was das Wort Liebe in ihrer dritten
Ehe für sie bedeutete:

»Es ist nicht mehr die Braut im rosigen Gewande,
Nicht mehr das jugendliche Weib,
Das heut', Du Theuerster, Dir naht.
Fünf mal fünf Jahre sind dahingeschwunden
Seit jenem Tag, als am Altare Gottes
Ich Lieb' und Treue Dir gelobt.

Die Jahre sind dahin im Strome der Vergangenheit
Mit Jugend und mit Schönheit,
Mit Freud und allem,
Was ein weiser Gott
Auf uns'rer Lebensbahn uns hat beschieden.

Doch eine Gabe hat kein Zeitstrom fortgerissen,
Die bring' ich heute unversehrt Dir dar.
Sie hat nur stärker, fester noch als damals sich gestaltet,
Das ist die treue Liebe, die mein Herz Dir stets
    bewahrte,
Die Liebe, die in Ewigkeit besteht.

Friederike«

Kew Gardens, März 2006

*Die Königlichen Botanischen Gärten von Kew liegen am Süd-
ufer der Themse im südwestlichen London. Auf 121 Hektar
wachsen heute Tausende verschiedener einheimischer und
exotischer Pflanzen im Freien oder in Gewächshäusern. Seit
Jahrhunderten werden hier Pflanzen aus aller Welt gesammelt, analysiert, katalogisiert und weitergezüchtet. Samen
und Know-how werden dann wieder in die ganze Welt ver-
schickt. Orchideen, Palmen, Kokosnussbäume, Riesenbam-
bus, überdimensionale Gummibäume, Kakteen ...*

*Ich steige an der Station Kew Gardens aus der U-Bahn
und gehe durch das Cumberland-Tor, das mir für diesen Ausflug symbolträchtig erscheint, auch wenn es erst 1868 eröffnet
wurde. Zum zweiten Mal wandere ich hier auf einer Spurensuche über die gepflegten Wege unter riesigen Bäumen entlang.*

*Vor vier Jahren war es die Spur der dänischen Königin
Caroline Mathilde, die im White House ihre Kindheit verbrachte, jetzt folge ich den Spuren Ernst Augusts, der hier aufgewachsen ist, und Friederikes, die in England insgesamt sehr
unglücklich war, aber diesen Garten geliebt hat.*

*Carolines Mutter Prinzessin Augusta von Sachsen-Gotha,
die Großmutter von Ernst August, hatte die Gestaltung dieses
Gartens zu ihrer Lebensaufgabe gemacht. Mit Hilfe ihres Gar-
tenarchitekten Chambers begründete sie nicht nur den Ruf
Kews als exotisches Pflanzenparadies, sondern stattete die Anlage auch mit den damals »modischen« Bauwerken aus: antiken Tempeln, einer chinesischen Pagode, einer Ruine und der
Nachbildung einer maurischen Alhambra.*

Ihr Sohn Georg III., der Vater Ernst Augusts, siedelte mit seiner Frau Charlotte aus Westminster hierher in den Kew Palace. Politik betrieb er im St. James's Palace in London, in Kew ging es häuslich familiär zu.

Als Friederike 1816 zum ersten Mal nach England kam, wohnte sie direkt an der Themse im sogenannten King's Cottage oder Bute House außerhalb des eigentlichen königlichen Gartens in Kew Greens, wo vor allem die Angestellten der königlichen Familie ihre Unterkunft hatten. Das Haus hatte Ernst August 1806 von seinem Vater zur Verfügung gestellt bekommen. Eingezwängt zwischen den anderen Häusern steht es auf einer alten Zeichnung. Eine Mauer und eine große Wiese trennten sie von ihrer Schwiegermutter Charlotte, die im Kew Palace residierte und sich über die neuen Nachbarn nicht besonders freute. Der schlechte Ruf, den Ernst August in seinem Heimatland hatte, färbte auf Friederike ab. So verdächtigte man sie, dass sie ihre ersten beiden Ehemänner umgebracht hätte. Kein Wunder, dass sie sich hier so unwohl fühlte.

Und dann stehe ich vor dem heutigen Herbarium, dort, wo bis 1898 das zweistöckige Haus stand, das Hounter House, in dem Friederike ihren zweiten Englandaufenthalt verbrachte, zwar noch immer durch eine Wiese vom Kew-Palast getrennt, aber diesmal innerhalb der Mauer. Die Wiese bedeutete auch nicht Distanz, sondern sollte genau wie das Pförtnerhäuschen ihre Privatsphäre sichern. Der englische König Wilhelm IV. (1765–1837) hatte seiner Schwägerin dies Haus auf Lebenszeit zur Verfügung gestellt. Zum Grundstück gehörten 100 Morgen Weide- und Jagdland. Ein gesellschaftlicher Aufstieg nach dem Tod der Queen Charlotte. Glücklich war Friederike aber auch jetzt nicht, dafür blieben ihr Land und Leute zu fremd.

Königin Charlotte: Tante und Schwiegermutter

> »Mein erstes Gefühl war, daß Gott ihrer Seele
> gnädig sein möge, und das wird auch mein letz-
> tes sein, denn Sie wissen, daß ich ihr nie Rache
> wünschte ...«[29]

Dies schrieb Friederike im November 1818 an Luise Voss
nach dem Tod der englischen Königin Charlotte, obwohl sie
allen Grund dazu gehabt hätte, denn Charlotte, ihre Tante
und Schwiegermutter, war schuld daran, dass sie die ersten
drei Jahre ihrer Ehe mit Ernst August in England verbringen
musste, unter entwürdigenden Bedingungen, gemieden von
der Gesellschaft, angefeindet und aufs Übelste beschimpft
von der Opposition und der englischen Presse, unter großen
finanziellen Schwierigkeiten und vor allem fern von ihrer
Familie und ihren Kindern. Es war eine Zeit, über die sie
schreibt: »... wahrlich, hätte ich nicht hier ein Wesen, das
mich liebt und dessen Nähe mir Trost gibt – das Sehnen und
Klagen der Geliebten [Kinder] zu vernehmen und sie nicht
erreichen können, wäre reine Höllenpein.«

Geplant war alles ganz anders. Ernst August war Anfang
Juni 1815, kurz nach der Hochzeit, nach England gefahren,
um den Empfang von Friederike durch seine Familie und die
Wiederholung der Trauung nach anglikanischem Ritus vorzubereiten. Friederike sollte nachkommen, 14 Tage wollte
man bleiben, fast drei Jahre wurden daraus.

Als Ernst August in Dover landete, wurde ihm ein Brief
seiner Mutter überbracht, in dem sie ihm ankündigte, dass sie
Friederike unter gar keinen Umständen empfangen könne.

Ihre Weigerung bezog sie »auf die aufsehenerregenden Umstände, unter denen meine Nichte eine frühere Verlobung mit dem Herzog von Cambridge abgebrochen hat, und den ungünstigen Eindruck, den das Bekanntwerden dieser Tatsache in diesem Lande gemacht hat«.

Das war nun mehr als befremdlich und löste bei den Betroffenen verständlicherweise einen Schock aus. Denn noch am 20. Juni 1815 hatte Charlotte sich bei ihrem Bruder Karl für die Nachricht von der Hochzeit bedankt »und wie wir dazu unsere aufrichtigsten Glückwünsche an den Tag zu legen hierdurch nicht verfehlen«. Charlotte hatte auch zuvor am Schicksal Friederikes lebhaft und verständnisvoll Anteil genommen. So schickte sie gute Wünsche zur Scheidung vom Prinzen Solms, über die Friederike sie persönlich informiert hatte. Sie hoffte, dass ihre Nichte ihre seelische Ruhe und ihre Gesundheit wiederherstellen könne. Auch über den Tod des Prinzen war sie informiert und teilte die Abneigung der Familie gegen ihn. Trauerbekundungen aus Höflichkeit wolle sie nicht machen. Im Übrigen sei es besser für Friederike, wenn sie Witwe statt geschiedene Frau wäre.

Warum also jetzt diese Kehrtwendung? Die angesprochenen Ereignisse lagen mehr als 15 Jahre zurück und hatten bis Juni 1815 noch gar kein öffentliches Aufsehen erregt. Die Königin hat selber nie zugegeben, von wem die Informationen kamen. Friederike, ihr Mann und auch der spätere preußische Botschafter in London, Wilhelm von Humboldt, vermuteten aber schon bald, dass ein Brief, der wenige Tage nach der Hochzeit bei der Königin eintraf, der Auslöser war. Gesendet hatte ihn die Königin von Württemberg, eine Tochter Charlottes.

Gewissheit brachte ein Brief Georgs, der dies bestätigte, wenn er auch nicht genau sagen konnte, was in diesem Brief gestanden hatte. »... mein Gott, was ist das für eine Familie!«, kommentierte Friederike. »Es war mir unmöglich zu glauben, daß eine Schwester so handeln könnte ... und oft schon sagte ich mir, daß wenn eine Mutter mit kaltem Blut Sohn, Schwiegertochter und Bruder unglücklich machen konnte, die Tochter dieser Mutter wohl auch dazu fähig wäre, und doch konnte ich es nicht glauben, bis jetzt wo Du es mir für gewiß sagst.«

Aufregung verursachte vermutlich nicht so sehr die eigentliche Auflösung der Verlobung, sondern die, wie Charlotte selber schreibt, »aufsehenerregenden Umstände« rund um die Verlobung in den Jahren 1797 bis 1799. Da war das geplante Duell in Pyrmont 1798 zwischen Prinz Louis Ferdinand und dem Herzog von Cambridge, da war die geheimnisvolle überstürzte Hochzeit mit dem Prinzen Solms, die Verbannung in die Provinz nach Ansbach, ein Kind, das geboren wurde und dann nirgends mehr auftauchte. Gerade weil durch die Beteiligten alles so geheim gehalten wurde, kochte damals die Gerüchteküche nicht nur in Berlin, und was der Königin jetzt durch den Brief ihrer Tochter serviert wurde, ließ Friederike für jemanden wie Charlotte in einem ganz inakzeptablen Licht erscheinen.

Charlotte von Mecklenburg-Strelitz war mit 17 Jahren mit Georg III. verheiratet worden, der seine Berater beauftragt hatte, ihm eine Frau zu suchen, die für seine Pflichten zwecks Dynastieerhaltung geeignet schien. 15 Kinder entsprangen dieser Verbindung. Charlotte galt als fromm, lebte sehr spartanisch und sehr häuslich. Alles Extravagante lag ihr fern, und alle Beobachter, egal wie sie persönlich zur Königin standen, waren sich in einem einig: Für diese Frau stand die Erfüllung ihrer Pflicht an erster Stelle, so auch, als ihr Mann zunehmend an Schüben einer Geisteskrankheit litt und sie unbeirrbar an seiner Seite blieb.

Ihre Weigerung, Friederike zu empfangen, passt zu ihrem Verhalten auch anderen Frauen gegenüber, die ihrer Meinung nach gegen geltende Moralvorstellungen verstoßen hatten. So hatte sie schon 1772 die Rückkehr ihrer Schwägerin Caroline Mathilde nach England verhindert, die vom dänischen König geschieden wurde, weil sie ein Verhältnis mit dem Staatsminister Struensee gehabt hatte. Auch da hatte sie nicht gefragt, ob diese Frau wirklich schuldig war, sondern ihren Mann gezwungen, seine Schwester auf dem Kontinent unterzubringen, weil sie die skandalträchtige Schwägerin nicht am englischen Hof haben wollte.

Ebenso erging es der Frau des Markgrafen Karl Alexander von Ansbach. Als der 1791 sein Land gegen eine gute Rente an Preußen abgetreten, seine langjährige Mätresse, Lady Elizabeth Craven, geheiratet und sich in England niedergelassen hatte, waren sie am königlichen Hofe der Charlotte nicht erwünscht.

Jetzt also ihre eigene Nichte. Durch nichts war die Königin von ihrer Weigerung abzubringen. Nun wäre das alles eigentlich von untergeordneter Bedeutung gewesen, wenn nicht die Opposition, die ja die Erhöhung der Apanage des Herzogs bewilligen musste, diese Weigerung begeistert aufgegriffen und den Antrag der Regierung abgeschmettert hätte mit dem Hinweis, man könne wohl kaum Geld für eine Ehe genehmigen, deren sich sogar die Familie schämte.

Der Herzog bezog seit seiner Großjährigkeit eine Apanage, wie sie für Junggesellen des königlichen Hauses in England vorgesehen war. Sie betrug normalerweise ein Drittel der Summe, die verheiratete Prinzen bekamen. Ernst August hatte den legitimen Anspruch auf Erhöhung – dem geltenden Recht entsprechend – wie alle anderen Prinzen. Und er hätte sie trotz des Hasses der Opposition im Unterhaus wohl bekommen, wenn die Königin nicht den Ablehnungsgrund geliefert hätte.

Allen war klar: Solange die Königin nicht einlenkte, würde das auch die Opposition nicht tun. Die Debatten im Unterhaus und die Zeitungsberichte attackierten auf zum Teil bösartige und gehässige Weise Friederike, ihren Mann und auch ihre Familie in Neustrelitz.

Aber weder der Prinzregent, der seit 1811 für seinen kranken Vater immer wieder die Regierung übernahm, noch der Lordkanzler konnten Charlotte zum Einlenken bewegen, was für beide immer peinlicher wurde, denn sie hatten Friederikes Vater und über ihn auch dem preußischen König ihr Wort gegeben, dass die Gelder bewilligt würden. Schließlich zahlte der preußische Staat bis jetzt den Unterhalt für Friederike weiter, obwohl sie als Frau eines englischen Prinzen kein Anrecht mehr darauf besaß.

So erwuchs daraus sogar eine diplomatische Krise. Friedrich Wilhelm III. sagte in Berlin erbost alle Empfänge von Engländern ab und wies seinen Botschafter in London an, keinen Empfang mehr zu besuchen, auf dem die Königin anwesend war.

Auch Friederikes Familie, ihr Vater und ihre Brüder, die bislang immer ein herzliches Verhältnis zu ihrer Tante gehabt hatten, ließen nichts unversucht. Zahllose Briefe gingen zwischen den Schlössern in Windsor und Neustrelitz hin und her, auch der preußische König schrieb mehrmals persönlich. Aber den letzten Brief von ihm las Charlotte nicht einmal mehr. Auch Friederikes Bruder Georg, der seinen Besuch in England dazu nutzen wollte, ein gutes Wort für die Schwester einzulegen, scheiterte. »Ihr Starrsinn ist ohnegleichen«, beklagte er sich über seine Tante.

Selbst der Einsatz des Herzogs von Cambridge, der ja von seiner Mutter zum Opfer der ganzen Angelegenheit gemacht worden war, half nicht. Friederike und Ernst August hatten sich, bevor sie nach England kamen, mit ihm in Göttingen getroffen, und Adolf hatte sich »vortrefflich ... in dieser Angelegenheit betragen«. Er versprach, an »die Königin zu schreiben, um sich für mich zu verwenden und ihr ihr Unrecht zu erkennen [zu] geben, von welchem er nach Lesung der Original-Briefe lebhaft durchdrungen war«, schrieb Friederike – zu diesem Zeitpunkt noch voller Hoffnungen auf ein rasches Einlenken der Königin. Vergebens.

Dabei war sich Charlotte der negativen Rückwirkung ihrer Weigerung auf ihre Person durchaus bewusst. In ihrem Antwortbrief an den preußischen König entschuldigte sie sich mehrmals dafür, dass sie nicht anders handeln könne und dass sie wüsste, dass sie damit alle vor den Kopf stieße, ihre Familie, den Prinzregenten und nun den preußischen König. »Ich handele nach Prinzipien, die mir nicht erlauben, meinen Entschluß zu ändern.« Weiter schreibt sie von »der schmerzhaften Notwendigkeit, eine Pflicht zu erfüllen, die mit meiner Verbundenheit mit der Familie nicht übereinzustimmen scheint und die mich insensible für ihre Bedürfnisse scheinen läßt«.

Wie sehr sie selber eine bedauernswerte Gefangene ihrer einmal adoptierten Prinzipien war, zeigen die Beispiele, die Friederike an ihren Vater schreibt: Charlotte soll zu einem Bekannten gesagt haben, »man könne sich nicht vernünftiger und klüger betragen ... wie ich in meiner Lage«. Ein anderes Mal hatte die Königin Friederike mit dem Herzog von Cambridge am Fenster stehen sehen und geäußert, dass sie sich freue, Friederike endlich einmal zu Gesicht zu bekommen. Friederike: »... wenn sie das gewollt hätte, so hätte sie das Vergnügen schon lange haben können.«

Und genau das konnte die Königin, so wie sie nun einmal war, nicht. Auch die Briefe, die ihr Sohn Ernst August ihr verzweifelt schrieb, blieben erfolglos. »Ich bin völlig überzeugt, daß diejenigen, die Dich insgeheim informiert haben, Dich getäuscht haben, denn die Wahrheit braucht das Licht nicht zu scheuen. Warum haben sich also die Personen nicht zu erkennen gegeben?« Aber die Königin weigerte sich beharrlich, Namen zu nennen.

»Muß es Dir nicht einleuchten, daß das einzige Ziel dieser Personen war, den Samen der Zwietracht zwischen mich und die Herzogin zu säen? Aber Gott sei Dank werden sich ihre schändlichen Bemühungen als nutzlos erweisen, denn wenn irgendetwas meine Liebe, Zuneigung und Achtung für meine Frau vermehren könnte, so die edle und würdevolle Art, wie sie sich während dieses grausamen und beispiellosen Vorgehens verhalten hat.«

Trotz aller Enttäuschung resignierte Friederike nicht. Sie akzeptierte die Weigerung der Königin als weitere Prüfung Gottes und verzichtete selbstbewusst in einem Brief an den Prinzregenten, »von der Königin aufgenommen zu werden, bis daß die Königin von selbst ihren Anspruch zurücknimmt«.

Und dass sie das jemals tun würde, schien von Monat zu Monat unwahrscheinlicher. Friederike legte sich daraufhin ihre eigene Strategie zurecht. Sie hatte gelernt, wie wichtig die Meinung der Öffentlichkeit war, und beschloss, beim nächsten offiziellen Empfang, den die Königin gab, zur richtigen Stunde »dort vorbei[zu]spazieren« oder zu fahren und sich »soviel ich kann, dem Publikum zu zeigen«.

Später ging sie sogar noch weiter: »Auch habe ich ihr schon längst in meinem Herzen verziehen, also, amen, so sei es.«

Wahrscheinlich war es diese Haltung, die Friederike – trotz aller Angriffe der Opposition und der Presse – den Respekt der Öffentlichkeit erwarb. Auf dem Kontinent waren sich ohnehin alle von Anfang an einig, dass das Verhalten der Engländer unmöglich sei. Baron Jacobi, der die preußischen Angelegenheiten in London vertrat, sagte zu Friederike, dass ihre Lage zwar »sehr unangenehm« sei, aber »entehrend sei sie gewiß nicht«. Er könne ihr »mit Wahrheit sagen, daß beinah ganz Europa das Unrecht, das ihr geschehe, einsehe und darüber empört sei«.

Auch in England selbst mehrten sich die Sympathiebekundungen für Friederike. Wenn sie spazieren fuhr, rief man ihr immer öfter freundliche Grüße zu. Bei einem Theaterbesuch wurde sie »mit dem lautesten Beifall aufgenommen«, berichtet Friederike. »Wenn man mich erblickte, ging das Jubeln und Applaudieren so los, daß mir die Tränen aus den Augen stürzten.« Auch in der Pause gab es Ovationen, und am nächsten Tag stand alles in der Zeitung, worüber sich die Königin wohl nicht freuen würde – wie Friederike vermutete. Denn parallel zu ihren Erfolgen beim Publikum mehrten sich die Berichte, dass die Königin selber in der Stadt von den Londonern beschimpft wurde. Einmal sagte sie sogar ein Essen beim Prinzregenten ab, weil sie befürchtete, dass sie wie ihre Schwiegermutter, die Prinzessin von Wales, auf der Fahrt »beschimpft und mit Kot beworfen würde«.

Auch unter den Adligen wuchs die Zahl der Anhänger Friederikes. Zwar gab es immer noch viele, die, wie der Graf Münster, ganz offen aussprachen, dass die Königin recht habe, denn Friederike sei immerhin eine geschiedene Frau. Andere aber bezeugten ihr durch Worte und Gesten, dass sie keinesfalls einverstanden waren. Offenen Widerstand gegen die Königin wagten jedoch die wenigsten. Zu groß waren die Abhängigkeiten.

Als im Juni 1817 Wilhelm von Humboldt als neuer preußischer Botschafter auch auf Bitten Friederikes nach London kam, schrieb er nach Berlin folgende Einschätzung der Situation: Jeder, der die Queen kenne, wisse, dass sie ihr Verhalten gegenüber Friederike niemals ändern würde. Anfangs sei das für die Herzogin schwierig gewesen, aber »die Herzogin erlangt eine gewisse Popularität, damit ist in England nicht wenig gewonnen«.

Immer wieder überlegten Friederike und Ernst August, nach Berlin zurückzukehren, was inzwischen auch vom Prinzregenten gewünscht wurde, denn die Anwesenheit seines Bruders machte das Regieren für ihn noch schwieriger. Zwar war er seit 1811 Prinzregent, da Georg III. durch seine Geisteskrankheit kaum mehr in der Lage war zu regieren, der König war aber noch nicht zurückgetreten. Je nach Gesundheitszustand war mit seiner Rückkehr auf den Thron zu rechnen oder mit seinem Tod. Und damit sank oder stieg das Durchsetzungspotenzial des Prinzregenten.

Vertreter der Opposition wollten diese Situation ausnutzen und schlugen Ernst August einen Handel vor: Er sollte sie gegen seinen Bruder unterstützen, dafür würden sie einer Erhöhung seiner Apanage zustimmen. So einen Verrat lehnten sowohl Ernst August als auch Friederike empört ab. Der Herzog von Cumberland war sogar bereit, seinem Bruder entgegenzukommen und England zu verlassen, aber nur mit einem entsprechenden Amt in der Tasche. Er träumte nach wie vor davon, Generalgouverneur von Hannover zu werden, aber das verhinderte Graf Münster, der Chefminister der Verwaltung im Königreich Hannover. Außerdem hatte sein Bruder Adolf, der mit diesem Amt betraut war, inzwischen Gefallen daran gefunden, und Ernst August wollte nicht gegen den eigenen Bruder antreten, vor allem nicht, weil dieser sich die ganze Zeit sehr loyal gezeigt hatte.

Friederike setzte im Herbst 1817 alle Hoffnung auf Humboldt, der im Auftrag des preußischen Königs die Zuteilung einer Apanage endlich zum Abschluss bringen sollte. Sie selber sah sich als Opfer der parlamentarischen Streitereien und war auch nach zwei Jahren Aufenthalt in England vollkommen ratlos angesichts der politischen Situation in einem Land, in dem der König nicht wirklich herrschte, sondern abhängig war von einem Parlament, das sich nicht scheute, aus parteipolitischen Interessen heraus geltendes Recht zu brechen.

Leben im ungeliebten England

> »… ich bin bei Gott so arm wie eine Kirchen-
> maus. Ich habe für Dich nichts als Papier.«[30]

So schrieb Friederike Anfang 1817 an ihren Bruder. Sie hatte
an ihre Kinder und auch an die Großmutter Geschenke geschickt. Für weitere Geschenke für ihn und Karl fehlte ihr
das Geld. Immer wieder durchziehen finanzielle Sorgen ihre
Briefe. Nun hatte Friederike auch in den Jahren zuvor schon
immer genau rechnen müssen, denn durch die Krankheit des
Prinzen Solms war die ganze Familie jahrelang auf Friederikes Unterhalt vom preußischen Staat angewiesen. Immer
wieder sprangen der Vater und auch der preußische König
ein, bezahlten das Holz für die Heizung oder die Pferde.
Auch jetzt lebten ihre Solms'schen Kinder bei ihrem Vater,
für die Erziehung wurden die vom preußischen König ange-
legten Gelder verwandt.

Der Herzog von Cumberland bekam weiterhin nur seine
Junggesellenapanage und musste davon einen standesgemäßen Haushalt finanzieren. Zum Glück konnte Friederike ihre Gelder vom preußischen Staat dazugeben, hatte
aber in den Jahren immer wieder Sorge, dass Friedrich Wilhelm III. die Engländer unter Druck setzen würde, endlich
eigene Gelder zu genehmigen, indem er ihre Apanage einbe-
hielt.

Das Herzogspaar machte Schulden, die sie später mit dem
Verkauf ihrer Pferde abbezahlten. Eine Kur, der sich Friederike auf ärztliches Anraten sonst jährlich unterzogen hatte,
war nicht finanzierbar, ebenso wenig Reisen durch England.

Die Stadt London und die Parkanlage in Kew waren alles, was sie vom Heimatland ihres Mannes kennenlernte. Für alles andere fehlte das Geld oder, wie Friederike es formulierte, die »Batzen«. Den Umzug zurück nach Berlin finanzierten sie später, indem Ernst August sein Silber versetzte und Versicherungspolicen liquidierte.

Finanzielle Engpässe hatte Friederike schon oft durchgestanden, aber niemals so weit weg von ihrer Familie, die immer eingesprungen war. Jetzt war sie unter Menschen, denen sie gleichgültig war oder die sie ablehnten. In ihrem ersten Brief aus England 1815 schrieb sie an ihren Vater über ihre Gefühle bei der Ankunft: »… mit welchem Herzklopfen und welcher Bangigkeit können Sie sich denken«. Es war nicht nur die Ungewissheit, wie die Familie ihres Mannes sie aufnehmen würde. Wo würden sie wohnen und leben, wenn es doch länger dauerte als 14 Tage? Zwar hatte ihre Freundin, Frau von Berg, ihr versprochen zu kommen, aber ansonsten würde ihr Haushalt aus englischem Personal bestehen.

Und dann war da noch die Sprache. Friederike war mit dem Französischen aufgewachsen, das sie fließend sprach und schrieb, genau wie Ernst August, der, da in Deutschland aufgewachsen, auch das Deutsche wie seine Muttersprache beherrschte. Schon in Berlin hatte Friederike englische Schreibübungen gemacht, von denen sich eine ganze Reihe im Archiv zu Pattensen finden. Es sind Dialoge und Vokabeln, die dem Bedarf angepasst sind, französisch-englische Übersetzungs- und Ausspracheübungen. Sie machte sich mit langen Vokabellisten klar, dass der Engländer im Unterschied zum Franzosen genau unterscheidet, ob es sich um ein Nomen oder ein Verb handelt: »the cónflict« – aber »to conflíct«.

Es finden sich Befehle an Angestellte (Kammerfrau, Schneider) oder kleine Dialoge zur Konversation, Höflichkeitsfloskeln, um die ersten Wochen zu überstehen:

»Fetch me a coffee dish
    chocolate
    tea spoon«

»Come in Sir
A   Where were you yesterday
B   I was at the opera.
A   Was the King there
B   Yes, and the duke and dukess

A   You have a large acquaintance here; do me a favour.
B   With all my heart, command me, what do you desire
     me to do.«

Manche Dialoge sind in der Handschrift Ernst Augusts geschrieben, der ihr offensichtlich geholfen hat. In England hatte sie dann einen eigenen Englischlehrer, der dreimal in der Woche kam.

Auch wenn die Königin Friederike ignorierte, gestalteten sich die ersten Tage in England besser als erwartet. Das lag vor allem am Verhalten des Prinzregenten, der sie in London im St. James's Palace, wo sie zunächst wohnten, empfing »mit einer unaussprechlichen Güte und Freundschaft wie ein leiblicher Bruder«. Auch die Einsegnung der Ehe nach anglikanischem Ritus geschah »mit einer Feierlichkeit, der nichts fehlte«. Die Brüder von Ernst August waren anwesend, bei der Trauung hielt der Prinzregent ihre linke, der Herzog ihre rechte Hand. Auch ihr Bruder Georg und Frau von Berg waren da. Abends wurde gefeiert und Friederike mit Geschenken, vor allem vom Prinzregenten, überhäuft. Und die Londoner Bevölkerung brach vor der Kirche in Hochrufe aus.

Anfang September 1815 siedelte Friederike mit ihrem Mann nach Kew über, dem Landsitz der Königsfamilie in der Nähe von London, sie wohnte »in dem allerliebsten kleinen Haus des Herzogs und habe schon die prächtigen Gärten gesehen«. Hier fühlte sie sich so wohl, dass sie später beim Abschied schreiben konnte: »Kew, an sich als Kew genommen, tut mir übrigens leid, es zu verlassen. Ich habe mich jetzt daran attachiert und wünschte, ich könnte es so, wie es ist, auf Rollen mitnehmen.«

Von Kew aus unternahm sie immer wieder Ausflüge nach London, wo sie die Gebäude besichtigte, die auch heute noch Tausende Touristen anziehen: Westminster, die St. Paul's Cathedral, wo sie das »Hallelujah« von Händel hörte. Sie machte Stadtrundfahrten und Spaziergänge mit dem Herzog durch die Londoner Parks und Geschäftsstraßen und war sehr beeindruckt.

London hatte Anfang des 19. Jahrhunderts etwa 2,8 Millionen Einwohner und war damit bevölkerungsreicher als Wien, Berlin, Paris und Rom zusammen. Auf einer Fläche von vier Quadratmeilen wohnte diese Masse zusammen. »Wer es nicht mit eigenen Augen gesehen hat«, schrieb ein damaliger Besucher, »kann sich keinen Begriff machen von dem ewigen Rollen der Fuhrwerke, von dem Wogen und Treiben der Fußgänger auf den erhöhten Trottoirs.«

Weniger gut gefiel Friederike das Londoner Wetter. Immer wieder mussten sie für einige Tage nach London übersiedeln, wenn der Herzog im Parlament zu tun hatte oder wichtige Visiten anstanden. Dann wohnten sie im St. James's Palace, von wo aus sie sich bei ihrem Bruder über die Kälte, die Dunkelheit und den Nebel beklagt, der in Kew leichter zu ertragen war und hier in London in ihr Zimmer eindrang, »so daß ich den Geschmack des Nebels im Munde bekam, als ich heute meinen Kaffee trank«.

Insgesamt zog sie aber nach einem Jahr in dem »Wespennest« London für sich persönlich eine durchaus positive Bilanz: »Das Jahr war schrecklich, ich habe fürchterlich gelitten, das Resultat dieses Jahres aber ist vortrefflich.« Und: »… ich fühle mich glücklicher.« Sie war innerlich ruhig, und »täglich erkenne ich mehr die Redlichkeit der Liebe meines guten, lieben Herzogs und seine Achtungswürdigkeit.«

Vor einem Jahr noch hatte sie befürchtet, durch »die entehrende Behandlung der Königin« Ehre und Achtung aller in diesem Land zu verlieren, das Gegenteil aber war der Fall. Sie habe »immer mehr die Liebe, die Teilnahme und Achtung, dem größeren Teil wenigstens, dieser Nation, der ich ganz fremd war, erworben«.

Über ihren normalen Tagesablauf während der Englandzeit sind wir ziemlich genau informiert, denn sie hat ihn auf Bitten ihres Bruders Georg aufgeschrieben.

Sie schlief nachts oft erst gegen vier Uhr ein und stand dann um elf Uhr auf, wenn der Herzog kam, um mit ihr zu frühstücken. Montags, dienstags und samstags hatte sie eine bis anderthalb Stunden Englischunterricht und nahm danach ein zweites Frühstück. Danach fuhr oder ging sie spazieren, es kamen Leute zu Besuch, sie machte selber Visiten – oder widmete sich dem Lesen.

Das Lesen hatte immer einen großen Stellenwert in ihrem Leben eingenommen. Hier in London gab es genug Gelegenheit für intensive Lektüre; Friederike verschlang die englischen und Berliner Zeitungen, die ihr in ausreichender Zahl zur Verfügung standen – und natürlich ihre geliebten Bücher.

So las sie ein weiteres Mal Goethes »Wahlverwandtschaften«, deren Entstehung sie 1808 in Karlsbad miterlebt hatte – dort hatte Goethe ihr aus seinen ersten Manuskriptseiten vorgelesen. »... ich habe ein wahres Bedürfnis ihm zu sagen«, schrieb Friederike ihrem Bruder, »daß ich seine Wahlverwandtschaften eben wieder gelesen habe, und glaube sie jetzt verstanden zu haben. Recht oft war mir sein Blick gegenwärtig, mit dem er nach irgendeiner schönen Stelle, die er uns vorlas, über das Buch sah, als wollte er fragen ›verstanden?‹ – und dann wieder die Freude, die sich malte, wenn er in den unsrigen gewahr wurde, daß wir wenigstens eine Ahndung von dem hatten, was sein Geist uns geben wollte.«

Waren es seine Ausführungen über die Liebe und die
Ehe, die sie nach zwei gescheiterten Ehen und zu Beginn
einer dritten jetzt besser verstand? Dass die Liebe geprägt
ist von der Naturgewalt Leidenschaft, die keine Gesetze
kennt, während die Ehe nach gesellschaftlichen Prinzipien
in genau vorgeschriebenen Bahnen verläuft? »Wir mögen uns
die irdischen Dinge und besonders auch die ehelichen Verbindungen gern so recht dauerhaft vorstellen«, lässt Goethe
den Grafen sagen, »... so verführen uns die Lustspiele, die
wir immer wiederholt sehen, zu solchen Einbildungen, die
mit dem Gange der Welt nicht zusammentreffen ... auch bei
dem Ehestande ist es nur diese entschiedene, ewige Dauer
zwischen so viel Beweglichem in der Welt, die etwas Un-
geschicktes an sich trägt.« Daher solle jede Ehe nur auf die
Dauer von fünf Jahren geschlossen werden, »eine schöne,
ungrade, heilige Zahl und ein solcher Zeitraum eben hin-
reichend, um sich kennenzulernen, einige Kinder herauszu-
bringen, sich zu entzweien und, was das Schönste sei, sich
wieder zu versöhnen«.

Während die Zeitgenossen das Buch sehr zwiespältig
aufnahmen und das Urteil zwischen totaler Ablehnung, da
unanständig und unsittlich, und Zustimmung schwankte,
erkannte Friederike vor allem durch ihre eigene Betrof-
fenheit die tiefe und große Menschenkenntnis, die sich in
den »Wahlverwandtschaften« offenbarte – in dem gleichen
Sinne, wie Charlotte von Stein, der Goethe ebenfalls 1809
aus dem Manuskript vorlas, es formulierte: »Wie viel Kenntnis des menschlichen Herzens, was für feine Gefühle, wie
viel Sittlichkeit, Verstand und Anstand darin vorgetragen
ist, kann ich dir nicht sagen.«

Friederikes Lesestunden endeten, wenn sie sich am späten
Nachmittag für das Dinner, das um 19 Uhr eingenommen
wurde, umziehen musste. Wenn keine Besucher da waren,
traf man sich danach in der Bibliothek, und gegen 21.30 Uhr
ließ Friederike den Kaffee servieren. Die Gespräche gingen

dann bis 23 Uhr, wenn es sehr interessant war, auch bis nach Mitternacht.

Was den Tagesablauf an sich anbetraf, unterschied er sich kaum von ihrem bisherigen Leben, nur fand dies jetzt in der »fremden Heimat« statt, und Friederike, die sich immer in erster Linie auch persönlich um ihre Kinder gekümmert hatte, fiel es sehr schwer, nur noch durch Briefe an ihrem Leben teilnehmen zu können. Posttage waren Festtage für sie, an denen sie keinen Besucher vorließ, und ihre Freude über jeden eingegangenen Brief füllt ganze Seiten ihrer Korrespondenz. Ihre Familie ging in rührender Weise auf ihre Einsamkeit und ihre Sehnsucht nach Nachrichten ein und versprach, dass der Vater jeden Dienstag und Georg jeden Samstag schreiben würden, sodass bei aller Unregelmäßigkeit der Postverbindung doch eine kontinuierliche Teilnahme Friederikes am Familienleben aus der Ferne stattfinden konnte.

So regelte sie von England aus bis in die Einzelheiten den Eintritt ihrer Söhne Wilhelm und Alexander, für die ihr Bruder Karl die Verantwortung übernommen hatte, in das Kadettenkorps, machte sich Gedanken, wer die Wäsche der beiden ausbessern und waschen sollte und wie ihr Bruder die Abrechnung für Bett- und Tischwäsche gestalten sollte. Für ihren Sohn Karl hatte ihr Bruder ein Institut in der Schweiz vorgeschlagen, wo man eine allgemeine Ausbildung bekam, ohne sich auf einen Beruf festlegen zu müssen. Sie zögerte, Karl, der erst sechs Jahre alt war, so weit weg zu geben, zumal auch der Herzog dagegen war.

Familienfeste, die immer Anlass für fröhliche Feiern gewesen waren und an denen sie jetzt nicht teilnehmen konnte, ließen sie ihre Einsamkeit doppelt stark empfinden. Sie versäumte die Geburtstage ihrer jüngsten Kinder Karl und Auguste, die Konfirmation ihres Sohnes Wilhelm und sogar die Hochzeiten ihres ältesten Sohnes und ihrer Tochter Friederike 1818. Auch die Hochzeit ihres Bruders Georg mit Marie von Hessen-Kassel versäumte sie, obwohl sie alle Phasen der

Brautschau per Brief miterlebt hatte. Georg wollte sogar, dass Friederike die Briefe Maries an ihn las, was sie aber ablehnte, da sie das für einen Vertrauensbruch hielt. »… mir wird sie eine liebe Schwester werden, da sie dir angehört«, und sie hofft, dass Marie sich an Georgs Seite so entwickelt wie »einst unser Engel an der Seite des Königs«.

Besonders schlimm empfand sie das Getrenntsein von der Familie, als im Sommer 1816 ihr Vater, der schon seit einigen Jahren nicht mehr ganz gesund war, erkrankte. Sie verfolgte die Berichte über seinen Gesundheitszustand ängstlich und bat den Vater, doch seinen Arzt zu regelmäßigen Berichten an sie zu verpflichten. Sie setzte große Hoffnung auf die Kur, die der Vater in Rehburg machen sollte, aber letztlich war alle Hoffnung vergebens, und Friederike musste erfahren, dass er am 6. November gestorben war.

Am 17. November, einem »ewig unvergeßlichen Sonntag«, bekam sie den Brief mit der Todesnachricht. Der Schock löste bei Friederike, die im siebten Monat schwanger war, so starke Schmerzen aus, dass die herbeigerufenen Ärzte eine Fehlgeburt gerade noch verhindern konnten. Sie durfte acht Tage das Bett nicht verlassen und konnte danach nicht alleine gehen. Seitdem schlief sie kaum noch, trotz des Opiums, das man ihr gab. In ihren Träumen und Erinnerungen verdrängte sie den Tod, »daß sein lebendes Bild vor mir steht, und so viele lebende Szenen an meinen Augen vorübergehen, und desto schrecklicher und ergreifender sind denn auch die Stunden, wo ich mir die schreckliche Wahrheit eingestehen muß«. Georg hatte ihr »Haare des geheiligten grauen Hauptes« geschickt. Der Todestag ihres Vaters wurde für sie, solange sie lebte, ein »Tag des Jammers«, was nur diejenigen verstehen könnten, »die einen Begriff dessen hatten, wie unaussprechlich ich diesen teuren Vater liebte«.

Der Schock war aber insgesamt zu groß, sodass sie am 27. Januar 1817 zu früh ein Mädchen zur Welt brachte, das bei der

Geburt starb. Neun Tage und Nächte lag Friederike schwer krank im Bett und erholte sich nur sehr langsam. Ihre Familie befürchtete das Schlimmste, wie die Worte ihres Mannes anlässlich des Todes seiner Nichte, der Prinzessin Charlotte (Gemahlin Leopolds von Sachsen-Gotha), die bei der Totgeburt ihres Sohnes gestorben war, zeigen: »Ach, so bin ich doch viel glücklicher, als der arme Leopold, denn Du lebst doch, Du bist mir erhalten!«

Der Tod des Vaters, ihre Fehlgeburt, dann im März 1818 die Nachrichten vom Tod ihrer Schwester Charlotte und dem ihrer Großmutter, die ihre Brüder ihr nur vorsichtig über den Herzog zukommen ließen, all das verstärkte in Friederike den Wunsch, nun endlich zurückkehren zu können. Die Ärzte hatten außerdem dringend zu einer Kur geraten.

Ihre Briefe aus dieser Zeit zeigen ihre große Ungeduld mit dem zögerlichen und taktierenden Verhalten der englischen Politiker. Auch den Prinzregenten, den sie als Bruder Ernst Augusts bislang mit ihrer Kritik verschont hatte, greift sie jetzt verbal an. Sie fordert, dass er endlich deutlich machen müsse, wer im Land regiert.

Und endlich zeigten das Verhandlungsgeschick Humboldts, der Druck der öffentlichen Meinung und die immer häufigeren Sympathiekundgebungen für Friederike Wirkung. Zwar lehnte das Parlament weiterhin eine Erhöhung der Apanage für Ernst August ab, gestand Friederike aber immerhin eine Witwenrente im Falle des Todes ihres Mannes zu.

Dies war zwar nur ein Teilsieg, denn es behob nicht ihre aktuellen finanziellen Probleme, aber es stellte immerhin eine Anerkennung ihrer Ehe durch das Parlament dar, was dem Herzog von Cumberland sehr wichtig war.

Sie verließen England am 17. Juli 1818, Friederike glücklich, der Herzog »broken-hearted«, denn seine eigentlichen Ziele hatte er nicht erreicht. Nach drei Jahren Englandaufenthalt hatte man ihm weder eine höhere Apanage bewilligt, noch war ihm ein Amt übertragen worden.

Was Königin Charlotte bei der Abreise ihres Sohnes und ihrer Nichte gedacht hat, wissen wir nicht. Der Kontakt zu ihrer Familie in Mecklenburg-Strelitz war längst abgerissen. Beschimpft und unverstanden, hatte sie immerhin ihre Prinzipien hochgehalten. Drei Monate später starb sie. Der Brief, in dem Friederike Luise Voss über diesen Tod berichtet, klingt versöhnlich. Sie wünscht ihrer Seele den Frieden, den sie im Leben nicht gefunden hat, und fährt fort: »Nun ist also auch dieses Weltkind abgetreten von der großen, aber vergnüglichen Weltbühne, die ihr *Alles* war und bei alledem hat es mir doch einen schauerlichen und selbst traurigen Eindruck gemacht, zu denken, daß mit ihr die Letzte von der Generation meines Vaters abstirbt.«

Trauer und Wehmut am Ende einer Ära, die für Friederike durch den Verlust des Vaters auch den Verlust der schützenden Hand bedeutete, die ihr und ihrer Familie in Neustrelitz über viele Jahre eine Heimat geschaffen hatte, ein Vater, der – ziemlich ungewöhnlich für die damalige Zeit – einer der wenigen Menschen in ihrem Leben gewesen war, der in jeder Phase, ohne zu zögern, zu ihr gehalten und sie unterstützt hatte. Der noch in seinem Vermächtnis für ihre Kinder aus der Ehe mit dem Prinzen Solms gesorgt hatte.

»Täglich bitte ich Gott, daß er dem ewig teuren unvergeßlichen Vater alles das Gute lohnen möge, welches er mir erwies, dessen ganzes Leben nur eine Reihe von Wohltaten war.«

Hamburg, April 2006

Seitenlange Aufzeichnungen über Gesellschaftsspiele, Karussells und Maskenbälle, minutiös aufgelistete Inventare von Kostümen, Masken und Requisiten: das Leben ein einziges Theaterspiel – mit dem Ziel, sich zu amüsieren.

Seit Tagen wühle ich mich durch diese Quellen über die abendlichen Vergnügungen der feinen Gesellschaft im Berlin der Zwanzigerjahre des 19. Jahrhunderts, zu deren Organisation es einen eigens bestellten Vergnügungsintendanten gab. Selbst ein so renommierter Architekt wie Friedrich Schinkel war sich nicht zu schade dafür, die Bühnenbilder zu schaffen.

Man gewinnt den Eindruck, dass die Mitglieder der Hofgesellschaft nur auf der Erde weilten, um sich zu amüsieren und sich die Langeweile zu vertreiben. Diese Einschätzung hatten schon einige Zeitgenossen vertreten, wenn sie an den Wiener Kongress dachten, der eigentlich Europa neu gestalten sollte, uns aber auch als der tanzende Kongress in Erinnerung ist. An den Höfen der übrigen europäischen Länder war es nicht anders.

Sicher, sie hatten auch ihre Aufgaben, ihre Krankheiten, die Männer ihre Kriege, die Frauen die Geburten und die Sorge um die Kinder, aber sie haben sich auch mehr als jede andere Gesellschaftsschicht mit dem Vertreiben ihrer Langeweile beschäftigt.

Hat man sich bei Hofe jemals die Frage nach dem Sinn des Lebens gestellt?

Falls ja, dann hat so manch einer sicher bei Goethe Rat gesucht: »Der Zweck des Lebens ist das Leben selbst.« Oder bei dem französischen Schriftsteller Alphonse de Lamartine,

*dessen Bücher damals viel gelesen wurden und der meinte:
»Was ist unser Leben anders als eine Reihe von Präludien zu
jenem unbekannten Lied, dessen erste feierliche Note der Tod
anschlägt?«*

*Karl von Mecklenburg-Strelitz, der Halbbruder Friede-
rikes und in Berlin und Neustrelitz für die meisten Festivitäten verantwortlich, fand für sich und seine Zeitgenossen am
Hof die folgende Formel, um die Vergnügungen abseits jeder
Sinnfrage zu definieren: »Was die Laune des Augenblicks er-
zeugte, gehört nur dem Augenblick; es macht weder auf die
Zukunft Anspruch, noch vermag es die Kritik derselben zu ertragen; denn solche Erzeugnisse haben, wie alle Gelegenheits-
Gedichte, für denjenigen, der sie nicht mit den Blicken der Erinnerung betrachten kann, einen faden Nachgeschmack, weil
ihm der Maßstab des Augenblicks fehlt, der sie hervorrief.«*

Im Mittelpunkt der Gesellschaft

»Weiter habe ich nichts Neues zu melden, als daß wie vorher ganz Berlin des Abends, und allen Abends walzt, hüpft und springt«[31]

schrieb Friederike ihrem Bruder Georg am 21. Februar 1821 aus der laufenden Karnevalssaison in Berlin, wo sie inzwischen seit fast drei Jahren lebte und es in vollen Zügen genoss, wieder Teil der Hofgesellschaft zu sein.

Berlin war um 1820 im Vergleich zu London, Paris und Wien eine eher bescheidene Großstadt mit ungefähr 200 000 Einwohnern. Um das alte Rathaus herum war die Stadt noch sehr mittelalterlich. Hier stand der Pranger mit dem Halseisen. Dort, wo heute der Bahnhof Friedrichstraße ist, dehnten sich Holzplätze und Gärten. Erste Bürgersteige wurden 1824 angelegt, eine Gasbeleuchtung gab es erst ab 1826. Die heutige Straße Unter den Linden, wo auch Friederike während ihrer Berlinaufenthalte wohnte, war schon damals die Prachtstraße Berlins mit den Häusern reicher Bürger, dem Kronprinzenpalais, dem Opernhaus, dem Zeughaus und am Ende der Straße dem Schloss. Am Pariser Platz war seit 1791 eine Wache stationiert, die bis 1840 die Durchfahrt am Brandenburger Tor nachts mit Gittern verschloss. Die Charité, die man in zehn Minuten vom Brandenburger Tor zu Fuß erreichen konnte, lag noch auf freiem Feld.

Die Straßen waren zum Teil auffallend schmutzig, übler Geruch stieg von den Rinnsteinen hoch, sodass sogar der Kronprinz Friedrich Wilhelm, der spätere König Friedrich Wilhelm IV., Briefe an seine Schwester, die im Prinzessinnenpalais wohnte, so adressierte: »An Prinzessin Luise, wohnhaft am stinkerigen Graben«.

Der Herzog von Cumberland hatte ganz bewusst 1818 bei der Rückkehr aus England Berlin als Wohnsitz gewählt, denn er wusste, hier würde sich Friederike zu Hause fühlen, hier lebten Freunde und Verwandte, wobei besonders der Kontakt zur Königsfamilie sehr eng war. Nicht nur Friedrich Wilhelm III., sondern auch seine Kinder, namentlich der Kronprinz, hatten ein sehr enges Verhältnis zu Friederike, die die Erinnerung an die Mutter wie keine andere mit ihnen teilte.

Schon bald hatte sie sich den Platz in der Mitte der Berliner Gesellschaft zurückerobert, den sie 25 Jahre davor schon einmal besessen hatte.

Das Palais der Cumberlands lag Unter den Linden Nummer 4. Hier wurde 1819 auch der Sohn Georg geboren und seine Taufe wie ein Staatsakt in Anwesenheit der königlichen Familie und aller Diplomaten gefeiert. Im Mai desselben Jahres mietete man dann zwei Häuser weiter ein Palais mit der Nummer 2, das Frau von Berg gehörte.

»In geselliger Beziehung war damals vielleicht das bedeutendste Haus das des Herzogs von Cumberland. Ohne viele große Feten zu geben bildete es den Sammelplatz für die fürstliche Jugend. Der Herzog Carl, Bruder der Herzogin, brachte Leben hinein und alle bedeutenden Persönlichkeiten aus dem literarischen, künstlerischen und Staatsleben fanden dort Zutritt ebenso die interessantesten und angenehmsten der übrigen Gesellschaft. Lektüre sowie Diskussionen über allerhand Gebiete des Lebens verliehen diesen Vereinigungen meist erfreuliche Beliebtheit, ohne daß die Herzogin viel dazu beitrug. Sie hatte viel erlebt und wußte auch von ihren Erfahrungen zu erzählen.« Auf jeden Fall »schuf sie stets einen angenehmen Rahmen für Gespräche und entspannte Plaudereien«, wie eine Besucherin meinte.

Berlin bot nicht zuletzt durch die Universität, an der so bekannte Persönlichkeiten wie Humboldt, Schleiermacher, der Arzt Hufeland und der Philosoph Hegel lehrten, eine Fülle von Gesprächspartnern für Friederikes Salon. Insbesondere mit den beiden Humboldt-Brüdern Wilhelm und Alexander verband die Herzogin eine jahrelange Freundschaft. Auch Fürst Wittgenstein, »der letzte politische Vertrauensmann« Luises, und das Ehepaar Rahel und Karl August Varnhagen von Ense gehörten zu diesem Kreis.

Dabei war es für Frauen immer noch sehr schwierig, sich über das tolerierte Maß an Bildung hinaus zu informieren, wie ein Brief, den Friederike an ihren Bruder Georg schrieb, zeigte: Sie wollte gerne die Eröffnung einer Tagung der Gesellschaft der Naturforscher besuchen, verzichtete dann aber aus Furcht, den »Ruf für eine Gelehrte« zu bekommen, wo sie doch nur wissbegierig sei. Kurze Zeit später – auf persönliche Einladung Humboldts – traute sie sich dann aber doch, eine Soiree für 400 nach Berlin angereiste Gelehrte zu besuchen.

Zu den abendlichen Veranstaltungen im Hause Cumberland kamen des Öfteren auch die königlichen Prinzen. Insbesondere der Kronprinz Friedrich Wilhelm, schon immer ein Bewunderer Friederikes, erschien häufig, oft auch nur, um einen netten Abend zu verbringen. Er war, wie die Berliner meinten, von freundlichem Wesen, gottesfürchtig und gebildet, und mit seinen 24 Jahren noch unverheiratet. Als ihm der König 1823 die Erlaubnis gab, sich an den deutschen Fürstenhäusern eine Braut zu suchen, da begleiteten ihn auch die besonderen Wünsche seiner Tante. Ob sie ihm allerdings eine katholische Bayernprinzessin gewünscht hat, darf man bezweifeln. Aber sie riet ihm auch nicht ab, als er ihr nach der »Brautschau« erzählte, dass er in München fündig geworden sei und sich in Elisabeth von Bayern, eine Tochter Maximilians I. Joseph, verliebt habe.

Der Vater Friedrich Wilhelm III. gab nach längerem Zögern seine Zustimmung, wenn Elisabeth in absehbarer Zeit zum protestantischen Glauben übertreten würde. Am

16. November 1823 wurde sie in der Münchner Residenz in Abwesenheit des Bräutigams von einem katholischen Priester getraut. Für Friedrich Wilhelm gab es am Abend nur ein Essen beim König im Familienkreis. Anschließend ging er ins Cumberland-Haus: »Der liebe Kronprinz hatte das Bedürfnis, nach dem Souper zu uns zu kommen, um den Tag mit *teilnehmenden* Menschen zu beschließen«, schrieb Friederike an Georg. Kurz vor Weihnachten, am 20. Dezember, fand dann in Berlin die Hochzeit des Paares nach protestantischem Ritus in aller Pracht statt.

In der Mehrzahl waren es aber die Einladungen zu Diners, Soupers, Ballettvorführungen und Opernvorstellungen und die Vorbereitungen dazu, die Friederikes Tage in jenen Jahren ausfüllten. Man käme wenig an die Luft, beklagte sich Friederike, weil sie die schönsten Stunden des Tages »teils mit Toilette, teils an der Tafel« verbringen müsste. Vor allem die Karnevalssaison war eine Zeit der permanenten Feiern. Sie begann Mitte Januar mit einem Hofball, dem Opernabende, Tanzvergnügen und Einladungen bei ranghohen Familien, wie zum Beispiel den Radziwills, folgten.

»Nous sommes matins, jours et nuits sur le pavé! ... Die Unruhe fängt schon des Morgens an, dann Spectacles und Ballets, wo man nicht herausbleiben kann, dann meist Souper, und ich kann versichern, daß ich nie vor eins oder halb zwei zu Bett komme.«

Zu den offiziellen Vergnügungen kamen die Feiern von Geburtstagen und anderen Gedenktagen im Rahmen der königlichen Familie, für deren Ausrichtung seit 1809 Friederikes Halbbruder Karl zuständig war. Er hatte bereits 1809 in Neustrelitz zum Geburtstag seiner Schwester Friederike einen Maskenball organisiert, 1815 dann ihre Hochzeit, und auch in Berlin feierte er ihre Geburtstage mit Maskenbällen und Tableaux vivants. Die Hochzeit ihres Sohnes Fritz Louis 1817, Bohnenfeste, Quadrillen und Turniere, zu denen Karl die Texte meist selber schrieb, festigten seinen Ruf als »Plaisirintendant« (Achim von Arnim).

Tableaux vivants – lebende Bilder – als ästhetische Kunstform sind seit der Antike bekannt. Im Mittelalter erlangten sie große Beliebtheit bei Hofe. Nachgestellt wurden zu Beginn des 19. Jahrhunderts: Werke der klassischen Antike, Bilder der italienischen Hochrenaissance, der deutschen Kunst um 1500 und der holländischen Malerei des 17. Jahrhunderts, aber auch humorvolle, satirische Bilder, das Ganze umrahmt von Musik, Versen und Gesang.

Bei diesen Festspielen wirkten die Mitglieder der königlichen Familie, des Hofes, adlige Gäste, denen zu Ehren sie häufig veranstaltet wurden, und berühmte Persönlichkeiten mit.

So wurde zum Beispiel am 27. Januar 1821 »Lalla-Rukh, Dschehangir, der Beherrscher von Agra« bzw. »Dschehangir, der König« im Berliner Schloss anlässlich des Besuches des russischen Großfürstenpaares Nikolaus und Alexandra Fjodorowna, vormals Charlotte von Preußen, der Lieblingstochter Friedrich Wilhelms III., gespielt.

Diese prächtige Feier gilt als eines der kulturhistorisch bedeutendsten Hoffeste. Die Darstellung, basierend auf der 1817 erschienenen Verserzählung »Lalla Rookh« des englischen Dichters Thomas Moore, entführte die Zuschauer und Beteiligten in eine orientalisch-indische Märchenwelt analog der »Geschichten aus Tausendundeiner Nacht«.

Karl selber schreibt: »Dieses Fest, eines der glänzendsten und anziehendsten, welches je gegeben wurde, fand im weissen Saal des Königl. Schlosses statt.« 3000 geladene Gäste beobachteten den Zug, der sich durch die Säle des Schlosses bewegte.

186 Personen nahmen daran teil, gekleidet in orientalische Kostüme. Der Herzog von Cumberland spielte mit, ebenso Friederike und ihre Kinder Karl und Auguste. Graf Brühl hatte die Kostüme entworfen, Schinkel die Dekorationen.

Für Friederike war es mit Sicherheit eine Genugtuung, dass sie 20 Jahre nach ihrer Verbannung und Abreise nach

Ansbach in aller Öffentlichkeit die Rolle der Dschehanara spielen durfte, was übersetzt so viel heißt wie »die Zierde der Welt«.

Ein Fest der ganz besonderen Art, das jedes Jahr von der königlichen Familie mit Begeisterung am Dreikönigstag gefeiert wurde, war das Bohnenkönigsfest, das Karl von 1815 bis 1825 für seine Nichten und Neffen ausrichtete.

Das Fest kommt ursprünglich aus Frankreich, wo es auch heute noch gefeiert wird: Am Dreikönigstag backte man einen großen Kuchen und versteckte darin eine Kaffeebohne. Wer die Bohne in seinem Kuchenstück fand, war für das nächste Jahr Bohnenkönig und als solcher berechtigt, einen Hofstaat zu wählen. Er musste dann im nächsten Jahr das Bohnenfest ausrichten. Karl schrieb: »Man erschien im auffallendsten Costüm (Mokkabohne); die Damen in Reifröcken.«

Je erwachsener die Kinder, desto größer der Aufwand, an dem auch Graf Brühl wieder mit den Kostümen und Schinkel mit der Dekoration beteiligt waren. Jedes Jahr stand das Fest unter einem anderen Motto – und verlangte eine entsprechende Maskierung und Kostümierung, zum Beispiel die Götter des Olymps oder 1820 das frühe Mittelalter: »Der Hof des Königs Arthus und seine Tafel-Runde wurde diesem Bohnen-Fest zum Grunde gelegt ... Der Herzog von Cumberland, welchem die Bohnenkrone zu Theil geworden war, hielt eine deutsche Thron-Rede. [Der Zauberer] Merlin [Herzog Karl] antwortete ihm aus Artigkeit mit einer englischen Rede ...« 1825 verwandelte sich der preußische Königshof in ein chinesisches Herrscherhaus: Herzog Karl als Großwesir mit dem exotischen Namen »Ho lo mol o pol o po polis, Ta Ouang-fu«.

Diese Feste hatten alle nur ein Ziel: die königliche Familie und die Hofgesellschaft zu unterhalten. Karl schreibt selber: »... diese Festspiele machen nämlich keinen Anspruch irgend einer Art, am wenigsten an die Zukunft; sie waren für den Augenblick geschrieben, diesen erheiterten sie, und erreichten dadurch ihren Zweck. Andere Zeiten sprechen anders, machen andere Anforderungen … möge die Anforderung jeder Zeit erfüllt werden, dann wird sie das haben was wir hatten, als wir jenen Festspielen beiwohnten, freundliche heitere Stunden.«

In ihren Briefen erwähnt Friederike diese Festspiele mit keinem Wort. Ihre Wirkung war, wie es scheint, tatsächlich an den Augenblick ihrer Darstellung gebunden – sie verhallten ohne ein späteres Echo, etwa in Form einer schriftlichen Erwähnung in Briefen, nicht mal, wie man annehmen darf, als Gesprächsstoff für nachfolgende Zeiten.

Ganz anders dagegen die literarischen und philosophischen Themen, mit denen sich Friederike zeit ihres Lebens intensiv auseinandergesetzt hat – vor allem in regem Austausch mit ihrem Bruder. Ob ihre Erörterungen nun Gedichten galten wie Goethes »Prometheus« oder Glucks Oper »Iphigenie auf Tauris« oder Goethes »Faust« – Friederikes Interesse zielte auf die Kernthemen dieser Werke, die sie immer wieder anspricht: der Mensch im Zwiespalt zwischen Pflicht und Gefühlen, der Mensch auf der Suche nach dem Sinn des Lebens – oder, wie Faust es formuliert, nach dem, »was die Welt im Innersten zusammenhält«.

Die Antwort, die sie für sich fand, lautete, dass das Leben auf der Erde nur eine Vorstufe für das Jenseits sei und dass der Mensch bei allen Fehlern und Verirrungen, die er macht, stetig danach streben solle, tugendhafter zu werden.

Mit größtem Interesse verfolgte Friederike daher 1819 die Vorbereitungen zur Uraufführung einiger Faust-Szenen. Bereits unmittelbar nach Erscheinen des Ersten Teils von »Faust« (1808) hatte Anton Heinrich Fürst von Radziwill, verheiratet mit einer Prinzessin Louise von Preußen, der auch komponierte, es sich zur Lebensaufgabe gemacht, Goethe zu vertonen. 1816 kamen die Neffen Karls von Mecklenburg auf die Idee, »Faust« aufzuführen. Da der Komponist als Statthalter in Posen oft abwesend war, kam es erst am

24. Mai 1819, anlässlich des Geburtstages der Fürstin Radziwill, zu der Uraufführung in Schloss Monbijou mit Karl als
Mephisto, bei der Friederike anwesend war. Auch Goethes
Sohn August, der bei Zelter wohnte, dem Freund seines Vaters, war dabei. Als Hommage an den Autor Goethe hatte
man August als Erdgeist auftreten lassen. Und so schrieb
der Sohn dem Vater: »Ihr Bild bester Vater, durchs Fenster
colossal erschienen, machte einen großen Eindruck ... die
zweite Scene war die, wo Faust den Pudel mitbringt, welcher
sich endlich in den Mephistopheles verwandelt, der Herzog
von Mecklenburg spielte ihn ganz unübertrefflich.«

Es gab mehrere Wiederholungen, und man erweiterte die
Aufführung um die Gretchen-Szenen. Von den Proben berichtete Zelter an Goethe: »Die Herzogin von Cumberland
war mit ihrem Gemahl zugegen und hat sich mit Genuß und,
wie es schien, um Deinetwillen alle Reprisen einer ersten
Probe gefallen lassen. Sie sagt mir so viel Gutes und Schönes
von Dir ... Auch der Herzog konnte nicht fertig werden zu
erzählen, wie er Dich in Weimar aus Deinem Hause geholt
und seiner Gemahlin zugeführt habe.«

Goethe jedenfalls erwiderte die Verehrung Friederikes
auf seine Weise. Als Friederike ihn 1810 nach ihrer schweren
Krankheit in Karlsbad getroffen hatte, las er ihr aus dem
»Prometheus« vor, den sie besonders liebte. Ein besonders
schönes Exemplar hatte er jetzt für sie aufgetrieben, wollte
es aber erst noch binden lassen, damit es »durch die schönsten aller Hände durchzugehen einigermaßen würdig sey«.

Goethe schickte ihr immer wieder Pakete mit Büchern
oder schrieb Briefe an sie und ihren Bruder Georg. Wobei
Friederikes Bewunderung wohl eher den Werken Goethes
galt, seiner Person stand sie inzwischen etwas kritischer
gegenüber: »Überhaupt ist es nicht sonderbar, daß dieser
große Geist, den ich ein Universalgenie nennen möchte, in
seinen Briefen mehr oder weniger immer etwas Steifes, ich
möchte fast sagen, etwas Linkisches hat, was wahrscheinlich von dem Bestreben, kurz zu sein im Schreiben, her-

rührt. Was mich am meisten gerührt und gefreut hat, ist daß ihm Dein Andenken und Deine Gabe gerade in dem Augenblick, wo er einen so teuren Freund verloren [Herzog Karl August von Weimar], so wohl tat; auch ist die Art, wie er sich darüber ausspricht, sehr schön«, schrieb sie an ihren Bruder und störte sich an dem respektvollen Ton, den er (Goethe) Georg gegenüber anschlug: »Mich kann man mit ›Höchstdieselben‹ töten.«

Friederike, die zeit ihres Lebens eine Verehrerin Goethes und seiner Werke war – auf ihrem Schreibtisch stand eine Büste von ihm –, hatte durch ihre eigene Lebensgeschichte vor allem zum »Faust«-Drama eine besondere Beziehung. Da war einmal Mephisto, die Kraft, die das Böse will und das Gute schafft, und der für sie und ihre Schwester Luise jahrelang ein Synonym für den Teufel war, der Napoleon zu seinen Taten angetrieben hatte.

Und da waren die Szenen mit Gretchen, in denen sich ihre eigene Situation während der Schwangerschaft des Jahres 1798 spiegelte.

So konnte Zelter – übrigens einer der wenigen Menschen außerhalb der Familie, mit denen der Dichter sich duzte – nach der Aufführung schreiben: »Die Herzogin von Cumberland war wieder voll Deines Lobes und bedauerte, daß sie nicht allen Proben hatte beiwohnen können, weil das Stück eine Sache sei, die man sich nicht oft genug vorführen könne, um in ihre Tiefe zu schauen.«

Melancholische Momente

>»Mein Gott, wie ist es doch so ganz anders in
meinem Alter und sonst. Ehemals tobten wir in
Tanz und Scherz ins neue Jahr hinüber, jetzt so
ernst, still und feierlich.«[32]

Das schrieb Friederike am Silvesterabend um Mitternacht
1820 an Georg. Sie saß wie so oft in diesen Jahren an ihrem
Schreibtisch und zog die Bilanz des vergangenen Jahres:
»... einsam und allein, wie ich es mag. Mein Herz ist in
Gott.«

Die Jahre in Berlin waren nicht nur eine Folge von aus-
gelassenen Festivitäten, sondern auch Jahre, in denen Friederike immer öfter über das Älterwerden nachdachte. Ursache hierfür waren wohl in erster Linie ihre körperlichen
Beschwerden. Sie war Anfang vierzig und hatte zwölf Geburten einschließlich der Fehlgeburten hinter sich und
führte, wie sie selber erkannte, kein besonders gesundes
Leben: »Ich bin heute den ganzen Tag Halali. Du siehst
also, daß das Sitzen an goldenen Tischen auch seine schlim-
men Folgen hat, und nicht immer so süß ist als es klingt.«

Sie litt unter Leberschmerzen, Krämpfen und Ge-
schwülsten in den Beinen, sodass sie ohne Stütze manchmal nicht gehen konnte, hatte immer wieder Ohnmachts-
anfälle, vor denen »ich mich fürchte wie ein Kind ... wegen
des Sich selbst Verlierens« und »weil es so ganz unvorbereitet kommt«. Sie führte viele ihrer Krankheiten der letzten
Jahre auf ihren schweren Zusammenbruch 1810 nach Luises
Tod zurück.

In den Sommermonaten fuhr sie regelmäßig, oft unter Begleitung ihrer beiden jüngsten Kinder, zur Kur nach Teplitz, Karlsbad oder Bad Ems. Ihr Mann begleitete sie ab und zu. Häufig aber verbrachte er die Sommermonate in England, um an den Parlamentssitzungen teilzunehmen.

Im Vergleich zu früheren Jahren war es in den Kurorten eher ruhig: »... sehr still und für Kranke und Gesunde sehr langweilig«, wie Friederike ihrem Bruder berichtete.

Überhaupt schwingt in ihren Briefen sehr häufig eine leise Melancholie mit, so wie in ihrem Brief aus Karlsbad: »Nun sind es 17 Jahre, daß ich zum ersten Mal hier war – alles steht wie damals auf dem nämlichen Platz; es ist alles eben so, und doch ganz anders, und auch ebenso wie es war. Nur wie die Saiten berührt werden, so klingen wir.«

Zur Erholung dienten auch die Sommermonate in Schloss Schönhausen, das der König Friederike und ihrer Familie als Sommerresidenz zur Verfügung gestellt hatte. Das Schloss, das ihr schon 20 Jahre zuvor während der Jahre 1797 und 1798 als Wohnsitz gedient und wo sie den Prinzen Solms kennen und lieben gelernt hatte, dürfte eine Menge Erinnerungen geweckt haben, die sie aber nirgendwo zu Papier brachte.

»Ich habe mein Leben lang daran zu bluten, denn die Wunde, die ich mir gemacht, heilt nie.« Dieser Satz aus der Endphase ihrer Beziehung zum Prinzen Solms lässt zumindest vermuten, wie ihr zumute gewesen sein könnte, als sie die vertrauten Orte wiedersah.

Wie in Berlin versammelten sich auch hier Mitglieder der Hofgesellschaft neben Persönlichkeiten aus Kunst und Wissenschaft, auch Diplomaten zu Gespräch und Musik. Die Hofhaltung galt als offen und ungezwungen. Man trank Tee im Schlossgarten, im oberen Saal wurde Klavier gespielt, oder man diskutierte.

Friederike hatte dort Ende September 1826 auch den Herzog von Cambridge, ihren Schwager Adolf, mit seiner Frau Auguste, einer geborenen Prinzessin von Hessen-Kassel, zu Gast. Sie verbrachten in Schönhausen einige Wochen in gutem Einvernehmen. Das lag auch daran, weil Auguste die jüngere Schwester von Marie, der Frau ihres Bruders Georg, war und so die Strelitzer Welt in ihre Gespräche mit einbezogen wurde.

Auch ihre Freundinnen Frau von Berg und deren Tochter Luise Gräfin Voss waren in Schönhausen des Öfteren zu Besuch. Daher traf sie der Tod Friederikes von Berg, die im November 1826 in Karlsbad nach längerer Krankheit starb, besonders hart.

Hier in Schönhausen vor den Toren Berlins entdeckte Friederike in der Verschönerung des Schlossgartens ein neues Hobby. Der Garten war ziemlich heruntergekommen, wie auch Lenné, der seit 1818 vom König in die Gartendirektion berufen wurde, feststellen musste: Der Garten sei jetzt wenig ansehnlich, überall struppige Bäume, und die Wasserteiche seien zu Sümpfen verkommen, »deren unangenehme Ausdünstung die Besucher des Gartens aus ihrer Nähe verscheucht«.

Friederike wünschte sich eine neue Umzäunung, einen Teeplatz bei der Königseiche und Ähnliches mehr, was aber wegen der Kosten nicht umgesetzt werden konnte. Erst als sich Lenné persönlich dafür einsetzte, dass der Garten »eine zeitgemäße, dem Aufenthalt der hohen Fürstin würdige Ausschmückung erhalten« müsse, wurden die Gelder bewilligt.

Friederikes Kinder Georg und Auguste, die zu der Zeit bei ihr lebten, pflanzten 1826 unter Anleitung der Mutter zwei Eichen, die heute noch im Garten stehen. Zwei eiserne Tafeln gaben bis 1829 folgende Auskunft über die Pflanzaktion: »Georgen-Eiche – zum Andenken gepflanzt – von Prinzessin Auguste«, »Augusten-Eiche – zum Andenken gepflanzt – von Prinz Georg«.

Während Friederike sich ab September zusammen mit dem Herzog in die Wintersaison der Bälle und Soireen in Berlin stürzte, verlebte sie die Sommermonate meist ohne ihn. Ernst August verbrachte viel Zeit in England, wo er einen Sitz im Oberhaus hatte. Er unternahm darüber hinaus Reisen nach Österreich, Ungarn, Posen und Warschau. 1823 ernannte ihn der König zum Chef des 3. Husarenregiments, was ihn mit »Wonne und Dankbarkeit« erfüllte, und so nahm er von da an in seiner roten Uniform auch an allen Paraden in der Hauptstadt Berlin und häufig an den Manövern in Brandenburg und Schlesien teil.

Friederike kommentierte diese Situation, indem sie ihrem Bruder schrieb, sie bringe ihr »Leben damit zu dem Herzog zu schreiben«.

Gemeinsame Reisen führten – abgesehen von einigen Kuraufenthalten – zum Beispiel 1821 nach Hannover anlässlich des Besuches des neuen englischen Königs Georg IV., der nach dem Tod seines Vaters die Regierung endgültig übernommen hatte und seinen Antrittsbesuch in seinen deutschen Landen machte. Hier erlebte Friederike zum ersten Mal auch von englischer Seite, wenn auch auf deutschem Boden, eine standesgemäße Behandlung. Sie hatte ihre eigene Hofhaltung und eilte von einer Veranstaltung zur anderen. »Ich lebe hier in Saus und Braus und eigentlich gegen meine Gesundheit ... Der kleine Georg immer mitten drunter ...«

Und immer wieder melancholische Momente, solche wie Goethe sie in einem von Friederikes Lieblingsgedichten aus dieser Zeit, dem »Gesang der Geister über den Wassern«, eingefangen hat:

> »Des Menschen Seele
> Gleicht dem Wasser:
> Vom Himmel kommt es,
> Zum Himmel steigt es,
> Und wieder nieder
> Zur Erde muß es,
> Ewig wechselnd.«

Als Bruder Georg einem seiner Briefe eine Rose beilegte, die er am Todestag Luises in Hohenzieritz, ihrem Sterbeort, gepflückt hatte, schrieb Friedrich zurück, dass der Anblick der Rose sie wehmütig gemacht habe, was sie als eine Mischung aus »Freudvoll und leidvoll« definiert. »Wie das Wohl und das Weh so oft sich im Menschen berühren, so hat auch dein letzter Brief mit der Rose Freude und Schmerz in meinem Herzen erregt.«

Reines Glück, so lautet Friederikes Fazit, könne es auf der Erde nicht geben, denn nur das »Jenseits ist die wahre Heimat« für solch Gutes.

Familienleben

»See Mama, you like the badness and I like the bestness, that is the difference between me and you.«[33]

Das schrieb mit fünf Jahren Georg, der Sohn Friederikes und Ernst Augusts, an seine Mutter. Georg, am 27. Mai 1819 in Berlin geboren, hatte als Paten den preußischen König und dessen Söhne und wuchs, liebevoll betreut von seinen Eltern, von allen Kindern Friederikes am meisten behütet auf.

Von Kindheit an war er oft krank. Die Ärzte führten das auf seine schwache Konstitution infolge skrofulöser Veranlagung (Haut-Lymphknoten-Erkrankung) zurück. Erst später, als er häufig die Bäder in Pyrmont und vor allem an der Nordsee auf Norderney besuchte, besserte sich seine Gesundheit. Die Augen allerdings litten schon früh unter Entzündungen.

In Pattensen, im Hausarchiv des Welfenhauses, findet man noch heute die Erinnerungen, die Friederike als stolze Mutter gesammelt hat.

Da liegt, eingewickelt in weißes Papier, datiert vom August 1819 und in Friederikes Handschrift auf Französisch beschriftet, eine blonde Locke, nunmehr fast 200 Jahre alt: »Die ersten Haare, die dem lieben George am 12. August in Strelitz abgeschnitten wurden«.

Neben weiteren Locken aus verschiedenen Jahren finden sich Schreibübungen Georgs von Ende 1825, auf einem linierten Blatt hat er das Schreiben seines Namens geübt.

Auch die Grundlagen der politischen Einstellung des späteren Königs Georg V. von Hannover wurden in diesen Kindertagen gelegt. Seine Mutter und ihre Familie ebenso wie sein Vater Ernst August waren vom Gottesgnadentum der Fürsten überzeugt – demokratische Mitbestimmung des Volkes in jeder Form lag außerhalb ihrer Vorstellungswelt. Und so ist der Text über die Pflichten eines Königs, den der kleine Georg mit sieben Jahren verfasst, ein lebendiges Zeugnis von seiner von klein an aufgesogenen politischen Überzeugung, dass der König seinem Volk wie ein guter Vater zu sein hat: »Die Pflicht eines guten Königs ist es wie ein Vater zu seinem Volk zu sein, freundlich zu sein und ihnen zu helfen, wenn sie in Not sind. Er sollte nicht zu streng sein und ihnen danken, daß sie gegen den Feind, der ihm den Thron nehmen will, kämpfen. Sollte der König nicht danken den Tischlern und den Schlossern für die hübschen Möbel und den Bauern für die wunderschönen Kartoffeln …?«

Die Jahre in Berlin zeigen Friederike vor allem im Kreis ihrer Kinder aus nunmehr drei Ehen. Neben Georg, der sie überallhin begleitete, war es vor allem Auguste, die fast durchgehend bei ihrer Mutter lebte, sogar gegen Ende des ersten Englandaufenthaltes bei Friederike in Kew war. Auch bei den Kuraufenthalten der Mutter, zum Beispiel 1823 in Karlsbad, war sie dabei. Von dort berichtete Friederike ihrer Freundin Luise Voss, dass sie am 27. Juli zu Augustes 19. Geburtstag eine Soiree mit Kaffee, Kuchen, Schokolade und anschließendem Tanz für etwa 140 Personen gegeben hatte. Geboren 1804 in Triesdorf, war Auguste 1825 im Alter von 21 Jahren noch unverheiratet – für die damaligen Verhältnisse ungewöhnlich.

Wie besorgt Friederike um das Wohl ihrer Kinder war, zeigt auch die Episode mit Augustes angeblicher Verlobung im Mai 1825, von der sie Frau von Berg berichtete. Auguste hatte ihre Halbschwester Friederike in Dessau besucht und dort ihren Cousin Wilhelm von Thurn und Taxis, den Sohn von Friederikes Schwester Therese, angetroffen. Was auch immer zwischen den beiden passierte, es kam zu einer heimlichen Verlobung, die Auguste aber wieder auflöste, woraufhin sie in »Apathie und Bewußtlosigkeit« fiel. Die besorgte Mutter schickte sofort Frau von Berg nach Dessau, von wo der Prinz aber schon abgereist war. Friederike gab dem »gottlosen Buben« die Schuld an dem depressiven Zustand ihrer Tochter und konsultierte die Hofärzte Hufeland und Heym. Ein Jahr danach hatte Auguste sich wieder erholt, aber: »… man kann nicht wissen, was in ihrem Herzen vor sich geht, sie wirkt kalt. Gott nehme sich ihrer an.«

Ein weiteres Jahr später heiratete Auguste den Fürsten Albert von Schwarzburg-Rudolstadt und dürfte die Episode mit ihrem Cousin endgültig vergessen haben. Nur wenn man bedenkt, dass Friederike selber mit 21 Jahren bereits eine Ehe hinter sich, ihren Mann und zwei Kinder verloren hatte und weit weg von ihrer Familie in der Verbannung lebte, kann man ermessen, wie behütet und umsorgt ihre eigenen Kinder aufwuchsen.

Ihre vier Söhne schlugen alle eine Militärkarriere ein. Ihr ältester Sohn Friedrich Ludwig, geboren 1794, aus ihrer ersten Ehe mit dem preußischen Prinzen Ludwig, war am preußischen Hof mit den Kindern des Königs erzogen worden. Er heiratete 1817 Luise von Anhalt-Bernburg. Später wurde er General und Divisionskommandeur am Rhein.

Friedrich Wilhelm von Solms, geboren 1801 in Triesdorf, lebte bis 1808 bei der Mutter, danach besuchte er die École militaire in Berlin und trat in die preußische Armee ein, wo er es bis zum Rittmeister brachte. Seine Kinder aus der Ehe mit der Gräfin Maria Kinsky aus Prag wurden später amtierende Fürsten von Solms-Braunfels.

Sein Bruder Alexander, 1807 in Königsberg geboren, verlebte seine Kindheit in Neustrelitz. Er stand der Mutter sehr nahe. Diese Nähe zeigt ein Brief vom November 1824 an Georg, in dem Friederike von Alexanders Konfir-

mation berichtete: Wie stolz sie auf seine Prüfung vor der
Gemeinde war, die er »zur Bewunderung und Zufriedenheit
aller« abgelegt hatte. Und wie sie mit ihm zum Abendmahl
ging, denn »je näher man dem Herrn ist, je näher sind uns
auch die, die wir lieben«.

Auch Alexander besuchte die Militärschule in Berlin und
wurde königlich-preußischer Generalmajor.

Das letzte Kind aus der Ehe mit dem Prinzen Solms war
Karl, geboren 1812 zu einem Zeitpunkt, als die Beziehung
eigentlich schon am Ende war. Karl hat seiner Mutter zeitlebens am meisten Probleme bereitet, und sie machte sich
die größten Vorwürfe, weil sie ihn im Alter von drei Jahren in Neustrelitz zurückgelassen hatte, um nach England
zu fahren. Seit ihrer Rückkehr bis zu seinem Eintritt in die
Militärschule lebte er dann in Berlin bei ihr und dem Herzog von Cumberland.

Den engsten Kontakt hatte Friederike wohl zu ihrer
Tochter gleichen Namens, die, 1796 geboren, bis zur Flucht
nach Königsberg bei ihr lebte. 1818 heiratete diese den Herzog Leopold von Anhalt-Dessau, war aber häufig in Berlin
bei der Mutter und machte Friederike im Dezember 1819 zur
überglücklichen Großmutter, was diese in einem vielstro-
phigen Gedicht zum Ausdruck brachte, dessen erste Strophe lautet:

> »Ja Ja! Ja ja! Halleluja!
> Daß ich nun auch geworden Großmama!
> Ich mit Dir genieße das schöne Jahr,
> das alles Gute bringet so wunderbar!«

Friederike war aber nicht nur eine besorgte, sondern auch
eine sehr konsequente Mutter und Hausfrau. Die Sorge
ums Geld durchzieht viele ihrer Briefe, sodass eine sorgfäl-
tige Planung und Registrierung der Einnahmen und Ausgaben erforderlich war. Im Archiv in Pattensen finden sich
ihre Haushaltsbücher, in denen sie sorgfältig jede noch so

kleine Summe eintrug. Für November 1827 finden wir zum Beispiel:

»Einnahmen aus der königlichen Kasse   2494
Ausgaben:
Carl monatlicher Unterhalt: 250
Wilhelm ...   100
Alexander ...   100«

Weitere Ausgaben in Reichstalern, Schilling und Pfennigen folgen für Hofdamen, Kammerdiener, Ingenieur, Seidenhandlung, Gärtner, Boten nach Berlin. Als zusätzliche Posten:

Für die Wohnungseinrichtung für Carl   ...
Spielsachen für Georg   ...
Glaser für Bilderrahmen Carl   ...
Empfang   ...
Cattun für Augusts Bett   ...
Goldene Uhren   ...
Malen der neuen Stühle   ...
Almosen   ...
Beitrag zum Verein der Unterstützung und Pflege der Vaterländischen Krieger 1813 und 1815   ...

Unter den Einnahmen verbuchte sie auch folgende Posten, die zu Spekulationen anregen:

»Von Carl   als Beitrag zu den Ohrringen   5
Von Alexander   zu den Ohrringen   5
Von Wilhelm   zum 1. Mal abgezogen   5«

Bis zum Monat Februar des Jahres 1829 zahlten alle Kinder monatlich die Summe von fünf Schilling an die Mutter. Handelte es sich bei den Ohrringen um ein Geschenk, das die Kinder gemeinsam irgendjemandem gemacht haben und das die Mutter erst mal aus ihrer Kasse ausgelegt hatte und dann, pädagogisch sehr sinnvoll, konsequent eintrieb?

Dass sie sehr genau mit dem Geld rechnete, zeigt auch das folgende Beispiel aus einem Brief an Georg: Es ging um ein Geschenk für den Bruder Karl. Jeder sollte 40 Louisdor bezahlen, aber das war ihr zu viel. Sie wollte für Geschenke keine Schulden machen, weil sie zweimal im Jahr sieben Kinder beschenken müsste. 100 Reichstaler wollte sie wohl opfern, der Herzog das Gleiche. Wenn es mehr sein sollte, dann aber nur, wenn man Karl sagen würde, dass es für zwei Geburtstage wäre …

Leben im Familienkreis – das schloss auch die engen Beziehungen zu ihren noch lebenden drei Geschwistern ein. Die Beziehung zur Schwester Therese war sehr gespalten. Zwar gab sich Friederike immer wieder große Mühe – auch auf Anraten von Georg –, aber der Knacks, den das Verhältnis durch Thereses Verhalten während der napoleonischen Kriege und ihr Leben in Paris bekommen hatte, ließ sich nie wirklich heilen.

Umso enger waren die Beziehungen zu ihren beiden Brüdern: Karl, der in Berlin lebte und den sie vor allem bei den zahlreichen von ihm inszenierten Aufführungen erlebte, und Georg, mit dem sie die Erinnerungen an die Schwester Luise teilte.

Es war auch Georg, dem auf ihre Bitten hin vom König die Obligationen und damit die finanzielle Fürsorge für Friederikes Kinder übertragen wurden und der Friederikes Kinder immer wieder in Neustrelitz aufnahm, wenn sie zur Kur musste oder in England weilte. »Was Du meinen Kindern tust, tust Du mir«, schrieb sie ihm voller Dankbarkeit.

Georg war des Öfteren in Berlin zum Besuch der Oper, zu Familienfesten – oder auch, weil er vom preußischen König in Familienangelegenheiten als Vermittler engagiert wurde. So zum Beispiel, als Friedrich Wilhelm III. 1824 beschloss, erneut zu heiraten. Er fühlte sich zunehmend einsam, weil auch seine letzte Tochter sich vermählt hatte.

Vor allem für die Kinder war es ein Schock, da sie sich ihren Vater nicht an der Seite einer anderen Frau vorstellen konnten. Der König teilte es seiner Familie daher nicht persönlich mit, sondern durch die Vermittlung Georgs.

Es sollte auch nur eine »Ehe zur linken Hand sein«, eine morganatische Ehe, wie sie in königlichen und hochadligen Häusern geschlossen wurde, wenn die Braut nicht ebenbürtig war; die Kinder aus solchen Ehen waren dann nicht erbfolgeberechtigt.

Die Braut, Gräfin Auguste von Harrach, war 24, also 30 Jahre jünger als der König. »... keine bedeutende Person, aber gut! ... Aber bedeutende Personen waren nie die, welche den König anzogen«, so glaubte Prinzessin Marianne urteilen zu müssen.

Auch der Werbebrief des Königs vom 11. Oktober 1824 zeigt, dass diese neue Beziehung ganz anders war als seine Liebe zu Luise: »... denn mein Herz sucht in dieser nicht das, was die Jugend sucht. Nur eine treue Freundin sucht es zur Lebensgefährtin, um mit ihr ein freundliches, stilles, ruhiges und einträchtiges Leben zu führen ... eine barmherzige Schwester ...«, die ihn pflegen und lieben wird, »wie eine Tochter ihren Vater liebt.«

Georgs Vermittlung zeigte insofern Erfolg, als man die neue Frau an der Seite des Königs in die Familie aufnahm. Am Bohnenfest des Jahres 1825, als sich die Gesellschaft in einen chinesischen Hof verwandelte, nahm sie als Oberaufseherin teil.

Auch Friederike hatte Verständnis für den König, der selbst am wenigsten mit der ganzen Situation klarkam, die er doch selber gewollt hatte. Aber »bis jetzt sieht man dem teuren König nur Verlegenheit an«, wenn er sich mit ihr im Familienkreis zeigte. Alle, die ihn liebten, müssten ihm helfen, diese Verlegenheit zu überwinden. Und genau das wollte sie tun. Sie scheint in der neuen Ehe des Königs keinesfalls einen Verrat an ihrer Schwester gesehen zu haben, wie das in manchen Biografien zu lesen ist. Die Worte, mit denen sie die Ehe kommentierte, zeigen, dass sie wusste, dass hier keine Konkurrenz für das Andenken ihrer Schwester heranwuchs, sondern es einfach nur die Einsamkeit eines älter werdenden Mannes war, die zu dieser Hochzeit geführt hatte.

Trotz der häufigen Besuche Georgs in Berlin blieben aber die zahlreichen Briefe die intensivsten Kontakte zwischen Friederike und ihm. Zum Todestag von Luise schrieben sie sich regelmäßig und schickten einander am Grab oder in Hohenzieritz gepflückte Vergissmeinnicht, eine Rose oder auch ein getrocknetes Lorbeerblatt.

Auch über Luises Tod hinaus bleibt das Kleeblatt das Symbol für die Einigkeit der Geschwister: Am 22. Juli 1820 ging Friederike um neun Uhr morgens zum Grab. »Im Hingehen pflückte ich drei Winden, die am Stengel gewachsen waren, als Symbol der 3 Geschwister, die das Kleeblatt bildeten ... Und ich sagte zu der Berg: ›Sehen Sie, daß ich an George denke, das ist für ihn, es bedeutet uns Drei.‹«

Und am 23. März 1821: »Ach, das Kleeblatt!! Ich beteure Dir, mein Engels George, so lange noch das eine Blatt neben dem anderen lebt, soll es auch immer so treu an Deiner Seite stehen wie bisher.«

Wenn es nach Friederike gegangen wäre, hätte das Leben wohl immer so weitergehen können, aber wieder einmal machte ihr die Politik in England einen Strich durch die Rechnung. 1825 wurde dem Herzog von Cumberland vom Parlament mit einer Mehrheit von 170 zu 121 Stimmen eine Apanage von 6000 Pfund jährlich für seinen Sohn Georg bewilligt.

Dafür mußte dieser aber in England erzogen werden. 1828, als Georg neun Jahre alt geworden, drängte man im Parlament darauf, er sollte in die konservative Eldon-Schule in Hastings eintreten.

Am 8. April 1828 musste Friederike sich vom ihm verabschieden, denn ihre Gesundheit erlaubte die weite Reise nicht. Als sie Georg sagte, dass er nach England fahre, freute er sich, bis er erfuhr, dass sie nicht mitkommen würde. »… wenn Du nicht mitgehst, liebe Mama, so ist meine halbe Freude vorbei.« Er wurde immer ernster, je näher der Tag der Abreise kam.

In ihrem Tagebuch beschreibt Friederike den »unglücklichen Tag unserer ersten Trennung« in allen Einzelheiten: Sie umarmte ihn und sagte: »Gott segne und behüte Dich, und führe Dich glücklich und gesund in meine Arme zurück.« Georg weinte, und Friederike glaubte, »es sei mein letzter Augenblick«. Dann kam der Abschied vom Herzog, da »glaubte ich, das Herz und der Kopf würden mir springen«.

Aufgeregt verfolgte sie die Berichte, die man ihr von der Überfahrt nach England sandte: »… und die Seeleute waren entzückt, daß mein englischer Prinz so ein guter Seefahrer sei.«

Und dann endlich kam der erste Brief ihres Sohnes aus England, in dem er ihr schreibt, wie gut sie empfangen worden seien. Er schließt mit den Worten: »Dear Mama indeed indeed you don't know how sorry we all feel that you are not here.«

Pflichterfüllung

»Gott sei Dank, ich habe meine Pflicht getan.«[34]

Diese Worte soll Lord Nelson 1805 im Sterben noch gesagt haben. »Was aber ist meine Pflicht?«, fragte sich Goethe und gab als Antwort: »Die Forderung des Tages.«

Auch in den Briefen Friederikes ist die Pflichterfüllung als eine der wichtigsten Aufgaben eines Menschen im Leben ständig präsent. Ganz besonders in den Jahren 1829 bis 1833, die sie gegen ihren Willen wieder in England verbringen musste mit dem einzigen Trost, dass Gott schon alles richten wird, »wenn wir unsere Pflicht tun«.

Eigentlich war geplant, dass der Herzog zurück aus England nach Berlin kommen sollte. Ihr Sohn Georg, der ihn begleitet hatte, war bereits im Oktober 1828 nach Berlin zurückgebracht worden, da er schwer an Keuchhusten erkrankt war. Anfang Februar wurde er erneut krank, eine Lungenentzündung, so schlimm, dass die Ärzte befürchteten, er würde sterben.

Friederike, die Tag und Nacht an seinem Bett wachte, schrieb verzweifelte Briefe an ihren Mann, dass er zurückkommen möge.

Mehrere Wochen lag Georg in seinem abgedunkelten Zimmer. Niemand bemerkte, dass sein rechtes Auge an einer skrofulösen Entzündung erkrankt war. Bei der ersten Ausfahrt stellte sich dann heraus, dass Georg auf dem rechten Auge fast blind geworden war.

In dieser Situation erreichte Friederike der Brief ihres Mannes, der schrieb, dass er nicht kommen könne, sondern dass er sie bitte, stattdessen mit Georg nach England zu fahren, und das innerhalb von acht Tagen.

»Ach Gott, wie wünschte ich, ich könnte kommen ... Angebeteter Engel meines Herzens, Du kennst Deinen Ernst, Du weißt, daß er Dich anbetet, daß er sein Kind liebt, wie es kein Vater mehr tun kann, und wenn ich Dir alles mehr sagte, was in meiner Seele, in meinem Herzen vor sich geht, so wüßtest Du, daß nur Eines mich zu dieser Reise veranlassen konnte: die Pflicht.« Und er fuhr fort, dass eine Rückkehr nach Berlin zum jetzigen Zeitpunkt den Verlust seiner Ehre bedeuten würde und zur Folge hätte, dass Friederike ihn verachte müsste, weil er sich selber verachtete.

Friederike traf dieser Brief völlig unvorbereitet. Später schrieb sie an Georg: »Den ersten Tag konnte ich nichts als Seufzen und es war mir als läge das ganze Schloß Schönhausen mir auf der Brust.« In großer Hektik wurde die Reise vorbereitet, in Eile nahm sie Abschied von ihren Kindern und den Freunden. Über das Motiv der Reise wurde in Berlin wild spekuliert: Es gäbe Krieg zwischen England und Russland, und Preußen würde Hannover angreifen, daher müsse die Familie des Herzogs nach England gebracht werden.

Die Wahrheit war wesentlich unspektakulärer. In England hatte die Regierung 1829 die sogenannte Testakte *[Test Act]* aus dem Jahr 1676 aufgehoben, die besagte, dass jeder, der ein bürgerliches oder militärisches Amt bekleiden wolle, den König als Oberhaupt der anglikanischen Kirche anerkennen und sich gegen die katholische Transsubstantiationslehre erklären müsse. Damit waren automatisch alle Katholiken und Dissenters vom staatlichen und kommunalen Leben ausgeschlossen. Durch die jetzt erfolgte Aufhebung der Testakte erhielten die Katholiken das aktive und passive Wahlrecht und den Zugang zu den Staatsämtern zurück.

Der Streit darüber hatte aber zu einer Spaltung der Tories geführt, der Partei, der Ernst August und der englische König nahestanden.

Ernst August, der aufgewachsen war in dem Glauben, dass der Schutz der anglikanischen Kirche als Landeskirche die erste und heiligste Pflicht seiner Familie sei, und dessen Parteinahme damit weniger politisch bedingt als eine Gewissensfrage war, wollte und konnte in dieser Situation das Land nicht verlassen, zumal er von seinem Bruder darum gebeten wurde, zu bleiben.

»Was für eine schreckliche Sache ist doch die Politik!«, schrieb er an seine Frau, »bei der Menschen jede Verleugnung von Grundsätzen, Ehre und allem, was ihnen heilig sein sollte, vor sich selbst rechtfertigen können. Ich danke Gott, daß ich das empörend finde und mich nie zu dieser Auffassung bekennen kann.«

Ernst August konnte sicher sein, dass Friederike ihn verstand, denn Pflichterfüllung gehörte auch bei ihr zu den Grundsätzen ihrer Erziehung.

Und so fuhr sie los »mit tausend Tränen, aber mit dem Gedanken im Herzen, daß es gut sein muß, weil Gott es so wollte«. Über Mainz, Köln, Aachen, Brüssel und Lille ging es nach Calais, wo der Herzog sie erwartete. Am 19. April 1829 kam die Familie in London an und wurde im St. James's Palace vom König empfangen.

Anders als 14 Jahre zuvor wurde Friederike diesmal von der höfischen Gesellschaft ohne Einschränkungen anerkannt. Das lag vor allem auch an der großen Hochschätzung, die König Georg IV. ihr entgegenbrachte. Bei seinem Geburtstag nahm er sie »bei der Hand und führte mich vor ihnen«, womit die ganze königliche Familie gemeint war. Er zeigte ihr das Schloss Windsor, das sie bislang nicht kannte, weil es bei ihrem letzten Englandaufenthalt noch der Wohnort ihrer Schwiegermutter gewesen war. Die Anerkennung durch den König hatte viele Einladungen zur Folge, sodass Friederike am Gesellschaftsleben von Hof und Hauptstadt teilnehmen konnte und nicht mehr im Abseits stand. Darüber hinaus schenkte der König ihnen ein Haus in Kew inmitten der Gartenanlagen, das sie mit einem großen Fest im Beisein des Königspaares und mit 300 geladenen Gästen einweihten.

Trotzdem konnte Friederike auch diesmal nicht wirklich heimisch werden. Ihre Briefe an Luise Gräfin Voss und Georg zeugen davon: »Die Gegend, das Land wird Ihnen gefallen, die Menschen aber nicht!« Sie bedauerte, dass sie so wenig von Englands Landschaften kenne, »da der Herzog nicht zu bewegen ist und nur zu leben glaubt, wenn er von London nach Kew und von da wieder nach London fährt oder reitet«. Ein anderes Mal schrieb sie verbittert: »Es gibt so viele falsche herzlose Menschen hier, beiderlei Geschlechts – meine Menschenliebe hat sich hier nicht vermehrt.«

Auch das feuchte Inselklima machte ihr zu schaffen. Sie war häufig krank. Am schlimmsten aber war die Sehnsucht nach ihren Kindern und den anderen Familienmitgliedern, von denen sie erneut für Jahre getrennt war. Immer wieder schrieb sie ihrem Bruder Georg, dass sie lieber sofort nach Deutschland zu ihrer Familie zurückkehren würde, aber »wir müssen alle in unserer Pflicht leben«.

Da war Karl, an dessen Konfirmation sie gerne teilgenommen hätte, zumal er dasjenige unter ihren Kindern war, das ihr die größten Sorgen machte. Sie hoffte, dass er nach seiner Konfirmation »auf gutem Weg« wäre und ihn »sein alter Feind, der Leichtsinn« verlassen würde, eine Hoffnung, die sich nicht erfüllen sollte.

Und da war Wilhelm, »dessen Stunde geschlagen hat, um … die Qualen der Liebe kennen zu lernen«. Die Frau, die Wilhelm liebte, Maria Kinsky, eine Adlige aus Prag, galt als nicht standesgemäß, und ihr Sohn hatte sich mit der Bitte um Hilfe an seine Mutter gewandt.

Friederike griff auf die bewährte Hilfe ihres Bruders Georg zurück, der ihr auch nach England getreulich schrieb und zum Jahrestag des Todes von Luise Vergissmeinnicht schickte.

Sie schrieb ihm, dass eine Ehe für Wilhelm wünschenswert sei, weil »er sehr feuriger Natur ist«. Sie bat ihren Bruder, sich um Wilhelm zu kümmern, da er auch so »wahr und innig geliebt hat und die Schmerzen der Liebe kennt ... Du und ich wir sind die einzigen, die so recht mit ihm fühlen können. Kälte würde ihn zurückstoßen und töten ... Wenn es rein unmöglich ist, seine Sehnsucht zu erfüllen, so vermögen auch wir nichts mehr; wenn man aber recht guten Willen hat, so kann man auch viel tun und gar manches überwinden.«

Die Frage der Ebenbürtigkeit war für Friederike kein Problem. Und in dem Punkt urteilte sie nicht nur als liebende Mutter. Schließlich hatte sie sich mit dem Prinzen Solms auch für die Leidenschaft und gegen die Etikette entschieden. Einzig die Frage der Finanzierung dieser Ehe machte ihr Kopfzerbrechen, denn Wilhelm verdiente als Leutnant nicht viel. Zum Glück verfügte Maria Kinsky über eigenes Vermögen, und Bruder Georg erreichte beim preußischen König eine Beförderung für Wilhelm, sodass die Hochzeit am 8. August 1831 in Wien stattfinden konnte, wenn auch ohne Friederike.

Umso mehr genoss sie das Zusammensein mit dem einzigen ihrer Kinder, das bei ihr in England lebte, mit Georg, dem sie trotz seiner Blindheit auf einem Auge das unbeschwerte Leben eines normalen Kindes zu schenken versuchte. Seine Geburtstage wurden zu Festtagen, an denen er mit Geschenken, auch vom König, überschüttet wurde. Seinen zwölften Geburtstag am 22. Mai 1831 feierte er mit 20 anderen Jungen, »dazu kamen 5 Hofmeister, um sie zu bändigen«. Auch die Anwohner von Kew richteten ein Fest mit Musik, Kricketspiel und einem Feuerwerk aus und schmückten die Gegend mit Flaggen.

Mitte des Jahres 1830 sank der Einfluss des Herzogs im politischen Leben und am Hofe, als am 26. Juni sein Bruder Georg IV. starb, der wie er die Tories unterstützt hatte und der ihm persönlich sehr nahe stand. Ihm folgte der Herzog von Clarence als Wilhelm IV. Der schätzte Ernst

August und seinen Einfluss bei Hofe nicht besonders. Er entließ umgehend die deutschen Musiker und die französischen Köche, um seine Abneigung deutlich zu machen. Ernst August trat daraufhin von seinem Kommando über die Horseguards zurück. Als Wilhelm IV. dann auch noch kurz nach seiner Thronbesteigung den Generalgouverneur von Hannover, Adolf von Cambridge, zum Vizekönig von Hannover einsetzte, eine Position, auf die Ernst August mehr Anspruch gehabt hätte, war die Beziehung zum Hof auf Dauer getrübt. Endgültig vorbei war es, als der neue König nicht die Tories, sondern die Whigs unterstützte und unter Lord Grey ein Whig-Kabinett an die Regierung kam, was die Tories und mit ihnen Ernst August in die Opposition trieb.

Wieder einmal verhinderte die politische Lage in England eine Rückkehr der Familie nach Deutschland, denn der Herzog würde dann, wie Friederike es formulierte, »seine heiligen Pflichten an seinem Sohn und sich selbst und seinem Vaterlande« verletzen.

Friederike teilte ihrem Bruder mit, dass es jetzt ihre »heilige Pflicht« sei, ihren Sohn auf die Möglichkeit vorzubereiten, vielleicht selber einmal englischer König zu werden. Georg müsste nun in England bleiben, damit er »den Engländern wie ein Engländer« erscheint, falls er mal König von England würde. Er sollte aber wie sein Vater später in Göttingen studieren.

Ein schlechtes Gewissen hatte sie schon, dass sie wegen des einen Sohnes ihre anderen Kinder vernachlässigte, und bat daher ihre Brüder, sie dessen nicht zu beschuldigen. Sie habe es stets ernst genommen mit der Erziehung, soweit die Bedingungen es zuließen. Vielleicht hätte sie Karl noch einige Zeit betreuen müssen, aber insgesamt zog sie eine positive Bilanz ihrer Erziehung: »Meine Töchter sind verheiratet, meine Söhne sind in die Welt eingegangen, im nächsten Frühjahr wird auch Carl soweit sein.« Darum könne man ihr keinen Vorwurf machen, weil sie in England bliebe: Sie könne »Gott sei Dank sagen, daß ich die eigentlichen Mutterpflichten an sie erfüllt habe, denn ihre Erziehung ist vollendet«.

Dies ist ihr nach dem Urteil der Zeitgenossen tatsächlich gut gelungen. So wird in Caroline von Rochows Erinnerungen ihre Tochter Friederike nicht nur als hübsch und freundlich beschrieben, sondern auch als »die besterzogene der damaligen Prinzessinnen« bezeichnet.

Hamburg, 2. Mai 2006

*»Der König ist sehr pflichtbewußt!«, lobt der Leiter der Schwe-
dischen Akademie anlässlich des 60. Geburtstages den König
Carl XVI. Gustav. Die Sendung, in die ich auf der Suche
nach Nachrichten mehr zufällig geraten bin, führt mich direkt
in den Vorbeimarsch der Truppen, den der König in Generals-
uniform abnimmt. Draußen im Schlosshof das jubelnde Volk,
in den Fenstern des Schlosses die Gesichter des europäischen
Hochadels, der nach Stockholm gekommen ist, ein Aufmarsch
an königlichen Hoheiten, Herzögen und Fürsten zur Freude
der Schaulustigen vor Ort und an den Fernsehern.*

*Friederike hätte dieser Anblick gefreut, wenn auch wohl
nur auf den ersten Blick. Denn das diesen Bildern sich an-
schließende Interview mit einer schwedischen Untertanin des
Königs hätte ihr gezeigt, dass das Volk zwar sehr stolz auf seinen Monarchen ist, weil er seine Pflichten erfüllt, indem er
Ausstellungen eröffnet und bei der Begleitung von Handels-
delegationen ins Ausland den Wirtschaftsbeziehungen förder-
lich ist, weil er mit seiner Frau seinen Repräsentationspflichten
so gut nachkommt. Mehr aber auch nicht. Der König – und
das nicht nur in Schweden – besitzt eben keine politische und
militärische Macht mehr wie zu ihrer Zeit, und der Auftritt
der Adligen hat nur noch Showcharakter.*

*In den meisten europäischen Ländern, heute Demokra-
tien, hat das Volk die Herrschaft übernommen, ein Albtraum
für Friederike, der zu ihren Lebzeiten mit der Französischen
Revolution 1789 seinen Anfang nahm und dann in der Revolution von 1830 einen weiteren Höhepunkt fand.*

Und während ich mich durch die Briefe arbeite, die sie in

jenen Jahren geschrieben hat, habe ich zum ersten Mal ein Pro-
blem damit, mich in ihre Gedankenwelt hineinzuversetzen.

Liebe, Leidenschaft, Enttäuschungen, Ängste, Hoffnungen,
Verzweiflung. Alle diese Gefühle einer Frau und Mutter
konnte ich nachempfinden über die Jahrhunderte hinweg,
weil das, was Menschen fühlen über alle Zeit- und Raumgren-
zen hinweg, sich sehr ähnelt.

Aber das Jahr 1830 bricht einen Graben auf zwischen mir
und dieser Frau …

Schon als Schülerin stand ich mehr aufseiten der franzö-
sischen Revolutionäre, die, wenn sie auch in der Praxis übers
Ziel hinausschossen, doch Freiheit, Gleichheit und Brüder-
lichkeit auf ihre Fahnen geschrieben hatten.

Meine Sympathie galt schon immer den Studenten, die kurz
nach dem Wiener Kongress gegen die Unterdrückung aller
demokratischen Bestrebungen protestiert haben. »Sodom und
Gomorrha«, so nannte Friederike die Konflikte zwischen den
Herrschenden und den Revolutionären. Und für sie bestand
kein Zweifel, auf welcher Seite Gott stand, denn die Fürsten
waren ja seine Stellvertreter auf Erden und handelten im Auf-
trag der Vorsehung.

Von Brief zu Brief wächst das Unverständnis in mir. Oder
ist es Enttäuschung? Wie konnte eine Frau, die mit Goethe
korrespondierte, die als gefragte Gesprächspartnerin für Wis-
senschaftler wie Wilhelm und Alexander von Humboldt, für
Politiker wie Stein und Hardenberg galt, so blind sein und
glauben, nach den Befreiungskriegen gegen Napoleon könnte
man zu den alten Zeiten zurückkehren? Wie konnte sie mei-
nen, dass die Proteste und Aufrufe zu mehr Demokratie, zur
Angleichung alter Privilegien an neue Realitäten, die einen
ganzen Kontinent erfassten, nur ein »böser Geist« seien, der
durch die Lande wehte?

Hat sie niemals von der Situation der Kinder und Jugend-
lichen in den neu entstandenen Industriegebieten um Man-
chester herum gehört, vom Elend der Tagelöhner und ver-
armten Bauern auf dem Lande, der Armut der Arbeiter in

den Städten? Von Kindern wie dem 14 Jahre alten Jungen, aus dessen Leben in einem Parlamentsbericht zitiert wird: »Habe hier 2 Jahre gearbeitet, bin jetzt 14, arbeite 16 ½ Stunden am Tag. Kürzlich war ich krank und bat, um 8 Uhr [abends] aufhören zu dürfen, und man sagte mir, wenn ich ginge, brauche ich nicht zurückzukommen.«

Wie gerne hätte ich sie als einen Menschen beschrieben, der aufgeschlossen für die neuen Strömungen ist, der sich zumindest in der Theorie mit der Berechtigung der Forderungen nach mehr Demokratie auseinandersetzte. Hat sie jemals Heine gelesen? Hätte sie ihn verstanden, wenn sie seine Bücher gekannt hätte? Oder hätte Heine auch hier recht gehabt mit seiner Erkenntnis: »Es ist eine sonderbare Sache mit den Adligen! Die Besten unter ihnen können sich von ihren Geburtsinteressen nicht lossagen.« Sie können liberal denken, die Freiheit lieben und sogar Opfer dafür bringen, aber »für bürgerliche Gleichheit sind sie sehr unempfänglich«.

Die Forderungen der Demokraten bedeuteten eine persönliche Bedrohung für Friederike und ihre Familie, das Ende der Lebensart, die sie seit ihrer Geburt kannte, der einzigen, die sie kannte.

Konnte ich ihr das zum Vorwurf machen?

Das Revolutionsjahr 1830

»Da ließ der Herr auf Sodom und Gomorra
Schwefel und Feuer vom Himmel herabfallen.
Sämtliche Städte in der Jordangegend wurden
zerstört, ihre Bewohner getötet und das Land
verwüstet, so daß nichts mehr darauf wuchs.«[35]

Die Strafe Gottes, wie sie im Buch Genesis des Alten Tes-
taments über Menschen verhängt wurde, die sich gegen ihn
erhoben hatten. Das ist der Vergleich, mit dem Friederike an
die revolutionären Unruhen des Jahres 1830 heranging. Sie
fürchtete, dass sich »alles so gestaltet, daß der Untergang
der Welt, die wir bewohnen, daraus hervorgehen müsste
und daß es unserer Erde gehen müsste wie einst Sodom und
Gomorrha«.

Diese Einschätzung teilten nicht nur die Mitglieder ihrer
Familie, sondern die meisten europäischen Fürsten. Sie hatten zwar auf dem Wiener Kongress für ihre Länder am 8. Juni
1815 die Bundesakte unterschrieben, in der in 20 Artikeln
ein lockerer Staatenbund Deutschlands geschaffen wurde
und deren 13. Artikel die Einführung landständischer Verfassungen in den 38 Mitgliedsstaaten vorsah. Aber sie fürch-
teten das Aufbegehren ihrer Völker doch zu sehr, sodass sie
zusätzliche Absicherungen nötig zu haben glaubten.

So fanden sich der katholische Kaiser Franz I. von Österreich, der protestantische König Friedrich Wilhelm III.
von Preußen und der orthodoxe Zar Alexander I. von Russland schon drei Monate später zur »Heiligen Allianz« zusammen. Sie verpflichteten sich, die christlichen Gebote der
Gerechtigkeit, Liebe und des Friedens zur Verhaltensregel

zu machen, aber auch einander jederzeit Beistand zu leisten. Letztlich verbarg sich dahinter nur ein Versuch zur Stabilisierung des »Status quo«.

Wenn auch fast alle europäischen Staaten dieser Allianz beitraten und man sich in der Folge häufig auf »Monarchenkongressen« traf, konnte man die demokratischen und nationalen Bestrebungen nicht unterbinden. Diese Ideen wirkten im Untergrund, aber auch an den Universitäten weiter. Selbst die radikalen Karlsbader Beschlüsse vom 20. September 1819, die Metternich gegen die »demagogischen Umtriebe« vorbereitet und durchgesetzt hatte, konnten sie nicht dauerhaft unterdrücken.

Während sich in Deutschland nur wenige kleinere Länder Verfassungen gaben, hatte in Frankreich 1814 Ludwig XVIII. eine Verfassung mit Teilung der Gewalten, einem Zweikammersystem und einem Wahlrecht, wenn auch von hohem Steuersatz abhängig, eingeführt.

Als sein Nachfolger Karl X. am 26. Juli 1830 jedoch die Kammer auflöste, in der die Liberalen in der Mehrheit waren, und das Wahlrecht so änderte, dass erneut nur noch Großgrundbesitzer und damit vor allem der Adel wahlberechtigt waren, gingen die Bürger zwei Tage später auf die Barrikaden. Karl X. floh nach England, die Kammer wählte den Herzog Louis-Philippe von Orléans zum König.

Das war ein Sieg der Volkssouveränität, der den bisher geltenden Grundsatz von der Legitimität eines Herrschers entscheidend durchbrach. Der neue König nannte sich daher auch: König der Franzosen von Gottes Gnaden und durch den Willen des Volkes.

»Heilige Julitage von Paris! Ihr werdet ewig Zeugnis geben von dem Uradel der Menschen, der nie ganz zerstört werden kann. Wer euch erlebt hat, jammert nicht auf den alten Gräbern, sondern freudig glaubt er jetzt an die Auferstehung der Völker. Heilige Julitage! Wie schön war die Sonne, und wie groß war das Volk von Paris! Die Götter im Himmel, die dem großen Kampfe zusahen, jauchzten vor Bewunderung, und sie wären gerne zur Erde herabgestiegen, um Bürger zu werden von Paris!«, jubelte Heinrich Heine in Paris, wo er auf der Flucht vor der Zensur in Deutschland als Korrespondent der »Augsburger Allgemeinen Zeitung« (seit 1832) arbeitete.

Und mit ihm jubelten alle, die seit langem auf eine Änderung der Zustände hofften. Die Unruhen griffen auf viele Staaten Europas über. Es gab Aufstände in Italien, Hannover, Braunschweig, in Sachsen und Kurhessen. Die Fürsten mussten jetzt endlich Verfassungen zugestehen. Im November 1830 erklärte sich Belgien von den Niederlanden unabhängig.

Es ist »eine scheußliche Zeit«, kommentierte Friederike von England aus die Zustände im übrigen Europa. »Und ebenso ist es die Politik und das Prinzip, die Revolutionäre in Schutz zu nehmen gegen die beleidigten Herrn.« Sie schämte sich, dass Frankreich immer noch Mitglied der Heiligen Allianz sei, wenn auch deren Prinzipien in den Mitgliedsländern längst mit Füßen getreten würden. Im belgisch-niederländischen Konflikt galt ihre Sympathie dem »armen König der Niederlande« gegen den neuen König von Belgien, Leopold, und sie war entsetzt darüber, dass »der böse Geist«, worunter sie das Einsetzen von Parlamenten verstand, auch in Deutschland Einzug gehalten hatte.

Während die Cholera, die im übrigen Europa grassierte, den Weg nach England noch nicht gefunden hatte, nahm der Konflikt zwischen Tories und Whigs revolutionäre Züge an. »Man kann daran an Leib und Seele erkranken, wenn die Cholera … sicher ebenso gefährlich ist«, meinte Friederike.

Der Herzog verstrickte sich immer mehr in die politischen Wirrnisse seines Landes. Friederike war mit ihm einer Meinung, dass man an den bestehenden Verhältnissen nicht rütteln dürfe. Daher beurteilte sie auch die Bestrebungen um eine Parlamentsreform, die der bürgerlichen Bewegung mehr Sitze im Unterhaus und damit mehr Einfluss bringen sollte, sehr negativ.

Im Parlament waren die Tories zerstritten, den Stockkonservativen standen liberale Gruppierungen gegenüber. Die Partei der Whigs, die inzwischen in der Opposition war, wurde von Wilhelm IV. offen unterstützt. Er ernannte deren Führer, Lord Grey, zum Premierminister. Der sprach sich nachdrücklich für eine Parlamentsreform aus und brachte als Gesetz die *Reform Bill* ein, die unter anderem eine gerechtere Aufteilung der Wahlbezirke bringen sollte.

In der zweiten Hälfte des 18. Jahrhunderts waren in England im Zuge der industriellen Revolution zwei neue Stände entstanden: Unternehmerschaft und Arbeiter. Das Wahlrecht aber war noch immer an den Grundbesitz gekoppelt. Nur 200000 Engländer durften wählen (Landadel und alte Städte). Bauern, bürgerlicher Mittelstand, Arbeiterschaft, aber auch die neuen Industriestädte mit dem Unternehmertum waren ausgeschlossen.

Die Reform Bill sah vor, dass 56 sogenannte »rotten boroughs« (Wahlkreise mit »verlassenen Orten«) das Wahlrecht verloren, dafür aber die großen neuen Industriestädte wählen durften. Damit hätte sich die Zahl der Wahlberechtigten auf eine Million erhöht. Der Einfluss des Adels hätte sich verringert, der des reichen Bürgertums in den großen Städten, und damit die Opposition, wäre gestärkt worden.

Zwar scheiterte der Entwurf Anfang Oktober 1830 im Oberhaus, es folgten aber Unruhen und Auseinandersetzungen im ganzen Land, bei denen auch Ernst August angegriffen wurde.

Friederike schrieb an Gräfin Voss, dass der Streit quer durch die Familien gehe. »Wenn so etwas in Familien stattfinden kann, so können Sie sich den Verletzungs-Sinn gegen gleichgültige Menschen denken, wovon so viel den Herzog traf, und ich versichere Sie, daß viele Menschen mir den Rücken zuwandten, bloß weil ich seine Frau bin.«

Die Briefe Friederikes an ihre Brüder kommentieren jede Phase der Entwicklung. Sie nahm sehr einseitig Partei für die Tories, die das »Odium der Nation« seien, und traute den Whigs jede Gemeinheit zu: Sie würden die Presse manipulieren, »um eine Revolution herbeizuführen und den Tories die Schuld davon tragen zu lassen. Sie rufen das Volk auf, sich zusammenzurotten, falls die Tories die Bill ablehnen sollten. Sie rufen auch die Soldaten zum Widerstand auf.« Der König liebe die Whigs nicht, tue aber alles, was sein Kabinett aus Whigs ihm sage. Friederike erzählt von Drohungen in den Zeitungen und sogar in der Kirche. »Nichts ist denen heilig.«

Als die Bill endlich im Parlament angenommen wurde, sah sie ihre politischen Hoffnungen zerstört.

»Die Bill ist durch! Das Los ist gefallen! Es steht allein in Gottes Hand, aus dem Bösen, welches Gutgesinnte nicht haben abwenden können, Gutes sich entwickeln zu lassen«, schrieb sie an Karl und Georg. Ganz London würde illuminiert sein aus Freude über die Entscheidung, sie selbst würden aber nicht mitmachen: »Wahrscheinlich wird man uns die Fenster einwerfen.«

Insgesamt aber war Friederike froh, dass die »Hetzpeitsche der Bill« nicht mehr geschwungen wurde und dass die Whigs sich am Ende doch nicht als Revolutionäre entpuppten, die die Monarchie abschaffen wollten. Auch im übrigen Europa und in Deutschland hatten sich die Revolutionäre nicht durchgesetzt. Es schien, als ob der »böse Geist« nicht mehr als ein Sturm gewesen sei, der außer leichten Zerstörungen kaum dauerhaften Schaden angerichtet hatte.

Und da Friederike die Bücher Heines nicht lesen konnte, weil sie verboten waren, blieb es ihr auch erspart, seine Prognose für die Zukunft Deutschlands zu lesen, mit der er auch noch Recht haben sollte: Die Idee der Republik sei nicht nur »eine vorübergehende Grille«, schrieb er. Man könne und werde sie festsetzen, »aber ihre Gedanken bleiben frei und

schweben frei, wie Vögel, in den Lüften. Wie Vögel nisten
sie in den Wipfeln deutscher Eichen, und vielleicht ein halb
Jahrhundert lang sieht man und hört man nichts von ihnen,
bis sie eines schönen Sommermorgens auf dem öffentlichen
Markte zum Vorschein kommen, groß gewachsen, gleich
dem Adler des obersten Gottes, und mit Blitzen in den Kral-
len. Was ist denn ein halbes Jahrhundert? Die Völker haben
Zeit genug, sie sind ewig; nur die Könige sind sterblich.«

Ein Unfall und seine Folgen

> »Heute darf ich Dir eingestehen, daß der vorige
> Dienstag einer der schrecklichsten Tage meines
> ganzen Lebens war«[36]

schrieb Friederike aus Kew in England an ihren Bruder
Georg und fuhr fort: »An dem Tag stand es so schlecht um
das Auge, daß die Augenärzte erklärten, es sei sehr zweifelhaft, ob das liebe teure Kind jemals das Augenlicht wieder-
bekommen würde. Ich war ganz wie vernichtet.«

Zwei Wochen zuvor, am 11. September 1832, war der Unfall passiert, der das Leben ihres Sohnes, zu der Zeit 14 Jahre
alt, für immer verändern sollte: »Am vorigen Dienstag ...
spielte Georg im Garten, und da er einige Arme draußen
sah, machte er sich die Freude, ihnen Almosen zu geben;
er kehrte zurück, schwang seine Börse sehr vehement im
Kreise herum und schlug sich die mit Silber beschlagene
Geldbörse aufs Auge. Es war das linke, welches sein sehr
gutes Auge ist.«

Zunächst sah der Unfall nicht so schlimm aus. Georg lief
ins Haus, um sich das Auge abwaschen zu lassen. Es war ein
wenig geschwollen, das Augenlid gerötet, aber der Schlag
hatte doch das Innere des Auges getroffen. Zwei Tage war er
ganz blind. Fünf Ärzte aus London behandelten sein Auge,
indem sie Blutegel und Zugpflaster auflegten.

Es folgten Monate zwischen Hoffen und Bangen. Friederikes Leben drehte sich in der Hauptsache um das Thema:
Wird ihr Sohn vollständig erblinden? Selbst den lange ersehnten Besuch ihrer Söhne Karl und Alexander in Kew

sagte sie ab, denn die Ärzte hatten einen mehrmonatigen Kuraufenthalt in Hastings am Meer vorgeschlagen.

Rückfälle mit Erbrechen, Augentränen und heftigen Schmerzen wechselten sich ab mit Phasen der Hoffnung, wenn die Ärzte wieder einmal Leben im getroffenen Augennerv entdeckt zu haben glaubten. »Die Hoffnung muß uns Fassung geben, wenn wir ihn leider noch immer leiten müssen und er die Hand ausstreckt, um sich nicht zu stoßen. Oh, es ist herzzerreißend!!«

Georg sah immer noch nur weiße Schleier vor dem Auge. Zwischen Tagebuchaufzeichnungen Friederikes aus dieser Zeit finden sich kurze Notizen Georgs in Englisch, auf denen er glücklich die kleinen Fortschritte festgehalten hat.

»Hastings 20. März 1833:

Gott sei Dank ist ein weiterer Schleier von meinem Auge gezogen worden. Ich konnte heute Morgen alles in meinem Zimmer deutlicher als jemals sehen. Ich konnte Wykes Gesicht erkennen, sein Jackett, seine Weste und seine grauen Hosen.«

Und immer wieder Rückfälle und Vertröstungen der Ärzte. Weiße Schleier seien schlimm, sagten sie, aber noch schlimmer seien die schwarzen. Bei gutem Licht konnte Georg zeitweise alles sehen, konnte wieder alleine in seinem Zimmer auf und ab gehen.

Er spielte sogar Klavier, obwohl er weder Zahlen noch Noten erkennen konnte. Oft war er sehr still und traurig. »Wenn es langsam geht, gut, nur vorwärts!«, schrieb Friederike an ihren Bruder.

In ihrem Tagebuch verzeichnete sie jeden noch so kleinen Fortschritt, jeden Rückschlag. Als sie im Dezember 1832 mit ihm ausfuhr, sagte er plötzlich: »Oh, liebe Mama, ich sehe Dich, Deine Augen, den Kopf, die Backen, Dein Kinn ganz deutlich!«

Aber immer wieder neue Schleier vor den Augen. Kraft gegeben hat ihr in dieser Zeit, wie so oft, wenn sie verzweifelt war, ihr ungebrochenes Gottvertrauen. Und so finden

sich in ihren Briefen und Aufzeichnungen immer wieder
Stoßgebete: »Oh, mein Gott, wie kann ich Dir genug dafür
danken. Oh, ich flehe Dich an, vollende das Werk Deiner
Gnade und Barmherzigkeit!«

Als im März 1833 sich weitere Schleier vor den Augen
Georgs zeigten, die englischen Ärzte keinen Heilungsweg
mehr wussten, reifte bei Friederike und Ernst August der
Entschluss, nach Berlin zurückzukehren. Man wollte den
Augenarzt Dr. Graefe konsultieren, der schon 1827 bei dem
Herzog eine erfolgreiche Augenoperation vorgenommen
hatte. Die Georg bisher behandelnden Ärzte gaben ein Gut-
achten mit, in dem sie nach Erklärungen suchten: eine erb-
bedingte Anfälligkeit für Augenkrankheiten im königlichen
Haus, die vielen Erkrankungen Georgs seit 1828 wie Venus-
gürtel am Arm und Brust, Keuchhusten, Lungenentzündung, Gerstenkörner und zweimal die Pockenimpfungen
mit Lebendviren.

Friederike suchte Trost im Glauben:

»Gebet für mein heiß geliebtes Kind George

Mein Gott und Vater Himmels und der Erde
Hier liege ich auf meinen Knien und flehe,
Du wolltest mein Dank-Gebeth wie meine Bitten
Gnädig aufnehmen
Und wie es zu meinem Heile nötig ist, erhören
Durch Jesus Christum und um seines Willens. Amen.«

Im Herbst des Jahres reiste die Familie nach Deutschland
zurück, wo sie im Hause Cumberland Unter den Linden ihr
Leben wie in den Zwanzigerjahren wiederaufnehmen wollte.
Dr. Graefe kümmerte sich um Georgs Auge, war aber nach
den Untersuchungen nie »voll zufrieden«.

Am Ende waren alle Erklärungsversuche, alles Hoffen,
Flehen und Beten vergebens: Der Unfall vom 11. September 1832 hatte eine traumatische Entzündung zur Folge gehabt, die man anfangs nicht recht beachtete, die dann aber

auf die gesamte Augenhöhle übergriff und zu Verbildungen im Augapfel, insbesondere zur Bildung einer Starkapsel, führte. Auch das linke Auge begann völlig zu erblinden.

Was das für ihn bedeutete, hielt Georg später in einem Gedicht fest, dessen erste Strophe lautet:

>»Nacht ist's um mich! Des Lebens süßte Gaben
Verbittert mir des Schicksals Tyrannei!
Ich lebe noch und bin doch schon begraben.
Blind oder tot ist ziemlich einerlei.«

Erinnerungen

»… in meinen hohen Jahren [ist] mir alles mehr
und mehr historisch … ja ich erscheine mir selbst
immer mehr und mehr geschichtlich …«[37]

So Goethe einst an Wilhelm von Humboldt, und Friederike
hätte ihm sicher zugestimmt, legt man die Briefe zugrunde,
die sie in den Jahren ab Oktober 1833, in denen sie wieder
in ihrem geliebten Berlin lebte, geschrieben hat. Immer
mehr rücken die Erinnerungen an vergangene Tage und
verstorbene Weggefährten in den Mittelpunkt ihres Inter-
esses.

1835 war sie 57 Jahre alt. Längst waren ihr die lauten Vergnügungen des Berliner Karnevals, die langen Abende mit
Theateraufführungen und Soupers aus gesundheitlichen
Gründen zu anstrengend geworden, auch wenn ab und zu
zumindest in den sprachlichen Formulierungen ihre alte Lebendigkeit durchschimmert: »Ich bin ein armer Tropf und
kann nicht mehr marschier.«

Schon in England hatte Friederike immer wieder Schwierigkeiten mit ihrer Gesundheit. Die Jahre hatten sie auch
äußerlich gezeichnet, das unruhige Leben an den verschie-
densten Orten, die Geburten, die Sorgen, das Leid. Wenn
sie auch nicht darunter litt, dass sie nicht mehr die strah-
lende Ballkönigin von früher war, so nahm sie die Veränderungen ihrer Gestalt durchaus wahr. Bekannt ist ihr französischer Ausspruch »feu mon visage« – mein »gestorbenes«
Gesicht, also etwa mein Gesicht von ehedem –, den sie öfter
verwandte, wenn ihr die von Schadow geschaffene Tonbüste

vor Augen kam, die sie als Siebzehnjährige zeigte. Und dieser Ausspruch zeugt nicht allein »von der ihr eigenen Selbstironie«, wie ein Schriftsteller meint, sondern auch von richtiger Selbsteinschätzung und ein wenig Wehmut.

Auch ihr einstmals lebhaftes Interesse an politischen Fragen, das sich in ihren Briefen widerspiegelte, beschränkte sich in den Berliner Jahren auf die Wiedergabe der Berichte des Herzogs aus England, wenn sie ihren Brüdern schrieb. Der räumliche Abstand zur Insel findet seinen Widerhall in ihren leidenschaftslosen Kommentaren. Ihr politischer Ehrgeiz, für ihren Sohn die mögliche Thronfolge in England zu sichern, war angesichts seiner fast vollständigen Blindheit gestorben.

Die Umbrüche und Veränderungen der Dreißigerjahre auf allen Gebieten, nicht nur in der Politik, scheinen an ihr vorbeigegangen zu sein. 1833 zum Beispiel ließ die preußische Armee die erste Telegrafenlinie zwischen Berlin und Koblenz einrichten, eine Nachricht von Köln nach Berlin brauchte nur noch eine Viertelstunde. 1835 fuhr die erste Eisenbahn in Deutschland, in Berlin wurde 1838 die erste Bahnlinie zwischen Potsdam und Berlin eröffnet, und während Friedrich Wilhelm III. noch meinte, dass er sich keine »große Seligkeit« davon versprechen könnte, ein paar Stunden früher in Potsdam zu sein, erkannte Kronprinz Friedrich Wilhelm durchaus die revolutionäre Bedeutung der Eisenbahn: »Diesen Karren, der durch die Welt rollt, hält kein Menschenarm mehr auf.«

Die Ausweitung des Verkehrs änderte die Lebensgewohnheiten vieler Menschen. Während früher nur wenige den Umkreis ihres Heimatortes jemals verlassen hatten, unternahmen jetzt mehr Menschen Reisen. Und während früher die Kurbäder den Adligen vorbehalten waren, bauten in Karlsbad, Bad Ems und Pyrmont Unternehmer Hotels für immer mehr nichtadelige Gäste, die es sich leisten konnten. 1835 erschien auch der erste Baedeker für Reisende entlang des Mittelrheins.

Frederike, die in den Jahren 1834 und 1835 in den Sommermonaten in Pyrmont weilte, weil die Ärzte dies vor allem wegen Georgs Auge empfohlen hatten, kommentierte den Wandel mit den Worten: »Pyrmont scheint mir leer, und was da ist, unbedeutend ... Denke Dir den Kontrast, da, wo ich vor 38 Jahren als 19jährige Witwe mit dem hochseligen König wohnte.« Sie tröstete sich mit ihren Erinnerungen, indem sie das Zimmer bezog, in dem 1806 Luise gewohnt hatte.

Friederike, die geglaubt hatte, dass mit der Niederschlagung der Proteste und Aufstände des Jahres 1830 die alte Ruhe und Ordnung auch in ihrem »lieben alten Berlin« erneut eingekehrt war, wurde immer wieder daran erinnert, dass der Wandel nicht mehr aufzuhalten war.

Was hätte sie wohl einem Büchner geantwortet, der 1834 das Leben, das sie führte, so beschrieb: »Das Leben der Vornehmen ist ein langer Sonntag, sie wohnen in schönen Häusern, haben feiste Gesichter und reden eine eigene Sprache; das Leben des Bauern ist ein langer Werktag; sein Leib ist eine Schwiele, sein Schweiß ist das Salz auf dem Tische der Vornehmen! In Ordnung leben heißt hungern und geschunden werden.«

Hätte sie verstanden, verstehen können, was August Heinrich Hoffmann von Fallersleben, ein weiterer Schriftsteller des »Jungen Deutschland«, in einem seiner »Unpolitischen Lieder« anprangerte:

>»Wie ist doch die Zeitung interessant
>Für unser liebes Vaterland!
>Was haben wir heute nicht Alles vernommen!
>Die Fürstin ist gestern niedergekommen,
>Und morgen wird der Herzog kommen,
>Hier ist der König heimgekommen,
>Dort ist der Kaiser durchgekommen,
>Bald werden sie alle zusammenkommen –
>Wie interessant! wie interessant!
>Gott segne das liebe Vaterland!«

Aber nicht nur Worte wurden als Waffen gegen die Herrschenden eingesetzt. Selbst Festtage wie der Geburtstag des Königs Friedrich Wilhelm III., vormals ein einziges Fest, auch für die Bevölkerung, wandelten sich in ein Forum für Proteste gegen den König und seine Politik. Am 3. August 1835 wurden aufgrund der Unruhen des vergangenen Jahres die traditionellen Volksfeiern mit Feuerwerk zum 65. Geburtstag des Königs verboten. Als trotzdem auf dem Platz vor dem Brandenburger Tor in unmittelbarer Nähe von Friederikes Wohnhaus die ersten Knaller entzündet wurden, verhaftete die Polizei die Täter, was zu wütenden Protesten der Berliner führte. Straßenlaternen gingen zu Bruch, und die Fensterscheiben des Prinzessinnenpalais, des Kommandanturgebäudes und in unzähligen Privathäusern wurden eingeworfen. Drei Tage lang dauerten die Ausschreitungen, die mit drei Toten, 24 Schwerverletzten und 152 Verhaftungen endeten.

Obwohl die überwiegende Mehrzahl der Berliner den König und seine Familie sehr schätzte, so nahmen es ihm doch zunehmend mehr Menschen übel, dass er sein 1815 gegebenes Versprechen einer Verfassung immer noch nicht eingelöst hatte und glaubte, weiterhin als Familienvater sein Volk regieren zu können. Proteste wurden durch die Pressezensur, Verhaftungen und Ausweisungen unterdrückt. »Zwischen mir und mein Volk soll sich kein Blatt Papier drängen«, sagte auch der neue König, nachdem er als Friedrich Wilhelm IV. den Thron bestiegen hatte.

Die Forderungen nach mehr Demokratie, die Metternich als »Unglück des Jahrhunderts« bezeichnet hatte, wurden in der gesamten preußischen Königsfamilie als unverständlicher Aufruhr und Verstoß gegen die von Gott gegebene Ordnung angesehen.

Trotzdem ließen sie sich nicht mehr unterdrücken. Den Zensoren fehlte es an Mitteln, oft auch an der Motivation, den Strom der liberalen Bücher einzudämmen. Kulturelle Vereinigungen, Klubs wurden zu Zentren der politischen

Diskussion. Wissenschaftliche Bücher wie das berühmte vielbändige »Staatslexikon«, 1834 erschienen, wurden zu Rezeptbüchern der Opposition.

Noch aber zogen die meisten Menschen das häusliche, familiäre Leben den Auseinandersetzungen auf der Straße vor. Nicht umsonst gelten diese Jahre als die sogenannte Biedermeierzeit.

In dieser Beziehung war Friederike ein Kind ihrer Zeit. Immer häufiger trat sie den Rückzug in ihre Erinnerungen an. Viele der Menschen, die ihren Weg begleitet hatten, waren gestorben: Wilhelm von Humboldt, der in sie unsterblich verliebte Journalist Gentz, der Arzt Hufeland, der sie und Luise unter anderem auf der Flucht in Königsberg betreut hatte, der mecklenburgische Minister von Oertzen, Goethe, dem sie unendlich viele Lektüren verdankte, die ihr halfen, Selbsterlebtes aufzuarbeiten.

»Was sagst Du aber zu dem Tode unseres theuren Goethe?«, hatte sie im April 1832 an ihren Bruder geschrieben. »Gleich mußte ich an die Uhr denken, die nun auch seine Todesstunde aufkündigte wie einst die seiner Geburt. – Wie traurig, daß wir ihn so lang nicht sahen – nun ist er dahin!«

Mit Luise Gräfin Voss teilte sie die Erinnerung an deren Mutter, Caroline von Berg, mit der sie den Tod ihrer Schwester Luise gemeinsam durchlitten hatte. Sie wünschte sich eine Locke zur Erinnerung an die tote Freundin.

Die Todestage der Familienmitglieder wurden mit besonderen Ritualen begangen. So trugen Friederike und ihr Bruder Georg an diesen Tagen einen schwarzen Ring, den Friederike zum Gedächtnis an die vor über 50 Jahren gestorbene Mutter gestiftet hatte. Sie gedachte der Kinder, die sie schon hatte begraben müssen, ihres verstorbenen Vaters und ihrer Schwestern Charlotte und Luise.

Im Jahr 1835 jährte sich zum 25. Mal Luises Todestag, um den Friederike einen ganzen Reigen von Ritualen gesponnen hatte.

So hatten sie und ihr Bruder Georg sich in all den Jahren am 19. Juli einen Brief geschrieben, in dem sie sich gegenseitig ihre Empfindungen über den Verlust der Schwester mitteilten. Wenn es sich einrichten ließ, besuchte sie mit der königlichen Familie oder alleine das Grab in Berlin. Oft aber war sie zu der Zeit in England oder auf Kur, sodass sie dankbar die Vergissmeinnicht, Rosen oder 1834 den Myrthenzweig, den Georg ihr aus Hohenzieritz schickte, annahm. Die Myrthe erinnerte sie an ihre und Luises Hochzeit, die Rosen an das von Luise so geliebte Rosenbeet in Hohenzieritz und an ihre Krankheit und den Tod.

Am liebsten verbrachte sie den 19. Juli alleine in ihrem Zimmer, wo auch immer sie sich aufhielt, ganz dem Gedenken an die tote Schwester gewidmet. Besucher, die sonst willkommen waren, wurden nur widerwillig empfangen. 1834 kam die Kurfürstin von Hessen mit ihrer Tochter, um sie in Pyrmont zu besuchen. Angeblich hätte sie den Tag bewusst gewählt, um Friederike von ihren traurigen Gedanken abzulenken, was Friederike ihr aber nicht glaubte. Sie war sicher, die Kurfürstin habe den Tag vergessen, denn sie erschien in einem »graß-grünen Kleid« und ihre Tochter in Rosa. »Ich war wie gelähmt.«

Auch nach so langer Zeit erwartete Friederike von ihrer Familie und ihren Freunden, dass sie die Erinnerung an Luise genauso ehrten, was aber nicht einmal ihre Kinder taten. Ihre Tochter Friederike hatte ihr eines Jahres am 19. Juli einen »lustigen Brief« geschrieben, ohne eine Erwähnung der Bedeutung dieses Tages, wie Friederike empört ihrem Bruder schrieb, der wohl der Einzige war, mit dem sie diese Erinnerung in der von ihr gewünschten Intensität teilen konnte.

Wie tief der Einschnitt war, den der Tod Luises 1810 ausgelöst hat, zeigt Friederikes Bemerkung 25 Jahre später, dass mit ihm eine neue Ära begonnen habe, »meine Jugend mit ihr ins Grab gestiegen« sei.

Und so blieben Friederike ihre Erinnerungen als Möglichkeit, der Gegenwart zu entrinnen, denn wie schon Jean Paul wusste, sind die »Erinnerungen … das einzige Paradies, aus dem wir nicht mehr vertrieben werden können«.

Ein Herzog wird König von Hannover

> »Ich fange also wieder mit Nr. 1 an, da dies eine
> neue Epoche meines Lebens und einer der schwie-
> rigsten Augenblicke meines Lebens ist«[38]

schrieb Ernst August, der die Briefe an seine Frau zu num-
merieren pflegte, am 29. Juni 1837. Mit dem Tod Wilhelms IV.
(20. Juni 1837) endete die Personalunion zwischen den Kö-
nigreichen Hannover und England, da Wilhelm keine legitimen Nachkommen hatte und in England seine Nichte, die
Tochter seines Bruders Eduard, als Königin Viktoria den
Thron bestieg, das Erbfolgegesetz für das Königreich Hannover aber eine weibliche Thronfolge ausschloss. Der Herzog von Cumberland, der sich zum Zeitpunkt des Todes
Wilhelms in England befand, wurde damit König von Hannover und Friederike mit 59 Jahren Königin.

Auf dem Weg von England nach Hannover begegneten
dem neuen König überall begeisterte Menschen. Der Einzug in Hannover glich einem Triumphzug. »Von 9 Uhr an
war ganz Hannover bis in die kleinsten Gassen glänzend er-
leuchtet, und bis nach Mitternacht wogte in den taghellen
Straßen die durch den Besitz ihres Königs beglückte Bevölkerung.«

Ernst August traf die richtigen Worte, als er zum ersten
Mal zu seinem Volk sprach: »Sie kennen meine Liebe zu die-
sem Lande und dieser Stadt, wo ich meine Jugend verlebte.
Ich werde den Hannoveranern ein gerechter und gnädiger
König sein.«

Nach 123 Jahren kehrten das Königshaus und der Hof nach Hannover zurück. Dies war nicht nur ein politisches Ereignis, sondern es veränderte das Leben der Bevölkerung. Paraden, ausländische Gäste, eine Mischung aus Patriotismus und Schaulust, gepaart mit der Hoffnung auf wirtschaftlichen Aufschwung, denn der Hof mit seinen täglichen Bedürfnissen, mit den Festen und Feiern versprach vielen Unternehmern neuen Wohlstand.

In seinem ersten öffentlichen Patent vom 5. Juli 1837 wurde deutlich, wie Ernst August seine Aufgabe als König verstand: Von seinen Untertanen erwartete er die ihm schuldige Dienstpflicht, Treue, Gehorsam und anhängliche Liebe. Er selber gab ihnen dafür seine königliche Huld und Gnade, versprach landesherrlichen Schutz und den Willen, das »Glück und die Wohlfahrt der von der göttlichen Vorsehung Uns anvertrauten Untertanen landesväterlich« zu fördern.

Der König als Vater, der beschützt und bestraft, eine Auffassung der Monarchie, wie sie eigentlich in die politische Landschaft nach den Revolutionen des Jahres 1830 nicht mehr hineinpasste. Irgendwie war dies Ernst August wohl bewusst, denn in einer Rede in Medingen sagte er: »Es bestand früher zwischen dem Fürsten und seinem Volk das Verhältnis eines Vaters zu seinen Kindern – und der Kinder zu ihrem Vater. Was könnte schöner und beglückender auf Erden sein als ein solches Verhältnis?«

Ernst August, dem der Ruf eines Erzkonservativen vorauseilte, wusste sich zumindest im Kreise der Familie mit seinen Ansichten gut aufgehoben: Friederike, ihr Bruder Georg, Friedrich Wilhelm III. von Preußen, die Menschen, die Ernst August am nächsten standen und von denen er Rat erbat und annahm, teilten seine Meinung von der Aufgabe eines Königs. Auch sein Sohn Georg war in diesem Sinne erzogen worden.

Aber nicht alle Menschen in seinem neuen Königreich waren »beglückt«, ihn zum König zu haben. Die Grundlage der Regierungsgeschäfte in Hannover bildete seit 1833 das »Staatsgrundgesetz«, bei dessen Verabschiedung Ernst August nicht gefragt worden war, obwohl er als neuer Thronfolger bereits feststand. Schon 1833 hatte er an seinen Bruder, den damaligen Vizekönig und Herzog von Cambridge, geschrieben, dass »ich alles in toto mißbillige, was dort gemacht wird, und es nie anerkennen kann und werde«.

Die Anhänger der Verfassung sahen daher auch ihre schlimmsten Befürchtungen bestätigt, als Ernst August bereits in seiner Antrittsproklamation klarmachte, dass das Staatsgrundgesetz seinem Wunsch, das Wohl der Untertanen zu fördern, was ihm ja von der Vorsehung auferlegt worden sei, widerspreche und er sich daher an dieses Gesetz nicht gebunden fühle.

Friederike, die das Geschehen in diesen ersten Wochen besorgt aus Berlin verfolgte, riet ihrem Mann, nichts zu überstürzen und ganz behutsam vorzugehen. Ernst August, der ihr täglich seitenlange Briefe schrieb und sie über jede Kleinigkeit, über jeden seiner Gedanken informierte, schrieb ihr zurück: »Was gut ist, werde ich behalten, was schändlich ist, werde ich nicht annehmen ... und wenn ich dann ... das Für und Wider in allem kenne, werde ich entscheiden, was zu geschehen hat.«

Leider wurden auf Befehl Ernst Augusts fast alle Briefe von Friederike an ihn nach ihrem Tod vernichtet, sodass man ihre Antworten oft nur rückschließen kann aus seinen Briefen beziehungsweise aus den Briefen an ihren Bruder Georg.

Es würde den Rahmen dieses Buches sprengen, sich mit dem Staatsgrundgesetz in allen Einzelheiten auseinanderzusetzen. Daher beschränken wir uns hier auf wenige Punkte, um deutlich zu machen, wie die Ereignisse rund um diesen Konflikt die ersten Jahre des neuen Königspaares entscheidend belastet haben.

Das Staatsgrundgesetz hatte 1833 vor allem zwei Neuerungen gebracht, gegen die Ernst August massive Einwände

hatte. Einmal sollten die Minister gegenüber der Ständeversammlung verantwortlich sein, nicht mehr allein dem
König. Und auch der König sollte auf die Verfassung ver-
pflichtet werden, ebenso wie alle Staatsdiener. Die zweite
Neuerung betraf die Finanzen. Bislang durften die Stände
neue Steuern bewilligen. Jetzt hatten sie auch das Recht, die
Ausgaben des Königs und der Regierung zu kontrollieren.
Beide Neuerungen bedeuteten einen erheblichen Machtver-
lust für den König und widersprachen seiner Auffassung
von einer Monarchie, in der der König als Landesvater zum
Wohle seiner Untertanen die Entscheidungen selber trifft.
Beratungsfunktion wollte er den Gremien gerne zugestehen, aber keinen so weitreichenden Eingriff in seine, wie er
meinte, ihm zustehenden Machtbefugnisse.

Zunächst aber sollte alles geprüft werden, bis dahin
würde die Verfassung von 1819 gelten, die von 1833 ruhen.
Dies führte zu Protesten im Land und auch beim Deutschen
Bund, denn der hatte das neue Staatsgrundgesetz zwar genehmigt, verfolgte auf der anderen Seite aber eine Politik
des Nichteinmischens in die inneren Angelegenheiten eines
Mitgliedsstaates.

Am 2. August 1837 fuhr das Königspaar zur lange geplanten Kur nach Karlsbad. Ernst August nutzte die Gelegenheit zu einem Treffen mit Metternich, dem österreichischen Staatskanzler und wichtigsten Mitglied des
Deutschen Bundes, in dessen Schloss Königswart bei Ma-
rienbad. Er kam mit Metternich überein, dass er durchaus
berechtigt sei, die Verfassung von 1833 auszusetzen, aber
doch eine endgültige Lösung über Verhandlungen mit den
Ständen suchen sollte. »J'ai été on ne peut plus content du
Roi de Hanovre«, schrieb Metternich am Ende des Treffens
an seine Frau, und auch Friederike kommentierte zufrieden,
dass ihr Mann und Metternich »vollkommen einverstanden,
sowohl über das Was als über das Wie« waren.

Leider ließ sich Ernst August von seinem Minister Georg
von Schele nach seiner Rückkehr zu einem härteren Kurs

überreden. Am 1. November wurde das Staatsgrundgesetz für ungültig erklärt und neue Wahlen auf der Grundlage der Verfassung von 1819 angesetzt.

Dies führte erneut zu Unruhen. Besonders bekannt geworden ist der Protest der sieben Göttinger Professoren, zu denen auch die Brüder Grimm gehörten, die in einem Schreiben gegen die Aussetzung des Staatsgrundsetzes protestierten. Ernst August reagierte über seinen Ministerpräsidenten Schele hart. Alle sieben wurden entlassen. Weil drei Professoren ihren Protest öffentlich gemacht hatten, wurden sie umgehend des Landes verwiesen.

Der hannoversche Stadtrat richtete eine Petition an die Bundesversammlung, deren Ziel nicht ein Angriff auf den König als Person war, sondern auf die Berater, die den König falsch informiert hätten – und der jetzt auf den richtigen Weg geführt werden müsse mit Hilfe des Bundes.

Schele setzte daraufhin den Stadtdirektor Rumann ab, was zu einer Demonstration von über 1000 Menschen zum Leineschloss beziehungsweise zum Alten Palais im Juli 1839 führte. An den folgenden Tagen versuchten Gesellen und Lehrburschen den Zapfenstreich am Schloss zu stören, wurden durch Gendarmerie und Kavallerie aber auseinandergetrieben. Mehr passierte nicht, da auch der König gelassen blieb. Als er auf dem Holzmarkt mit Heulen und Pfeifen empfangen wurde, hielt er nur in stummer Verachtung sein Pferd an und wartete, bis die Garde du corps den Platz geräumt hatte. Er war aus London Schlimmeres gewohnt.

Dass sein politischer Weg richtig war und dies von der Mehrzahl seiner Untertanen auch so gesehen würde, glaubte Ernst August durch seine Rundreisen erfahren zu haben, die ihn 1838/39 in alle Teile seines Königreichs führten und von denen er täglich ausführliche Berichte an seine Frau schickte.

Er hielt seine charakteristischen Reden zum Beispiel vor Bauern, die kamen, um sich zu bedanken, dass er ihre durch eine Überschwemmung zerstörte Brücke wiederaufgebaut habe: »Worte gebe ich nicht viel für, sondern Taten. Ich wollte Ihnen jedem beweisen, daß ich es ehrlich mit Ihnen meine, daß ich hatte am Herzen nur Ihr Wohl und Glückseligkeit ... Glaubt denn nicht all dies dumme Zeug von Zeitungen und übelgesinnten Leuten. Diese Leute wollen nicht Ihr Glück, und nur Unruhe, Unzufriedenheit zwischen Ihnen zu stiften. Trauen Sie Ihrem König, der es ehrlich und treulich mit Ihnen meint, und Sie werden glücklich.«

Da war sie wieder, die Rolle, die er liebte: der König als Vater, der weiß, was seine Untertanen glücklich macht.

Selbst in Osnabrück, dem Zentrum der politischen Gegner, jubelten ihm die Menschen zu. Bei einer Audienz forderten ihn die Bürgerrepräsentanten auf, das Staatsgrundgesetz von 1833 wieder in Kraft zu setzen. Als der König nachfragte, stellte sich heraus, dass keiner das Gesetz wirklich kannte. Das bestärkte Ernst August darin, dass es nur wenige Unruhestifter waren und nicht das Volk, das mit seiner Politik unzufrieden war.

Der französische Gesandte kommentierte die Ereignisse in Osnabrück mit den Worten: »Ausgerechnet die Stadt, die die Geburtsstätte der Opposition war, hat alle anderen in den Beweisen ihrer Liebe und Verehrung für den Souverän übertroffen.«

Die Bilanz seiner Rundreisen, bei denen er sich in den Orten meist zu Fuß durch die jubelnde Menge bewegt hatte: Es gab keinerlei Anzeichen von Feindseligkeit. Der britische Gesandte, ein Vertreter der Whig-Partei, befürchtete, dass der König diesen herzlichen Empfang »als eine Billigung seiner Maßnahmen« missdeuten würde.

Und so war es auch. Ernst August schrieb an seinen Schwager Georg: »... ich bin äußerst, ja ich kann wahrlich sagen, entzückt von meiner Reise, denn allerwärts, wo ich gewesen bin, habe ich die größten Beweise von Liebe, Achtung und Loyalität gefunden.«

Zwei Jahre lang prüfte und debattierte man im Deutschen Bund das Für und Wider einer womöglich auch militä-

rischen Einmischung in die internen Angelegenheiten des
Königreichs Hannover, entschied sich dann aber am 5. September 1839 dagegen – und in Hannover fand man einen
Kompromiss. Alle zwei Jahre sollte eine Ständeversammlung einberufen werden, die Wahlen sollten auf der Grundlage des Staatsgrundgesetzes von 1833 stattfinden, die Ständeversammlung durfte weiter die Steuern bewilligen.

Insgesamt gesehen hatte Ernst August wohl sein Ziel erreicht, vor allem auch, weil er bei den Ausschreitungen nicht
den Kopf verloren hatte. Die Erfahrungen in England bei
den Unruhen vor der Verabschiedung der *Reform Bill* kamen
ihm hier zugute. Nie hat er an der Richtigkeit seiner Auffassung gezweifelt, bestärkt durch seine Frau, die ebenso wie
er von demokratischer Mitbestimmung des Volkes nichts
hielt.

»Es ist eine gar zu große gewichtige Zeit!«, kommentierte
Friederike die Ereignisse doch ziemlich emotionslos im Vergleich zu ihren leidenschaftlichen Berichten aus der Zeit der
Revolution in England. Vielleicht konnte sie das erst jetzt,
weil sie als Königin weitaus mehr das politische Geschehen
mitbestimmte und ihm nicht mehr so hilflos ausgeliefert
war wie damals in England.

Friederike als Königin

>»O nimm den Jubel, der Dein Ohr berührt,
>Erhabene Monarchin! Gnädig auf
>Und blicke wohlgefällig ins Gewühl
>Der Kinder, die sich ihrer Mutter freu'n.«[39]

So lautete eine Strophe aus einem der Huldigungsgedichte, wie sie Friederike auf ihrer Fahrt von Berlin nach Hannover Mitte Juli 1837 allerorts vorgetragen wurden. In einer sechsspännigen Galakutsche, geschmückt mit dem Wappen der Cumberlands, hatte sie Berlin zusammen mit ihrem Sohn Georg verlassen, um als Königin von Hannover in ihrer neuen Residenzstadt einzuziehen. Überall erwarteten sie jubelnde Menschen, Ehrenpforten und Huldigungsreden.

Als sie am 14. Juli 1837 die Grenze zum Königreich Hannover bei Wöltingerode überschritt, wurde sie mit den Worten empfangen: »Heil uns! Luisens fürstliche Schwester, die würdige Erbin jener seltenen Tugenden der Häuslichkeit und des Throns, welche die Hohe Verblichene in sich vereinigte, Friederike von Mecklenburg-Strelitz ist Hannovers Königin.«

Von der »galantesten Löwin des Jahrhunderts« zur »Erbin der Tugend der Häuslichkeit«: Was Friederike dabei gedacht hat, wissen wir leider nicht. Immerhin passte die Mode der Zeit zu ihrer neuen Rolle optimal. Einst galt sie mit ihrer Schwester in den Kurbädern als »Trendsetterin« für fließende Kleider mit zum Teil sehr gewagten tiefen Ausschnitten. Auf einem Bild der Zeit trägt sie ein Biedermeierkleid, modisch angesteckte Löckchen, darauf einen großen Hut, der unter dem Kinn mit lang herunterhängenden Bändern zusammengehalten wird. Ihre Lieblingsrolle als Mutter wurde erweitert um die der Landesmutter.

Gerührt und erfreut war sie über den Vergleich mit Luise, der auch in der Begrüßung in Hildesheim am 14. Juli eine wichtige Rolle spielte, denn die Stadt hatte Anfang des 19. Jahrhunderts für einige Jahre zu Preußen gehört, und damals war Luise als Landesherrin begrüßt worden. Bürgermeister Dr. Lüntzel sprach im Namen der Bürger von der Erinnerung »an die Stätte, wo zwei gleich huldreichen königlichen Schwestern der Zoll der Liebe, der Ehrfurcht, der Bewunderung eines treuen Volkes bereitet ist«. Die Vorgängerschule des heutigen Goethe-Gymnasiums der Stadt führte lange Zeit den Namen Friederiken-Schule, nachdem die private Töchterschule die Königin bei diesem Besuch darum gebeten hatte, der Schule ihren Namen zu geben.

Was die Menschen, die ihr zujubelten, vor allem schätzten, war ihre Menschlichkeit. So erwähnt der »Hamburger Correspondent« ausdrücklich, wie fürsorglich sich die Königin ihrem fast blinden Sohn gegenüber verhielt. »Von der Königin wird weit mehr, als die Kunst Hof zu halten gerühmt; sie hat sich unter dem Prachtglanze und Prunkgeräusche ihres Empfanges natürlich und herzlich gezeigt.« In der Kirche am Morgen in Hildesheim sah man sie, »wie sie dem Kronprinzen das Mitsingen durch Vorlesen erleichterte«.

Ernst August war ihr, begleitet von Soldaten der Garde, entgegengeritten. Gemeinsam kamen sie in Hannover an, wo sie unter dem Donnern von Kanonen und dem Geläut der Glocken zum Schloss Herrenhausen zogen, wo die Staatsminister, das diplomatische Korps, der Hof und das ganze Offizierskorps versammelt waren. Des Öfteren hatte sie aus der zweiten Reihe heraus solch einen Einzug miterlebt – als Schwägerin des preußischen Königs –, nun aber stand sie als Königin zum ersten Mal selber im Vordergrund.

Überall, wo sie erschien, löste das Jubel aus. So zum Beispiel, als sie mit ihrem Mann am 30. Juli zum Schützenfest kam und abends im Sommertheater erschien. Beide wurden von allen Schichten »mit so herzlichen lebhaften Zurufungen begrüßt, daß ich sie so nicht erwartet hatte; in diesem Augenblick stieg ihr Wert«, notierte ein Beobachter.

Als dauernden Wohnsitz, vor allem für die Wintermonate, bezogen sie nicht eines der Schlösser, die dem Königspaar zur Verfügung standen, sondern das Alte Palais gegenüber dem Leineschloss, das Haus, in dem Friederike geboren worden war.

Die Sommermonate verbrachte man im Schloss Montbrillant, einem zweigeschossigen Fachwerkbau, umgeben von den Herrenhäuser Gärten. Hier hatten auch in den Jahren zuvor schon fürstliche Besucher gewohnt, zum Beispiel die verbannte Dänenkönigin Caroline Mathilde. Ernst August fand das Schloss insgesamt nicht repräsentativ genug, sodass nur gelegentlich Galadiners und Empfänge abgehalten wurden, die aber mit allem Pomp und glänzenden Paraden. Auch viele Konzerte unter Beteiligung berühmter Solisten der damaligen Zeit fanden hier statt, ebenso die Auftritte des Kronprinzen Georg mit seinen eigenen Kompositionen.

Der eigentliche Ort für offizielle Veranstaltungen war das Leineschloss. Seit 1826 hatte man Umbauten geplant und geschaffen, um geeignete Räume für Repräsentationszwecke zu haben. Zwar gab es zwei Hofbühnen, den berühmten Reliquienschatz und die Silberkammer, die immer wieder den fürstlichen Besuchern gezeigt wurden, unter ihnen Herzog Karl August von Weimar, Goethes Landesherr, und Caroline Mathilde von Dänemark, aber wohnen wollte niemand gerne im Schloss.

Im Erdgeschoss sollten nun Hofräume für Wirtschaftszwecke, im Obergeschoss Wohnräume für das Königspaar und im zweiten Obergeschoss Mansarden für die Diener eingerichtet werden.

Ernst August war seit 1830 in die Umbaumaßnahmen einbezogen, da klar war, dass er beim Tod Wilhelms IV. König von Hannover werden würde. Er entschied, immer in Rücksprache mit Friederike, dass das Leineschloss nur zu Repräsentationszwecken, das Alte Palais beziehungsweise Montbrillant dagegen als Wohnort dienen sollten. Auch dass das Alte Palais und das Leineschloss nicht durch einen Überweg, sondern durch einen unterirdischen Tunnel (zweieinhalb Meter hoch, zwei Meter breit) miteinander verbunden werden sollten, hatte er so gewünscht.

1835 schrieb Ernst August an Friederike, dass das Schloss an der Leine ein prächtiges Gebäude sei, leider aber komme die schöne Fassade vorne wegen der Beengung durch das Alte Palais nicht zur Geltung. Die Festräume seien herrlich, die Fußböden, Parketts und Intarsienböden wunderschön, allerdings alles zu groß und nicht sehr wohnlich. Der Rittersaal galt als »der herrlichste Bankettsaal, der irgendeinem europäischen Herrscher gehört«, wie Reverend Wilkinson, der englische Kaplan Ernst Augusts, meinte.

Mitten in der Halle stand eine Tafel für 36 Personen, an denen der König seine Gäste bewirtete. Darum herum gab es weitere Tafeln für je zwölf Personen. »Jeder Tischaufsatz in der ganzen Halle, jeder Arm- und Handleuchter für die Tausende von Kerzen, jeder Rahmen der zahllosen Spiegel war von massivem Silber.« Die Zahl der Gäste lag bei großen Hoffesten bei 500, ab und zu sogar bei 700 bis 800 Personen.

Später ließen Friederike und Ernst August Lyoner Seidentapeten, französische Bronzen und Dekorationen aus dem Palais des Beaux-Arts und dem Palais d'Orsay in Paris ankaufen.

Beim Einzug 1837 war die Außenfassade fertig, an der weiteren Gestaltung der Inneneinrichtung nahm Friederike aktiv teil. So wurde auf ihren Wunsch das »Greenhouse«, ein Wintergarten, angelegt, dessen Vollendung sie nicht mehr erlebte. Auch auf die Innenausstattung des Thronsaales nahm sie Einfluss. Sie diskutierte mit Künstlern und Architekten, studierte heraldische Werke wegen des Wappenschmucks im Thronsaal und beriet sich brieflich häufig mit ihrem Neffen, dem preußischen Kronprinzen in Berlin.

Der Hof von Hannover galt in diesen ersten Jahren unter Ernst August und Friederike als nicht übertrieben aufwendig, aber gut geordnet und vor allem sehr gastfreundlich, ein Ruf, der den beiden schon aus ihrer Berliner Zeit vorauseilte.

Dass sie bei allem Luxus weiterhin das blieb, was sie all die Jahre vorher sein musste: eine sparsame Hausfrau, zeigt ihre Diskussion mit ihrem Bruder Georg über das Haus Unter den Linden in Berlin. Während Friederike es aus Kostengründen unbedingt aufgeben wollte und ihren Mann gerade dazu überredet hatte, hatte Georg offenbar den Rat gegeben, es für die Besuche in Berlin zu erhalten. Friederike rechnete ihm genau vor, wie groß die finanzielle Belastung für Haus und Personal sein würde, und bat ihn, ihrem Mann auf keinen Fall weiter zuzureden.

Dabei war Friederike bei aller Sparsamkeit hilfsbereit und wie ihr Mann bei Spenden großzügig; das war schon in Berlin in den letzten Jahren so gewesen. Viele Bürger wandten sich in Hannover unmittelbar an die Königin mit der Bitte um Hilfe, und wie man noch heute im Archiv in Pattensen nachlesen kann, zeigte sie »ein offenes Herz und eine offene Hand«. So ließ sie zum Beispiel ihrem ersten Lehrer, dem Pastor Ebbeke, der durch die Krankheit seiner Frau in Not geraten war, jährlich 100 Taler in Gold zukommen. Und wenn sie einmal nicht helfen konnte, schaltete sie in einzelnen Fällen sogar den preußischen König ein, wie ihr privater Briefwechsel mit ihm zeigt.

Die Jahre als Königin scheinen wie ein gelungener Abschluss ihres Lebens. Die äußeren Bedingungen stimmten, die Zeiten, in denen sie um persönliche Anerkennung und finanzielle Absicherung kämpfen musste, waren vorbei. Auch die Rückkehr in das Haus, in dem sie geboren wurde und in dem sie das Schlafzimmer aus Kindertagen mit all den »heiligen Erinnerungen« bewohnte, passt in diesen Rahmen. Wirklich genießen konnte sie diese Zeit aber wegen ihrer angegriffenen Gesundheit nicht mehr.

Oft lag sie krank in ihrem Bett in dem Zimmer, in dem sie alles »an die Vergänglichkeit alles Zeitlichen« erinnerte: »… ich wohne im Hause meiner geliebten Eltern, da wo auch sie einst Glück und Unglück erlebten und teilten; mein Bett steht an der Stelle, wo ich und die Geschwister geboren wurden und wo meine teure Mutter – 29 Jahre alt – starb.«

Das offizielle Pflichtprogramm am Hof mit Cour und Bällen, Soupers im Schloss, Konzerten, Tanzveranstaltungen im Rittersaal war mit ihrer angegriffenen Gesundheit kaum zu bewältigen, geschweige denn, dass sie Freude daran gehabt hätte.

Andererseits war sie glücklich, dass sie ihren Mann bei sich hatte und an seiner Regierungsarbeit teilnehmen konnte. Im Gegensatz zu ihr war Ernst August mit seinen fast 70 Jahren meist gesund und rüstig. Wenn er mal krank war, versuchte er sich durch »Hunger und Geduld« zu kurieren. Von künstlichen Heilmitteln und Tropfen hielt er nichts, wie folgende Begebenheit zeigt: Nach einer ernsthaften Erkrankung gratulierten die Ärzte mit »einer gewissen Selbstzufriedenheit« zu seiner Genesung. Daraufhin öffnete der König die Schranktür und zeigte auf die unberührten Fläschchen und Schachteln. »Ja, meine Herren«, sagte er, »meinen Sie nicht, daß ich längst tot wäre, wenn ich all das verdammte Zeug getrunken hätte?«

Der Tagesablauf des Königs war genau geregelt, von der morgendlichen Toilette über das Erledigen der umfangreichen Korrespondenz, die Audienzen und Besprechungen mit Mitarbeitern und Ministern. Erst am späten Abend war Zeit für private Gespräche mit seiner Frau.

Friederike nahm an allen Geschehnissen der hannoverschen Politik teil. Berichte sagen, dass sie intensiv die Umformung der Stadt Hannover, die damals 24 000 Einwohner hatte, in eine moderne Residenz plante.

Oft aber war sie krank und so schwach, dass sie kaum mehr schreiben konnte. Jeder ihrer Briefe aus dieser Zeit beginnt mit der für sie ungewöhnlichen Entschuldigung, dass sie mal wieder lange nichts von sich habe hören lassen.

Durch ihre Briefe schimmert immer wieder eine melancholische Stimmung hindurch, das Rückbesinnen auf vergangene Zeiten, auf Menschen, die ihren gegenwärtigen Weg nicht mehr begleiten konnten: »Wie ist die Zeit dahingegangen und nichts kehrt wieder.« Was blieb, war die Sehnsucht nach einer »längere[n] bessere[n] Zeit, wo wir hoffentlich uns alle wieder finden«.

Selbst die erste Feier zu Ehren ihres Geburtstages als Königin wurde zu einem Problem, weil sie nicht wusste, ob sie das Fest durchstehen würde. »Ach, ich bin ein miserables Kreatur!«, schrieb sie deshalb an ihren Bruder und hatte zumindest ihren Humor noch nicht verloren.

Karls Leichtsinn und andere Sorgen

> »Unbeschreiblich traurig ist das Gefühl, daß
> er mir noch nie Freude, mir aber unsäglichen
> Kummer machte, und schenke ich ihm mal wieder
> Vertrauen, so benutzt er es, um mich aufs Neue
> zu täuschen und zu betrüben«[40]

schrieb Friederike am 21. Juni 1838 aus Hannover an ihren
Bruder Georg über ihren zweitjüngsten Sohn Karl, der zu
diesem Zeitpunkt 26 Jahre alt war und wie seine Brüder
Wilhelm und Alexander im preußischen Heer diente.

Sie war krank und fühlte sich, obwohl sie zum ersten Mal
seit langem wieder an der Mittagstafel speisen konnte, immer
noch schwach und elend. Der Arzt führte ihre Krankheit auf
die vielen Hoffeste und die Anstrengungen bei der zurück-
liegenden Berlinfahrt zurück, sie selber glaubte, dass eher
die Sorge um diesen Sohn sie krank gemacht habe, »denn ich
war, außer daß ich mich oft übermüdet fühlte, ganz wohl,
bis zu dem Abend, wo Du mir Carls Betragen, seine Wünsche, Pläne und Bitten vortrugst«.

Karl, dessen Leichtsinn sie schon in früheren Jahren ge-
fürchtet hatte, war auf mehreren Ebenen in Schwierigkeiten
geraten. Einmal hatte er versucht, außerhalb des preußischen Heeres eine Anstellung zu finden, was seine Vorgesetzten einschließlich des preußischen Königs verärgert
hatte. Was Friederike aber wesentlich mehr belastete, war
das Bekanntwerden seines siebenjährigen Verhältnisses mit
einer nicht standesgemäßen Bürgerlichen, Louise Beyrich,
der er offensichtlich ein Eheversprechen gegeben und mit
der er zwei Kinder hatte. Parallel dazu hatte er einem Fräu-

lein von Voss aus dem Bekanntenkreis seiner Eltern Hoffnungen auf eine Ehe gemacht, was jetzt für beide Seiten sehr peinlich war.

Für Friederike und ihre Familie kam nur eine rasche Trennung Carls von Louise Beyrich in Frage und seine Versetzung, weit weg von Berlin. Karl hingegen weigerte sich zunächst, Berlin zu verlassen, bis er sich wie ein Mann von Ehre »aus dieser Sache herausgezogen und sich mit der Dame auseinandergesetzt hätte«. Einem Treffen mit den Eltern und dem preußischen König ging er aus dem Weg, mit der Begründung, dass er sich beim Reiten eine Quetschung zugezogen habe, »nur ein Vorwand«, wie seine Mutter meinte, »um nach seinem Gutdünken, nach seiner Weisheit – die ihn bisher so herrlich geleitet hat, zu handeln. Also eine neue Lüge, um seine Eltern zu täuschen. Also nicht einmal, wenn er sie anruft, um ihm zu helfen, kann er redlich gegen uns verfahren.«

Misstrauen, beißende Ironie, Verbitterung. Es gibt in den Hunderten von Briefen, in denen sie über ihre Kinder geschrieben hat, nicht einen, der eine vergleichbar tiefe Enttäuschung widerspiegelt. Wenn man bedenkt, mit wie viel Verständnis und Fürsorge Friederike den Liebeskummer ihrer Tochter Auguste und die auch nicht standesgemäße Verbindung ihres Sohnes Wilhelm begleitet hat, kann man ermessen, wie groß die Enttäuschung über ihren Sohn Karl bereits angewachsen war.

Sie schrieb einen bösen Brief, »in dem ich mich ganz gegen ihn ausspreche«. Es war Ernst August, der ihr riet, diesen Brief nicht abzuschicken, sondern sachlich zu bleiben. In ihrer Erbitterung wollte sie nicht einmal, dass Karl sich nach Hannover versetzen ließ, obwohl er da immerhin von dem »Einfluß der Dame frei« wäre. »Meine Angst und mein Kummer über ihn sind jetzt groß, und doch weiß ich nicht, ob sie nicht noch größer hier sein wird, wo ich zwischen der Besorgnis und Angst, ihn nicht zu halten und seinen Bruder Georg zu verderben stehe, denn ist er vom Umgang der gewissen Dame gerettet, so gräbt er sich einen neuen Abgrund.«

Sie war ihrem Bruder Georg in Neustrelitz unendlich dankbar, dass er die Sache im Namen der Familie in die Hand genommen hatte und unter anderem Briefe an Karl schrieb, um ihm den »moralischen Irrweg auf[zuzeigen], aus dem wir ihn so gern retten wollen«.

Auf ihre mütterlichen Ermahnungen reagierte Karl nur erbittert und trotzig, was sie zutiefst enttäuschte, immerhin hatte er sie sieben Jahre hintergangen, sich seine Schulden aber immer wieder von ihr bezahlen lassen.

Hoffnung setzte sie dagegen in den hannoverschen Gesandten General Berger, der ihn betreute. Gott »heile ihn von seinem Leichtsinn«.

»Nur mit Bewunderung kann ich Zeuge sein von der Anstrengung, von dem Scharfsinn, von der mütterlichen Sorgfalt, mit dem Ihre Majestät in dieser immer neue Verwicklungen erzeugenden Angelegenheit fortwirken, um den verwirrten Sohn von dem zum Unglück eingeschlagenen Pfade wieder zu entfernen«, schrieb der Hofminister Kohlrausch am 29. Dezember 1838 an Georg.

Leider kennen wir die Angelegenheit nur aus der Perspektive von Friederike und ihrem Bruder. Aus heutiger Sicht wirkt das Verhalten ihres Sohnes eher sympathisch, dass er sich von der Frau, die er mit 19 kennen und lieben gelernt und mit der er mehrere Kinder hatte, nicht trennen wollte. Schon abgesehen von der Frage der Ebenbürtigkeit, hätte Karl als preußischer Offizier im Leutnantsrang noch gar nicht heiraten dürfen. Und welche Probleme eine Beziehung mit nicht standesgemäßen Frauen mit sich bringt, hatte Karl in Berlin hautnah an seinem Bruder Wilhelm und an seinem Cousin Wilhelm, dem zweiten Sohn des preußischen Königs, miterlebt, deren Auserwählte immerhin noch adlig waren. Während sein Bruder heiraten durfte, musste sein Cousin Wilhelm auf Befehl des Vaters verzichten, nachdem fast neun Jahre lang der Rang von Prinzessin

Elisa(beth) Radziwill untersucht und für nicht ausreichend befunden worden war.

Aus Friederikes Sicht aber war das alles nur ein neuer Beweis für Karls Leichtsinn und Disziplinlosigkeit. Fräulein Beyrich war nicht einmal adlig, und die Verbindung hätte sich auf Dauer sehr negativ auf die Karriere ihres Sohnes ausgewirkt.

»Ich suchte ihn zu überzeugen, daß wir es mit beiden Teilen nur gut meinen; daß ich weder aus Leidenschaftlichkeit, Rachsucht, Härte oder Verfolgung handelte, daß es meine Mutterpflicht ist, den Sohn moralisch zu retten, da er unter dem Einfluß der Frau verloren wäre.«

Auch für Louise Beyrich wäre es besser, wenn sie die Vorschläge der Familie annehmen würde: Das Verhältnis sollte sofort abgebrochen werden, sie bekäme eine Rente und könnte unter einem anderen Namen in einem anderen deutschen Staat leben.

Zweieinhalb Jahre zogen sich die Verhandlungen mit Karl und Louise hin, zumal sich herausstellte, dass Karl mit ihr seit 1834 in einer morganatischen Ehe verbunden war und 1840 eine weitere Tochter geboren wurde. Erst im Januar 1841 konnte man sich einigen. Louise Beyrich erhielt jährlich 2000 statt der ursprünglich geplanten 1000 Reichstaler, was Friederike mit den Worten »habsüchtige Frau« kommentierte. König Ernst August hatte auch das nötige Geld bewilligt, damit diese sich und die Kinder in den großherzoglich-hessischen Adel einkaufen konnte.

Karl, der inzwischen seinen Dienst in Preußen quittiert hatte und sich mit seiner Familie in der alten Reichsstadt Frankfurt aufhielt, schrieb von dort einen dankbaren Brief an Friederike, dankbar vor allem für die Bemühungen um die Absicherung Louise von Schönaus (wie sie nun hieß) und die Bezahlung der in Frankfurt erneut gemachten Schulden. Friederike war froh, dass er weitab von Hannover im österreichischen Heer eine neue Stellung finden würde; Ernst August hatte ihm diese vermittelt. Bevor er nach Wien ging, wollte er seine Eltern noch aufsuchen, wie Friederike an ihren Bruder am 26. Januar 1841 schrieb. Dass Karl als einziges ihrer Kinder der Beerdigung seiner Mutter fern blieb, mag der großen Entfernung zwischen Wien und Hannover anzulasten sein, vielleicht war es aber auch ein Zeichen dafür, dass die Zeit für eine Versöhnung nicht mehr gereicht hatte.

Sorgen machte Friederike in diesen Jahren auch die Gesundheit ihrer Schwester Therese. Friederike hatte sie zuletzt 1837 in Karlsbad gesehen, wo sie »recht glückliche Tage« verlebten. Seit November 1838 war diese nun »unheilbar krank«, hatte große Schmerzen und musste Opium nehmen. Friederike begleitete ihre letzten Monate in ihren Briefen, bis Therese Anfang Februar 1839 von ihrem Leiden erlöst wurde. Da auch der Bruder Karl am 21. September 1837 gestorben war, blieben vom sechsblättrigen Geschwisterkleeblatt nur noch Georg und sie selber übrig.

Mit Friedrich Wilhelm III. starb am 7. April 1840 ein weiterer Wegbegleiter Friederikes, der auch nach dem Tod Luises immer hilfsbereit an ihrer Seite gestanden hatte.

Und dann ihr Sohn Georg, dessen Augenprobleme sie oft nicht schlafen ließen. Noch immer hofften alle, dass er durch weitere Operationen seine Sehkraft zurückerhalten würde. Im Dezember 1838 bekam er kurz vor der Operation Masern mit hohem Fieber. Friederike wachte Tag und Nacht an seinem Bett.

Im September 1840 fand dann die nächste Operation statt, die zwar sehr schmerzhaft für Georg war, aber immerhin waren die Ärzte zufrieden, wenn es auch dauern konnte, bis sich der Erfolg zeigen würde. Friederike hoffte weiter, Gebete wurden im ganzen Land gesprochen: »… der fromme Dulder trägts mit himmlischer Ergebenheit.«

Wohl nicht immer, denn Georg, der seit seiner Kindheit nicht nur Klavier spielte, sondern auch eigene Gedichte vertonte, widmete 1838 das folgende Lied seiner Mutter:

»Ja, Schicksal! Ich verstehe dich,
mein Glück ist nicht von dieser Welt,
es blüht im Traum der Dichtung nur,
es blüht im Traum der Dichtung nur.
Du sendest mir der Schmerzen viel
und gibst für jedes Leid ein Lied.«

Friederike hat bis zu ihrem Tod weitergehofft. Das Wissen
um die völlige Erblindung ihres Sohnes blieb ihr erspart.

Hannover-Herrenhausen: Mausoleum, 17. Juni 2006

»Du rühmst die Zeit,
In welcher Deine Kaste
Genoß ein ruhiges Glück?
Was aber, außer einer Puderquaste,
Ließ jene gold'ne Zeit zurück?«

fragte August Graf von Platen vor mehr als 150 Jahren seine adligen Zeitgenossen.

Schade, dass der Graf schon tot ist, sonst hätte man ihm sagen können, dass er recht hat, sofern sich Menschen nur über ihre Kaste definieren. Aber da sie das nun mal nicht tun, muss man nur die Schminke und den Puder abwischen – und schon entdeckt man dahinter Gesichter, Gesichter von Menschen, die wie alle Menschen, ohne Unterschied aufgrund von Geburt und Kaste, in erster Linie auf der Suche sind. Auf der Suche nach Liebe, nach Glück, nach dem Sinn des Lebens.

Nun bin ich also kurz vor dem Ende meiner Suche nach der Wahrheit über Friederike angekommen. Zweieinhalb Jahre war sie meine ständige Begleiterin, verfolgte mich bis in meine Träume, war oft mein erster Gedanke beim Aufwachen. Und so ist es auch mehr als eine Puderquaste, die zurückbleibt, weil es nicht um eine Kaste, um eine Gesellschaftsschicht ging, sondern um einen Menschen, dessen Gedanken und Gefühle über die Jahrhunderte durch ihre Briefe so lebendig geblieben sind, als stände sie direkt vor mir.

Begonnen hatte es im Archiv zu Pattensen. Ich sehe die sauber gefalteten Papierumschläge noch vor mir, aus denen ich ein Büschel grauer Haare nach dem anderen auswickelte, sauber beschriftet von Ernst August. Der graue Haarschopf: »Haare

*von ihrem Hinterhaupt 30.6.1841«. Und dann die Ringe,
die er ihr nach dem Tod vom Finger genommen hat: schmale
Goldringe, drei von der rechten Hand, sechs von der linken.
29.5.1815 stand in einem der Ringe. Ihr Ehering.*

*Hannover-Herrenhausen. Ich schwelge in Erinnerungen.
Hier im ehemaligen Welfenschloss habe ich sechs Jahre lang
studiert, nicht wissend, dass hier ursprünglich Schloss Montbrillant stand bis zum Abriss durch Friederikes Sohn. Der
Georgengarten, durch den ich täglich mit dem Fahrrad fuhr
am Wilhelm-Busch-Museum vorbei, dem ehemaligen Georgenpalais. Ich bummele durch die königlichen Gärten, an der
großen Fontäne vorbei bis zur Friederikenbrücke, die über
den Wassergraben führt, auf dem wir im Winter Schlittschuh
liefen. 1840 wurde die Brücke gebaut, um der königlichen
Kutsche den Weg vom Georgenpalais in die Gärten zu ver-
kürzen. Wie oft habe ich vor dem verschlungenen Wappen auf
der Brücke gestanden und habe die Buchstaben zu entziffern
versucht: F E A. Selbst wenn man mir die Namen genannt
hätte, sie hätten mir nichts bedeutet.*

*Auf der anderen Seite der Herrenhäuser Allee liegt der
Berggarten. Dort hat Ernst August 1842 bis 1847 das Mau-
soleum für sich und Friederike bauen lassen, nach Plänen
von Karl Friedrich Schinkel, der auch Luises Mausoleum in
Berlin entworfen hat. Und so erwartet mich ein vertrautes
Bild.*

*Ich gehe unter den riesigen Eichen, die das Mausoleum
umstehen, zur Eingangstür. Sie ist verschlossen. Anders als in
Berlin kann man hier nicht hinein. Ich schließe die Augen und
gehe in Gedanken hindurch. Ich kenne Bilder des Inneren, so
wie es ursprünglich war. Ich sehe die zwei Sarkophage neben-
einander stehen, sehe Friederikes Marmorbildnis auf dem
Sarkophag, das ebenfalls auf Wunsch Ernst Augusts der Berliner Bildhauer Christian Daniel Rauch geschaffen hat, so wie
er es für Luise machte. Ihr Gesicht so jung wie auf der Mar-
morbüste, die auf meinem Schreibtisch steht.*

»Es gibt hier nur drei Personen, die informiert sind, und niemand muß jemals die Wahrheit herausfinden«, schrieb Königin Luise vor vielen Jahren. Und während ich mich auf eine Bank setze, um hier im Angesicht des Mausoleums das letzte Kapitel über das Leben ihrer kleinen Schwester Friederike zu beenden, bin ich mir ziemlich sicher, dass Luise nichts mehr dagegen hat, dass ich vor zwei Jahren ihr wohlgehütetes Geheimnis entdeckt habe und mit diesem Buch öffentlich mache.

Krankheit und Tod

»Sie war für mich alles in der Welt, für mich ist
alles verloren, denn ich kann wohl sagen, daß ich
nur für sie lebte ...«[41]

Worte von Ernst August nach dem Tod seiner Frau Friederike an ihren Bruder Georg, geschrieben am 29. Juli 1841
über seine unendliche Trauer, die er bis zu seinem eigenen
Tod zehn Jahre später nicht mehr ablegte. »Ich habe mit dieser Welt nichts mehr zu schaffen.«

Ein Jahr zuvor, am 29. Juni 1840, hatten sie noch gemeinsam ihre silberne Hochzeit im Familienkreis gefeiert, aber
auch das schon mit Rücksicht auf Friederikes Gesundheit
ohne die sonst üblichen repräsentativen Festlichkeiten.

Er kam nicht plötzlich, dieser Tod, und Friederike hatte
ihn wohl schon längere Zeit erwartet. Seit Jahren war ihre
Gesundheit angegriffen, und das Auf und Ab wurde von
der ganzen Familie mit Anteilnahme und Sorge begleitet.
So schrieb ihr Sohn Georg aus Norderney, wo er zur Stabilisierung seiner Gesundheit viele Monate verbrachte: »Gott
sei Dank, daß jeder Brief bessere Nachrichten von Mama
bringt. Obwohl ihre Krankheit sie zurzeit geschwächt
hat, scheint es doch nur von kurzer Dauer gewesen zu
sein.«

Den ganzen Winter 1840/41 war sie krank gewesen und
konnte an den Festen und abendlichen Vergnügungen am
Hof schon lange nicht mehr teilnehmen, weil sie diese zu
sehr anstrengten. Selbst bei dem Fest zu ihrem Geburtstag
am 2. März konnte sie nur zeitweise anwesend sein.

Ihr altes Magenleiden führte zu erneuten schweren Magenkrämpfen. Am Ostersonntag nahm sie zum letzten Mal an einer Mahlzeit bei Tisch teil, und seit Anfang April musste sie die meiste Zeit im Bett verbringen. Ernst August machte sich große Sorgen, weil sie über so einen langen Zeitraum krank war. Zwar versicherten ihm die Ärzte, dass kein Grund für Besorgnis sei, trotzdem war sein Geburtstag, an dessen Feiern sie nicht teilnehmen konnte, ein »sehr melancholischer Tag«. Er konnte die Feiern nicht absagen, aber: »Die Nerven der Königin waren so angegriffen, daß ich um allen Straßenlärm auszusperren … meinen Plan änderte und an diesem Tag ein Diner in den beiden Orangerien in Herrenhausen gab, an dem 540 Personen teilnahmen … Aber wenn einem etwas das Herz bedrückt, ist alles düster und dumpf, und das war es auch.«

In einem der letzten Briefe Friederikes an ihren Bruder bedankt sie sich für ein Buch, das er ihr geschickt hat: »Gedanken eines Einsamen«, 1632 in Frankreich vom Grafen de Montluc geschrieben. Die dort ausgesprochenen Gedanken könne sie gut mitfühlen, schrieb Friederike. Auf 600 Seiten versammelt der Graf in fiktiven Briefen seine Ideen über Liebe und Leidenschaft. Und wirklich lesen sich diese Briefe wie eine Bilanz dessen, was auch Friederike in ihrem Leben in Bezug auf die Liebe erfahren hat: Gefühle zwischen Furcht und Hoffnung, zwischen Trost und Bedrohung. Es ist von Leidenschaften die Rede, gegen die alle Vernunft hilflos ist, Leidenschaften, die zum Verlust der Ehre führen können und denen man trotzdem nicht widerstehen kann: »Was bedeutet es schon für zwei Liebende«, fragt der Graf, »wenn man ihre Verdienste falsch einschätzt, solange sie sich selber ihrer Liebe würdig finden.« Eine Aussage, die Friederike mit den Erfahrungen ihres Lebens ergänzen könnte.

Es ist bemerkenswert, dass ausgerechnet ein Buch mit diesem Thema das letzte ist, das sie, soweit bekannt, gelesen hat. Ein Buch, das sich genau mit dem Thema befasst, das sie ein Leben lang begleitete: der Suche nach Liebe.

Am 27. Juni hatte sich der Gesundheitszustand Friederikes so verschlechtert, dass man ihr das Abendmahl reichte. Ernst August blieb in diesen Tagen bei ihr und verließ sie erst, wenn sie gegen zwei Uhr morgens zur Ruhe gekommen war, um selber ein wenig zu schlafen.

Als er am 28. Juni morgens um acht Uhr vom Arzt geweckt wurde, weil es Friederike schlechter ging, und zu ihr eilte, legte sie ihre Hand in seine und sagte: »This is death«, was sie längst geahnt, aber noch nie ausgesprochen hatte.

Sie starb am nächsten Tag im Beisein ihres Mannes, ihres Sohnes Georg und ihrer Tochter Friederike in demselben Zimmer, in dem sie vor 63 Jahren geboren worden war. »Ich bitte und flehe um die Gnade, wenn es dem Allmächtigen gefallen wird, mich abzuberufen von dieser Zeitlichkeit, von ihm treu befunden zu werden bis in den Tod und würdig sein Antlitz zu sehen.« Diesen Wunsch hatte Friederike schon vor Jahren in einem Brief an ihre Freundin Luise Voss ausgesprochen.

»Es hat dem Regierer aller menschlichen Schicksale gefallen, dem Leben der Allerdurchlauchtigsten, Großmächtigsten Fürstin und Frau, Frau Friederike Louise Caroline Sophie Alexandrine, von Gottes Gnaden Königin von Hannover, Königlichen Prinzessin von Großbritannien und Irland, Herzogin von Cumberland, Herzogin von Braunschweig und Lüneburg etc, gebornen Herzogin von Mecklenburg etc, heute Mittags 12 Uhr 20 Minuten ein Ziel zu setzen, und dadurch Seine Majestät den König, wie das ganze Königliche Haus und alle getreuen Unterthanen mit tiefster Trauer zu erfüllen«, hieß es in den »Amtlichen Nachrichten« vom 29. Juni 1841, die im ganzen Land verbreitet wurden.

Bei Hofe wurde die übliche sechs Monate währende Trauer angeordnet, was für die Damen in den ersten drei Monaten wollene Kleider, Kopfputz, einen Schleier, schwarze Handschuhe und Schuhe und eine Schnippe auf der Stirn, alles in Schwarz, bedeutete, für die Herren wollene Westen und

Hosen, wollene Strümpfe, Schuhe, einen Flor um den Arm, ebenfalls alles in Schwarz. Während nach drei Monaten immerhin die Wollkleidung gegen die normal bei Hofe bevorzugte Seide eingetauscht werden durfte, blieben die Farben weiter dunkel, erst kurz vor Weihnachten waren weiße Handschuhe und farbige Blumen und Federn am Hut für die Damen zur schwarzen Kleidung erlaubt.

Am Tag der Beisetzung, dem 7. Juli 1841, läuteten von neun bis elf die Glocken aller Kirchen Hannovers. Auch die Kanonen wurden im Abstand von fünf Minuten abgefeuert. Dem Leichenwagen, der von acht Pferden gezogen wurde, folgten ihre Kinder Friedrich Ludwig, Friederike, Auguste, Alexander, Wilhelm und Georg neben den offiziellen Gästen und Hofangestellten. Das Sorgenkind Karl fehlte.

Die Worte der Predigt, die der Consistorialrat Dr. Leopold hielt, waren ganz im Sinne von Friederike: »… aber lasset uns beten, daß Gott, dessen Wege nicht unsere Wege sind, dessen Gedanken nicht die unseren sind, das Gute, das er ohne Zweifel mit diesem traurigen Anlaß bezweckt hat, zur Vollendung bringt.«

Auch ihr Leben war geprägt von Ereignissen, die sie nicht verstand, an denen sie manchmal zweifelte – aber sie akzeptierte jede Wendung ihres Schicksals im tiefen Vertrauen darauf, dass alles einen Sinn hatte, wenn es so geschah.

Der Sarg wurde in der Schlosskirche in die Gruft getragen. »Sie ist genau gegenüber meinen Fenstern beigesetzt«, schrieb Ernst August an seinen Schwager Georg, mit dem er von nun an die Erinnerungen an Friederike teilte. »Nur die Wand des Schlosses trennt sie von mir, und ich habe einen Schlüssel machen lassen, damit ich eintreten und an ihrem Sarge beten kann.«

Ernst August beschloss, das Alte Palais weiterhin als Wohnsitz beizubehalten, denn »hier ist meine angebetete Ika geboren, hier hat sie ihre Tage beschlossen, – alles soll hier so bleiben, wie sie es hatte«.

In ihren Räumen im Alten Palais wurden abends die Kerzen angezündet, und sogar die Bediensteten mussten wie gewohnt ihre Aufwartung machen, so als lebe Friederike noch. Ihre Bücher, sogar ihre Flasche Eau de Cologne, blieben an ihren Plätzen, und der König kam jeden Abend vor dem Schlafengehen herauf. »Es ist in der Tat eine ganz eigene frappierende und wirklich rührende Erscheinung, zu sehen, wie der König alles mögliche versucht und aufbietet, um hinsichtlich der schmerzlichen Trennung, welche das Schicksal ihm auferlegt hat, sich in einer Art von Illusion zu halten«, schreibt ein Beobachter.

»Nichts als ein Gewissensgefühl, daß die Erhaltung meines Lebens in diesem Augenblick von Wert für meinen Gott und mein Land ist, läßt mich noch ein Leben ertragen, das … mir zur Last geworden ist«, schrieb Ernst August am 20. Juli 1841 an einen englischen Freund.

Er ließ ihr von Christian Daniel Rauch, dem Schöpfer von Luises Denkmal in Charlottenburg, ein Mausoleum in Herrenhausen bauen, in das nach seinem eigenen Tod am 25. November 1851 beide Särge überführt wurden.

Jedes Jahr an ihrem Geburtstag, dem 2. März, schrieb Ernst August seinem Schwager, der Friederike von allen noch Lebenden am nächsten gestanden hatte, einen Brief, in dem er seine Gedanken über seine Frau mitteilte. Der ewige Gott, der ihm viel Gnade gegeben, möge ihm nicht übel nehmen, dass er ewig fühlen wird seinen tiefen Verlust. »Dieser Tag war für uns alle ein Tag von Sonne und Glückseligkeit, jetzt ein Tag für mich des tiefsten Schmerzes.«

Worte der Trauer und des Gedenkens an eine Frau, die mit 21 Jahren von sich sagte: »Ich habe immer das Glück gesucht und ersehnt zu lieben und geliebt zu werden.« Am Ende hat sie es tatsächlich gefunden in ihren Kindern, ihren Geschwistern, ihren Freunden und nicht zuletzt in ihrem Mann, der jeden seiner täglichen Briefe an sie mit den Worten »Mein Engel!« einleitete, der bis zu seinem eigenen Tod

nur Briefbögen mit schwarzem Trauerrand benutzte und
der ihr noch nach ihrem Tod die schönste Liebeserklärung
machte: »Ich fand in ihr die zärtlichste Frau, die aufrich-
tigste Freundin, die ich um alles befragte, mit der ich über
alles sprach, und die mir immer die besten Ratschläge gab,
denn sie war ohne Eigennutz.«

Und wie sehr diese tiefe Liebe auf Gegenseitigkeit beruhte, zeigen die letzten Zeilen aus ihrem Gedicht, das Friederike für ihn anlässlich der silbernen Hochzeit ein Jahr vor
ihrem Tod schrieb:

»Doch eine Gabe hat kein Zeitstrom fortgerissen,
Die bring' ich heute unversehrt Dir dar.
Sie hat nur stärker, fester noch als damals sich gestaltet,
Das ist die treue Liebe, die mein Herz Dir stets
    bewahrte,
Die Liebe, die in Ewigkeit besteht.
                                        Friederike«

Quellen und Anmerkungen

Es wurden vor allem die Bestände folgender Archive benutzt:
– Niedersächsisches Hauptstaatsarchiv Hannover in Pattensen. Hausarchiv des Welfenhauses. – Hier zitiert: NHStA Han.
– Geheimes Staatsarchiv – Preußischer Kulturbesitz Berlin. Rep. König Friedrich Wilhelm III. 49,58. – Hier zitiert: GStPK.
– Landeshauptarchiv Schwerin. Briefsammlung des Hauses Mecklenburg-Strelitz 4-3-1 16, 40,154-155, 225-263, 907-915. – Hier zitiert: LHA Schw.Br.
– Mecklenburg-Strelitzsches Fürstenhaus mit Kabinett. 4-3-1 I, 757. – Hier zitiert: LHA Schw.K.

Die Herkunft der Zitate vor dem Prolog und den historischen Kapiteln wird mit den Nummern 1–41 belegt. Darunter erfolgen jeweils die Angaben für weitere Zitate in der Reihenfolge im Text.

1 Prolog LHA Schw.Br. 40, S. 24 Luise an Vater Karl; ferner Voss, Tagebuch Okt. 1794; Meisner, S. 59; Schoeppl, S. 159, Brief vom 25.5.1799; LHA Schw.Br. 255 u. 40.
2 LHA Schw.Br. 255, S. 213, ferner ebenda S. 216; Prolog zu Jean Paul »Titan«.
3 LHA Schw.Br. 263, S. 15f., ferner ebenda 263, S. 15, 116; 257, S. 104 (7.10.1816); Hartig, Reise in die Niederlande; Hlawaček, Goethe S. 81f.; LHA Schw.Br. an Georg Nr. 255.
4 LHA Schw.Br. 907, S. 7 1–2 Friederike an Karl; ferner Ohff, S. 65; Meisner, S. 59; LHA Schw.Br. 907, S. 7 1–2; Rothkirch, S. 144; LHA Schw.Br. 263, Nr. 7; Bailleu, S. 188f.; Hausarchiv Burg Strelitz 14.7.1793; Fried. an Therese 10.6.1793; Bailleu, S. 187, S. 191f.
5 LHA Schw.Br. 255, S. 259–262 an Georg 21.2.1799; ferner Bailleu, S. 194f.; Radziwill, S. 73–78; Voss, Tagebuch Dezember 1793.

6 Königl. Berlinische Zeitung v. 2.1.1794; ferner Rothkirch, S. 53; Voss, Tagebuch Jan.–April 1794; Rothkirch, S. 61; Journal des Luxus 1798 Nr. 13, S. 681.

7 LHA Schw.Br. 255, S. 123–133 an Georg v. 21.6. u. 5.7.1794; ferner ebenda 263, S. 123ff.; Rothkirch, S. 90ff.

8 LHA Schw.Br. 255, S. 232–239 an Georg; ferner ebenda 255, S. 232, 213, 224; Radziwill, Juli 1794; Rothkirch, S. 107f., LHA Schw.Br. 255, S. 232f.; Vossische Zeitung 30.12.1799; Voss, Tagebuch 28.12.1796, Sept. 1797.

9 Voss, Tagebuch 30.9.1797; ferner LHA Schw.Br. 255, S. 210–247; Spalding, S. 60; LHA Schw.Br. 16, S. 23f.; Rothkirch, S. 24, S. 125.

10 LHA Schw.Br. 255, S. 365 an Georg 30.9.1799; ferner Rothkirch, S. 108, S. 124; Radziwill, S. 99, S. 106; S. 104f.; Oster, S. 121; Aspinell Vol. III, S. 178, 1905; LHA Schw.Br. 16, S. 48–51; LHA Schw.Br. 255, S. 365–371.

11 Bailleu, Der preußische Hof, S. 27f. an Charlotte und Therese; ferner Rothkirch, S. 132, LHA Schw.Br. 16, S. 50ff.; LHA Schw.Br. 255, S. 240; Bailleu, Königin Luise, S. 94; Voss, Tagebuch, 16.9. u. 5.10.1797; Schulz, Nr. 3 S. 128f.; Rothkirch, S. 125 Brief 96; LHA Schw.Br. 40, Briefe von Solms und Luise v. Jan. 1799; LHA Schw.Br. 255, S. 40, dazu auch Willis, S. 47, und Schulz, Nr. 3 S. 136 (Ompteda an Justizrat Rudloff im Ministerium in Hannover); Spalding, S. 148; Schulz Nr. 3 S. 133, 135f.; LHA Schw.Br. 255, S. 280.

12 LHA Schw.Br. 40, an Vater v. 3.1.1799, S. 16f.

13 LHA Schw.Br. 255, S. 365 an Georg; ferner ebenda 40: drei Briefe Luises an Vater S. 19ff., S. 11–14, S. 24ff., Karl II. an Solms S. 30ff.; Fried. an Therese 29.1.1799.

14 Rothkirch, S. 144, an Georg 11.1.1799; ferner LHA Schw.Br. 40, S. 21, S. 28ff.; Radziwill, S. 125.

15 LHA Schw.Br. 255, S. 305–308 an Georg; ferner Behringer, S. 128; LHA Schw.Br. 40, S. 30, S. 11–14; LHA Schw.Br. 255, S. 301–304, S. 297–300; Schulz Nr. 2 S. 123; LHA Schw.Br. 40, S. 293–296; an Luise 13.9.1802; Schulz Nr. 2, S. 124f.; LHA Schw.K., Versicherungsakte I 757, 1–3 1799.

16 Rothkirch, S. 147 an Georg (7.3.1799); ferner Hensel, S. 63; LHA Schw.Br. 40, 3.1.1799; Winkle, S. 542, S. 92, S. 100, S. 535; Schulz Nr. 3 S. 142; LHA Schw.Br. 40, 255, 5.2.1799 an Vater; an Georg 19.11.1799; Schulz Nr. 3 S. 144, an Therese 7.4.1799; s. an Georg 19.11.1799; Schulz Nr. 3 S. 146; Zedler, S. 1335; s. an Georg 19.11.1799.

17 LHA Schw.Br. 255, S. 289 v. 19.11.1799 an Georg; ferner Spalding, S. 148, S. 160; LHA Schw.Br. 255, an Georg v. 23.7.1800, 19.11.1799, 12.8.1799, 4.5.1800, 8.5.1800, 22.5.1800, 30.11.1801, 7.7. u. 13.7.1802; an Luise 19.3.1802; an Vater 5.2.1799; LHA Schw.K., Versicherungsakte I 757 1–3 §§ 15 u. 16; Zitate aus Dülmen, Frauenleben: von Gellert S. 271, Hensel S. 63, Lavater S. 209, Mejer S. 64, M. v. Ziegler S. 32.

18 LHA Schw.Br. 255, S. 282 vom 21.2.1799; ferner ebenda 40 an Vater v. 5.2.1799; 255 an Georg v. 21.1., 12.8., 14.12.1799; 20.4., 22.5., 23.7.1800; 13.10., 30.11.1801; 24.5., 13.7.1803; 11.3.1805; Schulz Nr. 3 S. 143; Bailleu, Königin Luise S. 99, S. 102, S. 135; Lang, Memoiren S. 204, Annalen S. 37; Rothkirch, S. 214, S. 102.

19 Lang, Memoiren S. 214; ferner LHA SchwBr. 255, an Georg 24.6., 17.9., 4.12.1805; Rothkirch, S. 247; Lang, Memoiren S. 214; Mander, S. 69.

20 LHA Schw.Br. 255, 17.10.1806; ferner Napoleons Briefe (Abk. N.Br.) 16.10.1806; LHA Schw.Br. 255, 7.10., 22.1 u. 11.5.1806; Nds. Jahrbuch f. Landesgeschichte 61 (1989), S. 89; Bruyn, S. 146; Westermanns Monatshefte 70 (1926), S. 48; Oster, S. 260; Rothkirch, S. 285; N.Br., 27.10.1806; Voss, Tagebuch 13.11.1806.

21 Rothkirch, Luisens Briefe S. 425; ferner LHA Schw.Br. 16, S. 551ff.; Voss, Tagebuch 17.12.1806 u. 29.12.1806, 10.2.1807, 17.3.1806, 25.11.1806; N.Br., 21.1.1807, 14.2.1806; Rothkirch, S. 315, S. 331, S. 307, S. 351, S. 318f., S. 319f., S. 325, S. 337, S. 352, S. 341, S. 321, S. 323.

22 LHA Schw.Br. 255, 5.8.1807; ferner ebenda 5.8.1807; Hlawaček, Goethe S. 2; Journal des Luxus 1798, S. 627; Goethes Briefe 2.6.1807; Voss, Tagebuch 21.6.1807; Gentz gesammelte Schriften, S. 211, Gentz an Rachel 21.10.1810; Tag- u. Jahreshefte Goethe 1807, 13.8. u. 31.8.; Hlawaček, Goethe S. 27; LHA Schw.Br. 255, 20.11.1811; Goethe an Zelter Jena 9.7.1820, an Reimer aus Keil S. 244; LHA Schw.Br. 255, 5.8.1807; Tag- u. Jahreshefte Goethe 27.7.1807; Voss, Tagebuch 8.7.1807; Rothkirch, 5.8., 15.8., 24.6.1807; N.Br., 7.7. u. 8.7.1807 aus Tilsit; Voss, Tagebuch 7.7.1807.

23 LHA Schw.Br. 40, 6.6.1810 Grundsteinlegung; ferner ebenda 255, 22.2.1810; Rothkirch, S. 486.

24 LHA Schw Br. 909, 3.4.1813; ferner Rothkirch, S. 144, S. 482, S. 520, S. 524; Vossische Zeitung 28.12.1809; Rothkirch, S. 528,

Quellen und Anmerkungen

S.530, S.532; LHA SchwBr. 911, S.1–3; Hohenzollern-Jahrbuch 5 (1901), S. 269f.

25 LHA SchwBr. 915, 3.4.1813; ferner Rothkirch, Dez. 1809 Frau v. Berg, Mai 1808 Luise Voss; Lulves, S. 49; LHA Schw. Br. 255, 5.6.1809; Propyläen-Geschichte Deutschlands Bd. VI 1763–1850, Berlin 1994, S.232; Voss, Tagebuch S.302; LHA Schw.Br. 909, 4.3.1813, 915, 4.2.1813.

26 LHA Schw.Br. 909, 3.4.1813; ferner ebenda 909, 17.3.1813, 915, 4.2.1813, 913, 4.11.13; Propyläen S.355; Lulves S.49; Propyläen S. 359, 361; Mecklenburger Briefe S.158f.; LHA Schw.Br. 256, S. 233–245; Klarwill, V. (Hrsg.), Der Fürst de Ligne, Wien 1920; LHA Schw.Br. 915, 4.2.1813.

27 LHA Schw.Br. 909, 21.4.1814; ferner ebenda 255, 21.2.1799, 16, S.75–78, 16, S.502–504; 16 an Gräfin Brühl 1.8.1809; Gentz, Gesammelte Schriften S.212; LHA Schw.Br. 913, 23.1.1810, 16.2.1810, 22.2.1810, 16, 3.8.1811; Lulves S.50; LHA Schw.Br. 909, 25.4.1813; Willis, S. 48; Lulves, S. 50; LHA Schw.Br. 909, 21.4.1814.

28 LHA Schw.Br. 907, S.201f., 28.8.1814; ferner ebenda 907, S. 202; Willis, S. 22, S. 57, S. 22, S. 20, S. 26; LHA Schw.Br. 256, S. 288ff., ebenda 312, S. 21ff., 901, S. 201f.; Willis, S.50; LHA Schw Br. 256, S. 278ff.; Goethes Gesammelte Werke, Weimar 1891, S. 68 Nr. 91; Willis, S. 51; LHA Schw.Br 256, S. 234ff.; Lulves S. 58f.

29 LHA Schw.Br. 154, S. 58 an Luise Voss 26.11.1818; ferner ebenda 257, S.221–24, S.114; Willis, S.53, S.49, S.54, S.56; LHA Schw.Br. 16, S.129ff., 16, S.121ff., Willis, S.57ff.; LHA Schw. Br. 257, S.15ff.; 16, S.157–160; 257; S.15ff.; 258, S.43ff.; 16, S.137ff.; 256, S.372ff.; 257, S.61ff.; 16, S.146ff.; 257, S.143ff.

30 LHA Schw.Br. 257, S.173f., 1.7.1817; ferner ebenda 257, S.173ff.; 16, S.129ff.; Schreibübungen NHSTA Han., Pattensen o.J.; LHA Schw.Br. 16, S.129ff.; 257, S.250ff., S.104f.; 16, S.137f.; Grube, Malerisches altes Europa, Hamburg 1970, S.114; LHA Schw.Br. 258, S. 30ff; 257, S.61ff., S. 11ff., S. 1ff., S. 25ff.; 257, S.134ff., S.120–126, S.196ff.; 257, S.173–180, S.117; S.118.

31 Weiglin, Paul, Berliner Biedermeier, Bielefeld 1942, S. 7; ferner ebenda S. 10; Rochow, Karoline v., Vom Leben am Preußischen Hofe 1815–52, Berlin 1908, S. 128; LHA Schw.Br. 262, S. 23ff., 18.9.1829; 260, S. 35–41 zwei Zitate; Karbe-Wagner Archiv Neustrelitz 2004, S.66f., S. 61, S. 64, S. 103, S. 35, S. 96f.;

LHA Schw.Br. 262, S. 67ff.; Goethe, Faust (Trunz, Erich, Hrsg., Berlin 1949), S. 108, S. 114.

32 LHA Schw.Br. 260, S. 82ff.; ferner ebenda 261 S. 37ff.; 262, S. 5ff.; 259, S. 5; 262, S. 1ff.; Finkemeier (u. a.), Vom petit palais zum Gästehaus, Pankow 1998, S. 123–133; Willis, S. 62; LHA Schw.Br. 262, S. 24ff.; 261, S. 70ff. (zwei Zitate); 262, S. 24ff.; 262, S. 15ff.

33 NHSTA Han., Dep 103 III,8: Aufzeichnungen Friederikes, hier: August 1824; ferner ebenda Dep 103 III,8; LHA Schw.Br. 915, S. 46f., 909; S. 232ff.; 262, S. 9ff.; 259, 8.12.1819; NHStA Han., Haushaltsbücher Dep 103 II,13–89; LHA Schw.Br. 262, S. 5ff; Stamm-Kuhlmann, S. 519; LHA Schw.Br. 262, S. 92ff.; 260, S. 25ff.; 261, S. 39ff.; NHStA Han., Dep 103 II Tagebücher 1818.

34 Ullrich, K. H., Das goldene Buch der Zitate, Berlin 1968; ferner: LHA Schw.Br. 262, 7.8.1829; NHStA Han., Dep 103 II 7,2; Willis, S. 63; LHA Schw.Br. 262, 7.8.1829; NHStA Han., Dep 103 14.2.1829; LHA Schw.Br. 915, S. 93f.; 262, S. 8ff.; 262, S. 1–6; 261, S. 39ff.; 262, S. 1–8; 262, S. 78ff.; Rochow (s. Anm. 31), S. 75.

35 Das Alte Testament, Genesis 19, 24–25; ferner: LHA Schw. Br. 262, S. 1–8; Cottas Morgenblatt Nr. 260, 31.10.1831; LHA Schw.Br. 262, S. 21ff.; 262, S. 31f.; 915, S. 93ff.; 915, S. 99ff.; 262, S. 63ff.; Heine, Heinrich, Französische Zustände, 1833.

36 LHA Schw.Br. 262, S. 115ff.; ferner ebenda 262, S. 110f.; 262 S. 119ff.; 262, S. 130–136; 915, S. 93ff.; NHStA Han., Dep 103 II 6.1; LHA Schw.Br. 262, S. 137–139; NHStA Han., Dep 103 II 6.1; ebenda Dep 103 III 8, Dep 103 III K 227 Nr. 19; Brosius S. 257.

37 Propyläen-Geschichte Deutschlands, Bd. VI, Berlin 1994, S. 531; ferner: LHA Schw.Br. 263, S. 49 an Georg 1837; LHA Schw.Br. 262, S. 42ff., 915, S. 130ff.; Graßmann, Zeitaufnahme Bd. 2, 1979, S. 95; LHA Schw.Br. 915, S. 174; 262, S. 5ff.; 262, S. 42ff., S. 32.

38 NHStA Han., Dep 103 II 10/3, 29.6.1837; ferner: Hildesheimer Allgemeine Zeitung (HAZ) 1.7.1837; Willis, S. 122; HAZ 10.7.1837; Willis, S. 139, S. 104; NHStA Han., Dep 103 II 7/1 3.7.1837; Willis, S. 133, 158, 165; LHA Schw.Br. 312, S. 305ff.; 263, S. 93f.

39 Hildesheimer Mittwochenblatt Nr. 29, 19.7.1837; ferner ebenda 17.7.1837; Willis, S. 130; Lulves, S. 58; LHA Schw.Br. 263,

S. 105ff.; NHStA Han., Dep 103 III Kasten 227/27; Lulves,
S. 57; LHA Schw.Br. 915, an Luise Voss 28.11.1837, S. 155f.; Willis, S. 157, S. 156; LHA Schw.Br. 263, S. 97f.

40 LHA Schw.Br. 263, S. 113; ferner ebenda 263, S. 113–128 (mehrere Zitate); 263, S. 129; S. 155; 155, S. 7–9; Morawitz, Kurt,
Festliches Herrenhausen, Hannover o. J., S. 53.

41 Willis, S. 314; ferner ebenda S. 316; NHStA Han. 103, III 1839;
LHA Schw.Br. 263, S. 182ff.; Willis, S. 314; LHA Schw.Br. 263,
4.2.1841, S. 189; Montluc, S. 256ff.; Willis, S. 314; LHA Schw.Br.
312, S. 741–745; 915, S. 157, 28.11.1837; NHStA Han., Dep 103
III 209; Willis, S. 315, S. 316; LHA Schw.Br. 312, S. 741–745.

Literaturverzeichnis

Aspinall, A. (Hrsg.): The later correspondence of George III. Bd. 3: January 1798 to December 1801. Cambridge 1967

Baillen, Paul: Aus der Brautzeit der Königin Luise, in: Hohenzollern Jahrbuch 1 (1897), S. 187–195

Baillen, Paul: Der preußische Hof im Jahre 1798, in: Mitteilungen des Vereins für die Geschichte Berlins 34 (1897), S. 27f.

Baillen, Paul: Königin Luises Kindheit und Jugend, in: Hohenzollern-Jahrbuch 9 (1905), S. 299–322

Baillen, Paul: Königin Luise. Ein Lebensbild. Berlin 1923

Behringer, Wolfgang: Thurn und Taxis. Die Geschichte ihrer Post und ihrer Unternehmen. München 1990

Berg, Karoline von: Luise – Königin von Preußen. Düsseldorf 1910

Bernstorff, Gräfin Else: Ein Bild aus der Zeit von 1799–1835. 2 Bde. Berlin 1899

Bibra, F. L. v.: Georg III., sein Hof und seine Familie. Leipzig 1820

Börger, Hans: Schadows Doppelstatue der Kronprinzessin Luise und der Prinzessin Ludwig. Hamburg 1920

Brosius, Dieter: Georg V. von Hannover – der König des »monarchischen Prinzips«. Nds. Jahrbuch 51 (1979), S. 253–291

Bruyn, Günter de: Preußens Luise. Vom Entstehen und Vergehen einer Legende. Berlin 2001

Ditsche, Uta: Jeder will sie haben. Friederike von Mecklenburg-Strelitz. Regensburg 2004

Endler, Carl August: Die Geschichte der Landeshauptstadt Neustrelitz 1733–1933. Rostock 1933

Endler, Carl August: Geschichte des Landes Mecklenburg-Strelitz (1701–1933). Hamburg 1935

Engel, Hermann: Kulturgeschichtliche Streifzüge durch das Pyrmonter Tal. München 1913

Frensdorff, Ferdinand: Die englischen Prinzen in Göttingen. ZHVN 1905

Genealogisches Handbuch des Adels: Fürstliche Häuser. Bd. XIV. Glücksburg 1956

Goebel, Ferdinand: Adolph Friedrich, Herzog von Cambridge, in: Hannover. Geschichtsblätter 8 (1905), S. 286–314

Gust, Michael: Das Neustrelitzer Residenzschloß. Neustrelitz 1998

Hartig, Paul (Hrsg.): Luise von Mecklenburg-Strelitz. Die Reise an den Niederrhein und nach Holland. München 1987

Hartung, Fritz: Hardenberg und die preußische Verwaltung in Ansbach-Bayreuth 1792–1806. Tübingen 1906

Hausherr, Fritz: Hardenberg, eine politische Biographie. 2 Bde. Köln/Graz 1963–65

Hlawaček, Eduard: Goethe in Karlsbad. Karlsbad 1877 (zitiert: Goethe)

Hlawaček, Eduard: Karlsbad in geschichtlicher, medicinischer und topographischer Beziehung. Karlsbad 1880 (zitiert: Karlsbad)

Journal des Luxus und der Moden. 11–20. 1796–1805. Leipzig 1968

Kühnel, Klaus: Die galanteste Löwin des Jahrhunderts oder Mein verlorenes Gesicht. Prinzessin Friederike von Mecklenburg-Strelitz (1778–1841). Ein biographischer Essay. Berlin 2004

Kuhnert, R. P.: Urbanität auf dem Lande. Badereisen nach Pyrmont im 18. Jahrhundert. Göttingen 1984

Lang, K. H.: Die Memoiren des Ritters von Lang 1784–1835. Hrsg. Hans Hausherr. Stuttgart 1957

Lang, K. H.: Annalen des Fürstentums Ansbach unter der preußischen Herrschaft 1792–1806. Frankfurt/Leipzig 1806

Lippert, R.: Das großherzogliche Haus Mecklenburg-Strelitz. Reutlingen 1994

Löwenthal-Hensel: Hardenberg und seine Zeit. Berlin 1972

Lulves, J.: Zwei Töchter der Stadt Hannover auf deutschen Königsthronen. Hannover 1910

Maaz, Bernhard (Hrsg.): Ausstellungskatalog »Schadow und seine Zeit.« Köln 1994

Malortie, C. E.: König Ernst August. Hannover 1861

Mander, Gertrud: Königin Luise. Berlin 1981

Marx, Otto: Rundreise des Königs Ernst August im Landdrosteibezirk Osnabrück im Jahre 1838. Mitteilungen des Vereins f. Geschichte u. Landeskunde Osnabrück 1908

Meisner, H. O. (Hrsg.): Vom Leben und Sterben der Königin Luise. Aufzeichnungen ihres Gemahls. Berlin 1926

Montluc, Adrien de: Les Pensées du Solitaire. Paris 1632

Napoleon Bonaparte: Briefe an Josephine. München 1967

Ohff, Heinz: Ein Stern in Wetterwolken. Königin Luise von Preußen. Eine Biographie. München/Zürich 1989

Oster, Uwe A.: Der preußische Apoll. Prinz Louis Ferdinand von Preußen 1772–1806. Regensburg 2003

Paulig, F. R.: Friedrich Wilhelm III. o. O. 1906

Radziwill, Luise von: Fünfundvierzig Jahre aus meinem Leben. Braunschweig 1912

Rehfeldt, Ernst: Die Geschichte von Nieder-Schönhausen. Berlin 1929

Riemer, F. W. (Hrsg.): Der Briefwechsel zwischen Goethe und Zelter. 4. Teil, 1824–1829. Berlin 1834

Rosendahl, Erich: König Georg V. von Hannover. Hannover 1928

Rothkirch, Malve Gräfin (Hrsg.): Königin Luise von Preußen. Briefe und Aufzeichnungen 1786–1810. München 1885

Schoeppl, Heinrich Ferdinand: Die Herzöge von Sachsen-Altenburg, ehemals von Sachsen-Hildburghausen. Bozen 1917

Schubert, Heinz: Karlsbad. Ein Weltbad im Spiegel der Zeit. München 1980

Schulz, Günter: »Beste theuerste Luise!« Fragment eines Briefes ihrer Schwester Friederike vom 29. Mai 1800, in: Neue Schriftenreihe des Karbe-Wagner-Archivs, Bd. 2 (2004), S. 123–125 (zitiert: Nr. 2)

Schulz, Günter: Das 1799 geborene Kind der Prinzessin Friederike von Mecklenburg-Strelitz. Versuch einer Klärung ungelöster Rätsel und Widersprüche, in: Neue Schriftenreihe des Karbe-Wagner-Archivs, Bd. 3 (2005), S. 121–152 (zitiert: Nr. 3)

Seiler, C.: Schloß Braunfels einst und jetzt. Ein Führer durch 8 Jahrhunderte. Braunfels 1936

Spalding, Joachim Johannes: Über die Bestimmung des Menschen. 1748. Ausgabe Waltrop 1997

Stamm-Kuhlmann, Thomas: König in Preußens großer Zeit. Friedrich-Wilhelm III., der Melancholiker auf dem Thron. Berlin 1992

Steinhausen, Georg: Geschichte des deutschen Briefes. Zur Kulturgeschichte des deutschen Volkes. 2 Bde. Berlin 1889–91

Stokar, Walter von: Die Geschichte des Alexanderbads. Der Sichersreuther Brunnen. Sichersreuth 1935

Taack, Merete van: Friederike. Die galantere Schwester der Königin Luise. Im Glanz und Schatten der Höfe. Düsseldorf 1987

Vehse, Karl Eduard: Preußische Hofgeschichten. IV. 1786ff. München 1913

Voss, Gräfin Marie: 69 Jahre am preußischen Hof. Aus Tagebüchern und Aufzeichnungen der Gräfin. Leipzig 1894

Wilkinson, C. A.: Ernst August von Hannover. Erinnerungen an seinen Hof und seine Zeit. Braunschweig 1902

Willis, Geoffrey Malden: Ernst August von Hannover. Hannover 1961

Winkle, Stefan: Johann Friedrich Struensee. Arzt, Aufklärer und Staatsmann. Stuttgart 1983

Zedler, Johann Heinrich: Großes vollständiges Universal-Lexikon. Halle/Leipzig 1735

Zeittafel

1768   Heirat von Prinz Karl Ludwig von Mecklenburg-Strelitz (*1741) mit Prinzessin Friederike von Hessen-Darmstadt (*1752).

1778   2. März * Friederike von Mecklenburg-Strelitz. Sie hatte drei Schwestern: Charlotte (*1769), Therese (*1773), Luise (*1776), und einen Bruder Georg (*1779).

1782   22. Mai: Tod der Mutter Friederike.

1784   Der Vater Karl Ludwig heiratet die jüngere Schwester seiner ersten Frau, Charlotte.

1785   * Halbbruder Karl; dessen Mutter stirbt am 18. Dezember 1785. Friederike und ihre Schwestern Therese und Luise ziehen zur Großmutter, Luise von Hessen-Darmstadt.

1789   14. Juli: Sturm auf die Bastille in Paris – Beginn der Französischen Revolution.

1792–95   Erster Koalitionskrieg gegen Frankreich.

1792   Flucht der Familie vor den anrückenden Franzosen nach Hildburghausen. – 21. September: Abschaffung des Königtums in Frankreich, Ausrufung der Republik.

1793   21. Januar: König Ludwig XVI. wird hingerichtet. März: Rückkehr der Familie nach Darmstadt über Frankfurt. Dezember: Hochzeit mit Ludwig, Prinz von Preußen.

1794   30. Oktober: * erster Sohn Friederikes, Friedrich Ludwig.

1795   Herbst: * zweiter Sohn Karl Georg.

1796   30. September: * Tochter Friederike. 28. Dezember: Tod Ludwigs von Preußen.

1798   6. April: Tod ihres dreijährigen Sohnes Karl Georg.

1799   7. Januar: Hochzeit mit Prinz Friedrich von Solms-Braunfels, Übersiedlung nach Ansbach (1800–05). 27. Februar: Geburt von Caroline von Solms, 18. Oktober: Tod Carolines. 9. November: Napoleon wird »Erster Konsul«.

1801　18. Dezember: * Friedrich Wilhelm.

1804　25. Juli: * Auguste. Napoleon macht sich zum »Kaiser der Franzosen«.

1805　2. Dezember: Dreikaiserschlacht bei Austerlitz, Sieg Napoleons.

1806　12. Juli: Gründung des Rheinbundes. 6. August: Ende des Heiligen Römischen Reiches Deutscher Nation. 14. Oktober: Preußen verliert die Doppelschlacht von Jena und Auerstedt. Flucht vor den Truppen Napoleons nach Königsberg.

1807　12. März: * Alexander. Umzug nach Neustrelitz (bis 1815). 7.–9. Juli: Abschluß des Friedens von Tilsit.

1810　19. Juli: Tod von Königin Luise, der Schwester Friederikes.

1812　27. Januar: * Karl-Ludwig.

1813　Dezember: Scheidung von Prinz Solms.

1814　13. April: Tod von Prinz Solms. November–Juni 1815: Wiener Kongress.

1815　29. Mai: Friederike heiratet Herzog Ernst August von Cumberland. August bis Juli 1818: erster Aufenthalt in England. 18. Juni: endgültiger Sieg über Napoleon bei Waterloo.

1816　6. November: Vater Karl stirbt.

1817　27. Januar: Totgeburt einer Tochter.

1818　Rückkehr nach Berlin.

1819　27. Mai: * Georg von Cumberland. 20. September: Karlsbader Beschlüsse.

1819–29　Aufenthalt in Berlin.

1829–32　Aufenthalt in England.

1830　Tod Georgs IV. von England, es folgt Wilhelm IV.

1830/31　Französische Juli-Revolution. Unruhen in Europa.

1832　September: Unfall Georgs, langsame Erblindung.

1833–37　Leben in Berlin.

1837　Ernst August wird König von Hannover, Friederike Königin von Hannover.

1840–61　Thronbesteigung von König Friedrich Wilhelm IV. von Preußen.

1841　29. Juni: Tod Friederikes in Hannover.

Personenregister

Adolf Friedrich III. (1686–1752), Herzog von Mecklenburg-Strelitz 212

Adolf Friedrich IV. (1738–1794), Herzog von Mecklenburg-Strelitz 213

Adolf Friedrich (1774–1850), Herzog von Cambridge, Sohn König Georgs III. von England 12, 68, 84–87, 111, 248, 251, 261f., 264f., 267f., 291, 293, 309, 333

Albert von Schwarzburg-Rudolstadt (1798–1869) 297

Albrecht von Preußen (1809–1872), Sohn (zehntes Kind) der Königin Luise 219

Alexander I. Pawlowitsch (1777–1825), seit 1801 Zar von Russland 186, 189, 204–206, 314

Alexander, Fürst von Thurn und Taxis *siehe* Karl Alexander, Fürst von Thurn und Taxis

Alexander Markgraf von Ansbach *siehe* Karl Alexander, Markgraf von Ansbach

Alexander Friedrich Ludwig von Solms-Braunfels (1807–1867), Sohn Friederikes aus der zweiten Ehe 170, 185, 202, 211, 253, 275, 297–299, 321, 345, 357

Arndt, Ernst Moritz (1769–1860), deutscher Dichter und Revolutionär 232

Arnim, Achim von (1781–1831), deutscher Dichter 186, 207, 284

August der Starke (1670–1733), Kurfürst von Sachsen, seit 1697 zugleich König von Polen 183

Augusta Louise zu Stolberg-Stolberg (1753–1835), Gräfin (spätere Gräfin von Bernstorff) 250

Augusta von Sachsen-Gotha-Altenburg (1719–1772), spätere Prinzessin von Wales, Mutter von Georg III., Großmutter von Friederikes Ehemann Ernst August I. 258f., 267

Auguste Luise von Solms-Braunfels (1804–1865), Tochter Friederikes aus der zweiten Ehe 152f., 170, 180, 202, 211, 253, 275, 285, 292, 296f., 346, 357

Auguste von Hessen-Kassel (1797–1889), Ehefrau von Adolf Friedrich, Herzog von Cambridge 291f.

Auguste von Preußen (1780–1841), Kurfürstin von Hessen 73

Bagration, Katharina Pawlowna (1783–1857) Fürstin, Cousine Zar Alexanders 202f.

Berg, Caroline Friederike von (1760–1826), Hofdame, Vertraute der Königin Luise und Freundin Friederikes 116, 210, 218, 221, 230f., 238, 240, 251, 270f., 282, 292, 296, 302, 328

Berger, General, hannoverscher
Gesandter 347
Bernadotte, Jean-Baptiste
(1763–1844), französischer Marschall, seit 1818 König von
Schweden (Karl XIV.) 169,
228
Bernstorff, Gräfin *siehe* Augusta
Louise zu Stolberg-Stolberg
Beyrich, Louise (Louise von Schö-
nau), erste Ehefrau von Karl von
Solms-Braunfels 345f., 348
Bila, von, Obristleutnant, Kom-
mandeur der Ansbacher Husa-
ren 132
Blücher, Gebhard Leberecht von
(1742–1819), preußischer Gene-
ralfeldmarschall 186, 234
Bogwisch, Henriette von
(1776–1851) 152
Borowski, Ludwig Ernst von
(1740–1831), Theologe 184,
186
Brown, Hofarzt Friedrich Wil-
helms III. 100, 109
Brühl, Carl Friedrich Moritz Paul
Graf von (1772–1837), General-
intendant der königlichen
Schauspiele in Berlin 285f.
Brühl, Gräfin von *siehe* Clause-
witz, Marie Sophie von
Büchner, Georg (1813–1837) 326

Caroline (Carolina Sophia) von
Solms-Braunfels (Feb.–Okt.
1799), Tochter Friederikes aus
der zweiten Ehe 106, 128,
131–139, 146, 152, 154, 157f., 209,
262
Caroline Luise von Schwarzburg-
Rudolstadt (1771–1854) 44
Caroline Mathilde von Hannover
(1751–1775), Königin von Dänemark und Norwegen (1767–72)
208f., 258, 262f., 340

Charlotte, Königin von Großbritannien *siehe* Sophie Charlotte
von Mecklenburg-Strelitz
Charlotte von Hessen-Darmstadt
(1755–1785), zweite Gemahlin
Karls II. von Mecklenburg-Strelitz, Tante und Stiefmutter Friederikes 23f., 35
Charlotte von Mecklenburg-Strelitz (1769–1818), Herzogin von
Hildburghausen, älteste
Schwester Friederikes 22–24,
32, 35f., 92, 105, 109, 121f., 158,
160, 223, 277, 328
Charlotte von Preußen
(1798–1860), Ehefrau von Nikolaus I. von Russland (Alexandra
Fjodorowna), Tochter von
König Friedrich Wilhelm III.
von Preußen und Luise 285
Charlotte (Luise Charlotte) von
Sachsen-Gotha-Altenburg
(1779–1801), Ehefrau von Leopold, Herzog von Sachsen-
Gotha 277
Charlotte Auguste Mathilde
(1766–1828), Königin von Württemberg, Tochter Georgs III.
261
Clary-Aldringen, Johann Nepomuk Fürst von (1753–1826)
202
Clausewitz, Marie Sophie von
(1779–1836, geb. Gräfin Marie
Sophie von Brühl), Hofdame
125
Cölln, Georg Friedrich von
(1766–1820), Kriegs- und
Domainenrat am preußischen
Hofe 53
Craven, Lady Elisabeth
(1750–1828), liiert mit dem
Markgrafen Alexander von Ansbach 123, 263

Dönhoff, Gräfin Sophie Juliane
Friederike von (1768–1838) 51
Ebbeke, Pastor, Lehrer Friederikes 342
Eduard August (1767–1829), Herzog von Kent und Strathearn,
Sohn König Georgs III. 248,
331
Eldon, Earl of (1751–1838), englischer Lordkanzler 255, 263
Elisabeth Christine von Braun-
schweig-Bevern (1715–1797),
Königin von Preußen (Ehefrau
von Friedrich II.) 73, 89, 92
Elisabeth Ludovika von Bayern
(1801–1873), Königin von Preußen, Ehefrau von Friedrich Wilhelm IV. 283f.
Ernst von Mecklenburg-Strelitz
(1742–1814), Onkel Friederikes
111, 251
Ernst August I. (1771–1851), Herzog von Cumberland, ab 1837
König von Hannover, Cousin
und dritter Ehemann Friederikes 19, 244f., 247–265,
267–273, 275, 277, 281, 284–286,
288, 291–293, 295f., 298–300,
302, 304–309, 316, 322, 331–337,
339–343, 346, 348, 351f., 354–359

Ferdinand von Preußen
(1804–1806), Sohn Königin
Luises 182
Fichte, Johann Gottlieb
(1762–1814), Philosoph 187
Florencourt, Franz Chassot von
(1803–1886), deutscher Schrift-
steller und Journalist 77f.
Fontane, Theodor (1819–1898),
Schriftsteller 83
Franz II. (1768–1835), letzter Kai-
ser des Heiligen Römischen
Reiches Deutscher Nation
(1792–1806), als Franz I.

(1804–35) Kaiser von Österreich
29–31, 177, 196, 233, 314
Friederike, Prinzessin von Preußen (1799–1800), Tochter Königin Luises 120f., 162f.
Friederike Caroline Luise von
Hessen-Darmstadt (1752–1782),
Mutter Friederikes 21–23, 35,
157, 209, 343
Friederike Luise von Ansbach
(1714–1784), Tochter des preußischen Königs Friedrich Wilhelm I. und Ehefrau von Markgraf Karl Wilhelm Friedrich
124
Friederike Luise Elisabeth von
Hessen-Darmstadt (1751–1805),
zweite Ehefrau von König
Friedrich Wilhelm II. von Preußen 46, 49, 57, 219
Friederike Wilhelmine Luise
Amalie (»Ikschen«, 1796–1850),
Herzogin von Sachsen-Anhalt,
Tochter Friederikes aus der ers-
ten Ehe 60, 63f., 73f., 111, 147,
149f., 153, 160, 170, 180, 203, 211,
219, 253, 275, 296, 298, 329,
356f.
Friedrich I. (1657–1713), als Fried-
rich III. Kurfürst von Branden-
burg, ab 1701 erster preußischer
König 183, 188
Friedrich II., der Große
(1712–1786), König von Preußen
22, 51, 89, 92, 226
Friedrich (1763–1834), Herzog
von Sachsen-Hildburghausen
24
Friedrich Franz I. (1756–1837),
Herzog von Mecklenburg-
Schwerin 228
Friedrich Ludwig von Preußen
(»Fritz Louis«, 1794–1863),
Sohn Friederikes aus der ersten
Ehe 58, 60, 74, 79, 111, 134, 146,

180, 190f., 203, 211, 219, 225,
253, 275, 284, 297, 357
Friedrich Wilhelm I. (der Große
Kurfürst, 1620–1688) 119
Friedrich Wilhelm II.
(1744–1797), König von Preußen, Schwiegervater Friederikes
33f., 36, 39, 46, 50f., 53, 57, 60,
67, 72f., 76f., 79, 82f., 85, 90, 95,
97, 101, 326
Friedrich Wilhelm III.
(1770–1840), König von Preußen, Ehemann von Friederikes
Schwester Luise 12, 18, 34f., 41,
44, 46–48, 51–58, 61, 67–69,
78f., 87, 93–101, 104, 109–111,
121, 125f., 133, 136, 146f., 149,
160–166, 168f., 176, 178, 180f.,
183, 186f., 189, 191, 196,
204–206, 213f., 216–219,
227–229, 231f., 238–240, 242f.,
245, 249, 253–256, 264f., 267,
269, 282–285, 291, 293, 295, 297,
300f., 308, 314, 325, 327, 332,
347, 349
Friedrich Wilhelm IV. (1795–1861),
König von Preußen, Sohn von
Friedrich Wilhelm III. und
Luise, Neffe Friederikes 259,
281–284, 325, 327, 339, 342
Friedrich Wilhelm, Prinz von
Holstein-Beck (1687–1749) 188
Friedrich Wilhelm von Solms-
Braunfels (1770–1814), zweiter
Ehemann Friederikes 31, 68f.,
87, 90, 92–102, 104, 106,
108–111, 116, 118, 125f., 128, 130f.,
133, 135–138, 146, 149, 155, 158,
160–162, 167, 176, 183f.,
190–192, 197, 199, 202, 213f.,
216f., 225, 238–246, 251f., 257,
261f., 269, 278, 291, 308
Fritz, Fritz Louis *siehe* Friedrich
Ludwig von Preußen

Gabrieli, Gabriel de (1671–1747),
Fürstbischöflich Eichstättischer
Hofbaudirektor 139
Gélieu, Salomé de (1742–1820),
Schweizer Pädagogin, Erziehe-
rin von Friederike und Luise
29
Gellert, Christian Fürchtegott
(1715–1769), Dichter 148
Gentz, Friedrich von (1764–1832),
Diplomat und Publizist 199,
225, 230, 233f., 243, 328
Georg II. (1683–1760), König von
Großbritannien (seit 1727),
zugleich Kurfürst von Hanno-
ver 22
Georg III. (1738–1820), König von
Großbritannien (seit 1760),
zugleich Kurfürst, seit 1814
König von Hannover, Vater von
Ernst August I., Friederikes
drittem Ehemann 21f., 69, 75,
209, 248f., 259, 262f.
Georg IV. (1762–1830), Sohn
Georgs III., Prinzregent ab 1811,
König von Großbritannien und
Irland (seit 1820), zugleich
König von Hannover 251,
254–256, 263, 266–268, 271, 277,
293, 305f., 308
Georg V. (1819–1878), Herzog von
Cumberland, König von Hannover (1851–66), Sohn Friederikes 19, 282, 292f., 295f., 299,
302–305, 308f., 320–323, 325f.,
332, 338–340, 346, 349f., 356f.
Georg von Hessen-Darmstadt
(1754–1830), Onkel Friederikes
33
Georg von Mecklenburg-Strelitz
(1779–1860), ab 1816 Großherzog von Mecklenburg, Bruder
Friederikes 21f., 24f., 27, 29–31,
35f., 40f., 43f., 52, 57f., 62–64,
67, 70, 73, 75, 81, 87f., 96f., 102,

106, 109, 113, 115, 120, 127f., 132,
136, 147, 150, 153–158, 160, 164f.,
167f., 175–179, 181, 186, 189, 197,
200, 211f., 214, 218f., 225, 227,
229, 231, 233, 235f., 251, 254–256,
261, 264, 267, 269, 271–273,
275f., 281, 283f., 289–292, 294,
297, 300–302, 305, 307, 318,
320, 328f., 332, 336, 342–344,
346, 349, 354f., 357f.
Georg Wilhelm von Hessen-
Darmstadt (1722–1782), Friederikes Großvater mütterlicherseits 21
Gluck, Christoph Willibald
(1714–1787), Komponist 47
Goercke, Johann Friedrich (auch
Gehrcke, 1750–1822), Militär-
arzt und Chirurg 186
Goethe, August von (1789–1830)
288
Goethe, Christiane von (geb. Vul-
pius, 1765–1816) 199
Goethe, Elisabeth (1731–1808),
Mutter Goethes 29f., 178, 200
Goethe, Johann Wolfgang von
(1749–1832) 27, 29f., 36f., 72,
151, 173, 178, 189, 196–203, 207,
226, 231, 250, 273f., 279,
287–289, 293, 312, 324, 328, 340
Golizyn, Alexander Nikolaje-
witsch (1773–1844) 186
Graefe, Karl Ferdinand
(1787–1840), Arzt 322
Grey, Charles of (1764–1845), eng-
lischer Politiker 309, 317
Grimm, Jacob (1785–1863) 335
Grimm, Wilhelm (1786–1859) 335

Harcourt, Elizabeth Lady
(1739–1811) 249
Hardenberg, Karl August Fürst
von (1750–1822), preußischer
Staatsmann 67, 121, 123, 163f.,
167, 220, 226, 229, 240, 312

Harrach, Auguste Gräfin von
(1800–1872), spätere Fürstin
Liegnitz, zweite Ehefrau Fried-
rich Wilhelms III. 301
Haugwitz, Christian Graf von
(1752–1832), preußischer Minister 163, 169
Hegel, Georg Wilhelm Friedrich
(1770–1831), Philosoph 283
Heine, Heinrich (1797–1856),
Dichter 233, 313, 316, 318
Heinrich von Preußen
(1726–1802), Bruder Friedrichs
des Großen 60
Hensel, Johann Daniel
(1757–1838), Schriftsteller, Pädagoge und Komponist 133
Hoffmann von Fallersleben,
August Heinrich (1798–1874),
Dichter 326
Hoym, Graf Carl Georg von
(1739–1807) 51
Hufeland, Christoph Wilhelm von
(1762–1836), Leibarzt am preußischen Hof in Berlin 182, 283,
292, 328
Humboldt, Alexander von
(1769–1859), Naturforscher
283, 312
Humboldt, Wilhelm von
(1767–1835), Gelehrter, Diplomat und Staatsmann 184, 187,
217, 261, 267f., 277, 282f., 312,
324, 328
Hutchinson, John (Hely-Hut-
chinson, 1757–1832), englischer
General und Diplomat 186

Iffland, August Wilhelm
(1759–1814), Schauspieler, Intendant und Dramatiker 150

Jacobi, Carl (von) (1790–1875),
General und Kriegsminister des
Königreichs Hannover 266

Jean Paul (eigtl. Johann Paul Friedrich Richter, 1763–1825) 12, 22, 72, 151, 157, 330

Joséphine Bonaparte (1763–1814), erste Ehefrau von Kaiser Napoleon 174f., 184

Kant, Immanuel (1724–1804), Philosoph 187

Karl* II. (1741–1816), Herzog von Mecklenburg-Strelitz, Vater Friederikes 13, 21–24, 26f., 31, 33f., 36, 50, 58, 65, 70, 75, 85, 87, 94, 98, 100f., 103–105, 107–109, 112f., 118, 125, 131, 133, 146, 148f., 154, 159f., 176, 179, 185f., 191, 205, 209, 211–214, 228f., 231f., 234–236, 238–241, 243–245, 252, 254f., 261, 264, 269f., 275–278, 287, 328

Karl X. Philipp (1757–1836) König von Frankreich (bis 1830) 315

Karl von Solms-Braunfels (1812–1875), Sohn Friederikes aus der zweiten Ehe 243, 253, 275, 285, 298f., 307, 309, 320, 345–349, 357

Karl Alexander, Fürst von Thurn und Taxis (1770–1827), Gemahl von Therese, Friederikes Schwester 158

Karl Alexander (1736–1806), Markgraf von Ansbach 122f., 127, 263

Karl Anselm von Thurn und Taxis (1733–1805), Schwiegervater von Friederikes Schwester Therese 150

Karl August (1757–1828), Großherzog von Sachsen-Weimar-Eisenach 37, 200, 202, 289, 340

Karl Friedrich August (1785–1837), Herzog zu Mecklenburg, Halbbruder Friederikes 24, 40, 52, 67, 160, 165, 169, 177, 219, 227, 255, 269, 275, 280, 282, 284–286, 300, 318, 349

Karl Georg (1795–1798), Sohn Friederikes aus der ersten Ehe 60, 68, 74, 86, 93

Karl Wilhelm Friedrich (1712–1757), Markgraf von Brandenburg-Ansbach 124

Kaunitz, Eleonore Gräfin (1775–1825), Ehefrau Metternichs

Keyserling, Graf Archibald von (1759–1829), Hofmarschall Friederikes 99, 124

Kinsky, Maria Anna Gräfin (1809–1892) Ehefrau von Friederikes Sohn Wilhelm von Solms-Braunfels 297, 307f.

Klopstock, Friedrich Gottlieb (1724–1803), deutscher Dichter 135

Klopstock, Magarete (Meta, 1728–1758) 135

Köckritz, Karl Leopold von (1744–1821), Generaladjutant Friedrich Wilhelms III. 100, 109

Kohlrausch, Hofminister 347

Krüdener, Beate Barbara Juliane von (1764–1824) 187

Lamartine, Alphonse de (1790–1869), französischer Schriftsteller und Politiker 279f.

Lang, Karl Heinrich Ritter von (1764–1835), deutscher Historiker und Publizist 163, 166, 168

---

* Da historisch beide Schreibweisen – Karl und Carl – vorkommen, wurde in diesem Buch bei Fürstenhäusern einheitlich (außer in Zitaten) die Schreibweise Karl gewählt.

Lavater, Johann Caspar
(1741–1801), Schweizer Schriftsteller und Theologe 151

Lengefeld, Charlotte von
(1766–1826), Ehefrau von Friedrich Schiller 135

Lenné, Peter Joseph (1789–1866),
Landschaftsarchitekt 292

Leopold II. (1747–1792), Erzher-
zog von Österreich, 1790–92
Kaiser des Heiligen Römischen
Reiches Deutscher Nation 29

Leopold IV. Friedrich (1794–1871),
Herzog von Anhalt-Dessau,
Ehemann von Friederikes Toch-
ter Friederike 298

Leopold (August Emil Leopold,
1772–1822), Herzog von Sachsen-Gotha-Altenburg 277

L'Estocq, Albertine Gräfin von
185, 201

L'Estocq, Anton Wilhelm von
(1738–1815), preußischer General 184f.

Ligne, Charles Joseph Fürst de
(1735–1814), österreichischer
Feldherr 164f., 199, 234–236

Ligne, Marie-Christine de
(1757–1830), Tochter von Fürst
de Ligne 202

Louis Bonaparte (1778–1846),
Bruder des Kaisers Napoleon
245f., 257

Louis Ferdinand von Preußen
(eigtl. Ludwig Friedrich Christian, 1772–1806) 53–55, 57, 68,
73, 81–85, 87, 181, 262

Louis-Philippe von Orléans
(1773–1850), König der Franzosen, der »Bürgerkönig« 315

Louise Auguste Prinzessin von
Preußen (1808–1870), Tochter
der Königin Luise 220

Ludwig XVIII. (1755–1824), König
von Frankreich 315

Ludwig, Prinz von Preußen
(genannt Louis, 1773–1796),
erster Ehemann Friederikes
33–38, 43f., 46–48, 51f., 54–66,
68, 75f., 81f., 114, 124, 137, 146,
297

Luise von Anhalt-Bernburg
(1799–1882), Ehefrau von Friederikes Sohn Friedrich Ludwig
von Preußen 297

Luise von Mecklenburg-Strelitz
(1776–1810), Königin von Preußen, Schwester Friederikes 11,
13, 18, 20, 22, 24f., 29f., 33–37,
40, 43–54, 58, 60–63, 66–68,
70–76, 78f., 81–84, 86f., 92–101,
104, 106–113, 120f., 125, 128,
131–134, 147, 149f., 155–157,
159–165, 167f., 173–175, 177f.,
180–192, 200, 203–206, 213f.,
216–223, 224–226, 229, 234,
236, 238, 240, 249, 251, 253, 256,
280f., 283, 289f., 294, 301f.,
307, 326, 328f., 338f., 349, 352f.,
358

Luise von Solms-Braunfels
(1803–1803), Tochter Friederikes aus der zweiten Ehe 143,
159, 163

Luise Dorothea Philippine
(1770–1836), Prinzessin von
Preußen *siehe* Radziwill, Luise
Fürstin

Lüntzel, Carl Christoph, Bürgermeister von Hildesheim 1843–48
339

Marcard, Heinrich Matthias
(1747–1817), Mediziner 77

Maria Luise Albertine von Hessen-Darmstadt (1729–1818),
genannt Prinzessin George,
Großmutter mütterlicherseits
Friederikes 21, 24, 26–28, 30f.,
33, 36, 44, 52, 73, 95, 109, 154,

160–162, 187, 211, 213, 255f., 269, 277

Maria Theresia (1717–1780), Erzherzogin von Österreich, Königin von Ungarn und Böhmen, Kaiserin 22, 134f.

Marianne von Hessen-Kassel (1785–1846), Ehefrau des Prinzen Wilhelm von Preußen 180, 190, 300

Marie von Hessen Kassel (1796–1880), Tochter des Landgrafen Friedrich von Hessen-Kassel, Ehefrau von Friederikes Bruder Georg 275f., 292

Marie Louise von Österreich (1791–1847), Tochter von Kaiser Franz II. und zweite Ehefrau Napoleons 233

Marwitz, Friedrich August Ludwig von der (1777–1837), preußischer General 53f.

Massenbach, Christian Freiherr von (1758–1827), preußischer Oberst und Schriftsteller 84

Maximilian I. (1459–1519), Kaiser des Heiligen Römischen Reiches Deutscher Nation 119

Maximilian I. Joseph (1756–1825), König von Bayern 283

Metternich, Clemens Wenzel Lothar Nepomuk Fürst von (1754–1838), österreichischer Staatskanzler 12, 31, 196, 230, 233–235, 315, 327, 334

Metternich, Franz-Georg von (1746–1818), Vater von Clemens von Metternich 31

Metternich, Maria Beatrix von (1754–1828), Mutter von Clemens von Metternich 31

Mimi siehe Wilhelmine von Preußen

Moore, Thomas (1779–1853), englischer Dichter 285

Mozart, Wolfgang Amadeus (1756–1791) 177

Münster, Graf Ernst Friedrich Herbert zu (1766–1839), Chefminister im Königreich Hannover 267f.

Nagler, Karl Ferdinand Friedrich von (1770–1846), preußischer Staatsmann 229

Napoleon I. (1769–1821), Kaiser der Franzosen (1804–15) 67, 166–170, 173–185, 187, 189, 197, 199, 203–206, 213f., 218f., 224–237, 239, 243f., 251, 289, 312

Nikolaus I. Pawlowitsch (1796–1855), Zar von Russland 285

Oertzen, August Otto Ernst von (1777–1837), Minister im Herzogtum Mecklenburg-Strelitz 235, 328

Pestalozzi, Johann Heinrich (1746–1827), Schweizer Pädagoge 187, 217

Platen, August Graf von (1796–1835), Dichter 351

Radziwill, Fürst Anton Heinrich (1775–1833), Politiker und Komponist 287

Radziwill, Eliza (1803–1834) 348

Radziwill, Luise Fürstin (1770–1836), Schwester von Louis Ferdinand von Preußen 47, 66, 73, 81f., 177, 180, 288

Rauch, Christian Daniel (1777–1857), Bildhauer 352, 359

Reuter, Fritz (1810–1874), niederdeutscher Schriftsteller 213

Rochow, Caroline von (1774–1831), Schriftstellerin 310

Rumann, Wilhelm Philipp (1784–1857), Stadtdirektor von Hannover 335

Sagan, Wilhelmine Herzogin von (1781–1839) 203, 233

Sayn-Wittgenstein, Fürst Wilhelm zu (1770–1851) 283

Schadow, Johann Gottfried (1764–1850), Bildhauer 73, 112, 324

Scharnhorst, Gerhard Johann David von (1755–1813), preußischer General 184

Scheffner, Johann Georg (1726–1820), Geheimer Kriegsrat, Dichter 184, 187f., 217, 221f.

Schele, Georg Freiherr von (1771–1844), Staatsminister im Königreich Hannover 334f.

Schenkendorf, Max von (1783–1817), Schriftsteller 186

Schiller, Friedrich von (1759–1805) 27, 102, 151, 155, 231

Schinkel, Karl Friedrich (1781–1841), Architekt, Stadtplaner und Maler 279, 285f., 352

Schleiermacher, Friedrich (1768–1834), Theologe und Philosoph 282f.

Selinko, Annemarie (1914–1986), Schriftstellerin 174

Sophie Charlotte von Mecklenburg-Strelitz (1744–1818), Ehefrau des englischen Königs Georg III., Tante Friederikes 22, 85, 208f., 228, 248, 252, 254f., 258, 260–268, 271, 273, 278, 306

Spalding, Johann Joachim (1714–1804), protestantischer Theologe und Bischof 74f., 99, 144f., 187

Stein, Charlotte von (1742–1827), Hofdame in Weimar 135, 274

Stein, Heinrich Friedrich Karl Reichsfreiherr vom und zum (1757–1831), preußischer Staatsmann 67, 178, 227, 312

Stolberg, Luise (geb. Reventlow, 1746–1824) 151

Stroganow, Grigori Alexandrowitsch Graf (1774–1857) 186

Struensee, Johann Friedrich Graf (1737–1772), dänischer Staatsmann 263

Süvern, Johann Wilhelm (1775–1829), Lehrer und Politiker 187

Talleyrand-Périgord, Charles-Maurice de (1754–1838), französischer Staatsmann 179, 206

Therese von Mecklenburg-Strelitz (1773–1839), Fürstin von Thurn und Taxis, Schwester Friederikes 20, 22, 24, 30, 35f., 43, 50, 64, 92, 120, 145, 150, 158f., 160, 164, 223, 225, 300, 349

Varnhagen von Ense, Karl August (1785–1858), Diplomat und Schriftsteller 283

Varnhagen von Ense, Rahel (1771–1833), Schriftstellerin 283

Vehse, Karl Eduard (1802–1870), Historiker 203

Viktoria von Hannover (1819–1901), Königin von Großbritannien und Irland (seit 1837) 331

Voss, Julie Amalie Elisabeth Gräfin von (1766–1789) 51

Voss, Luise Gräfin (1780 – nach
1832), Tochter von Caroline von
Berg, Freundin von Friederike
224, 260, 278, 292, 296, 307,
317, 328, 356
Voss, Sophie Marie Gräfin von
(1729–1814), Oberhofmeisterin
der Königin Luise 11, 45f., 52f.,
66, 72, 95, 97, 100f., 113, 160,
168, 173f., 181, 183, 185–187, 199,
204f., 229, 240, 249
Vrints-Berberich, Henriette von
30

Wilhelm I. (1772–1843), König der
Niederlande 93
Wilhelm I. (1797–1888), zweiter
Sohn von Friedrich Wil-
helm III., seit 1861 König von
Preußen, seit 1871 Deutscher
Kaiser 74, 347
Wilhelm II. (1777–1847), Kurfürst
von Hessen 73
Wilhelm IV. (1765–1837), Herzog
von Clarence, Sohn Georgs III.
von England, seit 1830 König
von Großbritannien und Irland,
zugleich König von Hannover
259, 308f., 317f., 330, 341
Wilhelm von Solms-Braunfels
(1801–1868, Friedrich Wilhelm
Heinrich), Sohn Friederikes aus

der zweiten Ehe 152f., 170, 180,
202, 211, 243, 253, 275, 297, 299,
307f., 345–347, 357
Wilhelm zu Solms-Braunfels, Bruder von Friederikes zweitem
Ehemann Friedrich von Solms-
Braunfels 136f., 243, 245
Wilhelm von Thurn und Taxis
(1805–1825), Sohn von Friederikes Schwester Therese
297
Wilhelmine von Preußen (genannt
Mimi, 1774–1837), Ehefrau von
Wilhelm I., König der Niederlande, Schwägerin Friederikes
73, 93, 180
Wilkinson, Reverend, Kaplan von
König Ernst August von Hannover 341
Willemer, Johann Jakob
(1760–1838), Frankfurter Ban-
kier 250

Zelter, Carl Friedrich Zelter
(1758–1832), Komponist 202,
282, 288f.
Zeuner, Karoline von, Hofdame in
Ansbach 149, 151f.
Ziegler, Christiana Mariana von
(1695–1760), Dichterin 126
Zöllner, Hofmarschall in Berlin
65

Bildnachweis

PIPER

Uwe A. Oster

Wilhelmine von Bayreuth

Das Leben der Schwester Friedrichs des Großen. 384 Seiten
mit 16 Seiten Farbbildteil. Serie Piper

Ob als Bauherrin, Opernintendantin oder großzügige Mäze-
nin von Kunst, Musik und Wissenschaft: Die glanzvolle
Regentschaft Wilhelmines von Bayreuth rückte die kleine
fränkische Residenz ins Rampenlicht der europäischen Geschichte. Doch die Sehnsucht der kunstsinnigen Markgräfin
nach Liebe und Harmonie wurde von ihrer engsten Vertrauten bei Hofe grausam mißbraucht. Auf dem Höhepunkt
ihres Lebens muß sich Wilhelmine schließlich eingestehen,
daß sie den Kampf um die Liebe ihres Mannes gegen eine
schöne junge Hofdame verloren hat ...

»Eine gut lesbare Biographie.«
Süddeutsche Zeitung

01/1648/01/L.

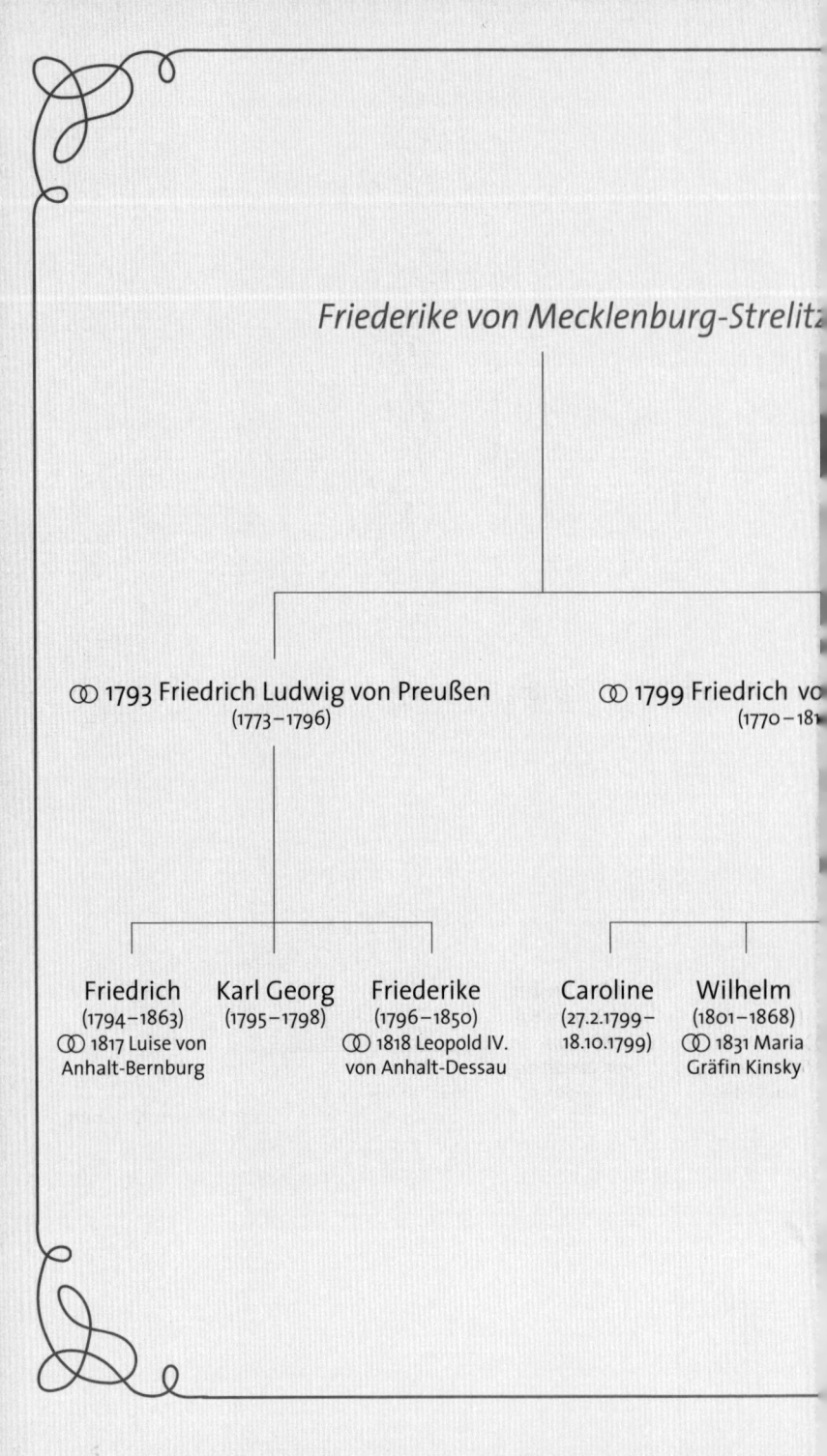

Friederike von Mecklenburg-Streli[tz]

⚭ 1793 Friedrich Ludwig von Preußen
(1773–1796)

⚭ 1799 Friedrich vo[n]
(1770–181[...])

Friedrich
(1794–1863)
⚭ 1817 Luise von
Anhalt-Bernburg

Karl Georg
(1795–1798)

Friederike
(1796–1850)
⚭ 1818 Leopold IV.
von Anhalt-Dessau

Caroline
(27.2.1799–
18.10.1799)

Wilhelm
(1801–1868)
⚭ 1831 Maria
Gräfin Kinsky